40 Jahre
Bischöfliches Zentralarchiv und
Bischöfliche Zentralbibliothek
Regensburg

1972 – 2012

Bischöfliches Zentralarchiv und
Bischöfliche Zentralbibliothek Regensburg
Kataloge und Schriften
herausgegeben von Paul Mai

Band 32:
40 Jahre Bischöfliches Zentralarchiv und
Bischöfliche Zentralbibliothek Regensburg
1972 – 2012

40 JAHRE
BISCHÖFLICHES ZENTRALARCHIV UND BISCHÖFLICHE ZENTRALBIBLIOTHEK REGENSBURG

1972 – 2012

Ausstellung in der
Bischöflichen Zentralbibliothek Regensburg
St. Petersweg 11-13

26. Oktober 2012 bis 1. Februar 2013

VERLAG SCHNELL & STEINER · REGENSBURG

AUSSTELLUNG

Ausstellungskonzeption:
Msgr. Dr. Paul Mai
Dr. Werner Chrobak

Ausstellungstechnik:
Sabine Ebeling
Roland Großziel
Norbert Reitzner

Kartenentwürfe:
Dr. Franz v. Klimstein

PC-Manuskripte:
Brigitte Schmidbauer

Fotos:
Norbert Reitzner

KATALOG

Herausgeber:
Msgr. Dr. Paul Mai

Autoren:
Dr. Stephan Acht
Dr. Werner Chrobak
Dr. Raymond Dittrich
Josef Gerl, M.A.
Dr. Johann Gruber
Dr. Franz v. Klimstein
Msgr. Dr. Paul Mai
Dr. Camilla Weber
Rosemarie Weinberger

Bibliografische Informationen der Deutschen Bibliothek:
Die Deutsche Bibliothek verzeichnet diese Publikation in der Deutschen Nationalbibliografie, detaillierte bibliografische Daten sind im Internet über <http://dnb.ddb.de> abrufbar.

ISBN 978-3-7954-2692-7

GESAMTHERSTELLUNG: ERHARDI DRUCK GMBH, REGENSBURG

Inhaltsverzeichnis

Katalog

Geleitwort

Im Jahr 2012 kann im Rückblick an zwei nicht ganz unwichtige Ereignisse im Bistum erinnert werden: zum einen an die Berufung Dr. Rudolf Grabers, des Eichstätter Professors für Kirchengeschichte, Patrologie, Fundamentaltheologie, Aszetik und Mystik vor 50 Jahren auf den Bischofsstuhl in Regensburg – sie erfolgte am 28. März 1962 und fiel zusammen mit dem Beginn des Zweiten Vatikanischen Konzils, an dem der Regensburger Oberhirte als einer der Konzilsväter teilnahm –, zum anderen an die Eröffnung der Bischöflichen Zentralbibliothek Regensburg vor 40 Jahren, die in der Wolfgangswoche 1972 eingeweiht wurde. Damals war ich übrigens noch Theologiestudent, diese Einweihung erlebte ich persönlich mit.

Beide angesprochenen Ereignisse stehen in einem unmittelbaren Zusammenhang: Man darf wohl behaupten, ohne Bischof Graber hätte es die Unterbringung des Archivs und den Neubau der Bischöflichen Zentralbibliothek Regensburg auf dem Areal des ehemaligen Damenstifts Obermünster nicht gegeben. Der für Wissenschaft aufgeschlossene Oberhirte, der Zeit seines Lebens – auch während seines fast zwanzigjährigen Episkopats – wissenschaftlich außerordentlich fruchtbar blieb, schuf hier in einem großen Wurf zwei Institutionen, die weit über Regensburgs Stadtmauern hinaus Aufsehen erregten: Das Bistum Regensburg, eines der kirchensteuermäßig ärmsten Bistümer Deutschlands, leistete sich die damals größten und modernsten Einrichtungen auf dem kirchlichen Archiv- und Bibliothekssektor.

Aber nicht nur Größe und Modernität bestimmten die beiden Institutionen, sondern auch ein neues Konzept: Archiv und Bibliothek waren konzeptionell miteinander verbunden, gleichsam unter einem Dach und unter einer Leitung: Hier kommt die Person von Archiv- und Bibliotheksdirektor Dr. Paul Mai ins Spiel, den Bischof Graber als jungen, in Kirchengeschichte promovierten Kleriker mit dem Aufbau und der späteren Führung der beiden Institutionen beauftragte. Auf dem Bibliothekssektor ohne Fachwissen, wurde er von Bischof Graber kurzerhand zur Absolvierung eines zweijährigen Kurses für den höheren Bibliotheksdienst nach München geschickt.

So konnte Dr. Mai bei der Planung des Neubaus der Bibliothek modernstes Wissen einbringen und dem Bau von Archiv und Bibliothek als Funktionseinheit seinen Stempel aufdrücken. Wichtig aber war vor allem auch: Bischof Graber genehmigte für Archiv und Bibliothek jeweils so viele Planstellen, dass die Führung von Archiv und Bibliothek als wissenschaftliche Serviceinstitutionen möglich wurde. Ein Nebeneffekt war übrigens, dass der unter dem Patronat Bischof Grabers 1967 gegründete Verein für Regensburger Bistumsgeschichte hier optimale Möglichkeiten des Forschens geboten bekam und die Redaktion seiner Schriftenreihe, der „Beiträge zur Geschichte des Bistums Regensburg", immer auch im Bischöflichen Zentralarchiv und der Bischöflichen Zentralbibliothek mitbesorgt wurde.

Über die Pflichtaufgaben des Sammelns und Erschließens von kirchlichen Urkunden-, Akten- und Buchbeständen, ihre „Zentralisierung" in Regensburg, gelang Dr. Mai bald eine Verankerung von Zentralarchiv und Zentralbibliothek als kirchliche Kulturinstitutionen im Bewusstsein der Regensburger Bevölkerung: Dies wurde vor allem durch eine rege Ausstellungstätigkeit erreicht, die primär zu historischen Anlässen bestimmte Archiv- und Bibliotheksbestände – später auch Museumsbestände – aufarbeitete und der Öffentlichkeit präsentierte. Ich erinnere etwa an die große Ausstellung „Liturgie im Bistum Regensburg" anlässlich des Jubiläums „1250 Jahre Bistum Regensburg" im Jahr 1989 oder „Obermünster Regensburg. Von den Anfängen bis heute" im Jahr 2008. Zweiunddreißig Ausstellungskataloge zeugen inzwischen von den Ausstellungsaktivitäten, die von einer vergleichsweise kleinen, aber hoch motivierten Mannschaft erarbeitet wurden.

Im Archiv und in der Bibliothek lagern Schätze einmaliger Art, wie etwa die weltberühmte Proske-Musiksammlung, die Basis der Regensburger Musikrestauration im 19. Jahrhundert. Das Sammelgut wird in Archiv und Bibliothek durch Abgaben der kirchlichen Behörden und die theologische Buchproduktion der neuesten Zeit immer mehr. Der geistige Strom kann nicht einfach abgeschnitten werden. Das hat zur Folge, dass auch neue Raumkapazitäten bereitgestellt werden müssen. Zum Funktionieren von Archiv und Bibliothek bedarf es aber auch eines Mindeststandards an Personal.

Kirchliches Kulturgut zu sammeln und zu bewahren, historische Forschung zu ermöglichen, Kirche als Kulturfaktor innerhalb der Gesellschaft sichtbar zu machen, verankert in den Institutionen Archiv und Bibliothek, das ist ein Erbe, das uns das großzügige Wirken unseres bedeutenden Bischofs Dr. Rudolf Graber auch als Verpflichtung hinterlassen hat. Hierfür muss die Kirche von Regensburg – verständlicherweise – auch finanzielle Opfer bringen, damit die Institutionen Bischöfliches Zentralarchiv und Bischöfliche Zentralbibliothek Regensburg Zukunft haben.

Ad multos annos!

Prälat Dr. Wilhelm Gegenfurtner
Diözesanadministrator
Dompropst

Vorwort

Die Rückschau auf „40 Jahre Bischöfliches Zentralarchiv und Bischöfliche Zentralbibliothek Regensburg" durch den Verantwortlichen dieser Institutionen hat seine verschiedenen Facetten: Zum einen ist die Gründung vor vier Jahrzehnten sicherlich – in Bayern allzumal – ein Grund zum Feiern, zum anderen aber muss man sich vor der Versuchung hüten, das Vorhandene in Feierlaune allzu euphorisch zu loben, sich selbst und seine Institutionen zu beweihräuchern. Versucht werden soll in Rückbesinnung eine nüchterne Bestandsaufnahme, die Nennung der wahren Gründungsväter und derer, ohne die das Werk nicht hätte Gestalt annehmen können, die Einordnung in eine Kontinuitätslinie kirchlicher Archiv- und Bibliotheksgeschichte, die Bilanzierung des Erfolges, aber auch der Schwierigkeiten, die sich auftaten und auftun.

Es war ein Glücksfall, dass in den 1960er Jahren ein Bischof auf den Stuhl des hl. Wolfgang im Bistum Regensburg gelangte, der als Hochschulprofessor Verständnis für die Wissenschaft mitbrachte, mehr noch, der eine Förderung der Wissenschaft durch kirchliche Archive und Bibliotheken als Notwendigkeit ansah. Konsequenterweise holte er das kirchliche Archiv aus dem bisherigen Schattendasein heraus, begründete die kirchliche Bibliothek als Diözesanbibliothek neu und erfüllte damit Forderungen, die schon auf der Diözesansynode 1928 erhoben, aber jahrzehntelang – auch selbst unter dem wissenschaftlich sehr verdienstvollen Bischof Dr. Michael Buchberger – unerfüllt geblieben waren. Die Zeitumstände waren nun zudem in verschiedener Beziehung günstig: Die Gründung der Universität Regensburg beförderte das kirchliche Archiv- und Bibliotheksprojekt in Grabers Überlegungen, die Phase der wirtschaftlichen Konsolidierung der jungen Bundesrepublik Deutschland hatte damals die Finanzsituation so günstig gestaltet, dass auch ein kirchensteuerschwaches Bistum wie das Bistum Regensburg an eine Realisierung des Projekts denken konnte. An dieser Stelle muss auch den damaligen Bischöflichen Finanzdirektoren Augustin Kuffner und Georg Häglsberger, dem Domdekan Hermann Grötsch und dem Generalvikar Karl Hofman gedankt werden, die einer großzügigen, ja beispielhaften Lösung des Archiv- und Bibliotheksprojekts nicht entgegenstanden.

Seitens des 1967 unter dem Protektorate Bischof Grabers neugegründeten Vereins für Regensburger Bistumsgeschichte mit seinem 1. Vorsitzenden Prof. Dr. Georg Schwaiger erhielt das Archiv- und Bibliotheksprojekt in Erwartung der Förderung der Diözesangeschichtsforschung wirksame argumentative Schützenhilfe. Tatsächlich hatte der Verein dann ab 1972 seinen Sitz im Bischöflichen Zentralarchiv und wurden viele der anfallenden Vereinsverwaltungsarbeiten und die Redaktionsarbeiten für die Schriftenreihe „Beiträge zur Geschichte des Bistums Regensburg" und seiner „Beibände" im Bischöflichen Zentralarchiv miterledigt.

Für die Aufgabenerfüllung des Bischöflichen Zentralarchivs und der Bischöflichen Zentralbibliothek Regensburg wurde ein neues Konzept entworfen: Beide Institutionen sollten im Verbund, unter einem Direktor, mit neuester Technik und Ausstattung und mit ausgebildetem Fachpersonal arbeiten. Bischof Graber begründete dieses Projekt mit der Verpflichtung der Kirche, auf kulturellem und wissenschaftlichem Gebiet auf neuestem Stand zu sein. Dieses Verbundkonzept war im kirchlichen Bereich der Diözesen Westdeutschlands ein neuer Weg. In den Verbund wurden von Anfang an das Matrikelamt Regensburg, die Diözesanstelle des Sankt Michaelsbundes und das Liturgiewissenschaftliche Institut mit einbezogen. Ab 1979 kam das Diözesanmuseum Regensburg (St. Emmeramsplatz 1) hinzu. In vielen Bereichen ergaben sich dabei Synergieeffekte, so betreute die Bischöfliche Zentralbibliothek die Lesesäle und Handbibliotheken des Bischöflichen Zentralarchivs, des Liturgiewissenschaftlichen Instituts oder auch des Diözesanmuseums, mit.

Während die Bischöfliche Zentralbibliothek eine Neugründung war, musste beim Bischöflichen Zentralarchiv nicht mit dem Nullpunkt begonnen werden. Hier wurde das damals in den Räumen von Niedermünster untergebrachte Bischöfliche Archiv mit den vorhandenen Beständen des Konsistoriums, Ordinariats, Hochstifts und Domkapitels übernommen. Das Bischöfliche Zentralarchiv setzte sich – seinem Namen entsprechend – darüber hinaus das Ziel, die Archivbestände kirchlicher Institutionen (Pfarreien, Klöster, Stifte, Ämter etc.) zentral in Regensburg zu sammeln, zu bewahren und zu erschließen. Entsprechend wurden laut bischöflicher Anordnung 1971/72 beispielsweise die Kirchenbücher (Pfarrmatrikeln) vor 1875 Zug um Zug nach Regensburg geholt – inzwischen lagern hier über 6700 Kirchenbücher aus über 530 Seelsorgestellen im Archiv. Es folgten mehr als 200 Pfarrarchive, die Archivalien von katholischen Verbänden und Vereinen etc. Die Tendenz der Nichtbesetzung von Pfarreien infolge Priestermangels zwingt das Zentralarchiv zur Einholung entsprechender Bestände, um sie vor

Verlust zu schützen. Als Folge wurden die ursprünglich sehr großzügig bemessenen Archivkapazitäten schneller ausgeschöpft als gedacht. Heute steht das Archiv vor der Notwendigkeit, weitere Magazinkapazitäten zu schaffen, wenn es seinem Auftrag gerecht werden will.

Ähnlich entwickelte sich die Situation bei der Bischöflichen Zentralbibliothek: Die scheinbar unerschöpfliche Kapazität des Magazinturms für rund 250 000 Bände – bei einem Start mit rund 30 000 Bänden der Gründungsbestände der Schottenbibliothek, der Ordinariatsbibliothek und der Proskeschen Musiksammlung – stieß bereits anfangs der 1980er Jahre an ihre Grenzen. Sie konnte durch Bau der Kellermagazine unter dem Großen und Kleinen Lesesaal gemildert werden. Doch ist gegenwärtig die Magazinnot der Bischöflichen Zentralbibliothek auf einem neuen kritischen Punkt angelangt.

Es hat sich deutlich eines gezeigt: Es ist nicht mit dem einmaligen Akt des Neubaus und der Eröffnung derartiger Institutionen getan, sondern Archive und Bibliotheken sind auf Zuwachs angelegt, sonst sind sie zum Absterben verurteilt.

Dies gilt nicht nur für die Gebäudlichkeiten, sondern auch für das Personal: Für den Erwerb, die Pflege und Erschließung von Archiv- und Bibliotheksbeständen ist Fachpersonal notwendig. Die Startausstattung an Personal mit jeweils rund einem halben Dutzend Angestellten erwies sich angesichts des starken Zuwachses an Beständen und der unerwartet hohen Inanspruchnahme im Servicebereich – sprunghafte Zunahme der Familienforscher, Orts- und Heimatforscher, Forscher im Bereich der Bistums-, Kunst- und Musikgeschichte sowohl im Archiv als auch in der Bibliothek – als nicht ausreichend. Eine Aufstockung des Personals um fast das Doppelte erwies sich als notwendig. Mit diesem Personal als eingespielte Mannschaft konnten als Teil der Öffentlichkeitsarbeit von Archiv und Bibliothek auch Ausstellungen auf die Beine gestellt werden, die oft zu bestimmten Jubiläums- oder Gedenkanlässen der Bistumsgeschichte Teile des Archiv- und Bibliotheksbestandes aufarbeiteten und der Öffentlichkeit präsentierten. Die Spezialbestände der Proskeschen Musiksammlung erforderten die Anstellung eines eigenen Musikbibliothekars, der – zusammen mit Musikwissenschaftlern der Forschungsgruppe RISM und der Deutschen Forschungsgemeinschaft – inzwischen 16 Bände „Thematischer Katalog der Musikhandschriften“ aus dem Bestand der Bischöflichen Zentralbibliothek Regensburg in der Reihe „Katalog Bayerischer Musiksammlungen“ im G. Henle-Verlag München erarbeitet hat.

Die Repertorisierung der Archivbestände per EDV, die Katalogisierung der Bibliotheksbestände im Bayerischen Bibliotheksverbund seit 2000, sind Maßnahmen, um archiv- und bibliothekstechnisch auf der Höhe der Zeit zu bleiben.

Bischöfliches Zentralarchiv und Bischöfliche Zentralbibliothek Regensburg haben sich – zusammen mit dem Diözesanmuseum Regensburg – zu einem Kulturpool der katholischen Kirche in Regensburg entwickelt – der über die Grenzen Regensburgs hinaus Anerkennung gefunden hat. Einsparungsmaßnahmen zu gewissen Zeiten der wirtschaftlichen Rezession auch auf diesem Sektor zeitlich begrenzt hinzunehmen, dafür hat jeder Verständnis. Aber diese Institutionen dann auf Dauer etat- und personalmäßig immer weiter zu kürzen, das ist eine andere Sache. Über die Fortexistenz funktionsfähiger Institutionen in diesem Bereich sollte grundsätzliches Einverständnis bestehen, nicht nur, weil ein Teil davon – ein kirchliches Archiv – durch Kirchenrecht zwingend vorgeschrieben ist.

Zum Schluss noch ein Dank: Vieles wäre nicht gelungen, wenn nicht gut motivierte Mitarbeiterinnen und Mitarbeiter das Werk in die Tat umgesetzt hätten! Daher den Lebenden wie den Verstorbenen ein herzliches Vergelt’s Gott!

Paul Mai

Msgr. Dr. Paul Mai
Archiv- und Bibliotheksdirektor

Die Archive des Bistums Regensburg vor der Zentralisierung in Obermünster

von Camilla Weber

Allgemeines

Die Aufbewahrung von amtlichem Schriftgut für behördliche Zwecke und zur Sicherung rechtlicher Ansprüche hat in der Kirche eine lange Tradition, die ihrerseits vom Vorbild des Römischen Reiches und seiner Verwaltung beeinflußt wurde.[1] Im *scrinium sanctum* oder *chartarium Romanae Ecclesiae* am Lateran und an anderen Standorten in Rom (z.B. ab dem 14. Jahrhundert in der Engelsburg) wurden bereits ab der Spätantike Dokumente aufbewahrt, die als Instrumente zum Schutz der weltlichen und kirchlichen Ordnung dienten. Die Unterlagen sollten in abschließbaren Schränken oder Truhen, diese wiederum in sicheren Räumen wie Kirchengewölben verwahrt werden. Umzüge, Auslagerungen und Kriegseinwirkungen rissen jedoch immer wieder große Lücken in die schriftliche Überlieferung. War die räumliche Unterbringung zumindest theoretisch geregelt, so galt das nicht im gleichem Maß für die Betreuung des Schriftgutes durch kompetente Mitarbeiter. Das Vatikanische Archiv beschäftigte im Mittelalter *notarii* und *scriniarii* unter Leitung eines *cancellarius*, die für Konsultation, Abfassung und Registrierung von Dokumenten zuständig waren. Entscheidende Impulse für die Einrichtung eines zentralen Archivs für den Heiligen Stuhl gingen vom Konzil von Trient (1545-1563) aus, das u.a. Vorschriften für die Führung kirchlicher Register erlassen hatte. Das von Sixtus V. (1585-1590) eingerichtete Amt des Generalarchivars wurde bereits 1587 wieder aufgehoben; an die Ortsbischöfe erging jedoch die Weisung, ihre Archive zu inventarisieren und ein Exemplar der Inventare nach Rom abzugeben.[2]

Papst Clemens VIII. (1592-1605) ließ das Archiv in der Engelsburg, das dort den *Sacco di Roma* unbeschadet überstanden hatte, erweitern; sein Nachfolger Paul V. (1605-1621) verlegte im Jahr 1611 Teile dieses *archivum vetus* in ein innerhalb des Vatikans befindliches *archivum novum*. Die Ernennung des ersten Kustoden dieses neuen Archivs am 31. Januar 1612 markiert die Geburtsstunde des heutigen *Archivio Segreto Vaticano*, dessen erste Beständeübersicht vom Jahr 1615 datiert. Bereits 1630 sanktionierte Papst Urban VIII. die Autonomie des Archivs gegenüber der Vatikanischen Bibliothek, die Leitung lag und liegt bei einem Kardinal und jeweils einem Präfekten. Papst Benedikt XIII. (1724-1730) legte bereits als Erzbischof von Benevent großen Wert auf Gründung, Ordnung und Kontrolle der verschiedenen Archive seines Bistums und sammelte allein im erzbischöflichen

1 „In diesem Rahmen konnte die Kirche nicht umhin, sich der Bewahrung der Zeugnisse über ihr missionarisches, karitatives und administratives Wirken zu widmen – d.h. die Heiligen Schrift, die dogmatischen Texte, Briefe, Dokumente der Synoden, Erinnerungen an die Märtyrer und generell die gesamte Dokumentation ihrer geistlichen und weltlichen Führung aufzubewahren.“, Terzo NATALINI: Historischer Abriß, in: Das Geheimarchiv des Vatikan, Stuttgart, Zürich 1992, S. 12.

2 Eines der ältesten erhaltenen Repertorien von Akten und Urkunden des Regensburger Domkapitels stammt aus dem Jahr 1585 (BZAR BDK 30). Ob es in Zusammenhang mit den Anweisungen Papst Sixtus IV. entstanden ist, lässt sich nicht eruieren. Vgl. auch LThK Bd. 1 (^{1}1930) Sp. 618-621; (^{2}1957) Sp. 826-827; (^{3}1993) Sp. 949-952; Marianne POPP: Das Bischöfliche Zentralarchiv und der Verein für Bistumsgeschichte, in: Paul MAI (Hrsg.): Dienen in Liebe. Festschrift für Rudolf Graber, Bischof von Regensburg, München, Zürich 1981, S. 301; Paul MAI: Vom Priesterarchivar zum Facharchivar. Das Archivwesen der bayerischen Bistümer von 1946 bis 1996, in: Albrecht LIESS u.a. (Hrsg.): Festschrift Walter Jaroschka zum 65. Geburtstag, Köln 1997 (Archivalische Zeitschrift 80) S. 267-273. Zur Geschichte des Archivium Secretum Vaticanum vgl. NATALINI: Abriß (wie Anm. 1) S. 15-25; Adolf GOTTLOB: Das Vatikanische Archiv, in: Historisches Jahrbuch 6 (1885) S. 271-284; Bruno KATTERBACH: Archivi ecclesiastici, in: Enciclopedia italiana Bd. 4 (1929) S. 87-90; Karl August FINK: Das Vatikanische Archiv. Einführung in die Bestände und ihre Erforschung unter besonderer Berücksichtigung der deutschen Geschichte, Rom 1943 (Bibliothek des Deutschen Historischen Instituts in Rom 20).

Benedikt XIII. (1724-1730)

Paul V. (1592-1605)

Archiv fast 14000 Pergamenturkunden. In seinem kurzen Pontifikat erließ er mehrfach Anordnungen zum Archivwesen, so vor allem die Konstitution *Maxima vigilantia* vom 14. Juni 1727 zur Inventarisierung der kirchlichen Archive in den Ortskirchen und zur Abgabe von Repertorien von dort an das Vatikanische Archiv.[3] Im Jahr 1798 wurden die Archivbestände, die bis dahin noch in der Engelsburg in Rom gelagert waren, durch Pius VI. über den Geheimgang des *Passetto di Borgo* ebenfalls in den Vatikan verbracht, um sie vor den Zugriffen der revolutionären Republikaner zu schützen. Während der napoleonischen Herrschaft befanden sich umfangreiche Bestände des Vatikanischen Archivs von 1810 bis 1817 in Paris, wobei während der Transporte riesige Mengen an Dokumenten vernichtet wurden. Durch die Besetzung des römischen Kirchenstaates durch den italienischen Nationalstaat im Jahr 1870 gingen umfangreiche, außerhalb des Vatikans gelagerte Bestände in den Besitz des italienischen Staates über.

Unter Papst Leo XIII. wurde 1879 der aus Würzburg gebürtige Kirchenhistoriker Joseph Hergenröther (1824-1890) zum *Archivar der Heiligen Römischen Kirche* ernannt; 1881 erfolgte gegen starken Widerstand innerhalb der Kurie die Öffnung des Archivs für die historische Forschung. Hergen-

3 Vgl. *Discorso di Sua Santità Pio XII ai partecipanti al primo convegno degli addetti agli archivi ecclesiastici italiani svoltosi a Roma,* Castel Gandolfo 5.11.1957, in: Discorsi e Radiomessaggi di Sua Santità Pio XII vol. XIX, Vatikanstadt 1958, S. 551-558; Natalini: Abriß (wie Anm. 1) S. 26; Orietta Filippini: Benedetto XIII (1724-1730). Un papa del Settecento secondo il giudizio dei contemporanei, Stuttgart 2012 (Päpste und Papsttum 40) S. 102-105.

Rom, Engelsburg (Foto: Camilla Weber)

röther veranlaßte bereits vor der offiziellen Eröffnung des Archivs für die Forschung die Einrichtung eines separaten Eingangs und eines adäquaten Studiersaales zur einfacheren Benutzung des Archivs durch nicht-vatikanische Forscher und konnte im Laufe seiner Amtszeit den Personalbestand auf 14 Mitarbeiter verdoppeln.[4] Um die fachliche Kompetenz des Klerus, aber auch der Laien im Umgang mit den historischen Dokumenten zu verbessern, wurde 1884 zudem die *Scuola speciale di Paleografia e Storia comparata* eingerichtet; im gleichen Jahr erhielt der Studiensaal des Archivs eine neue Benutzungsordnung.[5]

Der Umfang des Vatikanischen Geheimarchivs als System von historischen Räumlichkeiten und modernen Magazinen (zuletzt 1980 im Fassungsvermögen fast verdoppelt durch Papst Johannes Paul II.) wie als Komplex von über 600 Einzelbeständen verschiedensten Umfangs und Charakters wuchs im Laufe der Jahrhunderte auf heute über 85 laufende Kilometer Aktenmaterial an, das von rund ei-

4 Vgl. Egon Johannes Greipl: Ein deutscher Kurienkardinal im 19. Jahrhundert. Briefe Joseph Hergenröthers (1824-1890) an Bischof Franz Leopold Frh. v. Leonrod in Eichstätt (1827-1905) aus den Jahren 1879-1890, in: Quellen und Forschungen aus italienischen Archiven und Bibliotheken 63 (1983) S. 180-183; Brief an Leonrod, 28.10.1879, ebd. S. 208. Die Grundlagenarbeit im Archiv war mühsam: *Das Archiv, für das mir der Papst 3 weitere Beamte und einen weiteren Diener bewilligt hat, nimmt sehr viel Zeit in Anspruch und gibt wenig Dank. (...) Der vom Papste eröffnete Studirsaal müßte geschlossen werden, wenn kein Gelehrter etwas abschreiben dürfte. Anfragen kommen aus allen Theilen der Welt, kürzlich wieder von der Akademie der Wissenschaften in Stockholm. Für historische Dinge haben die Italiener blutwenig Verständniß.*, ebd. S. 221-222 (13. März 1881).

5 Vgl. Brief Leos XIII. an Kardinal Joseph Hergenröther vom 15. Mai 1884, in: Acta Sanctae Sedis 16 (1883) S. 529-530. Zur Öffnung des Vatikanischen Geheimarchivs vgl. auch Andreas Froese: Die Nation schreiben. Zur Ansiedlung der deutschsprachigen historischen Institute in Rom (1881-1903), in: Quellen und Forschungen aus italienischen Archiven und Bibliotheken 86 (2006) S. 348-400 (mit umfangreichen Literaturangaben). Die seit 1923 so genannte *Scuola Vaticana di Paleografia, Diplomatica e Archivistica* existiert bis heute.

Kardinal Joseph Hergenröther (1824-1890)

nem Dutzend qualifizierter Archivare professionell betreut und erschlossen wird. Dem entspricht bei der Auswertung der Archivalien eine rigorose Zulassungsprüfung je nach wissenschaftlicher Qualifikation des Benutzers. Die Ergebnisse der wissenschaftlichen Arbeit (intern wie extern) werden in verschiedenen Publikationsreihen veröffentlicht. Damit dient das *Archivium Secretum Vaticanum* als Vorbild für die zahlreichen Archive der katholischen Kirche weltweit.[6]

Auch in deutschen Diözesen gab es bereits im Spätmittelalter erste Archivordnungen. Im Bistum Regensburg liegen die Anfänge des Archivwesens im Dunkeln. Nach seiner Gründung im Jahre 739 war das Bistum lange in Personalunion mit dem Kloster St. Emmeram verbunden und hatte wohl auch mit diesem ein gemeinsames Archiv. Als St. Emmeram 975 durch den Verzicht des heiligen Bischofs Wolfgang auf dieses Amt einen eigenen Abt erhielt, verblieben die Urkunden und Traditionsbücher des Hochstiftes im Kloster.[7] Erst danach ist die Entstehung eines eigenständigen Bistumsarchivs anzusetzen. Zu unterscheiden sind dabei die beiden institutionell und räumlich getrennten Überlieferungen des ab ca. 1431 so genannten Bischöflichen Konsistoriums (für die Verwaltung in geistlichen Angelegenheiten; ab dem frühen 19. Jahrhundert *Ordinariat*), des Hochstifts (für die Kompetenzen des Bischofs als Reichsfürst und für die weltliche Güterverwaltung) und des Bischöflichen Domkapitels (ab 1221).[8]

6 Vgl. auch: Päpstliche Kommission für die Kulturgüter der Kirche: Die pastorale Funktion der kirchlichen Archive. Schreiben vom 2. Februar 1997, Bonn 1998 (Arbeitshilfen 142) S. 9-37.

7 Heute als Bestand *Klosterarchiv St. Emmeram* im Hauptstaatsarchiv München.

8 Die Behördengeschichte des Bistums Regensburg ist bisher kaum erforscht, vgl. Karl HAUSBERGER: Geschichte des Bistums Regensburg, Bd. 2, Regensburg 1989, S. 284; Regensburg, in: Führer durch die Bistumsarchive der katholischen Kirche in Deutschland, Siegburg 21991, S. 163-171; Christina DEUTSCH: *Iudex ordinarius und vicarius generalis*. Die Neuordnung der Regensburger Diözesangerichtsbarkeit durch Administrator Johann III., Pfalzgraf bei Rhein (1507-1538), in: Beiträge zur Geschichte des Bistums Regensburg 40 (2006) S. 33-61.

Das Konsistorialarchiv bis zur Mitte des 17. Jahrhunderts

Das Territorium des Bistums Regensburg veränderte sich nach der Abtrennung Böhmens unter dem heiligen Wolfgang 973 kaum mehr. Ab der ersten Jahrtausendwende bildete das geistliche Jurisdiktionsgebiet der Regensburger Bischöfe eine geschlossene Fläche zwischen Franken, Böhmen, Oberpfalz und Niederbayern. An der Wende vom 12. zum 13. Jahrhundert war die Herausbildung der Pfarreien als Organisationsebene in vollem Gange. Das Amt des Generalvikars, des Vertreters des Bischofs in Verwaltungsaufgaben, nahm ab dem beginnenden 14. Jahrhundert immer mehr Gestalt an, ab dem beginnenden 17. Jahrhundert etablierte sich das Konsistorium (bis in die Mitte des 20. Jahrhunderts auch *Geistlicher Rat* genannt), das im Wesentlichen die Funktionen des heutigen Ordinariates ausübte.[9] Der *Bischofshof* als Amtssitz des Bischofs und der diözesanen Verwaltung beherbergte auch das Urkundenarchiv – an welcher Stelle und in welcher Form, ist nicht bekannt. Ein am 20. April 1273 im Bischofshof ausgebrochener Brand, der auch auf die Türme des Domes übergriff, vernichtete wohl auch die schriftliche Überlieferung der Frühzeit.[10]

Über das Personal der bischöflichen Kanzlei im Mittelalter liegen bislang keine Informationen vor.[11] Aus dem Jahr 1385 ist die älteste Vikariatsrechnung erhalten, eine Quelle, die neben Einnahmen aus Steuern und Gebühren auch Ausgaben für Gehälter, Bürobedarf und Sondermaßnahmen dokumentiert und so Informationen sowohl über den Personalstand als auch die bauliche und verwaltungstechnische Entwicklung der Kanzlei bietet. In den ersten Rechungsjahrgängen erscheinen noch keine Ausgaben für Kanzleipersonal, nur die Boten wurden eigens bezahlt. Vermutlich wurde die Kanzlei als Verwaltungszentrale mit Mitgliedern des Konsistoriums besetzt, so daß keine zusätzlichen Personalkosten entstanden. Es erscheinen aber Handwerker, die in der bischöflichen Residenz Reparaturen durchführten.[12] Aussagekräftiger werden die Rechnungen ab der Mitte des 16. Jahrhunderts. Im Jahr 1567 waren in der Kanzlei ein Notar, ein Substitut und Prokurator, ein Prokurator und ein vereidigter Bote sowie ein Hausknecht tätig. Dieser Personalstand blieb in den folgenden Jahren weitgehend unverändert. Auch scheinen die Stellen längere Zeit von der gleichen Person versehen worden zu sein.[13] Über den Stand der Angestellten – geistlich oder weltlich – und ihre Ausbildung gibt die Rechnung kaum Auskunft. Die vermutlich in Schränken oder Truhen verwahrten Akten wurden in dieser Zeit zusätzlich in Leinensäckchen verpackt, der Aktenschrank mit einem Schloß gesichert.[14]

Josef Heckenstaller, ab 1780 Registrator des Bistums, gab in seiner 1787 verfassten *Relation über die Konsistorial-Registratur*[15] an, Bischof Albrecht von Törring habe das Konsistorialarchiv erbauen und die Akten von Juni 1615 bis November 1616 ordnen lassen. Die Vikariatsrechnungen 1615-1617

9 Vgl. HAUSBERGER: Geschichte (wie Anm. 8) Bd. 1, S. 156-157 u. S. 164-165. Zur frühen Behördengeschichte des Bistums Regensburg vgl. Stephan ACHT: Urkundenwesen und Kanzlei der Bischöfe von Regensburg vom Ende des 10. bis zur ersten Hälfte des 13. Jahrhunderts. Traditionsurkunde und Siegelurkunde bis zur Entstehung einer bischöflichen Kanzlei (Diss. masch. München), Regensburg 1998.

10 Vgl. Edmund STAUFFER: Der Bischofshof in Regensburg. Die historische Residenz der Regensburger Bischöfe, Regensburg ²1997; 1904/2004. Der Deutsche Katholikentag 1904 zu Regensburg und der Umbau des Bischofshofs, Regensburg 2004 (BZAR/BZBR, Kataloge und Schriften 20).

11 Zum Personal der bischöflichen Kanzlei mit Archiv und Bibliothek vgl. Camilla WEBER: Archivare und Registratoren des Bistums Regensburg, in: Werner CHROBAK/Karl HAUSBERGER (Hrsg.): Kulturarbeit und Kirche. Festschrift Msgr. Dr. Paul Mai zum 70. Geburtstag, Regensburg 2005 (Beiträge zur Geschichte des Bistums Regensburg 39) S. 745-757.

12 Vgl. Johann GRUBER: Vikariatsrechnungen und Steuerregister als Quellen zur spätmittelalterlichen Geschichte des Bistums Regensburg, in: Walter KOCH u.a. (Hrsg.): Auxilia Historica. Festschrift für Peter Acht zum 90. Geburtstag, München 2001 (Schriftenreihe zur bayerischen Landesgeschichte 132) S. 73-84, hier S. 79. Im Jahr 1414 wurden umfangreiche Renovierungsarbeiten am Bischofshof durchgeführt; die Rechnung listet seitenweise Baubedarf sowie die entsprechenden Kosten für Handwerker auf. Auf die Inneneinrichtung wie etwa Schränke oder Aktentruhen kann man jedoch keine Rückschlüsse ziehen; vgl. BZAR Vikariatsrechnung 1414.

13 BZAR Vikariatsrechung 1567; ähnlich folgende Jahre. Vgl. auch WEBER: Archivare (wie Anm. 11) S. 747.

14 BZAR Vikariatsrechnung 1575.

15 BZAR OA 3744. Zu Heckenstaller und seiner Tätigkeit als Registrator siehe weiter unten.

Archivtruhen (18. Jahrhundert)

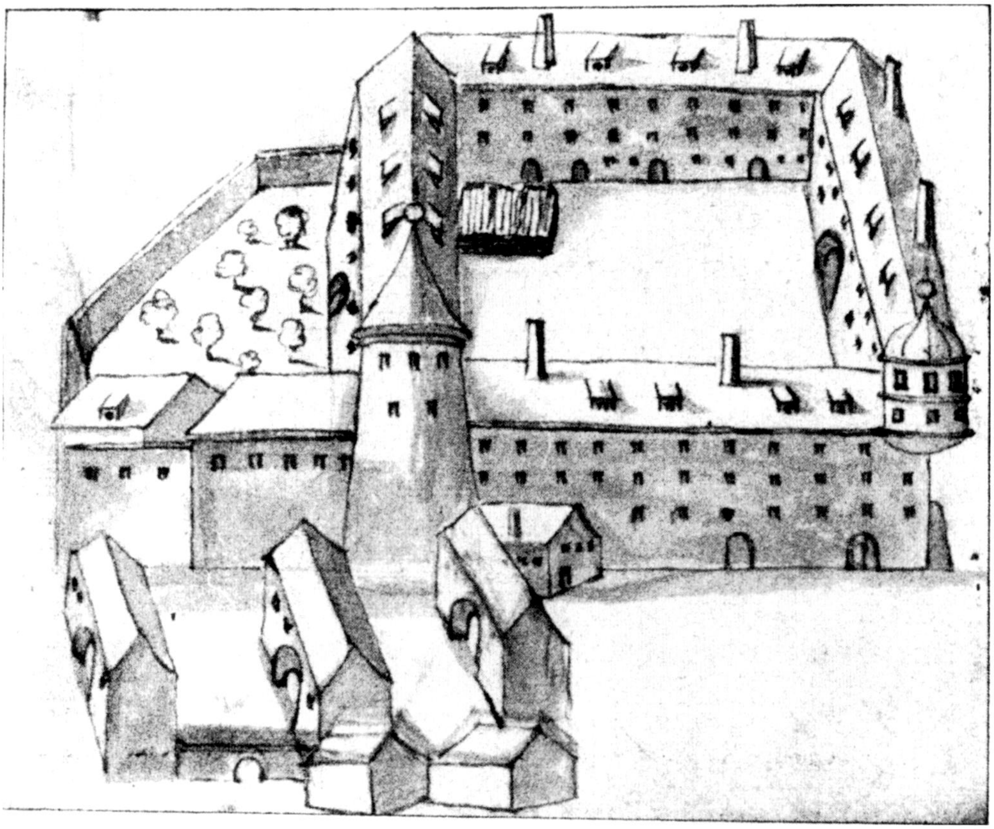

Regensburg, Bischofshof um 1650 (Fürst Thurn und Taxis Hofbibliothek, Regensburg)

weisen jedoch keinen eigenen Posten für zusätzliche Arbeit oder neue Einrichtung für das Archiv auf. Während des Dreißigjährigen Krieges sind die Aufzeichnungen lückenhaft. Im Herbst 1631 floh Bischof Albert von Törring ins österreichische Pöchlarn, während der Domschatz und wahrscheinlich auch wertvolle Urkunden nach Wien in Sicherheit gebracht wurden und erst um 1635 zurückkehrten. Kanzlei und Registratur in Regensburg erhielten ihren Betrieb aber auch während des Krieges aufrecht.[16]

Das Konsistorialarchiv bis zur Säkularisation

Die Verwüstungen des Krieges veranlaßten Bischof Franz Wilhelm von Wartenberg, im Jahr 1650 eine Diözesansynode abzuhalten, deren Beschlüsse auch einen Abschnitt *de archivio episcopali*[17] enthielten. An die Pfarrer des Bistums erging die oberhirtliche Weisung, innerhalb von sechs Monaten ein Inventar der Kirchengüter in zweifacher Ausfertigung zu erstellen und ein Exemplar davon an

16 Vgl. HAUSBERGER: Geschichte (wie Anm. 8) Bd. 1, S. 333; Simon FEDERHOFER: Albert von Törring. Bischof von Regensburg (1613-1649), in: Beiträge zur Geschichte des Bistums Regensburg 23/24 (1989) S. 257-267; WEBER: Archivare (wie Anm. 11) S. 748.

17 Josef LIPF: Oberhirtliche Verordnungen und allgemeine Erlasse für das Bisthum Regensburg vom Jahr 1250-1852, Regensburg 1853, S. 56.

das bischöfliche Archiv abzugeben. Diese Inventare sollten alle zehn Jahre revidiert werden. Inwiefern die Erstellung der Repertorien und gar deren regelmäßige Aktualisierung verwirklicht wurden, bleibt dahingestellt; immerhin ist nun aber von einem bischöflichen *Archiv* die Rede.[18] Im Zuge der häufig wechselnden, nicht immer adäquaten Besetzung des Registratorenpostens[19] ließ Bischof Albert Sigmund eine Beschreibung seiner Kanzlei anfertigen, die einen Einblick in die zeitgenössischen Verhältnisse bietet. Nach den Wirren des Dreißigjährigen Krieges befanden sich auch Registratur und Archiv in großer Unordnung; die Akten waren an verschiedenen Stellen der Verwaltung (z.B. beim Generalvikar) verstreut, die oberhirtlich angeordnete Sammlung und Neuordnung kam nicht wirklich zustande. Erst durch die Anstellung eines neuen, qualifizierten Registrators 1671 konnte teilweise Abhilfe geschaffen werden; die Klagen über die Zustände, die durch die jahrelange Vakanz des Registratorenamtes entstanden waren, ziehen sich auch durch die folgenden Jahrzehnte.[20]

Mit Johann Wolfgang Kolmer übernahm von 1755 bis 1780 zum ersten Mal für längere Zeit ein Geistlicher das Amt des Registrators. Kolmer ordnete u.a. die Verlassenschaftsakten mit Hilfe einiger Seminaristen; es erfolgte aber auch eine unkontrollierte und massenhafte Kassation von Akten.[21] Bischof Johann Theodor sah sich 1760 zum Erlass einer Kanzleiordnung bewogen, um der ständig wachsenden Verwaltungsarbeit und der Unordnung wieder Herr zu werden. Diese Verordnung richtete das Amt des Kanzleidirektors ein, regelte den Parteiverkehr, die Arbeitszeiten und die Aufgaben des Personals, so auch des Registrators:

Das Officium Registratoris ist die acta zu registriren, in completo statu zu conserviren, die concepten sobald die Cancellisten mit dem Abschreiben fertig, ad reliqua zu nehmen, nit aber auf denen fenstern zu lassen, sich bey jeden Act zu informiren, wie weit solcher gedyhen, umb auf befragen eine Erläutterung geben zu können; wann ein Act zur Einsicht währenden Rhats Sessionen anverlangt wird, hat er sich zu erkhundigen, in wessen handen sich selber befünde, annotation hierüber zu führen, dann öfters darumen Nachfrag zu keinen aber aus der Canzley zu geben, auch auf Verlangen eines Raths der herinnen nit zu arbeiten, oder von dem Praeside nit erlaubnuss hat. Weiters beschäfftiget sich der Registrator die in denen Cästen zerstreuete alte Acta in Ordnung zu samlen, zu rubriciren, und die materias seu puncta zu separiren. Jene so die excessus das matrimonial und debit-weesen concerniren von mehr als 50 Jahren aber herrühren, hat selber inzwischen bey seits zu legen, und darüber Verhaltungs Resolution zu erhollen. Dergleichen Occupation ist von solcher beschaffenheit das sie Ihren Mann alleine erfordert, wessentwegen sich dann registrator ins künfftig lediglich mit deme nit aber zu gleich mit Vertrettung der Canzellisten Stelle beschäfftigen wird, wordurch nur ersteres gehemt werden, und die vorige Confusion der Registratur anstatt selbe zu heben, vielmehr anschwellen thätte. Da bevorab Ihme auch obgelegen seyn will bey einrichtung des Archivs nach thuentlichkeit Hand zu leisten.[22]

Bereits 1757 hatte der Bischof die *Aufstellung eines besonderen Archivarii*[23] beschlossen und zu diesem Amt Dr. theol. Georg Sebastian Dillner (1721-1775) bestimmt, Kanonikus und ab 1772 Dekan des Kollegiatstifts St. Johann in Regensburg. Er scheint in der Ordnung des Archivs Fortschritte gemacht zu haben, denn Bischof Klemens Wenzeslaus bestimmte 1764 mit Genugtuung, daß man auf diesem Wege fortfahren und auch die Kanzlisten heranziehen solle.[24] Die Neuregelung der Diözesan-

---

18 LIPF: Verordnungen (wie Anm. 17) S. 56.

19 Vgl. WEBER: Archivare (wie Anm. 11) S. 749.

20 Vgl. BZAR OA-Gen 632 u. OA 3744; WEBER: Archivare (wie Anm. 11) S. 750-751; Camilla WEBER: Aktenberge, Geldsorgen und schlechte Straßen. Aus dem Leben eines bischöflichen Registrators im 17. Jahrhundert, in: Beiträge zur Geschichte des Bistums Regensburg 44 (2010) S. 63-79.

21 Vgl. BZAR OA 3744 (Heckenstaller-Relation), siehe unten.

22 BZAR OA-Gen 724. Vgl. auch BZAR OA 3744, Heckenstaller-Relation, S. 5.

23 BZAR OA-Gen 724.

24 Vgl. BZAR OA-Gen 2896. Zur Biographie Dillners vgl. Johann GÜNTNER: Dr. Johann Sebastian Dillner, Stiftsdekan bei St. Johann in Regensburg (1721-1775), Regensburg (masch.) 1991.

Dr. Georg Sebastian Dillner (1721-1775) (Kollegiatstift St. Johann, Regensburg)

verwaltung[25] wurde notwendig, da immer mehr Amtsgeschäfte in der Kanzlei abzuwickeln waren. Im Konsistorium wurde eine dritte wöchentliche Sitzung eingeführt; eine Aufstockung des Personals als notwendig erachtet. Dabei wollte man in Zukunft aber nur mehr Geistliche berücksichtigen, um das Dienstgeheimnis besser zu wahren und die Kosten für hinterlassene Witwen und Kinder der Laienangestellten zu minimieren.[26]

Bischof Maximilian Prokop berief am 15. Juni 1780 den 1748 in Regensburg geborenen Dr. theol. Josef Heckenstaller zum Registrator, der sich an seinen Amtsantritt folgendermaßen erinnerte:

Anno 1780 den 15. Juno noch am Tage meiner Verpflichtung zeigte mir auf mein Bitten der dortmalige Kursor Angerer seelig die Schlüssel zum Archiv, und zu den Registraturen. Wir giengen alles durch, sperrten Kasten für Kasten auf, ich zog dort und da einen Bischel heraus, und stekte ihn nach einiger Durchspehung wieder hinein, fragte, ob nicht wenigstens ein Index generalissimus über die Kästen vorhanden seye, und erhielt zur Antwort: Nein. – Ich kann vor Gott betheuern, daß ich in meinem Leben nie so schwer geathmet habe, als dortmals. Das Archiv, und die Registraturen des Konsistoriums enthalten 51 Kästen, und darin 1407 Fächer, ohne die Stellagen zu rechnen. Diese Fächer aber sind in der Größe sehr unterschieden: doch fassen gar viele eine solche Menge der Akten, das sie nur aus Einem kaum in den größten Wäschkorbe ausgeleert, und von 2 Männern getragen werden können.[27]

Heckenstaller machte zunächst eine Bestandsaufnahme des vorhandenen Schriftgutes und erstellte dann eine systematische Ordnung, nach der das anfallende Schriftgut in Zukunft geordnet werden sollte – der erste Aktenplan in der Geschichte der Regensburger Diözesanverwaltung, der in der gedruckten *Hochfürstlich-bischöflich-Regensburgischen Hofraths- und Kanzleyordnung*[28] vom 7. September 1787 seinen offiziellen Niederschlag fand. Akteneinsicht war auch den Konsistorialräten nur nach Genehmigung durch den Bischof erlaubt. Die Unterbringung der Akten sollten in von *Feuer und Feuchtigkeit freyen Orten, auch wohl verschlossenen, dazu eigens verfertigten, mit Handgriffen versehenen transportablen Kisten dergestalt verwahret werden, daß sie im Nothfalle und entstehender Feuersgefahr, oder mislichen Kriegsläuften geschwind von dannen gebracht, und gerettet werden können.*[29] Leider blieb dem Systematiker Heckenstaller keine Zeit, sein Werk in Regensburg zu vollenden. 1788 berief ihn Maximilian Prokop, Bischof von Regensburg und Freising, zum Geistlichen Rat nach Freising; als Nachfolger wurden Dr. theol. Johann Josef Wolfgang Ecker (1752-1831) als Registrator und der Kanzlist Deochar Mayerhofer als Adjunkt berufen.[30]

---

25 Als eine Folge dieser Regelung wurde ab 1765 jährlich der *Schematismus* des Bistums Regensburg von der Kanzlei herausgegeben, in dem auch das Kanzleipersonal mit Namen und Funktionen enthalten ist. Zu den Funktionen des Konsistoriums im 18. Jahrhundert vgl. HAUSBERGER: Geschichte (wie Anm. 8) Bd. 1, S. 155-166.

26 BZAR OA-Gen 726.

27 BZAR OA 3744, Heckenstaller-Relation S. 8. Zu dieser *Relation* vgl. ausführlich Stephan ACHT: Studien über die von Joseph Heckenstaller im Jahre 1787 verfasste „Relation" über die Registratur und das Archiv des Regensburger Konsistoriums, in: Werner CHROBAK/Karl HAUSBERGER (Hrsg.): Kulturarbeit und Kirche. Festschrift Msgr. Dr. Paul Mai zum 70. Geburtstag, Regensburg 2005 (Beiträge zur Geschichte des Bistums Regensburg 39) S. 759-775.

28 BZAR OA-Gen 4096, Kanzleiordnung 1787. Vgl. auch BZAR OA 3744, Heckenstaller-Relation. Für seine Arbeit wurde eigens eine Landkarte von Appian für 7 Gulden 12 Kreuzer angeschafft; vgl. BZAR Vikariatsrechnung 1784.

29 BZAR OA-Gen 4096, Kanzleiordnung 1787, § 43.

30 Vgl. BZAR OA-Gen 757; Schematismen des Bistums Regensburg 1788-1831; Martin RUF: Joseph Heckenstaller als Freisinger Hochstiftsarchivar, in: Beiträge zur altbayerischen Kirchengeschichte 33 (1981) S. 115-129.

1803 trat Dr. theol. Friedrich Eder sein Amt als Registrator an.[31] Er führte die Registratur durch die Säkularisation und den Auszug aus dem Bischofshof, nachdem 1810 das Fürstentum Dalbergs an Bayern übergegangen war und auch umfangreiches Archivmaterial an den Staat hatte abgegeben werden müssen. Im April 1811 kursierten Gerüchte, das Bischöfliche Ordinariat samt Archiv und Registratur müsse den nun in staatlichem Besitz befindlichen Bischofshof verlassen. Im Mai kam die Weisung, Räume im Königlichen Stadtgericht zu beziehen.[32] Diese Zimmer wurden aber als zu klein und daher umbaubedürftig befunden. Als angemessenen Raumbedarf für das Ordinariat bestätigte die Regierung neben vier Amtsräumen auch einen Archivraum, der im Gewölbe links von der Einfahrt eingerichtet werden sollte. Doch ging ab Juli 1811 der Umzug nicht ohne Probleme vonstatten, denn der Direktor des Stadtgerichts verweigerte die Herausgabe der Schlüssel, verzögerte die Renovierung und behinderte die Einfahrt in den Hof. Erst nach Beschwerden des Bischofs und Rügen der Regierung gab er Mitte September 1811 seinen Widerstand auf. Die provisorische Unterbringung stellte sich schnell als völlig ungeeignet heraus: es konnten weder für Archiv noch Registratur die nötigen Infrastrukturen eingebaut werden, noch gab es für die ständigen Sitzungen adäquate Räume. Sogar ein Einbruch musste hingenommen werden.[33]

Am 6. November 1821 wurde dem Bischof von Regensburg durch den bayerischen Staat das ehemalige Damenstift Niedermünster als neuer Amtssitz übergeben. Auch Archiv und Registratur zogen unter Aufsicht Friedrich Eders sechs Wochen lang wieder um.[34] In den folgenden Jahrzehnten wurden meistens Domvikare mit der undankbaren Aufgabe des Registrators betraut, die aufgrund des laufenden Tagesgeschäftes kaum Zeit für die Ordnung der älteren Akten ließ. Heinrich Bauernfeind bat zum Jahreswechsel 1831/32 dringend um die Anstellung eines zusätzlichen *brauchbaren und thätigen Arbeiters*[35], da seit Monaten die Taxgelder unverrechnet und die Protokolle unregistriert blieben; Archivalien könne man nur bei Tageslicht heraussuchen. Zur Bekräftigung stellte Bauernfeind eine Statistik auf: so arbeiteten im Bistum Passau mit 200 Pfarreien fünf Büroangestellte in der Kanzlei, während in Regensburg bei 450 Pfarreien nur drei Personen angestellt waren. Bischof Johann Michael Wittmann stellte daraufhin Josef Lipf als Registrator ein. Ihm folgte im Oktober 1833 Josef Stettner, dem Bischof Franz Xaver Schwäbl besonderen Fleiß attestierte. Nach Matthias Wieser (1844-1855) übernahm Wilhelm Reber bis 1861 das Registratorenamt. Auch als Kanonikus der Alten Kapelle blieb Reber bis ca. 1870 als Archivar in der Kanzlei tätig; in den Jahren 1859/60 half zusätzlich Oberleutnant a.D. Josef Rudolf Schuegraf bei der Ordnung der Altakten. In den folgenden Jahren wechselten die Registratoren häufig, in einigen Jahren wurde auch eine zweite Registratorenstelle eingerichtet. Ab ca. 1964 wurde die Registratur nicht mehr durch Geistliche, sondern durch Laien besetzt.[36]

Bischof Ignatius von Senestrey (1858-1906) verfaßte um 1885 einen Bericht über den *Zustand der bischöflichen Wohnung bei meinem Bistumsantritt 1858*[37] und über die unter seiner Ägide er-

31 Dr. theol. Friedrich Eder, geboren am 24.5.1767 in Stadtamhof, zum Priester geweiht am 2.9.1792, bis 1822 Registrator, wurde im Februar 1827 Domherr und starb am 2.5.1831; vgl. Schematismus des Bistums Regensburg 1832.

32 Vgl. BZAR OA-Gen 706; Popp: Zentralarchiv (wie Anm. 2) S. 302. Zum weiteren Schicksal des Bischofshofs vgl. Stauffer: Bischofshof (wie Anm. 10) S. 28-29; Katholikentag 1904 (wie Anm. 10); Das Königliche Kreis- und Stadtgericht befand sich ab 1810 im ehemaligen *Eichstätter Hof*, Lit. G 75-76, heute Am Brixner Hof 2 (Grundstück des jüdischen Gemeindehauses und der Landeszentralbank).

33 Vgl. Bericht vom 9.1.1819, in BZAR OA-Gen 706.

34 Vgl. Stauffer: Bischofshof (wie Anm. 10) S. 37-39; BZAR BDK 11; OA-Gen 115 u. 4044.

35 BZAR OA 1582.

36 Zu Reber vgl. Camilla Weber: Die Dekane, Kanoniker und Chorvikare der Alten Kapelle seit 1830, in: Beiträge zur Geschichte des Bistums Regensburg 34 (2000) S. 259. BZAR BDK 11. Reber und Schuegraf führten eine umfangreiche Kassation durch; das anfallende Altpapier wurde an den Papierfabrikanten Pustet abgegeben. Im Sommer 1850 wurden nach Schuegrafs Bericht im Regensburger Rentamt (heute Emmeramsplatz 2) alle bis dahin dort gelagerten Archivalien des Hochstifts, der Stifte Ober-, Mittel- und Niedermünster und anderer Provenienzen im Umfang von ca. 6000 Nummern als Makulaturpapier versteigert; vgl. Josef Rudolf Schuegraf: Nachträge zur Geschichte des Domes von Regensburg, in: Verhandlungen des Historischen Vereins für Oberpfalz und Regensburg 16 (1855) S. 11-12. Vgl. auch Weber: Archivare (wie Anm. 11) S. 755-756.

37 BZAR OA 3546.

Regensburg, Domkapitelhaus, Archivschränke (Staatliches Bauamt Regensburg)

folgten Umbauten. Daraus lassen sich Rückschlüsse auf die Raumverteilungen zwischen der Übernahme von Niedermünster durch das Bistum und den 1860er Jahren ziehen: Archiv und Registratur waren in den Gewölben des Erdgeschosses nahe des Backofens untergebracht, die bischöfliche Wohnung befand sich im ersten Stock. Nur an dieser vorbei gelangte man in den zweiten Stock zu Ordinariatsräumen und Bischöflicher Administration. Die Registratur der Administration wiederum befand sind im ersten Stock in einem Gewölbe am Ende der bischöflichen Wohnung nahe der Niedermünsterkirche. Bischof Senestrey ließ u.a. diese Registratur entfernen und für den Generalvikar im zweiten Stock Amtsräume einrichten; für die Ordinariats-Registratur schuf man nach dem Erwerb der ehemaligen Niedermünsterbrauerei um 1868 in diesem Gebäude neue Räume. Problematisch blieb im Winter die Heizbarkeit des ganzen Komplexes, da kaum Winterfenster vorhanden und viele der Öfen nicht funktionsfähig waren.[38] Der Zustand der bischöflichen Residenz blieb dann vermutlich auch unter Senestreys Nachfolger Antonius von Henle (1906-1927) weitgehend unverändert.

Das Domkapitelsche Archiv bis zur Säkularisation

Das Domkapitel (ab dem Beginn des 17. Jahrhunderts bis 1810 bestehend aus 15 Kapitularen) stand ursprünglich in rechtlicher und wirtschaftlicher Hinsicht ganz unter der Aufsicht des Bischofs, konnte diese Aufsicht aber im Laufe des Mittelalters immer weiter zurückdrängen und seinen Anspruch auf Mitregierung im Bistum durchsetzen.[39] Nach dem Brand des Bischofshofes 1273 und dem darauffolgenden Neubau des Domes wurden über zwei Kapellen des Hauptschiffes nur vom Dominneren her zugängliche Räume geschaffen, die als Sakristei- und möglicherweise auch Archivräume dienen konnten.[40] Das Domkapitelsprotokoll von Juli und August 1614 erwähnt einen geplanten Umbau in den Kapellen St. Michael und Divisio Apostolorum im Erdgeschoss des Domkapitelhauses, in denen *die Liberey und andere schrifften und Acta*[41] verwahrt wurden. Dieser Umbau mit Durchbrechung von tragenden Mauern scheiterte aber am Widerstand des Domkapitels bezüglich der Kostenübernahme. Im Sommer 1622 wurde angemahnt, abgängige Urkunden und Schriften wieder an ihren ursprünglichen Standort ins Kapitelhaus zu verbringen.[42]

Für das Schriftgut des Regensburger Domkapitels gab es im Laufe der Jahrhunderte zwei hauptsächliche Standorte: die Obergeschosse der Seitenkapellen der Domkirche und der Domsakristei im Domgarten, sowie direkt neben dem Sitzungssaal einen weiteren Raum im Domkapitelhaus. In der Domsakristei befand sich bis 1812 das sogenannte *Geheime Archiv* des Domkapitels.[43]
Die Benutzbarkeit des Domkapitelschen Archivs (für den Geschäftsgebrauch des Domkapitels, aber nicht für eine Erforschung durch Außenstehende) – *pro tempore huius qualitate atque faciliori dispositione et usu*[44] – sollte im Laufe der Jahrhunderte immer wieder durch Ordnungs- und Verzeichnungsarbeiten verbessert werden. So erstellte Johannes Lackhner im ausdrücklichen Auftrag des Domkapitels im Jahr 1585 nach mehrjährigen Vorarbeiten einen umfangreichen Band mit dem Titel

---

38 Vgl. BZAR OA 3546 u. 179.

39 Vgl. HAUSBERGER: Geschichte (wie Anm. 8) Bd. 1, S. 163-164 u. S. 179-184.

40 Vgl. Achim HUBEL/Manfred SCHULER: Der Dom zu Regensburg, Regensburg 1995, S. 13.

41 BZAR BDK 9226, fol. 96. Vgl. auch Simon FEDERHOFER: Albert von Törring. Fürstbischof von Regensburg (1613-1649), in: Beiträge zur Geschichte des Bistums Regensburg 3 (1969) S. 33. Aus dem Protokoll lässt sich allerdings nicht schließen (wie Federhofer es tut), der Umbau habe mehr Platz für Archiv und Bibliothek [des Domkapitels] schaffen sollen; vielmehr sollten die in den Kapellen verwahrten Akten und Bücher während der Baumaßnahme geschützt werden. Zum Domkapitelhaus vgl. Die Kunstdenkmäler der Oberpfalz XXII (Stadt Regensburg I), München 1933, S. 196-206.

42 Vgl. Domkapitelsprotokoll 16.7.1622, in BZAR BDK 9230 fol. 343.

43 Vgl. BZAR BDK Alte Registratur 140 u. NL Lehner 9.

44 BZAR BDK 30, Vorrede.

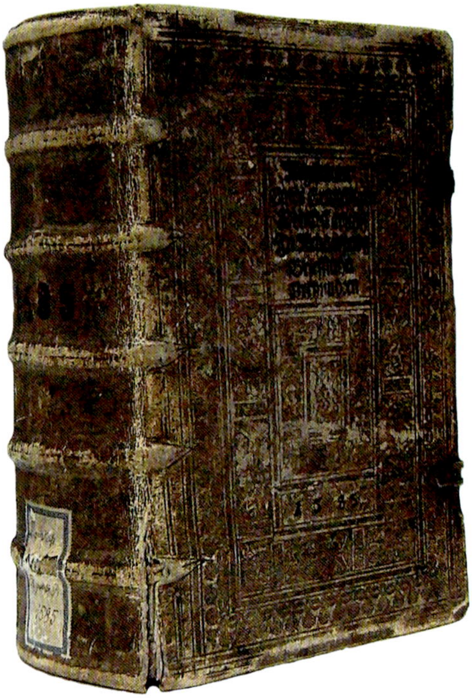 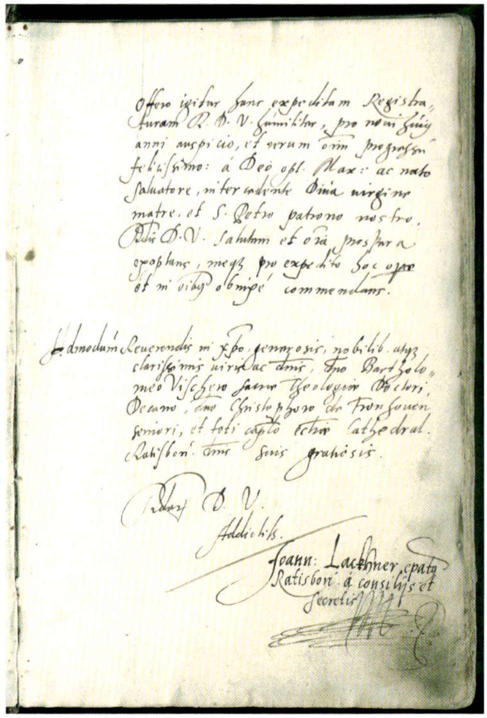

Repertorium zum Archiv des Regensburger Domkapitels, erstellt von Johann Lackhner (um 1585)

Registratur Eines Erwirdigen Domb Capituls in Regenspurg Brieflicher Urkunden[45], eines der ältesten erhaltenen Findmittel zum Archiv des Regensburger Domkapitels. Auch nach den Wirren des Dreißigjährigen Krieges gingen diese Bemühungen weiter, denen jedoch anscheinend nur wenig Nachhaltigkeit beschieden war. Im Jahr 1702 beantragte das Domkapitel, das Schriftgut wieder in die alte Ordnung bringen zu lassen, um benötigte Dokumente schneller auffinden zu können. Zu diesem Zweck sollten neue Schränke mit Schubladen angefertigt werden, um die Akten zusätzlich vor Staub zu schützen. Bereits 1737 wurde die gleiche Forderung erneut erhoben. [46]

Im Jahr 1812 wurde das bis dahin oberhalb der Domsakristei aufbewahrte *Geheime Archiv* des Domkapitels in das feuerfeste äußere Archiv des Domkapitelhauses verbracht. Im Jahr 1821, nach der Neuorganisation der bayerischen Bistümer[47], befand sich das Archiv des Regensburger Domkapitels weiterhin an gleicher Stelle. Der bayerische Staat beanspruchte für einen Teil der Archivalien ein Miteigentumsrecht und versuchte immer wieder, eine Trennung in rein geistliche Betreffe, die beim

45 Vgl. BZAR BDK 30. Der Band im Umfang von rund 600 Seiten ist in einen hölzernen, mit Leder überzogenen Einband mit 2 Metallschließen gebunden. Die Vorderseite des Umschlags ist mit Ornamenten und Szenen aus dem Leben Jesu sowie in der Mitte mit dem genannten Titel geprägt. Lackhner erstellte im Jahr 1586 auch ein Repertorium für das Archiv des Kollegistatifts zur Alten Kapelle (vgl. BZAR AK 1462). Diese Arbeiten könnten in Zusammenhang mit den Maßnahmen Papst Sixtus V. zum Archiv- und Registraturwesen und im allgemeinen Kontext der Reformen durch das Konzil von Trient (beendet 1563) gesehen werden.

46 Vgl. Domkapitelsprotokoll 1702, in BZAR BDK 9277 fol. 311'-312, und 3.7.1737, ebd. BDK 9307 fol. 377-378. Die beantragten Schränke sind vermutlich diejenigen, die sich bis heute um Domkapitelhaus befinden. Vgl. Edgar Krausen: Alte Archivräume und Archiveinrichtungen. Bildbericht über Kloster- und Stiftsarchive in Bayern, Schwaben und Österreich, in: Archive. Geschichte – Bestände – Technik. Festgabe für Bernhard Zittel, München 1972, S. 32 (Mitteilungen für die Archivpflege in Bayern, Sonderheft 8).

47 Vgl. Hausberger: Geschichte (wie Anm. 8) Bd. 2, S. 84-112.

Domkapitel verbleiben sollten, und staatsrechtlich relevante Betreffe, die an den Staat gehen sollten, herbeizuführen – eine Maßnahme, gegen die sich u.a. Domkapitular und Regens Georg Michael Wittmann heftig wehrte. Carl Theodor Gemeiner (1756-1823), (evangelischer) Archivar und Bibliothekar der Stadt Regensburg, der ab 1810 im Auftrag des bayerischen Staates für alle Regensburger Archive zuständig war, versuchte bei der Auswahl der nach München abzugebenden Akten den Anspruch des Staates vehement durchzusetzen, was aber durch den von kirchlicher Seite abgestellten Archivar der säkularisierten Abtei St. Emmeram Roman Zirngibl (1740-1816) immer wieder torpediert wurde.[48] Nach Zirngibls und Gemeiners Tod wurden von seiten des Domkapitels der ehemalige Archivar des Schottenklosters St. Jakob und seit 1821 Kanonikus am Regensburger Dom, Archibald Augustin Mac Iver (1782-1830), und Domvikar Thomas Ried als Beauftragte eingesetzt. Am 30.6.1825 wurden Teile des Domkapitelarchivs (insgesamt ca. 1000 Nummern) wieder an ihren ursprünglichen Platz oberhalb der Domsakristei verbracht und mit einem eigenen Schloss versehen.[49] Bei dem erwähnten Raum über der Domsakristei kann es sich nur um die am südlichen Querhausarm angebaute Sakristei handeln, die insgesamt drei Geschosse aufweist: die Nikolauskapelle, darüber die Winterkapelle und ganz oben die Domschatzkammer mit großen Wandschränken. Die Nikolauskapelle gehört zu den ältesten Bauteilen des gotischen Domes; sie ist durch hochliegende Fenster belichtet und durch zwei Türen von außen zugänglich; in der Mitte des Raumes trägt eine Säule ein aufwendiges Rippengewölbe.[50]

Regensburg, südlicher Sakristeianbau am Dom (Ansicht von Osten)

Die Trennung der Archivalien kam erst mit der Durchführung der Purifizierung des Domes wieder in den Blickpunkt. Da Bischof Franz Xaver Schwäbl den oberen Stock der Domsakristei zur Aufbewahrung von Paramenten nutzen wollte, sollten die Akten je nach Betreff der staatlichen bzw. der kirchlichen Registratur zugeschlagen werden. Zur besseren Bearbeitung wurde 1836 das gesamte Archivgut wieder aus der oberen Sakristei ins Domkapitelhaus überführt. Dort scheinen die Akten dann verblieben zu sein, denn für das Jahr 1887 werden sowohl der dem Domkapitel allein gehörende Teil des Archivs (überwiegend Schriftgut der Domkapitelschen Stiftungen und Sitzungsprotokolle) als auch der in gemeinsamem staatlich-kirchlichem Besitz befindliche Anteil als im Domkapitelhaus befindlich erwähnt. 1894 stellte das Domkapitel den Antrag auf Verlegung des gemeinsamen

48 Vgl. Hermann HAGE: Der Regensburger Historiker und Archivar Carl Theodor Gemeiner (1756-1823). Leben, Werk und Bedeutung für die Geschichtsschreibung des späten 18. und frühen 19. Jahrhunderts, in: Verhandlungen des Historischen Vereins für Oberpfalz und Regensburg 123 (1983) S. 207-227; DERS.: Diener dreier Herren. Der Regensburger Stadtarchivar und –bibliothekar Carl Theodor Gemeiner, 1756-1823, in: Martin DALLMEIER u.a. (Hrsg.): Das Fürstentum Regensburg. Von der freien Reichsstadt zur bayerischen Kreishauptstadt. Kunst und Geschichte im Spannungsfeld von Klassizismus und Romantik (1789-1848), Regensburg 2003 (Beiträge des 17. Regensburger Herbstsymposions für Kunst, Geschichte und Denkmalpflege vom 22. bis 24. November 2002) S. 135-138.

49 Vgl. BZAR NL Lehner 9. Zu Mac Iver vgl. Scoti Peregrini in St. Jakob. 800 Jahre irisch-schottische Kultur in Regensburg, Regensburg 2005 (BZAR/BZBR Kataloge und Schriften 21) S. 233-234.

50 Vgl. Friedrich FUCHS: Der Dom St. Peter in Regensburg, Regensburg 2010, S. 60.

Archivdirektor Msgr. Johann Baptist Lehner (1890-1971)

Archivs in die trockene und feuerfeste St. Nikolaus-Kapelle an der Südostecke des Presbyteriums der Kathedrale; diese Initiative wurde im August 1894 in die Tat umgesetzt. Die Anregung der bayerischen Regierung, einen eigenen Archivar zur Betreuung dieser Bestände anzustellen, wurde vom Domkapitel aber nicht aufgegriffen. Erst mit der Anstellung Johann Baptist Lehners als Diözesanarchivar erhielt auch das Archiv des Domkapitels eine adäquate fachliche Betreuung. Lehner verhinderte zu Beginn der 1930er Jahre eine Überführung des vom Staat beanspruchten Domkapitelschen Archivs ins Hauptstaatsarchiv in München; noch um 1940 diente die Nikolauskapelle als Archivstandort.[51]

Das Archiv des Hochstifts

Das Hochstift des Bistums Regensburg definiert sich im Unterschied zum geistlichen Amtsbezirk des Bischofs als dessen materielle Ausstattung, v.a. die der weltlichen Herrschaft des Bischofs unterworfenen Territorien, wie sie im Hochmittelalter grundgelegt wurden. Bis zur Säkularisation bildeten die Hochstifte im Reich eigene geistliche Fürstentümer.[52] „Die Frage nach den Grundlagen der geistlichen Herrschaft führt wie andernorts auch in Regensburg zurück bis in die Gründungszeit des Bischofssitzes und seine Erstausstattung mit Gütern, die in der karolingischen und ottonischen Epoche eine erhebliche Ausweitung erfuhr, nicht zuletzt als Ausfluß intensiver Kolonisations- und Missionstätigkeit im Osten."[53] Die vermögensrechtliche Trennung von der Abtei St. Emmeram schwächte das Hochstift erheblich; selbst in der Bischofsstadt Regensburg musste sich der Oberhirte mit der Herrschaft über den Dombezirk, das Territorium um die bischöfliche Residenz, begnügen. Im Mittelalter war der Regensburger Bischofssitz der ärmste im Reich; unmittelbare Landesherrschaften bestanden nur in Wörth an der Donau, Hohenburg auf dem Nordgau und Donaustauf. Dazu kamen verstreute Mediatbesitzungen in Altbayern und Pöchlarn in Niederösterreich. Zu Beginn des 17. Jahrhunderts, als sich das Konsistorium bzw. der Geistliche Rat etablierte, entstand auch der sogenannte *Hof- und Kammerrat* als Behörde zur Verwaltung des Hochstiftes, dem neben den Domkapitularen mehrere weltliche Juristen angehörten.[54]

Der Hofkammerrat besaß eine eigene, vom Konsistorium getrennte Registratur, wenn auch durch die häufige Personalunion von Domkapitularen, Hofkammerräten, Konsistorialangehörigen und Kanzleimitarbeitern immer wieder einzelne Akten und Teilbestände aus den verschiedenen Registraturen vermischt wurden.[55] Der genaue Lagerort des Hochstiftsarchivs und auch dessen genauer Umfang vor der Säkularisation sind nicht bekannt, vermutlich handelte es sich aber um einen Raum in der Kanzlei des Bischofshofs. Nach den heute im Bayerischen Hauptstaatsarchiv München erhaltenen Beständen müssen einmal über 7000 Urkunden (seit dem 9. Jahrhundert) und sicher genausoviele Akten (ab dem 16. Jahrhundert) vorhanden gewesen sein. Bedingt durch den Übergang Regensburgs an das Königreich Bayern wanderten auch die Akten des Regensburger Hochstifts im Jahr 1812 durch die verspätete Säkularisation nach München.[56]

---

51 Vgl. BZAR NL Lehner 9 und 380.

52 Vgl. LThK Bd. 5 (31996) Sp. 191.

53 HAUSBERGER: Geschichte (wie Anm. 8) Bd. 1, S. 167.

54 Vgl. HAUSBERGER: Geschichte (wie Anm. 8) Bd. 1, S. 168-169 u. S. 178. Ein eigener Registrator oder Archivar ist dort unter den Angestellten des Hof- und Kammerrates nicht erwähnt.

55 Dieser Effekt zeigt sich bis heute innerhalb der beiden Bestände *Altes Domkapitelsches Archiv* und *Bischöflich Domkapitelsches Archiv* oder auch in der Überlieferung des Hochstifts Regensburg (in München) und den Konsistorialakten bzw. Generalien (im Bischöflichen Zentralarchiv Regensburg).

56 Vgl. BZAR NL Lehner 9. Der zuständige staatliche Archivar verfaßte im Oktober 1812 einen Bericht über die Räumung des Bischofshofs von Archivalien, vgl. Walter JAROSCHKA: Reichsarchivar Franz Joseph von Samet (1758-1828), in: Archive. Geschichte – Bestände – Technik. Festgabe für Bernhard Zittel, München 1972 (Mitteilungen für die Archivpflege in Bayern, Sonderheft 8) S. 16, bes. Anm. 69. Die Neuordnung der Bestände von Hochstift und Domkapitel Regensburg im Bayerischen Hauptstaatsarchiv München ist derzeit im Aufbau (vgl. www.gda.bayern.de, Beständeübersicht des Bayerischen Hauptstaatsarchivs).

Das Diözesanarchiv unter Johann Baptist Lehner

Das Diözesanarchiv führte in der bischöflichen Residenz Niedermünster rund hundert Jahre ein Schatten- bzw. Winkeldasein neben den Holzlegen.[57] Die Einrichtung eines eigenen, durch einen hauptamtlichen Archivar betreuten Archivs war daher ein dringendes Anliegen der Diözesansynode, die am 2. und 3. Juli 1928 im Priesterseminar St. Jakob tagte. Neben der Stellung des Antrags auf Heiligsprechung des seligen Bischofs Albertus Magnus wurden in mehreren Referaten die Themen Schulwesen, Seminare, Kirchenmusik, Vereinswesen, Kirchenbau und kirchliche Kunst, Eremitenverbrüderung und nicht zuletzt Diözesanarchiv und –bibliothek behandelt. Der Mettener Benediktiner Wilhelm Fink referierte am 3. Juli 1928 über dieses Thema und nannte 17 Punkte, auf deren Erfüllung man beim Bischof drängte. An erster Stelle stand die Schaffung eines Diözesanarchivs, gefolgt von der Verwaltung dieses Archivs durch einen befähigten Geistlichen, dem alle geistlichen Archive der Stadt Regensburg (mit Ausnahme der Pfarrarchive) unterstehen sollten: in erster Linie Ordinariatsarchiv, Domkapitelsches Archiv und die Archive der Kollegiatstifte zur Alten Kapelle und St. Johann. Der Diözesanarchivar sollte diese Archive ordnen, sachgemäß aufstellen, verzeichnen und so der Öffentlichkeit zugänglich machen. Desweiteren wurde auf ein gewisses Maß an Fachaufsicht über die Pfarrarchive der Diözese Wert gelegt, um auch deren Erhaltung zu sichern. Als Hilfskräfte für den Archivar sollten die Theologiestudenten des Lyzeums – vergleichbar heute den Seminaristen – herangezogen werden, um sie möglichst früh in die Verwaltung von Registratur und Archiv einzuarbeiten. Zur Ergänzung des Archivguts sollte auch eine umfangreiche Diözesanbibliothek eingerichtet werden.[58]

Das stete Drängen hatte schließlich wenigstens teilweise Erfolg. Die Registratur des Bischöflichen Ordinariates befand sich nach wie vor im 2. Stock; aus Platzmangel standen die Aktenkästen auf dem Flur, so daß immer wieder Verluste an Schriftgut zu verzeichnen waren. Daher verfügte Bischof Michael Buchberger bereits 1928, wichtige Dokumente wie z.B. die Nachlässe der Bischöfe ab Johann Michael Sailer im Erdgeschoss des Niedermünstergebäudes in drei gewölbten Räumen mit neuen Regalen und Schränken unterzubringen. Die Holzlegen wurden entfernt, um Platz für das Archiv zu schaffen und gleichzeitig diesen wenig schönen Anblick zu entfernen. Zudem schuf ein Benützerzimmer mit einer kleinen Amtsbibliothek einen ersten Zugang für Dritte, die Zentralheizung ermöglichte eine Benutzung des Archivs auch im Winter. Zwei Jahre nach der Diözesansynode wurde der historisch interessierte und erfahrene Priester Johann Baptist Lehner zum Domvikar und bischöflichen Archivar, zuständig sowohl für das Ordinariats- wie das Domkapitelsche Archiv, ernannt.[59] Trotz schwieriger Arbeitsbedingungen konnte dieser nach zehn Jahren eine ansehnliche Bilanz seiner Arbeit ziehen:

Während der Bestand des Schottenklosters, der seit 1938 in Niedermünster lagerte, bereits fertig bearbeitet war und die Arbeit am Ordinariatsarchiv Fortschritte machte, war der Bestand Obermünster weiterhin unverzeichnet. Das Domkapitelsche Archiv lagerte weiterhin in einem Nebenraum des Domkapitelhauses, wo es seit der Barockzeit in Schränken und Schüben untergebracht war, sowie ein älterer Teil in der Nikolauskapelle des Domes. Lehner schlug für die Nachkriegszeit die Zusammenführung der beiden Teilbestände an einem Ort vor, als Voraussetzung für eine Neuordnung und Verzeichnung.[60] Die neuere Registratur des Domkapitels war ebenfalls auf zwei Standorte verteilt (Am Frauenbergl und Unter den Schwibbögen). Sie sollte durch Überführung archiv-

---

57 *Die Holzlegen müssen entfernt werden; man hat sonst den Eindruck, als ob man in einen Gefängnishof käme*, schrieb Weihbischof Johann Baptist Hierl am 3. Januar 1928 an den neuernannten Bischof Michael Buchberger; BZAR OA 3546.

58 Vgl. BZAR OA 179.

59 Vgl. BZAR OA 179; NL Lehner 9 und 363. Lehner, geboren 1890 in Litzlohe bei Neumarkt/Opf., wurde 1914 in Regensburg zum Priester geweiht. 1923 übernahm er die auf seine Initiative errichtete Pfarrei Krummennaab im Steinwald, vgl. Paul Mai: Archivdirektor Msgr. Johann Baptist Lehner in memoriam, in: Verhandlungen des Historischen Vereins für Oberpfalz und Regensburg 111 (1971) S. 225-226.

60 Allerdings schlug Lehner auch vor, die *veralteten Schübe* in den Schränken des Domkapitelschen Archivraumes zu beseitigen, was jedoch nicht durchgeführt wurde, so dass diese Archivschübe bis heute *in situ* erhalten geblieben sind; vgl. BZAR NL Lehner 380.

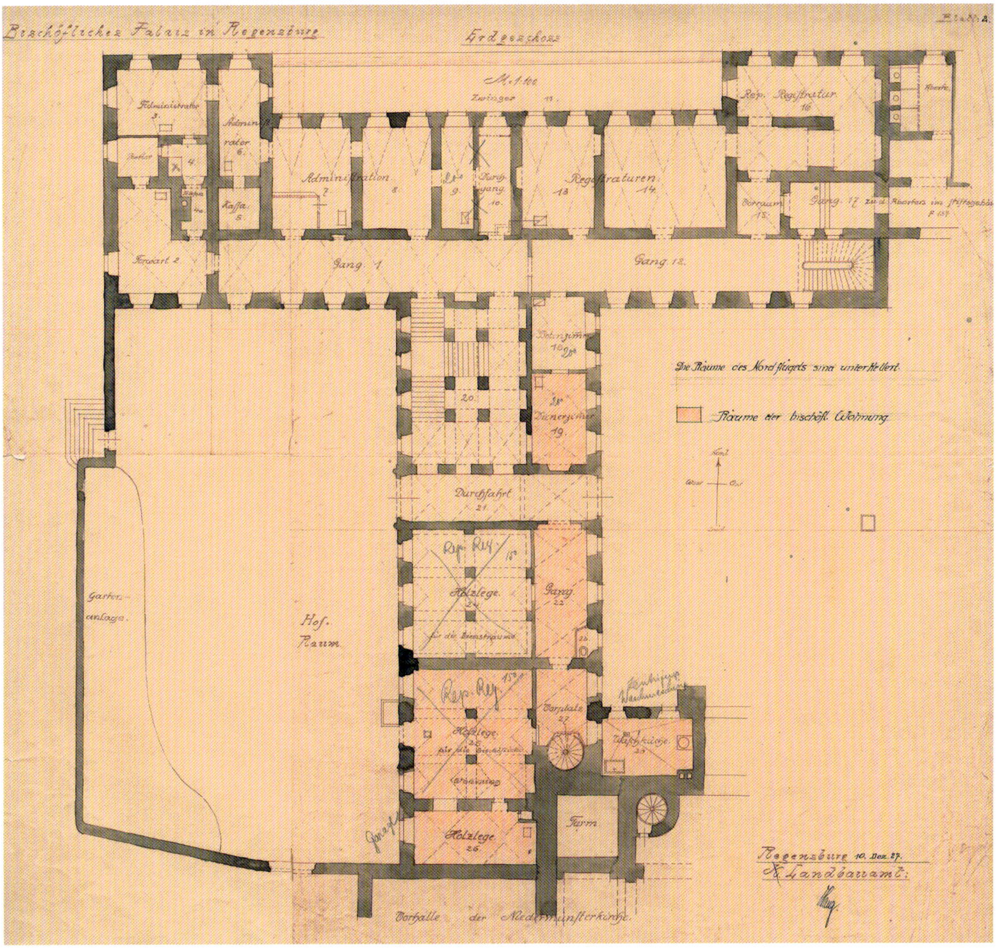

Regensburg, Bischöfliches Ordinariat Niedermünster, Grundriß des Erdgeschosses (1927)

reifer Teile ins Domkapitelsche Archiv entlastet werden. Der Fortschritt in der Erschließung der Archivbestände zeigte nicht nur im ordinariatsinternen Gebrauch wie für Rechtsgutachten Wirkung, sondern vor allem nach außen: Die Benutzung des Archivs durch Historiker, Theologen, Heimatforscher und Genealogen hatte ebenso wie die schriftlich eingehenden Anfragen stetig zugenommen. Archivalien wurden unter Auflagen auch an Pfarrämter, Behörden und Privatpersonen ausgeliehen, da das kleine Benützerzimmer mit drei Arbeitsplätzen oft an seine Kapazitätsgrenzen stieß.[61]

Ein Bombentreffer am 20. Oktober 1944, der u.a. den Kreuzgang der Niedermünsterkirche beschädigte, wirkte sich auch auf die Diensträume von Registratur und Archiv aus. Erst im Jahr 1948 konnte man konstatieren, daß der Registrator seinen Dienstraum wieder bekommen habe, und bald auch *der H. Archivrat wieder sein Arbeitszimmer*[62] zurückerhalten werde. Die Archivbestände, um die Mitte des 20. Jahrhunderts ca. 450 laufende Meter nur in Niedermünster, blieben anders als in

61 Vgl. BZAR NL Lehner 363 u. 380; BZAR, Registratur, Aktenordner mit Archivkorrespondenz ab 1920.
62 Regensburger Bistumsblatt Nr. 5, 29.2.1948, S. 4.

Regensburg, Bischöfliches Ordinariat Niedermünster, Archiv des ehemaligen Schottenklosters St. Jakob (1958)

anderen Diözesen von Kriegsverlusten weitestgehend verschont. Das Domkapitelsche Archiv im Domkapitelhaus (ca. 50 Meter) war vollständig erhalten, ebenso rund 500 Bände gleicher Provenienz, die Lehner nach Frauenzell gebracht hatte und die im Frühjahr 1948 nach Regensburg zurückkehrten.[63] Ordinariats- und Domkapitelsarchiv waren wieder am ursprünglichen Standort und damit auch wieder für die Forschung zugänglich. Zwischen 1960 konnte Direktor Lehner nach dreißigjähriger Dienstzeit rund 30 Dissertationen, 50 Heimatbücher und hunderte Aufsätze verbuchen, die aus den Quellen seines Archivs entstanden waren.[64]

Im Jahr 1958, zehn Jahre nach Behebung der Kriegsschäden, wurde zwischen dem Bischöflichen Domkapitel und dem bayerischen Staat, die seit der Säkularisation um die Eigentumsrechte und den Aufbewahrungsort des Domkapitelschen Archivs gestritten hatten, endlich eine Vereinbarung über die künftige Verwahrung des *Alten Domkapitelschen Archivs* (ADK) getroffen, für das Bayern ein Miteigentum beanspruchte. Um es rechtlich und archivwissenschaftlich der Forschung zugänglich machen zu können, wurde ein Großteil ins Ordinariatsarchiv Augsburg verbracht, ein kleinerer Teil auch ins Hauptstaatsarchiv München. Da diese Verzeichnung aber im Jahr 1971 immer noch nicht abgeschlossen war, stellte das nunmehr eröffnete Bischöfliche Zentralarchiv den Antrag auf Unterbringung als Depositum in den neuen Räumen in Regensburg, um so auch den Überlieferungszusammenhang mit dem Bestand des *Bischöflichen Domkapitels* (BDK) und den beiden Registraturen des Domkapitels wieder herzustellen.

63 Vgl. BZAR NL Lehner 363.
64 Vgl. BZAR NL Lehner 9.

Regensburg, Bischöfliches Ordinariat Niedermünster, Räume der Registratur (um 1950)

Zu seinem 70. Geburtstag im Jahr 1960 wurde Archivrat Lehner, immer noch im aktiven Dienst tätig, zum Bischöflichen Archivdirektor ernannt.[65] Trotz aller Erfolge mußte er wieder ähnliche Probleme wie zu Beginn des Jahrhunderts konstatieren. So hatte die Raumnot in Archiv und Bibliothek derart zugenommen, daß in letzterer mit nun über 150.000 Bänden die Regale doppelt belegt werden mußten. Das Archiv erhielt ständig Zugänge aus der Registratur; dennoch lagerten dort noch zahlreiche Akten, die mit 150-200 Jahren mehr als archivreif waren. Da keine Altakten kassiert wurden, konnte man nur durch zusätzliche Räume der Papierflut Herr werden. Johann Baptist Lehner kündigte daher 1961 an, nach der Ernennung eines neuen Bischofs bei diesem sofort zwei neue Räume sowie außerdem eine Hilfskraft zu beantragen, da er bisher vom Abstauben der Akten bis zur wissenschaftlichen Beratung alles selbst gemacht hatte.[66] Nach dem Amtsantritt von Bischof Dr. Rudolf Graber wandte sich das Blatt: Zunächst wurde Archivdirektor Lehner zum Ehrendomherren ernannt. Da er gesundheitlich bereits angeschlagen war, wurde ihm im Sommer des gleichen Jahres auch die erwünschte Hilfskraft in Person des Neupriesters Dr. Paul Mai zur Seite gestellt. Auch die Frage des Platzbedarfs wurde 1964 neu aufgerollt: mit dem Umzug des Knabenseminars Obermünster nach Westmünster konnten die Planungen für Archiv und Bibliothek in Angriff genommen werden. Direktor Lehner konnte diese Entwicklung nur mehr beobachten und moralisch unterstützen; die Hauptlast des Neuanfangs lag bei seinem designierten Nachfolger Dr. Paul Mai. Das Richtfest am 16. April 1971 und die Aufnahme des Archivbetriebs am 1. Mai 1971 erlebte Monsignore Lehner nicht mehr: er starb am 9. Februar 1971.

65 Vgl. BZAR NL Lehner Nr. 9.
66 Vgl. BZAR BDK Alte Registratur 38.

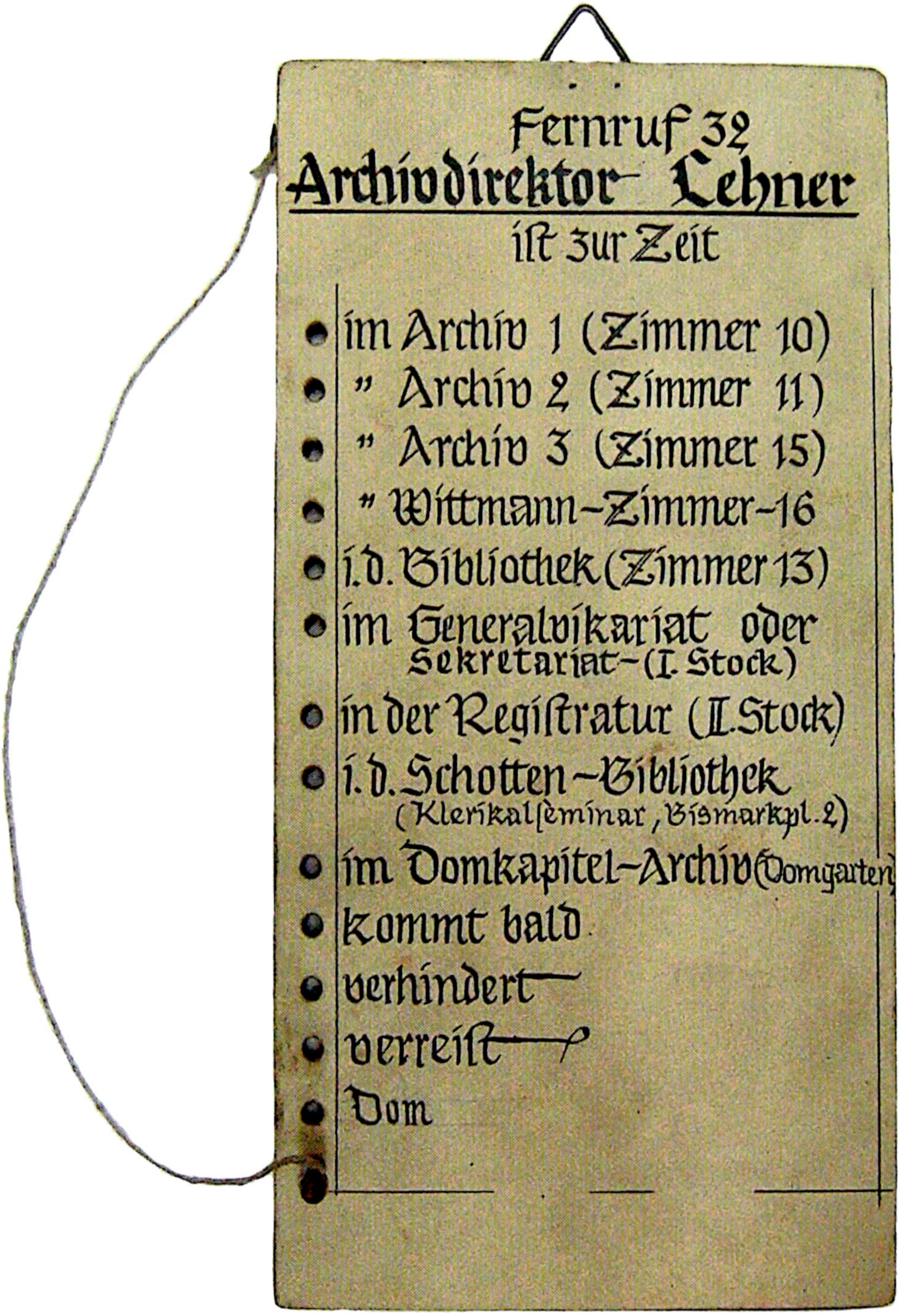

Holztäfelchen aus dem Nachlass von Diözesanarchivar Msgr. Johann Baptist Lehner

Apostolischer Protonotar Hermann Grötsch (1900-1977), Domdekan in den Jahren 1963-1977

Rechenschaftsbericht des Diözesanarchivars Johann Baptist Lehner aus Anlass des 10jährigen Bestehens des Diözesanarchivs Regensburg 1940

Aus: BZAR NL Johann Baptist Lehner Nr. 363

10 Jahre Archivarbeit.

A) *Archivdienst*: Die Aufgabe eines Archivars ist eine 3fache:
1. Bedienung der Forscher,
2. Ordnung des Archivs,
3. Literarische Betätigung.

I. Bedienung der Forscher:

Gegenüber den wenigen Forschern, die lt. Aufzeichnung in der Registratur vor 1930 den Versuch machten, irgendwelche Aufschlüsse aus dem Ord.-Archiv zu erhalten, ist die Inanspruchnahme dieses Archivs seit Aufstellung eines Archivars von Jahr zu Jahr gewachsen und dauernd eine sehr rege gewesen.

Im *Archivbenützerbuch* habe ich die Namen der meisten Forscher wie deren Forschungsgegenstand von Anfang an festgehalten; in nicht wenigen Fällen allerdings, bes. von mündlichen Anfragen, unterblieb im Drang der Geschäfte die Aufzeichnung; auch die Namen der Hunderte von solchen, die Aufschlüsse betr. Arischen Nachweis erholten, wurden dann nicht notiert, wenn sie nur eine Suchanzeige im Amtsblatt oder einen Wink für ihr weiteres Forschen wünschten (seit 1935 wurden fast 300 Suchanzeigen betr. Matrikelsachen im Amtsblatt veröffentlicht).

Auf Grund des Archivbenützerbuches wurde gefertigt:
1. eine alphabetische Liste von Forschern:
Sie zeigt, daß Archiv und Archivar weit über die Diözesangrenzen hinaus aus allen Gauen Deutschlands, ja selbst vom Ausland in Anspruch genommen wurden; Leute aus allen Volksschichten: Historiker von Fach, Geistliche, Männer der Wissenschaft, Adelige (bes. als Familienforscher), Studierende der Hochschulen (bes. als Doktoranden), Lehrer und einfache Leute aus dem Volke sind vertreten.
2. an Forschungsgegenständen seien besonders genannt:
a) *rechtsgeschichtliche Nachweise*, meist vom Archivar für das Ordinariat geliefert,
b) *Pfarrgeschichte*: Dieses vom Diözesangeschichtsverein besonders betreute Forschungsziel ist ein bedeutendes Stück vorwärts gekommen.
c) Weitaus am besten hat sich entwickelt die *Familien- oder Sippenforschung*.

Archivalien wurden grundsätzlich nur an Pfarrämter und Behörden ausgeliehen und nur gegen Einhaltung der bei den Staatsarchiven geltenden Vorsichtsmaßnahmen (eigenhändig vom Benützer unterzeichneter Revers mit Verpflichtung zu feuer- und diebessicherer Aufbewahrung und rechtzeitiger, unversehrter, portofreier Rücksendung; Versicherung der Pakete; Folierung der Archivalien – eine sehr zeitraubende, aber unerläßliche Arbeit. Im allgemeinen vollzog sich der Ausleihverkehr reibungslos. Auch werden die auszuleihenden Akten stets vorher durchgeprüft, ob ihr Inhalt nicht für das Ansehen der Kirche oder den guten Ruf des Klerus abträglich ist.

Für die Arbeit der Forscher am Sitz des Archivs wurde ein *Archivbenützerzimmer* (aus einer ehem. Rumpelkammer) eingerichtet, mit zusammengesuchten Möbeln einigermaßen ausgestattet und mit einer kleinen Handbücherei von häufig benötigten Nachschlagewerken eingerichtet. Die dort geschaffenen 3 Arbeitsplätze waren wiederholt gleichzeitig besetzt. Diese Art der Archivbenützung kam vor allem in Frage für Forscher aus Groß-Regensburg und nächster Umgebung sowie für auswärtige Forscher in solchen Fällen, in denen eine Ausleihe besonders wertvoller oder ständig benötigter Archivalien nach auswärts nicht erfolgen konnte, z.B. der alten Visitationsprotokolle, der 5bänd. handschriftlichen Adelsmatrikel usw.

II. Ordnungsarbeiten:

1. Nachdem die Haberl-Bibliothek aus Archiv I in die Proske-Bibliothek übertragen war, wurde der frei gewordene Raum mit den Aktenabteilungen Generalien, Klöster und Pfarreien, die aus der Registratur nach und nach transferiert wurden, belegt und diese Akten in den folgenden Jahren eingeordnet. Sie umfassen 1126 Fächer.
2. Später wurde aus der Registratur die Abteilung Pastoralberichte ebenfalls in das Archiv I übertragen und hier der Abteilung Dekanate angereiht (1936).
3. In Archiv II wurden außer den schon vorhandenen geistlichen Ratsprotokollen nach und nach untergebracht:
   die verschiedenen Handschriften und einschlägigen Akten von Wittmann (1932 auf 33), Sailer (1939) und den Historikern Ried, Zirngibl, Gandershofer u.a. (1932), später auch Nachlaßakten von Dompropst Kagerer, Domdekan Jakob u.a. (1936);
   die Ehedispensakten (Bischöfl. und Päpstl.) nach Jahren geordnet (1940);
   die alten Akten des Ehegerichts alphabetisch geordnet (1939/40);
   die von Diözesanforschern bei Lebzeiten oder letztwillig dem Diözesanarchiv vermachten handschriftlichen geschichtlichen Arbeiten (Bauernfeind, Spirkner, Strasser u.a.) werden hier fortlaufend aufbewahrt.
   Eine Sammlung von alten Atlanten, Karten und Bildern, sowie auch neuerer Bilder (Wolfgangsbilder von Dr. Holzer, Wittmann-Bilder) befindet sich hier.
   1938 wurde das *Schotten-Archiv*, das im Klerikalseminar in offenen Schränken eines Musikzimmers sich befand, und dort weder sicher noch für die Forschung zugänglich war, hieher überführt.
   Die in Archiv II untergebrachten alten Kreisamtsblätter wurden 1940 zum Einstampf an den Altpapierhändler übergeben.
4. In Archiv III wurden aufgenommen die Abteilungen: *Personalien* und *Rechnungen*. Während Archiv I und II bereits vollständig belegt sind, ist in Archiv III noch genügend Raum für Neuzugänge aus der Registratur u. dgl.

Schwieriger und zeitraubender als die Unterbringung und Einreihung dieser Akten war die Herstellung der inneren Ordnung innerhalb der einzelnen Abteilungen, so daß die Akten jederzeit rasch zu finden sind.

In Archiv I wurden zunächst sämtliche Fächer durchnummeriert, sodann Abt. I General. gesichtet (189 Fächer), die einzelnen Akten meist mit neuen Umschlägen versehen, diese beschriftet und signiert, schließlich die Fächer selbst nach ihrem Inhalt bezeichnet; die Verzeichnung dieser Akten im Repertorium konnte noch nicht vollendet werden, da manche Fächer noch der Besetzung harren, weil die betreffenden hieher gehörenden Archivalien aus der Registratur noch nicht abgegeben wurden.

Bezüglich der Abt. II Klöster (119 Fächer) u. Abt. III Dekanate (ebenfalls 119 Fächer) vgl. anliegende Übersicht.

Die weitaus größte Abt. IV Pfarreien (610 Fächer) ist noch nach dem Faszikelsystem geordnet und enthält in der Regel 1. Präsentationen (15.-18. Jhdt.), sowie einschlägige Patronatsstreitigkeiten 2. Fundationes, redditus, onera. 3. Fabrica 4. Decimae, 5. Sonstiges. Da die Umschläge dieser Faszikeln schon sehr schadhaft und schmutzig sind, sollen sie nächstens durch neue und zwar in 5 verschiedenen Farben ersetzt werden. Bei dieser Gelegenheit werden auch die einzelnen Akten innerhalb dieser Faszikeln genau verzeichnet werden, was allerdings eine sehr langwierige Arbeit werden wird.

Aus der Abt. Pfarreien wurden nach und nach die von den Pfarrämtern in den Jahren 1788-1802 abgelieferten *Duplikate der Pfarrmatrikeln* ausgeschieden und bilden jetzt eine eigene Abteilung, alph. geordnet (48 Fächer).

Da diese Dupl. häufig benötigt werden zwecks Ausstellung von Zeugnissen für den arischen Nachweis, bes. in solchen Fällen, wo, wie in Waldthurn, Teunz, Eslarn u.a., die Urschriften bei den Pfarrämtern im 19. Jhdt. verbrannt sind.

Eine weitere Abt. umfaßt die Akten betr. die *Emigrantenpriester* der franz. Revolution 1796 ff., sowie des Kulturkampfs 1870 ff. (nach Diözesen geordnet).

Endlich sind hier die wenigen Akten des ehem. *Vereins f. christl. Kunst* 1857 ff. untergebracht.

Archiv II: Die Sammlung aller *Wittmann-Akten* aus verschiedenen Abt. des Archivs, der Registratur, den Akten des Klerikalseminars und von Privaten, die regestenförmige Verzeichnung sämtlicher Briefe usw. nahm geraume Zeit in Anspruch. Der *Sailerbriefwechsel* sowie dessen Schriften wurden erst im Vorjahr von der Registratur an das Archiv herausgegeben; auch die Ausleihe dieser Handschriften an die Forscher (bes. Schiel und Halser) sowie die Korrespondenz mit diesen wurde bis dahin durch die Registr. besorgt; wenn also aus dieser Zeit etwaige Verluste festzustellen sind (z.B. wie es scheint der Briefwechsel Sailer-Schenk) so trifft den Archivar hiefür keine Verantwortung.

Archiv III: Die wegen der darin enthaltenen geistl. Testamente, Bücher- und Vermögensinventare für die Familienforschung, die Geschichte des Klerus u. der Caritas wertvollen *Verlassenschaftsakten* waren bei Übernahme teils ungeordnet, teils nach den Sterbeorten der Geistlichen. Um sie rascher zu finden, wurden sie alph. geordnet, sämtliche 2776 Akten mit neuen Umschlägen versehen, beschriftet u. signiert und schließlich verzeichnet. Die Personalakten der verst. Geistlichen werden fortlaufend alphab. eingereiht, so wie sie aus der Registr. abgegeben werden. Die auftragsgemäße Ausscheidung der Akten der minus digni clerici, die als solche natürlich nicht ohne weiteres erkenntlich waren, war eine sehr zeitraubende Arbeit.

Die Abt. Rechnungen enthält die Vicariats- (=Administrations-) Rechnungen seit ca. 1400, ältere Seminar-Rechnungen seit dem 17. Jhdt., sowie die Rechnungen der Amberger vazierenden Meßstiftungen. Diese bis jetzt wenig beanspruchte Abt. soll bei Gelegenheit noch genau chronol. geordnet werden.

Das Diözesanarchiv ist heute so geordnet, daß es sehr übersichtlich und leicht zu benützen ist. Besondere überraschende Entdeckungen gibt es hier nicht mehr zu machen, da sämtliche Archivalien ziemlich genau durchgesehen wurden. Literarisch ausgewertet wurden bis jetzt besonders die Visitations- und Säkularisationsakten, die Akten einzelner Klöster sowie der Eremiten, jene von ca. 150 Pfarreien; aus Archiv II der Briefwechsel Sailers (Dr. Schiel und Halser), die Wittmannakten (Lehner), sowie teilweise das Schottenarchiv (Dr. Meier, der Grundbesitz des ehem. Schottenkl.).

Aus Archiv III hat Dr. Dörr die ältesten Vicariatsrechnungen für seine Geschichte des Klerus zu Ausgang des Mittelalters ausgewertet (verzettelt). Von den Personalakten ist der Forscher in der Regel sehr enttäuscht wegen der Dürftigkeit und Schablonenhaftigkeit ihrer Angaben für die Bearbeitung von Lebensbildern.

Trotz der doppelten Fenster dringt immer wieder reichlich Staub in die Archivräume ein. Die periodische Entstaubung wenigstens der oberen Lagen der verschiedenen Abt. – eine lungen- und kleiderangreifende Arbeit – mußte der Archivar notgedrungen etwa alle halbe Jahre selbst vornehmen (obwohl dies in anderen Archiven Sache des Dienstpersonals ist).

Die Archivräume bieten als gewölbte Parterreräume die nötige Sicherheit; die 1928 in Archiv I u. III eingebauten neuen Schränke sind ebenso praktisch als sauber; die allgemein durchgeführte Zentralheizung gestattet auch während der Wintermonate das Arbeiten in den Archivräumen, verursacht andererseits eine rasche Verstaubung und Verschmutzung der 1928 zuletzt getünchten Decken und Wände dieser Räume und verdüstert sie noch mehr.

Bei der vielfachen Inanspruchnahme des Archivars durch die unter B und C genannten Arbeiten wäre es unmöglich gewesen, die vorauf geführten Archivarbeiten zu erledigen, wenn der Archivar nicht *Hunderte von Überstunden* gemacht, d.h. statt um 9 Uhr bzw. 3 Uhr seinen Dienst um 8 oder ½ 8 Uhr bzw. 2 oder ½ 2 Uhr angetreten hätte. Es steckt eben in der Archivarbeit eine *ungeheure Kleinarbeit*, die derjenige nicht zu schätzen weiß, der sie nicht selbst machen muß und der nicht gesehen hat, in welchem Zustand und Umfang das Diözesanarchiv vor 1930 war. Ebenso gibt es naturgemäß für die vielen Auskünfte histor. bzw. archivalischer Art kein Schema oder Formblatt in der Ordinariatskanzlei, sondern jede verlangt eine mehr oder minder ausführliche Darlegung konkreter Tatsachen. Bemerkt sei schließlich, daß der Archivar seine rechtsgeschichtlichen Nachweise sowie seine gesamte Korrespondenz mit den Archivbenützern bzw. Forschern *eigenhändig erledigt* und die Kanzlei nicht damit belästigt hat.

III. Literarische Betätigung.

Hier sei ausdrücklich festgestellt, daß die in der Beilage aufgeführten Schriften und Vorträge nur in häuslicher Arbeit in den dienstfreien Stunden gefertigt wurden.

B) *Bibliothekdienst.*

I. Ordnung.
Nachdem die Schränke in die derzeitige Bibliothek eingebaut und einige in der Musikschule überflüssige dahin übertragen waren, wurden die bis dahin im Nebenraum der Proske-Bibl. untergebrachten Bücherbestände mit oberh. Erlaubnis in den neuen Bibl. Raum übertragen mit Ausnahme der A[b]tlgn. Kunst und Liturgie, da diese die Proske-Bibl. zweckmäßig ergänzen.

Es wurden nun zunächst die Bestände der einzelnen Abt. festgestellt, wertlose Sachen z.B. einzelne ungebundene Missionszeitschriften mit oberh. Erlaubnis ausgeschieden u. die Hunderte von Schriften, die vor 1930 zwar eingestellt, aber nicht katalogisiert waren, im Fachkatalog (Zettelkat.) nachgetragen.

Ein alph. Autorenkatalog wurde erst nach Jahren zufällig in der Registratur entdeckt.

Die großenteils veralteten Bestände im Sitzungssaal wurden mit Erlaubnis des H.H. Kanzleidirektors nach und nach in die Bibl. überführt u. katalogisiert, statt dessen jeweils Neuerscheinungen in den Sitzungssaal verbracht. Aus praktischen Gründen wurden die in die Geschichte der Diözese einschlägigen Werke aus den verschiedenen Abtlg. herausgezogen und eine eigene Abt. „hist. Diöz." mit mehreren Unterabt. (allgemeine Diöz.Geschichte, Pfarr- und Ortsgeschichten, Vitae, Klöster und Standbücher) gebildet.

II. Zugänge:
Die Bibl. ergänzte sich weiterhin
1. durch die zahlreichen Rezensionsexemplare der im Amtsblatt angezeigten Bücher (einzelne Rezensenten haben diese nicht abgeliefert).
2. durch die Zensurexemplare der einheimischen Druckereien (Pustet, Habbel, Manz)
3. durch Buchschenkungen von Geistlichen (bei Lebzeiten oder letztwillig) z.B. Pf. Spirkner, Oberschmid, Schreiner, zuletzt Dr. Doeberl
4. durch besondere Anschaffung auf Ordinariatskosten (der weitaus geringste Teil).

Die neuzugekommenen Bücher wurden jeweils nach Zeit und Gelegenheit eingeordnet, signiert und in die beiden Kataloge eingetragen.

III: Benützung:
Als Benützer kamen in Frage:
1. die H.H. Referenten und übrigen Geistlichen des Ordinariates;
2. die Archivbenützer, soweit sie im Benützerzimmer arbeiteten,
3. Geistliche der Stadt und Diözese.

Ausleihe erfolgte nur gegen handschriftliche Empfangsbestätigung im Ausleiheblock.

IV. Derzeitiger Stand:
Die einzelnen Abt. der Ord. Bibl. weisen nach dem Stand vom 1.12.40 etwa folgende Bestände auf: Dogmatik 420, Moral 99, Pastoral 345, Katechetik 72, Bibel 195, Jus. Ca. 532, Jus. Civ. 184, Predigten 321, Vit. SS. 267, Aszese 372, Hist. Prof. 716, Hist. Eccl. 899, Hist. Diöz. 620, Ratisb. 168, Volkskunde 139, Kunst 240, Soziales 280, Lexika 15, Zeitschriften 25. Das sind also rund 5800 Werke, nach Bänden gerechnet wenigstens 1000 mehr.

Während in früheren Jahrzehnten besonders die Abtlg. Kirchen- und Staatsrecht gut vertreten waren, behaupten heute die geschichtlichen Abtlg. wie auch Pastoral und Predigt sowohl zahlenmäßig wie auch qualitativ die Oberhand. Nachdem für die Ord. Bibl. nicht wie für andere Bibl. ein Dispositionsfond besteht, ist diese nicht planmäßig aufgebaut, sondern auf zufällige Erwerbungen angewiesen; trotzdem kann gesagt werden, daß in allen Abtlg. neben manchen veralteten Werken beste Neuerscheinungen vertreten sind.

Räumlich dürfte unsere Bibl. noch zwei bis drei Jahre ausreichen; dann muß entweder durch Ausscheiden älterer Bestände besonders aus den Abtlg. Jus. civ. und eccl. oder durch Angliederung des benachbarten Zimmers abgeholfen werden.

C. Nebenarbeiten des Archivars:

I. *Expedition*: Lt. Auslaufjournal betrug die Zahl der 1930-40 hinausgegangenen und vom Expeditor verzeichneten amtlichen Schreiben *durchschnittlich jährl. 12000*; diese Zahl ist ständig im Wachsen. Während der Zeit, da die beiden Offizianten zum Heere eingezogen und ein Stellvertreter noch nicht eingestellt war, mußte der Expeditor auch den gesamten Auslauf selbst frankieren und zur Post bringen, sowie auch die Verpackung und Versendung des Amtsblattes besorgen.

Da der Expeditor allein von allen Domvikaren das *Telefon* hat in seinem Büro und zwar nicht nur Zimmer- sondern Ferntelefon, so hatte er 1930-38 häufig im Auftrage des H. Generalvik. Gespräche nach auswärts (Dekanate, Pfarrämter, Koop. Behörden) zu vermitteln; anderseits tagtäglich in allen möglichen Fällen am Fernsprecher Auskunft zu geben oder aber einen der H. Kollegen aus dem Sekr. oder der Kanzlei herbeizuholen.

II. Referat Stolgebührenordnung, Chor- und Mesnerdienstverträge.
Seitdem anfang 1934 H. Domkap. Frank dieses Referat plötzlich niederlegte, hat es auf Ersuchen der Archivar übernommen, seitdem *c. 800 Stolgebührenord.* und einige 100 *Dienstvertr.* genau geprüft u. verbeschieden, was mehr als 1500 Schriftsätze bedingte. Wo es sich um Forderungen bzw. Leistungen finanzieller Art handelt, heißt es vorsichtig prüfen, da der Ref. unter Umständen als der zuletzt Verantwortliche herangezogen werden kann. Darum war diese Arbeit naturgemäß sehr *zeitraubend, so daß monatelang von Fortsetzung der Ordnungsarbeit im Archiv keine Rede sein konnte.*

III. Amtsblatt
1. Seit 1930 habe ich die mir zugewiesenen liter. Neuerscheinungen anzuzeigen; von einer eigentlichen krit. Besprechung oder Würdigung kann bei dem Umfange von drei Druckzeilen, der nicht überschritten werden soll, keine Rede sein.
2. Während der Monate, in denen der Bischöfl. Sekretär abwesend war, hatte ich jeweils die Korrektur der während dieser Zeit erscheinenden Amtsblätter zu übernehmen.
3. Einige Jahre mußte ich (statt des H. Domk. Gschwendtner) die erledigten Pfründen ausschreiben.
4. An Suchanzeigen in Matrikelsachen wurden bis jetzt nahezu 300 veröffentlicht.

IV. Bücherzensur
Von 1933 bis 39 hatte ich die meisten anfallenden Bücherzensuren zu übernehmen.

V. Schematismus
Seit 5 Jahren hatte ich die jährl. Korrektur des Schematismus zu besorgen.

VI. Domkapitelarchiv
Davon muß hier die Rede sein, weil auch diese Arbeit die Dienstzeit des Archivars entsprechend in Anspruch nahm. 1931 wurden sämtliche Bestände d.h. die wertvollen Domkap. Protokolle 1520-1820, c. 100 sonstige Folianten einige 1000 Rechnungen der verschiedenen Stiftungen und 45 Schubfächer voll Akten mit Hilfe von 3 Hilfskräften an der Luft gereinigt und sodann chronol. eingeordnet, die Protokolle und Standbücher auch nummeriert.

VII. Seligsprechungsprozesse
1934 auf 35 hatte ich Notariatsdienste in den beiden Seligsprechungsprozessen zu leisten.

VIII. Dienstfahrten:
Neben mancherlei Vervielfältigungsarbeiten hatte ich 1933 auf 37 wiederholte Dienstfahrten nach Passau, München, Bamberg und durch die Diözese zu machen.

IX. Registratur:
4.5. – 8.9.1938 habe ich auftragsgemäß die Registratur mit versehen, wodurch naturgemäß die Archivarbeit ausgesetzt werden mußte.

Durch diese und ähnliche Nebenarbeiten wurde leider manchmal die Hauptarbeit in Archiv und Bibliothek über Gebühr in den Hintergrund gedrängt.

Trotzdem können sich nach dem Zeugnis solcher Forscher, die auch an anderen Diözesan-Archiven schon vorgesprochen haben, unser Archiv und unsere Bibliothek wohl sehen lassen. Der Archivar weiß am besten, daß noch Vieles zu tun übrig bleibt und so Gott ihm weiter Leben und Gesundheit und seine Vorgesetzten ihm ihr Vertrauen schenken, will er in Zukunft noch Manches verbessern und verschönern.

Immerhin glaubt der Diözesanarchivar von diesem Jahrzehnt seiner Tätigkeit scheiden zu können in dem Bewußtsein, seine Pflicht getan zu haben.

Weihnachten 1940. Lehner, Diözesanarchivar

Registrator Johann Hecht (um 1930)

JAHRESBERICHT
DES BISCHÖFLICHEN ZENTRALARCHIVS REGENSBURG
[1972]

Aus: BZAR OA-Generalien 1962-1982 Nr. 1247

Das Bischöfliche Zentralarchiv, St. Petersweg 11, konnte im abgelaufenen Jahr 1972 eine erhebliche Steigerung seiner Benutzerfrequenz aufweisen. Im ganzen zählten wir 1.324 Benutzungsvorgänge. An insgesamt 230 Arbeitstagen wurde das Archiv von 240 Personen frequentiert, von denen 125 genealogischen und 115 wissenschaftlichen Forschungen nachgingen. Mit einer Benutzerquote von 5 Benutzern pro Tag übersteigt das Bischöfliche Zentralarchiv die Benutzerquoten sämtlicher übriger Regensburger Archive (Stadtarchiv, Fürstl. Thurn- und Taxis'sches Zentralarchiv) sowie die Benutzerquoten der Staatsarchive in Amberg und Landshut.

Außer der Betreuung dieser Benutzer hatte die Archivverwaltung 807 schriftliche Anfragen zu beantworten. 473 bezogen sich auf genealogische Forschungen, 122 waren wissenschaftlichen Problemen vorbehalten, ferner belief sich die sonstige Korrespondenz auf 212 Beantwortungen. 15 rechtshistorische Gutachten wurden für Pfarrämter und die Bischöfliche Finanzkammer erstellt.

Die Verzeichnungsarbeiten erstreckten sich auf den Bestand „Drittes Reich" und „Therese von Konnersreuth".

Im vergangenen Jahr wurde Archivinspektoranwärter Josef Mayerhofer von den beiden wissenschaftlichen Archivaren im Archivwesen ausgebildet und kann nun den Abschluß seiner Ausbildung im Jahr 1973 an der Archivschule in Marburg mit der staatlichen Prüfung beenden.

In das Berichtsjahr fällt die Überführung des Alten Domkapitel'schen Archivs (gemeinsamer Besitz des Freistaates Bayern und des Bischöflichen Domkapitels) von Augsburg in unser Haus nach Regensburg, ferner die Übernahme des Stiftsarchivs St. Johann und des Bischöflich-Domkapitel'schen Archivs sowie der Registratur des Domkapitels vom Frauenbergl und vom Haus „Unter den Schwibbögen".

Die Matrikelaktion (Zentralisierung der Pfarrmatrikeln sowie Visiation der Pfarrarchive) wurde 1972 abgeschlossen; im ganzen wurden auf 37 Ganztagsfahrten die Bücher zusammengeholt.

In die Berichtszeit fällt auch die Veranstaltung, die die Bischöfliche Hauptkommission für das Archivwesen in der Bundesrepublik zwischen dem 6. und 11.3. im Priesterseminar zu Regensburg für Nachwuchskräfte in Registratur und Archiv für Ordensleute abgehalten hat. Der Lehrgang, der über 40 Teilnehmer aufwies, mußte für die 50 hier nicht untergekommenen zwischen dem 15. und 18.3. in Hirschberg wiederholt werden. Dr. Mai und Dr. Möckershoff hielten die meisten Referate und standen für die Führungen und Besichtigungen des Regensburger Zentralarchivs und der Ordinariatsregistratur zur Verfügung.

Schwester Callista Brenzig, O.Cist., von der Abtei Seligenthal, Landshut, wurde vom 21.-23. August im Archiv- und Registraturwesen von Herrn Dr. Mai und Frau Dr. Möckershoff ausgebildet, da sie an der Schulung der Bischöflichen Hauptkommission nicht teilnehmen konnte. Der Unterricht fand im Bischöflichen Zentralarchiv in Regensburg statt.

Die Teilnahme an der Sitzung der Münchner Provinzkommission für die Kirchlichen Archive am 8.5. und die Teilnahme an der gemeinsamen Sitzung der Archivkommission der Kirchenprovinzen von München und Bamberg am 29.11. in Ingolstadt koordinierten die kirchliche Arbeit in Bayern, an deren Zustandekommen das Bischöfliche Zentralarchiv Regensburg seinen gebührenden Anteil hatte.

Der höhere Dienst unserer Archivverwaltung war auch auf der Sitzung der Arbeitsgemeinschaften Katholischer Deutscher Kirchenarchivare vom 16.-17.10. in Limburg. Die Leitung dieser Veranstaltung hatte der Vorsitzende dieser Arbeitsgemeinschaft, Dr. Mai, das Hauptreferat über „Ausbildungs- und Besoldungsfragen des Archivars" hielt Frau Dr. Möckershoff.

Es sei angemerkt, daß die gesamte Geschäftsführung, inkl. Redaktion und Verschickung der Publikationen des Vereins für Regensburger Bistumsgeschichte in den Händen des Archivs liegt und von dessen Personal ausgeführt wird.

In den Berichtszeitraum fällt auch anläßlich des St. Wolfgangsjahres die Ausstellung zu Ehren des heiligen Wolfgangs im Kapitelsaal vom 21.10. bis 19.11.1972. Der Hin- und Rücktransport der Exponate zu dieser Ausstellung wurde ebenfalls in 15 Ganztagsfahrten vom Archivpersonal ausgeführt (vgl. hierzu die Abrechnung der St. Wolfgangsausstellung). Die gesamte Aufstellungsarbeit und die Überwachung wurde ebenfalls weitgehend vom Archivpersonal und von Werkstudenten bewältigt. Es konnten 14.173 Ausstellungsbesucher gezählt werden.

In die Wolfgangswoche fiel auch die Vorbereitung zur Einweihung von Archiv- und Bibliotheksgebäude, die am 27. Oktober 1972 durch Seine Exzellenz, Bischof Prof. Dr. Graber, vorgenommen wurde.

Im Zuge der Wolfgangswoche erschienen etliche Publikationen, zu denen die Archivverwaltung zum Thema „St. Wolfgang" Aufsätze beigesteuert hatte (Bistumsblatt, Band 6 der Beiträge zur Geschichte des Bistums Regensburg, St. Wolfgangs-Ausstellungskatalog, Verhandlungen des Historischen Vereins für Oberpfalz und Regensburg).

Am Schluß seien noch die Führungen für die Proseminare und Seminare der Universität erwähnt (Philosophische Fakultät – Historische Abteilung; Theologische Fakultät – Kirchengeschichtliche Abteilung), die je zweimal im Sommer durchgeführt wurden.

Im übrigen galt die intensive Anstrengung dem weiteren Ausbau der äußeren Archiveinrichtungsgegenstände und der Komplettierung der Lesesaal-Handbibliothek.

Regensburg, den 1. Februar 1973 Dr. Paul Mai, Archivdirektor

Zuständigkeiten und Aufgaben des Bischöflichen Zentralarchivs Regensburg

von Franz von Klimstein

Die Kirche blickt weltweit auf eine mehr als 2000-jährige Geschichte zurück. Die Diözesanarchive sind zentrale Orte des Gedächtnisses der Kirche und gleichzeitig wesentlicher Teil des kulturellen Erbes der Gesellschaft. Das Bischöfliche Zentralarchiv Regensburg ist nicht nur Wahrer der Rechtssicherheit, es leistet vielmehr durch sein Wirken einen wichtigen Beitrag zum Sendungsauftrag der Kirche und zur Neuevangelisation. Die Vergangenheit zu bewahren und gleichzeitig historische Identität zu vermitteln sind Kernaufgaben des Archivs, doch in einem Bistumsarchiv wird durch den Bestand der Matrikeln sogar jener Augenblick festgehalten, wo ein Mensch ein Sakrament empfangen hat, mit anderen Worten: wo die Gläubigen dieser Diözese Gott begegnet sind.

Es gibt eine Reihe von Bestimmungen des Codex Iuris Canonici (CIC) zum kirchlichen Archivwesen. Zwei davon, can. 486 § 2[1] und can. 491 § 2[2] CIC, gelten weltweit als Grundlage für die Daseinsberechtigung der Diözesan- und Erzdiözesanarchive in der römisch-katholischen Kirche. Außerdem muss der Diözesanbischof gemäß can. 491 § 3[3] das Archiv mit einer Regelung versehen, die dessen korrektes Funktionieren in Bezug auf seine spezifische Zweckbestimmung sicherstellt.

Das Bischöfliche Zentralarchiv Regensburg ist als kirchliche Behörde gemäß can. 486 § 2 CIC zuständig für die Sicherung und Nutzung der amtlichen Überlieferung aller Dienststellen und Einrichtungen der Diözese Regensburg. Diese Zuständigkeit erstreckt sich auch auf Teilbestände von Vorgängereinrichtungen und untergegangenen kirchlichen Institutionen wie z.B. des Hochstifts Regensburg und von Klöstern des Alten Reiches auf dem Gebiet der Diözese Regensburg. Das Archiv ist die zentrale Fachbehörde für Fragen des kirchlichen Archivwesens im Bereich der Diözese.
Es übernimmt Schrift- und Sammlungsgut, bewertet, erschließt und bewahrt vor allem Urkunden, Akten, Amtsbücher, Bild-, Ton- und Filmdokumente sowie sonstige Informationsträger und Hilfsmittel zu ihrer Benutzung.
Das Bischöfliche Zentralarchiv sammelt und bewahrt auch Schrift- und Dokumentationsgut fremder Herkunft, soweit diese für die Geschichte der Diözese Regensburg, die allgemeine kirchengeschichtliche Forschung oder für genealogische Recherchen von Bedeutung sind, darunter Nachlässe von Persönlichkeiten des kirchlichen Lebens.
Es übt die Fachaufsicht über sämtliche kirchlichen Archive seines Sprengels aus und ist Ansprechpartner für alle das kirchliche Archivwesen betreffenden Fragen. Ein besonderer Schwerpunkt liegt dabei auf der Pfarrarchivpflege.

Die Katholische Kirche regelt weltweit ihr Archivwesen eigenständig. Rechtsgrundlage für das Archivwesen in Deutschland ist die *Anordnung über die Sicherung und Nutzung der Archive der Ka-*

1 Can. 486 § 2 CIC „In jeder Kurie ist an einem sicheren Ort ein Diözesanarchiv, d.h. eine Urkundensammlung der Diözese einzurichten, in dem Dokumente und Schriftstücke, die sich auf die geistlichen und zeitlichen Angelegenheiten der Diözese beziehen, in bestimmter Weise geordnet und sorgfältig verschlossen aufbewahrt werden."

2 Can. 491 § 2 CIC „Der Diözesanbischof hat auch dafür zu sorgen, dass in seiner Diözese ein historisches Archiv eingerichtet wird und dass Dokumente, die historische Bedeutung haben, in ihm sorgfältig aufbewahrt und systematisch geordnet werden."

3 Can. 491 § 3 CIC „Für die Einsichtnahme und Herausgabe der in §§ 1 und 2 genannten Akten und Dokumente sind die vom Diözesanbischof erlassenen Normen zu beachten."

tholischen Kirche[4]. Für die Diözese Regensburg wurde sie gleichlautend 1988 erlassen und im Amtsblatt Nr. 12 der Diözese veröffentlicht.
Weitere Richtlinien für die Diözesanarchive finden sich im Schreiben der Päpstlichen Kommission für die Kulturgüter der Kirche vom 2. Februar 1997 über *Die pastorale Funktion der kirchlichen Archive*. Dieses hat sehr zur Sensibilisierung im kirchlichen Archivwesen beigetragen. (Erfreulicherweise sind die Fragen der Bestandserhaltung und der optimierten Zugänglichkeit durch Digitalisierung auch in den Diözesanarchiven ins Bewusstsein gerückt.)
Es wird im Schreiben eindeutig definiert, dass im Bewusstsein der Kirche die Archive Erinnerungsstätten der christlichen Gemeinden und Kulturfaktoren für die Neuevangelisierung sind. Die Archive bewahren die Quellen der geschichtlichen Entwicklung der kirchlichen Gemeinschaft und die Quellen, die sich auf die liturgische und sakramentale, erzieherische und karitative Tätigkeit beziehen.[5]
Die Vielzahl der Diözesanarchive, die durch die Anwesenheit und Tatkraft der Bischöfe in den Städten entstanden sind, bewahren ein immenses und unersetzbares Erbe. Durch die Erhaltung und Aufbewahrung der im Laufe der Zeit entstandenen Bestände pflegen die kirchlichen Archive das Gedächtnis des Lebens der Kirche und bekunden damit ihren Sinn für die Überlieferung. Gleichzeitig dienen die Archive als Instrument der Weitergabe der Geschichte des pastoralen Wirkens in den einzelnen Bistümern.

Die räumliche Zuständigkeit des Bischöflichen Zentralarchivs erstreckt sich auf den Amts- und Aufsichtsbezirk des Ortsbischofs von Regensburg, also auf die Diözese Regensburg.
Nichts desto trotz definiert der „Sprengel" des BZAR gleichzeitig die geographische, organisatorische und auch zeitliche Zuständigkeit des Archivs. Dieser kann sich durch politisch-geographische und/oder thematische und/oder verwaltungstechnische Vorgaben definieren. Der Archivsprengel ist ein historisch gewachsenes Gebiet, dem die gegenseitige räumliche Abgrenzung der Archive zugrunde liegt. Diese Abgrenzung ist durch die Nachbardiözesen der Diözese Regensburg vorgegeben: Die Erzdiözesen München und Freising, Bamberg und die Diözesen Eichstätt, Passau, Pilsen und Budweis.
Im Laufe der Jahrhunderte veränderte sich die territoriale Ausdehnung der Diözese Regensburg kaum. Dennoch sind die kleinen Änderungen auch im Bestand des Archivs gut nachvollziehbar. Akten des Administraturbezirks der Diözese Budweis (Böhmen), der vom 01. 12. 1939-1945 vom Bistum Regensburg verwaltet wurde, oder die Überlieferung aus dem Bestand Egrana, d.h. vor der Abtretung des Egerlandes Anfang des 19. Jahrhunderts an die Erzdiözese Prag, zeugen von einem Einflussbereich jenseits der heutigen Grenzen. Zu diesem Bereich gehören die zeitweise (1975-2002) im Bischöflichen Zentralarchiv deponierten Ostkirchenbücher, die während des Krieges aus Ostpreußen, Westpreußen und Posen ausgelagert wurden.

Eine zentrale Zuständigkeit des Bischöflichen Zentralarchivs ist die Fachaufsicht. Das Archiv ist für die Sicherung und Verwaltung des Archivgutes der Organe, Dienststellen und Einrichtungen der Diözese Regensburg zuständig. Im Rahmen dieser Aufsicht ist das Zentralarchiv verantwortlich für die Sicherung des amtlichen Schrift- und Dokumentationsgutes aller Dienststellen und Einrichtungen des Bischöflichen Ordinariats und des Domkapitels sowie für die Aufsicht über die Pfarrarchive und die sonstigen der Leitung oder Aufsicht des Diözesanbischofs unterstehenden Archive.

Das Archiv unterstützt und berät die anbietungspflichtigen Stellen und Registraturbildner bei der Sicherung und Verwaltung ihrer Unterlagen. Diese Dienststellen offerieren dem BZAR alle Unterlagen, die sie zur Erfüllung ihrer Aufgaben nicht mehr benötigen.

4 siehe Anhang.
5 Vgl. dazu: Päpstliche Kommission für die Kulturgüter der Kirche, Die pastorale Funktion der kirchlichen Archive. Schreiben vom 2. Februar 1997.

Sprengel des Bischöflichen Zentralarchivs Regensburg

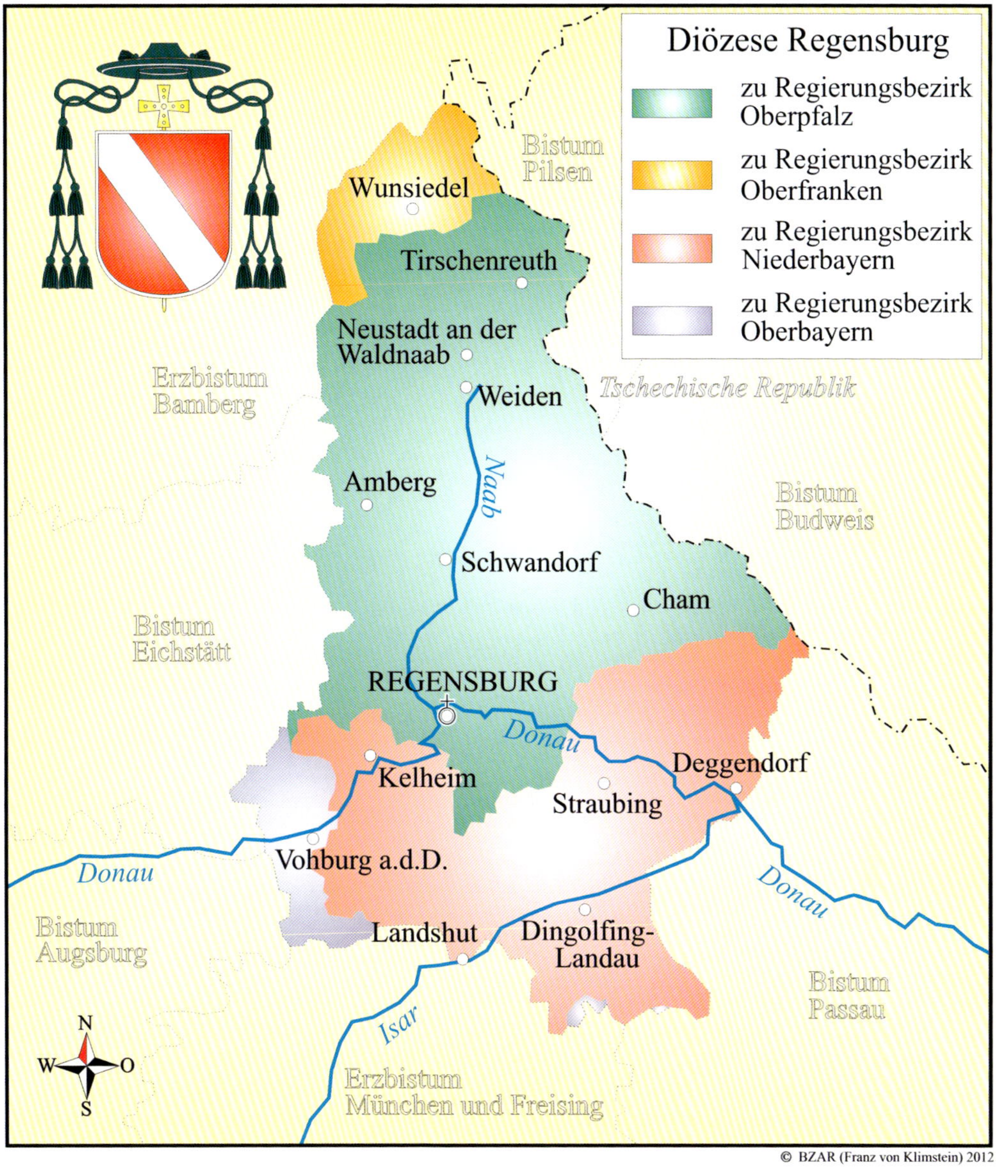

Das Zentralarchiv entscheidet über die Archivwürdigkeit der angebotenen Unterlagen (Bewertung) und über deren Übernahme in das Archiv. Das Kassationsrecht, die Entscheidung über Übernahme oder Vernichtung der Unterlagen, obliegt alleine dem Archiv.
Das Archiv wirkt an der Auswertung des von ihm verwahrten Archivgutes sowie an der Erforschung und Vermittlung insbesondere der Kirchengeschichte mit und leistet dazu eigene Beiträge.

Das Archiv des Bistums soll das Wirken der katholischen Ortskirche von Regensburg dokumentieren. Es dient der Verwaltung der Kirche, der Wahrung von kirchlichen Rechten sowie der Erfor-

INSTITUTIONELLE ZUSTÄNDIGKEIT UND AUFGABEN DES BZAR

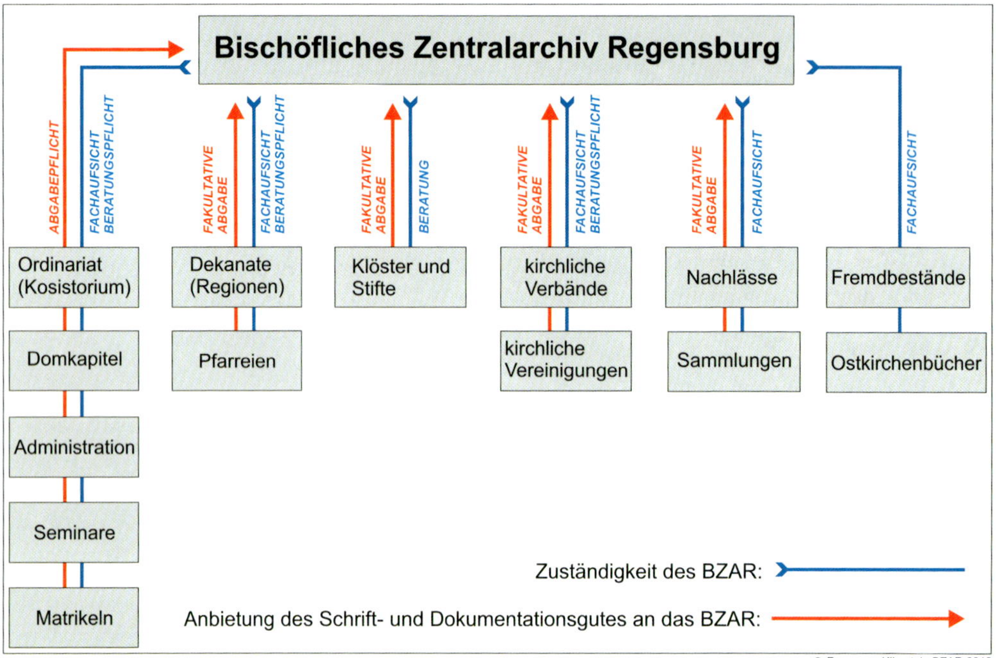

© Franz von Klimstein BZAR 2012

schung der Geschichte des Bistums und von einzelnen kirchlichen Institutionen in der Diözese. Obwohl es aus kirchlichen Mitteln finanziert wird und primär für kirchliche Belange eingerichtet wurde, berücksichtigt das BZAR bei seiner Arbeit in großem Umfang auch allgemeine und private Interessen, etwa der Heimat- oder der Familienforschung.

Das gesamte Schrift- und Dokumentationsgut katholischer Dienststellen der Diözese Regensburg sowie deren Einrichtungen (Pfarreien, Verbände, Ordensgemeinschaften etc.) hat eine große historische Bedeutung. Die älteren schriftlichen Unterlagen bilden zusammen mit dem jüngsten Registraturgut eine begriffliche, imaginäre Einheit. Sie sind einerseits Gedächtnis, andererseits zugleich Dokumentation des kirchlichen Lebens und erschließen somit wichtige Aspekte der Geschichte von Kirche und Glaube in der Diözese Regensburg. Vor allem wegen dieses Quellenwertes sollen und müssen entsprechende Anstrengungen unternommen werden, um das Schrift- und Dokumentationsgut zu sichern, zu erhalten und nicht zuletzt zu erschließen.

Die Aufbewahrung und Erhaltung der im Archiv verwahrten Unterlagen ist eine Forderung der Gerechtigkeit, die wir heute denen schuldig sind, deren Erben wir sind. Gleichgültigkeit ist eine Verachtung gegenüber unserer Vorfahren und der Erinnerung an sie. Dies wird auch im can. 486 § 1[6] zum Ausdruck gebracht.

Die Archive sammeln im Allgemeinen zum Unterschied von den Bibliotheken fast immer in ihrer Art einmalige Dokumente, die wiederum die Hauptquellen für die Geschichtsforschung sind. Daraus leitet sich ab, dass die Erhaltung der Pergamenturkunden, aller Schriftstücke auf Papier und des digital erstellten Materials durch entsprechende Vorschriften über Nutzung des Archivs, durch eine effiziente Inventarisierung, durch eine mögliche Restaurierung zu Erhaltungszwecken sowie durch die Eignung und Sicherheit der Räumlichkeiten gewährleistet werden muss.

---

6 Can. 486 § 1 CIC „Alle Dokumente, die sich auf die Diözese oder auf die Pfarreien beziehen, müssen mit größter Sorgfalt verwahrt werden."

ANHANG

Anordnung über die Sicherung und Nutzung der Archive der Katholischen Kirche
(Beschluss: Vollversammlung der Deutschen Bischofskonferenz: 19.9.1988 in Fulda)[7]

§ 1 Grundsätzliches

Die Katholische Kirche ordnet und verwaltet ihre Angelegenheiten selbständig. Sie regelt auch ihr Archivwesen eigenständig.

Die Archive der Katholischen Kirche dokumentieren deren Wirken; sie dienen der Verwaltung der Kirche und der Erforschung ihrer Geschichte. Die kirchlichen Archive sind nicht verpflichtet, Nutzungswünschen Dritter zu entsprechen. Im Interesse der geschichtlichen Wahrheit werden die kirchlichen Archive nach Maßgabe der folgenden Bestimmungen für eine Nutzung geöffnet.

§ 2 Geltungsbereich

Die Bestimmungen dieser Anordnung gelten für das Diözesanarchiv, die Pfarrarchive und die sonstigen der Leitung oder Aufsicht des Diözesanbischofs unterstehenden Archive.

§ 3 Verwaltung von Registratur- und Archivgut

Amtliche Schrift- und Dokumentationsgut sind alle Unterlagen, die aus der Tätigkeit kirchlicher Stellen erwachsen. Hierzu gehören neben Urkunden, Akten, Amtsbüchern, Einzelschriftstücken und Karteien u. a. auch Dateien, Karten, Pläne, Zeichnungen, Plakate, Siegel, Druckerzeugnisse, Bild-, Film- und Tondokumente sowie sonstige Informationsträger und Hilfsmittel zu ihrer Benutzung.

Amtliches Schrift- und Dokumentationsgut ist mit größter Sorgfalt nach Maßgabe der folgenden Absätze zu verwalten und aufzubewahren. Diese Aufgabe obliegt allen aktenführenden kirchlichen Stellen, insbesondere den Registraturen und Archiven.

Schrift- und Dokumentationsgut, das für die laufende Tätigkeit nicht mehr benötigt wird, ist dem zuständigen Archiv unaufgefordert zur Übernahme anzubieten, in der Regel spätestens 30 Jahre nach Schließung der Akte bzw. Erledigung des Vorgang.

Können Unterlagen nach anderen Rechtsvorschriften teilweise vernichtet oder gelöscht werden, sind sie dessen ungeachtet dem zuständigen Archiv zur Übernahme anzubieten; gesetzliche Löschungsverpflichtungen und Rechtsansprüche Betroffener bleiben unberührt. Art und Umfang der Unterlagen sind von der abliefernden Stelle im Einvernehmen mit dem zuständigen Archiv vorab im Grundsatz festzulegen. Für programmgesteuerte, mit Hilfe von Datenverarbeitungsanlagen geführte Datenbestände ist ferner festzulegen, in welcher Darstellung die zu archivierenden Daten bereitgestellt werden können. Hierbei sollte eine Darstellung in konventioneller Form angestrebt werden, die ein Lesen der Unterlagen ohne schwierige technische Hilfsmittel ermöglicht.

Das Archiv entscheidet nach Anhörung der abgebenden Stelle gemäß der Kassationsordnung über die Archivwürdigkeit des Schrift- und Dokumentationsgutes. Amtliches Schrift- und Dokumentationsgut wird mit der Übernahme ins Archiv zu Archivgut. Das Archiv sorgt für die Ordnung, Verzeichnung und Erschließung des Archivguts, damit es von der Verwaltung und Forschung genutzt werden kann.

---

7 Eine neue Fassung ist in abschbarer Zeit zu erwarten.

Das Archiv sammelt und bewahrt auch Schrift- und Dokumentationsgut fremder Provenienzen, sofern es für die kirchengeschichtliche Forschung oder die Geschichte des Archivträgers von Bedeutung ist. Dies gilt insbesondere für Sammlungen und Nachlässe.

Das Diözesanarchiv verwahrt auch das Schrift- und Dokumentationsgut solcher Provenienzen seines Sprengels, deren Stellen für eine dauerhafte Erhaltung ihres Schriftgutes keine Gewähr bieten (z. B. nicht mehr hauptamtlich besetzte Seelsorgsstellen).

Das Archiv hat im Rahmen seiner Möglichkeiten die Aufgabe, das in seiner Obhut befindliche Archivgut selbst zu erforschen und zu veröffentlichen bzw. Forschungen anzuregen.

§ 4 Nutzung kirchlichen Archivguts durch abliefernde Stellen

Abliefernde Stellen haben das Recht, das bei ihnen entstandene Archivgut zu nutzen. Das gilt auch für deren Rechtsnachfolger.

§ 5 Nutzung kirchlichen Archivguts durch Betroffene

Jeder Betroffene hat das Recht, zur Führung von Standesnachweisen authentische Abschriften oder Ablichtungen zu erhalten.

Dem Betroffenen kann auf Antrag eine Nutzung nicht gesperrten kirchlichen Archivguts gewährt werden, soweit es Angaben zu seiner Person enthält. Dies gilt nicht, wenn einer Nutzung überwiegende berechtigte Interessen des Archiveigners, des Archivablieferers oder eines Dritten entgegenstehen.

§ 6 Nutzung kirchlichen Archivguts durch Dritte

Bei berechtigtem Interesse kann auch Antrag an das zuständige Archiv eine Nutzung kirchlichen Archivguts erlaubt werden, soweit die in § 7 aufgeführten Nutzungsvoraussetzungen erfüllt sind und das Archivgut keinen Sperrfristen gemäß § 8 unterliegt. Ein berechtigtes Interesse liegt u. a. vor, wenn mit der Nujtzung amtliche, wissenschaftliche, heimatkundliche, familiengeschichtliche oder pädagogische Zwecke verfolgt werden.

Die Nutzung des Archivgutes erfolgt in der Regel im Archiv. Sie geschieht

Durch Vorlage der Orginale, oder
Durch Bereitstellung von Abschriften, Kopien, Fotografien, Mikrofilmaufnahmen oder Mikrofiches von den Orginalen, oder
Durch Erteilen von Auskünften über den Inhalt von Archivgut.

Die Nutzungsarten können auch miteinander verbunden werden. Ein Anspruch auf Abschriften oder Kopien besteht nicht.

Editionen und Reproduktionen von Achivgut bedürfen einer eigenen Genehmigung durch das zuständige Archiv.

Bei Verwertung von Archivgut hat der Benutzer berechtigte Interessen und die Persönlichkeitsrechte Dritter sowie die Vorschriften des Urheberrechtes zu beachten. Zuwiderhandlungen hat er selbst zu vertreten.

Weitere Einzelheiten der Nutzung werden durch entsprechende Ordnungen der Archive geregelt.

§ 7 Nutzungsvoraussetzungen

Voraussetzung für die Nutzung von Archivgut durch Dritte ist, dass

der betreffende Bestand geordnet ist,
das Archivgut nicht schadhaft ist oder durch eine Nutzung keinen Schaden nimmt,
der Antragsteller in der Lage ist, das Archivgut unabhängig von Hilfeleistungen durch das Archiv zu benutzen,
das Nutzungsanliegen des Antragstellers in einem angemessenen Verhältnis zum Arbeitsaufwand des Archivs steht.

§ 8 Sperrfristen

Grundsätzlich ist Archivgut, dessen Schlussdatum weniger als 40 Jahre zurückliegt, von einer Nutzung durch Dritte ausgeschlossen, sofern es nicht bereits veröffentlicht ist.

Einzelne Aktengruppen und Aktenstücke können von der Benutzung durch Dritte ausgenommen werden (z. B. Kanonisationsakten).

Besondere Sperrfristen gelten für folgendes Archivgut:

Archivgut des Bischöflichen Geheimarchivs: 60 Jahre,
Bischöfliche Handakten und Nachlässe: 60 Jahre,
Personakten und personenbezogenes Archivgut: 30 Jahre nach Tod bzw. 120 Jahre nach Geburt der betroffenen Person,
Archivgut, für das der Ablieferer spezielle Regelungen angeordnet hat.

Eine Verlängerung der Sperrfrist ist aus wichtigem Grunde möglich. Dies gilt insbesondere für Archivgut, durch dessen Nutzung das Wahl der Kirche, schutzwürdige Belange Dritter oder Interessen Betroffener gefährdet oder Persönlichkeitsrechte, Regelungen des staatlichen oder kirchlichen Datenschutzes oder das Steuergeheimnis verletzt würden. Falls der Zweck dieser Vorschriften auch durch Auflagen für die Nutzung und Verwertung (etwa durch Anonymisierung) erreicht wird, kann dieses Archivgut zur wissenschaftlichen Benutzung freigegeben werden.

§ 9 Sondergenehmigungen

Für wissenschaftliche Forschung kann in begründeten Ausnahmefällen eine Sondergenehmigung zur Nutzung von Archivgut erteilt werden, das noch eine Sperre unterliegt.

Für eine Sondergenehmigung ist ein schriftliches Gesuch über das zuständige kirchliche Archiv an den Ortsordinarius zu richten. Der Leiter des Diözesanarchivs übernimmt die Vorprüfung des Gesuches. Er kann seinerseits Sachverständige beiziehen.

Nach Abschluss der Vorprüfung fällt der Ortsordinarius die Entscheidung über das Gesuch. Der Bescheid wird dem Gesuchsteller durch das Archiv eröffnet.

Ausgrabungen in Obermünster (1982)

Die urkundliche Überlieferung im Bischöflichen Zentralarchiv in Regensburg

von Stephan Acht

Das Bischöfliche Zentralarchiv in Regensburg verwahrt derzeit rund 20 000 Urkunden in seinen Magazinräumen.[1] Rund ein Viertel davon dürfte der Zeit vor dem Jahre 1500 angehören.

Eine moderne Bearbeitung der reichen mittelalterlichen Urkundenbestände von Klöstern und Stiften innerhalb der Stadt Regensburg haben bislang nur das kleine Kollegiatstift St. Johann[2] und das ehemalige Benediktinerinnenkloster bzw. Kanonissenstift St. Paul (Mittelmünster)[3] erfahren. Die Urkunden aus der Neuzeit wurden bislang überhaupt noch nicht bearbeitet.

Die umfangreichen Urkundenbestände der ehemaligen Reichsstifte St. Emmeram, Obermünster und Niedermünster und die Urkunden des Hochstifts Regensburg wie auch die der Reichsstadt Regensburg[4] wurden im 19. Jahrhundert in das damalige Königliche Allgemeine Reichsarchiv nach München überführt.

Der Hauptgrund für diese Überführung war, dass das ehemalige Hochstift Regensburg und die ehemaligen Reichsstifte St. Emmeram, Obermünster und Niedermünster mitsamt der Reichsstadt Regensburg nach dem Reichsdeputationshauptschluss vom 25. Februar 1803 zunächst zum Fürstentum Regensburg zusammengefasst worden waren und zur Dotation des Kurerzkanzlers Carl Theodor von Dalberg verwandt wurden. Carl Theodor von Dalberg bestimmte die Stadt Regensburg zu seinem neuen Sitz. Der § 25 des Reichsdeputationshauptschlusses von 1803 legte fest,[5] dass *die Würde eines Kurfürsten, Reichserzkanzlers, Metropolitan-Erzbischofs und Primas von Deutschland* für immer mit dem Regensburger Bischofsstuhl verbunden sein sollte. Die Schaffung des Kurerzkanzlerstaates Carl Theodor von Dalbergs hatte, wie in ganz Deutschland, zur Folge, dass die Reichsstadt Regensburg mediatisiert und einige Klöster säkularisiert wurden, doch ließ der ehemalige Mainzer Erzbischof die ihm zugefallenen Institute weitgehend bestehen und griff auch nicht sofort nach ihren Archiven und Bibliotheken.[6]

Mit dem Übergang an das Königreich Bayern im Jahre 1810 fand dieses Fürstentum Regensburg sein Ende. Zwischen 1810 und 1823 wurden die umfangreichen in Regensburg gelagerten Archivbestände gesichtet und vieles dann nach München gebracht.

---

1 Führer durch die Bistumsarchive der katholischen Kirche in Deutschland, hrsg. v. der Bundeskonferenz der kirchlichen Archive in Deutschland, 2., überarb. u. erw. Aufl., Siegburg 1991, S. 163ff. Regensburg. Vorliegender Beitrag ist der neubearbeitete und ergänzte Aufsatz von Stephan Acht, der unter dem Titel *Die urkundliche Überlieferung im Bischöflichen Zentralarchiv in Regensburg während des Spätmittelalters* in dem Band von Peter Schmid (Hrsg.): Regensburg im Spätmittelalter, Regensburg 2007 (Forum Mittelalter Studien 2) S. 85–95 erschienen ist.

2 Matthias Thiel: Die Urkunden des Kollegiatstifts St. Johann in Regensburg bis zum Jahre 1400, München 1975 (Quellen und Erörterungen zur Bayerischen Geschichte, Neue Folge 28/1).

3 Johann Geier: Die Traditionen, Urkunden und Urbare des Klosters St. Paul in Regensburg,, München 1986 (Quellen und Erörterungen zur Bayerischen Geschichte, Neue Folge 34).

4 Zur Geschichte des reichsstädtischen Archivs vgl. v.a.: Heinrich Wanderwitz: Das Schicksal der reichsstädtischen Archiv – und Bibliotheksbestände, in: Martin Dallmeier, Klaus Heilmeier, Hermann Reidel: Das Fürstentum Regensburg. Von der freien Reichsstadt zur bayerischen Kreishauptstadt. Kunst und Geschichte im Spannungsfeld von Klassizismus und Romantik (1789 – 1848), Regensburg 2003, S. 139–141 und zu den Urkundenbeständen Joachim Wild: Die spätmittelalterlichen Urkundenbestände der Reichsstadt Regensburg im Bayerischen Hauptstaatsarchiv, in: P. Schmid: Regensburg (wie Anm. 1) S. 49–55.

5 Georg Schwaiger: Die altbayerischen Bistümer Freising, Passau und Regensburg zwischen Säkularisation und Konkordat (1803-1817), München 1959 (Münchner Theologische Studien, Historische Abteilung 13) S. 245.

6 Heinrich Wanderwitz: Das Archiv der Reichsstadt Regensburg – Bestandsaufnahme und Impulse, in: P. Schmid: Regensburg (wie Anm.1) S. 57.

Die übrigen geistlichen Einrichtungen in der Stadt Regensburg, wie das Domstift und die beiden Kollegiatstifte Alte Kapelle und St. Johann, die Schottenabtei St. Jakob, das Dominikanerinnenkloster Heilig Kreuz und das Klarissenkloster St. Klara konnten diese stürmische Zeit fast unbeschadet überstehen. Carl Theodor von Dalberg löste diese geistlichen Einrichtungen nicht auf. Auch ihre Archive, in denen eine große Zahl an Urkunden aufbewahrt wurde, überdauerten diese unruhige Zeit. Außer dem Archiv des Dominikanerinnenklosters Heilig Kreuz, das noch vor Ort aufbewahrt wird, werden die Archive der genanten Klöster und Stifte noch heute in Regensburg verwahrt und sind als Deposita (Dauerleigaben) im Bischöflichen Zentralarchiv untergebracht.

Den Grundstock der Bestände des heutigen Bischöflichen Zentralarchivs in Regensburg bildet naturgemäß das Schriftgut des alten Konsistoriums. Das Schriftgut dieser Vorgängerbehörde des heutigen Bischöflichen Ordinariates wurde in das alte Ordinariatsarchiv überführt.

Dieser umfangreiche Aktenbestand, der mit seinen Urkunden vereinzelt bis in das 13. und 14. Jahrhundert zurück reichen kann, wurde in verschiedene Teilbestände aufgegliedert. Vor allem die Pergamenturkunden, die sich in diesen Teilbeständen fanden, wurden aus konservatorischen Gründen von den Akten getrennt, und werden heute als jeweils eigener Selekt im Urkundenmagazin aufbewahrt.

Folgende Teilbestände sind bislang für die Akten des ehemaligen bischöflichen Konsistoriums gebildet worden: *Ordinariat Pfarrakten*, *Ordinariat Dekanatsakten*, *Ordinariat Klosterakten* und *Ordinariatsakten Egrana*. Darüber hinaus gibt es noch einen weiteren wichtigen Teilbestand, dieser wird als *Ordinariat Generalien* bezeichnet. Neben wirklichen Generalien, worunter man vor allem allgemeine Verfügungen verstehen würde, ist hier alles zu finden, was in den übrigen Teilbeständen nicht untergebracht werden konnte. Für alle diese Teilbestände liegen jetzt Repertorien vor.

In allen genannten Beständen kann man Urkunden oder Abschriften von Urkunden finden. Neben Kaiser- und Papsturkunden, Bischofs- und Herzogsurkunden finden sie hier auch Gründungsurkunden für Benefizien und für Jahrtagsstiftungen aber auch Grundleiheurkunden der verschiedensten Aussteller.

Unter den Klosterakten des Stiftes St. Tiburtius in Pfaffmünster, das 1581 an die Kirche St. Jakob in Straubing verlegt wurde, findet sich zum Beispiel der interessante Fall, dass eine um 1600 angelegte Geschichte des Stifts Pfaffmünster, die Abschrift einer Schutzurkunde Kaiser Ludwigs des Bayern aus dem Jahre 1344 enthält, in der eine Urkunde Herzog Heinrich XIV. von Niederbayern aus dem Jahre 1335 inseriert ist.[7]

Der Urkundenselekt, der innerhalb des Bestandes *Ordinariat Pfarrakten* gebildet worden ist, enthält derzeit rund 3800 Urkunden aus der Zeit des 15. – 18. Jahrhunderts. Es handelt sich hierbei vor allem um Präsentationsurkunden für die einzelnen Pfarreien und Benefizien des Bistums Regensburg. Seit etwa der Mitte des 15. Jahrhunderts beginnt hier die Überlieferung reicher zu werden.

Aus diesen Präsentationsurkunden, die vom jeweiligen Inhaber des Patronatsrechtes (Bischof, Kloster, Herzog, Adelsfamilie) ausgestellt wurden, erfahren wir nicht nur den Namen des neu präsentierten Pfarrers, sondern manchmal auch, was seinem Vorgänger widerfahren ist bzw. warum ein neuer Seelsorger überhaupt präsentiert wurde. Mit der 1997 neu erarbeiteten Matrikel des Bistums Regensburg lassen sich schnell die jeweiligen Inhaber des Patronatrechts für die einzelnen Pfarreien ermitteln.[8] Ein eigenes Verzeichnis für die Präsentationsurkunden liegt nicht vor. Die Urkunden werden unter den alphabetisch sortierten Seelsorgestellen chronologisch aufbewahrt.

Der Teilbestand *Ordinariat Dekanatsakten* enthält zwei originale Siegelurkunden. Jeweils wird der neugewählte Dekan bestätigt. Die Urkunde aus den Dekanatsakten Kelheim wird auf den 7.9.1591 datiert, die aus den Dekanatsakten Geiselhöring auf den 1.10.1735.

Aus dem Teilbestand *Ordinariat Klosterakten* wurden 365 Originalurkunden gesondert gelegt. Vereinzelt reichen die hier aufbewahrten Urkunden bis in das 13. Jahrhundert (1278) zurück. Die Mehrheit der hier verwahrten originalen Urkunden setzt aber erst mit der zweiten Hälfte des 15. Jahrhunderts ein. Die Anzahl der Urkunden, die vor dem Jahre 1500 ausgestellt wurden, beläuft

---

7 BZAR OA Kl 5 Nr. 221.

8 BISCHÖFLICHES ORDINARIAT REGENSBURG (Hrsg.): Matrikel des Bistums Regensburg, Regensburg 1997.

sich auf 81. Die jüngste Urkunde datiert auf den 11.9.1903. Unter diesen Urkunden wurden vor allem viele Notariatsinstrumente gesondert gelegt, die anlässlich einer Abt- oder Propstwahl ausgestellt worden sind. Diese Wahl wurde dann mit der entsprechenden Urkunde dem Ordinariat in Regensburg angezeigt. In diesen Urkunden werden oft die Namen der bei der Wahl anwesenden Konventualen aufgeführt. Ferner können diese Urkunden über eventuelle Schulden eines Klosters oder über die Streitigkeiten innerhalb eines Konventes berichten. Die Urkunden, die über die Propst- oder Dekanwahlen in den einzelnen Stiften berichten, können die Texte der zu leistenden Treueide enthalten.

In dem für den Teilbestand *Ordinariatsakten Egrana* gebildeten Urkundenselekt befinden sich vor allem die Präsentationsurkunden für die Pfarreien und Benefizien in der Stadt Eger (27) bzw. auf die umliegenden Pfarreien im Egerland oder im Vogtland (46).[9] Es finden sich hier die Präsentationsurkunden für die Seelsorgestellen Eger, Asch, Brambach, Frauenreuth, Haslau, Landwüst, Liebenstein, Markneukirchen, Schönbach, Stein (Kirchberg), Schönberg, Seeberg und Wildstein. Diese gehörten bis zur Abtretung des Egerlandes an Böhmen 1817/21 zur Diözese Regensburg. Von den hier verwahrten 84 Originalurkunden sind 73 Präsentationsurkunden, die vorwiegend aus dem 15. (ab 12.5.1481) und 16.Jahrhundert. stammen, nur eine ist auf den 7.8.1752 datiert. Die restlichen 11 Urkunden wurden aus den Ordinariatsakten Egrana entnommen und haben die Laufzeit vom 23.3.1433 bis 11.7.1789.

Das Repertorium über den Teilbestand *Ordinariat Generalien* wurde erst vor kurzem fertiggestellt. Aus diesem Bestand wurden 179 Urkunden entnommen und als eigener Selekt aufgestellt. Die vierzehn ältesten Urkunden in diesem Teilbestand reichen bis in das 15. Jahrhundert zurück (28.6.1465). Die jüngste ist auf den 12.7.1892 datiert.

Sehr umfangreich ist die Anzahl der *päpstlichen Dispensurkunden*, die im Bischöflichen Zentralarchiv aufbewahrt werden. Dieser Selekt umfasst 5520 Urkunden mit der Laufzeit von 1708 bis 1901.

Auch für den Urkundenselekt *Urkunden des Alten Consistoriums* liegt ein Repertorium vor. Dieser Selekt enthält vor allem Urkunden über Tischtitelverleihungen. Unter der Bezeichnung *Tischtite*l versteht man die ausreichende Versorgung eines Geistlichen bis zum Erwerb einer eigenen Pfründe.[10] Diese Tischtitel wurden oft von einem Adeligen oder von einem Kloster gewährt.

Die älteste als Original überlieferte Urkunde in diesem Selekt geht auf das Jahr 1480 zurück. Eine ältere Urkunde vom 12.7.1431 ist nur als Insert in einem Vidimus aus dem Jahre 1492 überliefert. 4 von 81 hier verwahrten Urkunden stammen aus dem 15. Jahrhundert. Die jüngste Urkunde in diesem Bestand ist datiert auf den 13.7.1758.

Sieben Urkunden betreffen das Hochstift Regensburg (*Hochstift Regensburg Urkunden*). Alle in diesem Bestand aufbewahrten Urkunden weisen die gleichen Altsignaturen mit Angaben zur Schublade, Fol(io) und N(umer)o auf wie die Urkunden des Bestandes Hochstift Regensburg im Bayerischen Hauptstaatsarchiv in München. Die älteste Urkunde datiert auf den 10.12.1276, die jüngste auf den 18.9.1464.

Unter anderem liegt hier jetzt auch eine unbekannte Urkunde von König Rudolf I. von Habsburg, die dieser für die geistlichen Reichsfürsten ausgestellt hat. Sie ist zum 5. Juli 1281 datiert.[11] Diese Urkunde lag wohl ursprünglich bei den Urkunden des Hochstifts Regensburg. 1789 wurde sie für Verhandlungen über die Rechte und Freiheiten der Kirche im Regensburger Ordinariat gebraucht. Nach Abschluss der Verhandlungen wurde die Urkunde aber nicht mehr an ihren ursprünglichen Aufbewahrungsort zurückgebracht. So lag sie über 200 Jahre unentdeckt in den Akten des Regensburger Ordinariates.

113 Urkunden liegen in dem Selekt *abgelöste Urkunden*. Diese Urkunden dienten zunächst als Einbände von Amtsbüchern. Nach der Verzeichnung wurden sie abgelöst und werden nun in diesem

9 Johann Baptist LEHNER: Beiträge zur Kirchengeschichte des Egerlandes, in: Jahresbericht des Vereins zur Erforschung der Regensburger Diözesangeschichte 13 (1939) S. 79–211.

10 Vgl. Lexikon des Mittelalters 8 (1997) Sp. 2109 (Weihetitel); Lexikon für Theologie und Kirche 10 (^{3}2001) Sp. 1016 (Weihetitel).

11 Johann GRUBER: Eine Urkunde König Rudolfs I. von Habsburg für die geistlichen Reichsfürsten, in: BGBR 39 (2005) S. 81–90.

Selekt aufbewahrt. 79 Urkunden sind in das 15. Jahrhundert zu datieren. Die älteste Urkunde datiert hier in das Jahr 1373, die jüngste auf den 21.12.1583.

Ebenfalls abgelöst von Archivalien wurden 6 Urkunden aus dem Selekt *Vikariatsrechnungen Urkunden*. Es finden sich hier einige Urkunden des Bischofs Heinrich IV. von Regensburg. Ihre Laufzeit reicht vom 24.2.1467 bis 12.6.1474.

Ferner wird im Bischöflichen Zentralarchiv ein Selekt mit Namen *Mischbestand Urkunden* aufbewahrt. Er umfasst 53 Urkunden und reicht vom 8.1.1287 bis 4.4.1851. 9 Urkunden sind auf das 15. Jahrhundert zu datieren.

Jeweils eine Urkunde wird unter dem *Nachlass Senestrey* (18.3.1858) und unter dem Bestand *Priesterseminar* (25.7.1826) aufbewahrt.

Der Selekt *Bischöfliche Administration Urkunden* verwahrt 5 Urkunden. Es handelt sich um Erbrechtsverleihungen für die Inhaber des Benefiziums St. Pankratius und Panthaleon in Regensburg. Sie reichen vom 11.7.1622 bis zum 5.3.1691.

Im Rahmen der kirchlichen Archivpflege übernimmt das Bischöfliche Zentralarchiv in Regensburg auch die *Pfarrarchive* von einzelnen Seelsorgestellen als Depositum (Dauerleihgabe), das heißt, dass die Besitzrechte für diese Unterlagen weiterhin bei der entsprechenden Pfarrei liegen. Eine Übernahme des Pfarrarchivs erfolgt vor allem dann, wenn die Seelsorgestelle nicht mehr mit einem eigenen Pfarrer besetzt werden kann.

Im Bischöflichen Zentralarchiv werden derzeit die Archive bzw. Teilarchive von ca. 197 Seelsorgestellen als Deposita aufbewahrt. Davon sind ca. 100 repertorisiert. Meistens enthalten diese Archive vor allem Akten und Rechnungsbände. Vereinzelt tauchen in diesen Pfarrarchiven aber auch Pergamenturkunden auf, die bis in das 14. Jahrhundert zurückreichen können. Neben Gründungsurkunden für Benefizien, Ablassbriefen, Altarprivilegien und Jahrtagsstiftungen sind hier vor allem Urkunden über Grundstücksübertragungen zu finden. Im Augenblick werden 1065 Urkunden aus diesen Pfarrarchiven im Urkundenmagazin des Bischöflichen Zentralarchivs aufbewahrt. Wohl ein Drittel davon gehört der Zeit vor 1500 an. Diese Urkunden sind bislang entweder über eigene Verzeichnisse oder über die Repertorien der Pfarrarchive zu ermitteln. Neben vielen Pfarrarchiven, die keine oder nur eine Pergamenturkunde aufweisen, sei hier auf einige Pfarrarchive verwiesen, die über eine stattliche Anzahl von Urkunden verfügen.

Das Pfarrarchiv Nabburg beinhaltet 350 Urkunden. Davon gehören 225 Urkunden der Zeit vor 1500 an, darunter ist auch eine Urkunde Ludwigs des Bayern vom 5. Oktober 1325.[12] Die jüngste Urkunde ist auf den 11.6.1734 datiert. Das Pfarrarchiv Gangkofen weist 141 Urkunden auf,[13] die älteste davon stammt vom 20.6.1412, 30 Urkunden davon stammen aus der Zeit vor 1500. Die jüngste ist auf den 11.12.1802 datiert. Aus dem Pfarrarchiv Frontenhausen liegen 122 Urkunden vor.[14] Die älteste davon hat das Datum 1.3.1397. Insgesamt liegen für das 14. und 15. Jahrhundert in diesem Archiv 25 Urkunden vor. Die jüngste Urkunde in diesem Bestand datiert auf den 18.11.1761.

Von den insgesamt 77 bislang verzeichneten Pfarrarchiven weisen 33 auch Siegelurkunden auf. 17 Pfarrarchive bewahren Siegelurkunden auf, die in das 14. und 15. Jahrhundert datieren.

Folgende Zusammenstellung soll einen Überblick geben, aus welchen Pfarrarchiven (PfAr) Siegelurkunden vorliegen. In Klammern ist jeweils das Datum der ältesten und der jüngsten Urkunde angegeben.

Abensberg PfAr	Urk.1 – 48	(17.4.1365 – 20.8.1738)
Altenthann PfAr	Urk.1	(11.10.1727)
Aufhausen PfAr	Urk.1 – 50	(11.1.1536 – 4.8.1824)
Bettbrunn PfAr	Urk.1 – 14	(10.1.1330 – 7.6.1690)
Dalking PfAr	Urk.1 – 25	(6.5.1444 – 10.1.1760)
Eggenfelden PfAr	Urk.1 – 34	(23.11.1409 – 15.2.1802)

12 BZAR Repertorium Pfarrarchiv Nabburg.
13 BZAR Repertorium Pfarrarchiv Gangkofen.
14 BZAR Repertorium Pfarrarchiv Frontenhausen.

Eschenbach PfAr	Urk.1 – 5	(14./16.5.1438 – 1.12.1654)
Frontenhausen PfAr	Urk.1 – 122	(1.3.1397 – 18.11.1761)
Gangkofen PfAr	Urk.1 – 144	(20.6.1412 - 11.12.1802)
Hahnbach PfAr	Urk.1 – 6	(10.3.1655 – 14.11.1823)
Hainsbach-Haindling PfAr	Urk.1 – 2	(15.2.1657 – 4.1.1726)
Hohenthann/Ndb. PfAr	Urk.1 – 4	(13.4.1772 – 28.1.1820)
Kirchberg/Opf. PfAr	Urk.1 – 4	(15.6.1354 – 21.12.1483
Laberweinting PfAr	Urk.1 – 9	(18.5.1489 – 7.11.1787)
Loizenkirchen PfAr	Urk.1 – 52	(3.2.1350 – 10.5.1646)
Nabburg PfAr	Urk.1 – 340	(29.4.1314 – 11.6.1734
Oberviehbach PfAr	Urk.1 – 17	(2.12.1564 – 10.1.1782)
Ottering PfAr	Urk.1 – 4	(3.10.1714 – 16.9.1779)
Parkstein PfAr	Urk.1 – 2	(14.3.1519 – 20.9.1677)
Perkam PfAr.	Urk.1 – 2	(16.11.1716 – 8.11.1828)
Pfaffmünster PfAr.	Urk.1 – 2	(1.7.1717 – 18.6.1753)
Pilsting PfAr	Urk.1 – 42	(12.3.1341 – 31.5.1730)
Rgbg Dompfarrei PfAr	Urk.1	(7.1.1653)
Rgbg. St. Emmeram PfAr	Urk.1 – 2	(18./22.9.1736 – 12.12.1842)
Riedenburg PfAr	Urk.1	(6.8.1794)
Riekofen PfAr.	Urk.1 – 22	(21.7.1347 – 30.7.1791)
Sallach PfAr	Urk.1	(18.11.1629)
Saltendorf-Teublitz PfAr	Urk.1	(8.6.1585)
Sandsbach PfAr	Urk. 1 – 6	(3.6.1415 – 25.9.1581)
Schmidmühlen PfAr	Urk.1 – 3	(2.2.1408 – 6.7.1469)
Straubing St. Jakob PfAr	Urk.1 – 73	(28.10.1357 – 25.9.1722)
Vilsbiburg PfAr	Urk.1 – 17	(8.5.1356 – 26.9.1769)
Vohburg PfAr	Urk.1 – 12	(3.2.1476 – 6.9.1887)

Aus den im Bischöflichen Zentralarchiv lagernden Dekanatsarchiven (DekAr) liegen in den Beständen Geiselhöring und Mainburg insgesamt 9 Urkunden vor:

Geiselhöring DekAr	Urk.1	(20.3.1727)
Mainburg DekAr	Urk.1 – 8	(5..6.1432 – 6.5.1524)

Das Bischöfliche Zentralarchiv verwahrt auch einige Kloster- und Stiftsarchive. Zu nennen ist hier zunächst das Archiv des Schottenklosters St. Jakob.[15] Da dieses Kloster den Status eines britischen Nationaleigentums besaß, wurde es weder 1803 bei der Säkularisation noch nach 1810, als Regensburgs an Bayern überging, aufgelöst. Erst auf Betreiben von Bischof Ignatius von Senestréy wurde das Schottenkloster in Regensburg durch ein Breve Papst Pius IX. vom 2.9.1862 aufgehoben. Der Besitz und mit ihm fast das gesamte Archiv des Klosters ging an das Bistum Regensburg bzw. an dessen Klerikalseminar über. Ein kleiner, aber besonders wertvoller Teil des Archivs kam zunächst in das Kloster Fort Augustus in Schottland und wird heute im Archiv der katholischen Kirche Schottlands in Edinburgh aufbewahrt. Vereinzelte Archivalien wurden noch im 19. Jahrhundert nach München gebracht und lagern heute im Bayerischen Hauptstaatsarchiv. Der größte Teil des Archivs verblieb aber in Regensburg und wurde lange Zeit im dortigen Klerikalseminar am Bismarckplatz verwahrt, bis er 1938 unter dem Archivdirektor Johann Baptist Lehner dem Ordinariatsarchiv Regensburg angegliedert worden ist. Dieser Archivbestand enthält 697 Urkunden. Sie umfassen den Zeitraum von 1089 bis 1830. 460 Urkunden sind vor dem Jahr 1500 ausgestellt worden. Für diesen

15 Zur Geschichte dieses Klosters siehe jetzt auch Scoti Peregrini in St. Jakob. 800 Jahre irisch-schottische Kultur in Regensburg, Regensburg 2006 (Bischöfliches Zentralarchiv und Bischöfliche Zentralbibliothek Regensburg, Kataloge und Schriften 21).

Urkundenbestand liegt jetzt ein neues Repertorium vor. Für viele Urkunden vor dem Jahre 1499 hat Gustav A. Renz bereits Regesten erfasst und diese in den Jahren 1895/97 veröffentlicht.[16] Eine Überprüfung ergab, dass Renz in seinen Regesten nicht immer sämtliche Personen und Zeugen aufführt, die in den Urkunden genannt werden. In seinen Veröffentlichungen führt Renz auch zahlreiche Regesten auf, deren Urkunden heute in anderen Beständen des Bayerischen Hauptstaatsarchivs in München lagern. Zu nennen sind hier vor allem die Urkundenbestände der *Reichsstadt Regensburg* und des *Damenstifts Obermünster in Regensburg*. Diesem Stift standen gewisse Rechte am dem Schottenkloster unterstehenden Priorat von Weih Sankt Peter zu. In einem nun neu erstellten Urkundenrepertorium werden nun bis zum Jahre 1499 auch 341 Urkunden aufgeführt, die von Renz bislang überhaupt noch nicht erfasst worden waren. Es handelt sich hierbei vor allem um Urkunden über Grundleihe- und Erbrechtsangelegenheiten.

Im Archiv der Katholischen Kirche Schottlands in Edinburgh werden heute rund 100 Urkunden aufbewahrt, die ehemals im Archiv des Schottenklosters St. Jakob lagerten. Von 37 dieser Urkunden liegen im Bischöflichen Zentralarchiv in Regensburg die Regesten vor. Die Urkunden stammen aus den Jahren von 1307 bis 1487.

Umfangreiche Teile des ehemaligen Stiftsarchivs Obermünster,[17] die nicht Anfang des 19. Jahrhunderts nach München in das damalige Königliche Bayerische Allgemeine Reichsarchiv gebracht worden sind, verblieben in Regensburg und wurden in den Speichern der Stiftsgebäude von Obermünster aufbewahrt. Anfang der siebziger Jahre des 20. Jahrhunderts wurden die Urkunden, Akten und vor allem die vielen Rechnungsserien, die den Zeitraum 1367 bis 1803 umfassen, den Beständen des Bischöflichen Zentralarchivs einverleibt.

Aus diesem Bestand liegen zwei Selekte vor. Einmal *Obermünster Urkunden* mit 39 Urkunden, die den Zeitraum 12.6.1318 bis 19.8.1779 umfassen, ferner ein Selekt mit 36 Urkunden (*Obermünster abgelöste Urkunden*), der aus von Archivalien dieses Stifts abgelösten Urkunden gebildet wurde. Die älteste Urkunde datiert hier in das Jahr 1312, die jüngste Urkunde auf den 22.4.1664. Aus beiden Selekten liegen insgesamt 32 Urkunden vor (*Obermünster Urkunden* 12, *Obermünster abgelöste Urkunden* 20), die vor das Jahr 1500 zu datieren sind.

Das Regensburger Domkapitel blieb zwischen der Säkularisation (1803) und der Neuorganisation der Kirchlichen Verhältnisse 1817/21 immer im Amt.[18] Es wurde nicht aufgelöst. Auf Grund des Bayerischen Konkordates vom Jahre 1817 und der Circumskriptionsbulle vom 8. September 1821 wurden in Bayern neue Domkapitel gebildet. Am 3. November 1821 wurde in Regensburg ein neues Domkapitel installiert.

Das im oberen Stock der Domsakristei verwahrte Domkapitel`sche Archiv wurde zum gemeinschaftlichen Eigentum von Staat und Regensburger Domkapitel erklärt.[19] Bereits 1821 und 1825 sollte eine Urkunden- und Aktenausscheidung bezüglich dieses Archivs zwischen den beiden Eigentümern erfolgen. Dazu kam es aber nicht. Im Jahre 1834 beantragte Bischof Franz Xaver von Schwäbl bei der Regierung eine Aktenausscheidung sowie eine vorläufige Übertragung des Archivs aus der Domsakristei in das Domkapitelhaus. Diese Übertragung in die neuen Räume erfolgte am 25.4.1836. Die durch eine gemeinsame Kommission begonnene Aktenausscheidung kam bald wieder ins Stocken und unterblieb schließlich ganz.

Im Domkapitelhaus waren also zunächst zwei Archive untergebracht, das eine enthielt vor allem die Rechnungen und Verwaltungsakten der Domkapitel`schen Stiftungen sowie die älteren Sitzungs-

---

16 Gustav A. Renz: Beiträge zur Geschichte der Schottenabtei St. Jakob und des Priorates Weih St. Peter (O.S.B.) in Regensburg, in: Studien und Mittheilungen aus dem Benedictiner- und dem Cistercienser-Orden Jg. 16 (1895) S. 64–84, 250–259, 418–425, 574–581, Jg.17 (1896) S. 29–40, 229–239, 416–429, 629–639, Jg.18 (1897) S. 79–86, 263–274.

17 Zu diesem Stift siehe jetzt auch Obermünster Regensburg. Von den Anfängen bis heute, Regensburg 2008 (Bischöfliches Zentralarchiv und Bischöfliche Zentralbibliothek Regensburg, Kataloge und Schriften 24).

18 Georg Schwaiger: Der Erzbischof und das Erzbistum Regensburg, in: Karl Hausberger (Hrsg.): Carl von Dalberg. Der letzte geistliche Reichsfürst, Regensburg 1995 (Schriftenreihe der Universität Regensburg 22) S. 59–72; Heribert Sturm: Archive in Regensburg, in: Archivalische Zeitschrift 58 (1962) S. 95–118.

19 BZAR OA 3924.

protokolle des Domkapitels (Bischöflich Domkapitel`sches Archiv = BDK). Diese standen allein im Eigentum des Regensburger Domkapitels.

Der andere Teil des Archivs (Altes Domkapitel`sches Archiv = ADK) mit den übrigen Akten stand unter gemeinsamer Verwaltung von Staat und Domkapitel. Erst im August 1894 erfolgte im beiderseitigen Einverständnis die vorläufige Unterbringung dieses gemeinschaftlichen Archivs in der Nikolauskapelle an der Südostecke des Doms. Dieses Archiv befand sich unter doppeltem Verschluss. Den Schlüssel zum oberen Schloss besaß die Regierung bzw. das Landesfinanzamt, jenen zum unteren Schloss das Regensburger Domkapitel.

Die Akten, die für den unmittelbar praktischen Gebrauch des Bistums und des Domkapitels hinsichtlich der künftigen Dotationsgüter dienlich gewesen waren, gingen an die kirchlichen Stellen über, was aber nur mehr historischen Zwecken diente, das sollte mit den staatlichen Archiven vereinigt werden.

Bei der Eigentumsabgrenzung wurde davon ausgegangen, dass nur die in sich geschlossenen Akten über *Episcopalia, Spiritualia und Personalia* dem Domkapitel zukommen sollten. Eine solche Trennung der Akten wurde dann in den 30er und 40er Jahren des 20. Jahrhunderts vorgenommen.

Im Bischöflichen Zentralarchiv werden auch Urkunden aufbewahrt, die ursprünglich im ehemaligen Urkundenarchiv des Regensburger Domkapitels aufbewahrt wurden. Diese sind anhand der Rückvermerke mit *Lafftenangabe* und Folioangabe eindeutig dem ehemaligem Domkapitel`schen Archiv zuzuweisen.

Der Bestand *Altes Domkapitel`sches Archiv (ADK)* enthält auch Siegelurkunden. Diese Urkunden stehen im Miteigentum von Domkapitel und Staat. Erst im Jahre 1971 wurde zwischen dem Domkapitel Regensburg und dem Freistaat Bayern eine Vereinbarung getroffen, dass die Archivalien und Urkunden dieses Bestandes unter bestimmten Bedingungen auch im neu eingerichteten Bischöflichen Zentralarchiv untergebracht werden konnten.[20] Insgesamt liegen in dem Bestand ADK 297 Urkunden vor, die den Zeitraum zwischen 30.3.1234 und 9.11.1822 abdecken. 50 Urkunden stammen aus dem 15. Jahrhundert.

Bereits aus dem Ende des 15. Jahrhunderts liegt ein Repertorium über die Urkunden des Regensburger Domkapitels vor.[21] Anhand des Alphabets werden dort die in Gruppen zusammengefassten Urkunden beschrieben.

Ein im Jahre 1585 fertig gestelltes Urkundenverzeichnis führt sämtliche Urkunden auf, die damals im Urkundenarchiv des Domkapitels lagerten.[22] Nach diesem Verzeichnis wurden in diesem Archiv 4754 Urkunden aufbewahrt. Verfasser dieses Verzeichnisses war der hochstiftische Rat und Sekretär Johann Lackhner, der in den Jahren 1586 und 1587 auch zwei umfangreiche Urkundenverzeichnisse für die St. Wolfgangsbruderschaft und für das Stift der Alten Kapelle erstellen sollte.

Die Urkunden des Domkapitels wurden in 83 *Lafften* aufbewahrt. Lafften ist laut Schmeller die Bezeichnung für Schachtel.[23] Die Lafften 1 bis 4 beinhalten vor allem die Schutz- und Schirmbriefe der Päpste, der Kardinäle sowie der Könige und Herzöge, die das Regensburger Domkapitel erhalten hat. In Lafften 5 bis 7 werden vor allem die domkapitel`schen Statuten, die Konkordate und die Verträge mit dem Bischof genannt. Lafften 8 und 9 enthalten vor allem die Unterlagen (legitimationes) der einzelnen Domkanoniker. Diese reichen hier bis in das Jahr 1332 zurück. Außerdem werden in diesem Lafften neben den Revers- und Resignationsurkunden auch die Studienzeugnisse (Certificationes) der einzelnen Domkanoniker aufgeführt. Für das 15. Jahrhundert werden hier die Zeugnisse der Universitäten Heidelberg, Erfurt, Basel, Freiburg und Ingolstadt genannt.

Lafften 10 betrifft die Domherrenhöfe und die domkapitel`schen Häuser in Regensburg, Lafften 11 beinhaltet die gestifteten Jahrtage, Lafften 12 die dem Domkapitel inkorporierten Pfarreien. In Lafften 14 werden die Urkunden für die Dompfarrei St. Ulrich mit seinen Benefizien genannt. Die folgenden Lafften enthalten vor allem die Urkunden, die den Dompropst, den Domdekan, dem Domkustos und den Domscholaster betrafen.

---

20 BZAR OA 3923.
21 BZAR BDK 14.
22 BZAR BDK 30 (Reinschrift) und BDK 31 (Handexemplar).
23 Andreas SCHMELLER: Bayerisches Wörterbuch, Nachdruck Leipzig 1939, Sp. 1451.

Ab Lafften 25 werden die Urkunden für die verschiedenen domkapitel`schen Hofmarken und für die sonstigen Besitzungen des Domkapitels genannt. Laften 42 enthält die Dienstbestallungen der Beamten des Domkapitels. Die Lafften 45 bis 81 enthalten die Urkunden zu den einzelnen im Dom gestifteten Benefizien. Jedes Benefizium ist hier einem Lafften zugeordnet, in dem dann die ehemals im Domkapitel`schen Urkundenarchiv verwahrten Urkunden (Errichtungsurkunde, Präsentationsurkunden) zumeist in chronologischer Reihe aufgeführt werden.

Dieses 1585 angelegte domkapitel`sche Urkundenrepertorien mit seiner Einteilung wurde 1642 erneut abgeschrieben.[24] Dieses neue Repertorium wurde bis Anfang des 19. Jahrhunderts ergänzt und auf dem Laufenden gehalten. Anhand dieses Verzeichnisses wählte der Geheime Landesarchivar Franz Joseph Samet im September 1811 die Urkunden aus, die dann später in das Geheime königliche Landesarchiv nach München gebracht wurden.

Einige Urkunden aus dem ehemaligen Urkundenarchiv des Regensburger Domkapitels werden heute im Bischöflichen Zentralarchiv in dem Bestand *Bischöflich Domkapitel`sches Archiv* (*BDK*) Urkunden aufbewahrt. Dieser Bestand zählt im Augenblick 869 Urkunden. Davon sind circa 500 Urkunden der Zeit vor 1500 zuzuweisen. Dem 13. Jahrhundert gehören 24 Urkunden an, dem 14. Jahrhundert gehören 207 Urkunden an und aus dem 15. Jahrhundert stammen 256 Urkunden. Die restlichen 382 Urkunden reichen vom 16. bis Anfang des 19. Jahrhunderts (1501 – 13.1.1863).

Eine Vielzahl der in dem Bestand *BDK Urkunden* aufbewahrten Urkunden kommt aus dem Archiv der ehemaligen St. Wolfgangsbruderschaft in Regensburg. Die sogenannte *St. Wolfgangsbruderschaft in Regensburg* verfügte über ein umfangreiches Archiv mit zahlreichen Pergamenturkunden, die bis in die erste Hälfte des 13. Jahrhunderts zurückreichen.[25] Diese Bruderschaft war ein Zusammenschluss von acht Bruderschaften, der an Regensburgs Hauptkirchen – Dom, Dompfarrkirche, St. Emmeram, Alte Kapelle, St. Johann, Obermünster, Niedermünster und Mittelmünster – installiert war. Diese Bruderschaft verfügte über einen nicht unerheblichen Grundbesitz, den sie gegen Zinszahlungen verlieh.

Für die Archivalien dieser Bruderschaft liegen mehrere Archivverzeichnisse vor. So verfasste bereits im Jahre 1587 der Bischöfliche Rat und Sekretär Johann Lackhner ein umfangreiches Repertorium über das Archiv dieser Bruderschaft.[26]

Im Jahre 1815 hat Pater Roman Zirngibl einen *Codex diplomaticus octo fraternitatum Sancti Wolfgangi* verfasst, der neben Abschriften aus verschiedenen Archivalien dieser Bruderschaft auch Abschriften und Regesten von Urkunden enthält.[27] Aus dem Jahre 1852 liegt ein neues *Repertorium über das Archiv der acht Bruderschaften des heiligen Wolfgangs in Regensburg* vor.[28] In diesem Verzeichnis werden weitere Amtsbücher der St. Wolfgangsbruderschaft aufgeführt. Darüber hinaus führt dieses Verzeichnis von 1852 auch 442 Urkunden auf, die zusammen mit den übrigen Archivalien in insgesamt 20 Schubladen aufbewahrt worden sind. Über die Hälfte dieser Urkunden ist vor dem Jahre 1500 ausgestellt worden.[29]

In dem Bestand *ADK-Urkunden* werden bisher 297 Urkunden verwahrt. Sie umfassen die Zeitspanne zwischen dem Jahre 1234 und dem Jahre 1822. Darunter finden sich insgesamt 50 Urkunden, die vor das Jahr 1500 zu datieren sind. Fünf Urkunden, gehören dem 13. Jahrhundert an, 18 Urkunden dem 14. Jahrhundert, 27 Urkunden dem 15. Jahrhundert. 58 Urkunden sind dem 16. Jahrhundert zuzuweisen. Die meisten von ihnen weisen die für das Domkapitel`sche Archiv typischen Rückvermerke mit Lafftenangabe und Folioangabe auf. Für alle hier verwahrten Urkunden liegen Regesten vor.

---

24 BZAR BDK 5.

25 Zur Geschichte dieser Bruderschaft vgl. Paul Mai: Die acht Regensburger Bruderschaften zum heiligen Wolfgang, in: BGBR 6 (1972) S. 105–117; Paul Mai: Bruderschaften und Benefizien am Regensburger Dom, in: BGBR 10 (1976) S. 399–418; Artur Dirmeier: Die Wolfgangsbruderschaften von Regensburg- fraternitates urbanorum, in: Verhandlungen des Historischen Vereins für Oberpfalz und Regensburg 146 (2006) S. 59–87.

26 BZAR BDK 1.

27 BZAR BDK 37 (Original) und BDK 15 (Abschrift).

28 BZAR BDK 3.

29 Vereinzelt abgedruckt bei Thomas Ried: Codex chronoligico–diplomaticus episcopatus Ratisbonensis, 2 Bde., Regensburg 1816.

Dass das Domkapitel`sche Urkundenarchiv im 19. Jahrhundert Verluste erlitten hat, ist bekannt. Verschiedene Stücke gelangten nach Nürnberg, und konnten dort vom Germanischen Nationalmuseum aus Makulaturresten erworben werden. 1977 konnte das Bischöfliche Zentralarchiv vom Germanischen Nationalmuseum insgesamt 141 Urkunden käuflich erwerben. Bis auf zwei Urkunden gehören diese Urkunden alle der Zeit vor dem Jahre 1500 an. Diese werden heute im Bischöflichen Zentralarchiv unter dem Bestand *BDK / GN* aufbewahrt. Ein altes Zettelrepertorium für diese Urkunden liegt vor.

Bezüglich der kopialen Überlieferung von Urkunden des Regensburger Domkapitels sei hier auf das Werk des Regensburger Domkanonikers Alois Ferdinand Graf von und zu Freyenseiboltsdorf hingewiesen. Er war ein Bruder der letzten Fürstäbtissin von Niedermünster und wurde im Jahre 1783 in das Regensburger Domkapitel aufgenommen; gestorben ist er am 28. Mai 1834 in Regensburg.[30]

Freyenseiboltsdorf begann vor 1809 mit einem fünfteiligem Kopialbuch,[31] das in vier Bänden vorliegt. Die Teile 4 und 5 sind zu einem Band zusammengefasst. Freyenseiboltsdorf schrieb die Texte der Urkunden aus dem Domkapitel`schen Archiv ab. Vor allem die Texte von Urkunden aus den ersten zehn Lafften sind hier zu finden.

Die Texte der Urkunden reichen vom 12. Jahrhundert (3 Urkunden) bis zum 16. Jahrhundert. Interessant ist auch ein chronologisches Urkundenregister, das er *Elenchus* nennt. Dieser ist am Ende von Teil 5 angebracht. Es reicht vom 11. Dezember 1145 (Nr.1 Papst Eugen III.) bis Nr.752 (vom 12. Oktober 1742). Bei vielen Urkunden wird hier auch auf die kopiale Überlieferung hingewiesen. Häufig werden hier ein Codex A und ein Codex C genannt, wobei es sich wohl um die mittelalterliche Kopialbücher handeln dürfte, die heute im Bayerischen Hauptstaatsarchiv aufbewahrt werden.

In den Aktenbeständen des *Alten Domkapitel`schen Archivs* (*ADK*) liegen ebenfalls noch Urkunden, die ehedem im eigentlichen Urkundenarchiv gelagert wurden.

Erst vor kurzen wurden bei der Verzeichnung der Akten des *Alten Domkapitel`schen Archivs* (*ADK*) auch einige Urkunden ausfindig gemacht, die auf Grund der Archivvermerke eindeutig dem ehemaligem Urkundenbestand des Regensburger Domkapitels zuzuweisen sind. Da diese Urkunden auf Papier ausgefertigt waren, wurden sie später unter den Akten des *Alten Domkapitel`schen Archivs* abgelegt. Aber durch die Lafftenangabe und mit den Angaben aus den Domkapitel`schen Urkundenverzeichnissen von 1585 und 1642 sind diese Urkunden leicht einer der dort genannten Hauptlafftengruppen zuzuweisen. Diese Urkunden wurden in der Urkundenreihe von ADK abgelegt.

Die Masse der heute im Bischöflichen Zentralarchiv in Regensburg aufbewahrten Siegelurkunden entstammt aus den Archiven der Kollegiatstifte der Alten Kapelle und von St. Johann sowie aus dem Klosterarchiv von St. Klara. Aus diesen Klosterarchiven liegen insgesamt 6206 Urkunden vor. Die Archive dieser drei genannten Klöster und Stifte werden heute in den Magazinräumen des Bischöflichen Zentralarchivs als Deposita verwahrt.

Bereits im Jahre 1954 ordnete und regestierte Matthias Thiel den reichen Urkundenbestand des Kollegiatstifts St. Johann in Regensburg. Zwei umfangreiche, maschinenschriftlich vorliegende Repertorien führen sämtliche 1483 Urkunden auf, die damals im Stiftsarchiv verwahrt wurden. Dort sind alle originalen Urkunden des Stifts bis zum Jahre 1802 mit ausführlichen Regesten erfasst. Alle in einer Urkunde aufgeführten Personennamen werden dort angegeben.

Im Jahre 1971 erfolgte die Übernahme des Stiftsarchivs von St. Johann in das neu eingerichtete Bischöfliche Zentralarchiv am St. Petersweg. Am 5. Januar 1972 wurde der Übernahmevertrag unterzeichnet. 1975 konnte Matthias Thiel ein altes Versprechen einlösen und den ersten Band mit den Urkunden des Kollegiatstifts St. Johann in Regensburg bis zum Jahre 1400 vorlegen.[32]

---

30 Georg Schwaiger: Die altbayerischen Bistümer Freising, Passau und Regensburg zwischen Säkularisation und Konkordat (1803-1817), München 1959 (Münchner Theologische Studien, Historische Abteilung 13) S. 252.

31 *Codicis diplomatici e documentis originalibus in archivo archi-cathedralis ecclesiae Ratisbon(ensis) capituli hodiedum asservatis conscrip*ti. Vgl. Bd. 2.

32 Matthias Thiel: Die Urkunden des Kollegiatstifts St. Johann in Regensburg bis zum Jahre 1400, München 1975 (Quellen und Erörterungen zur Bayerischen Geschichte, Neue Folge 28/1). Ein zweiter abschließender Band, der neben den mittelalterlichen Urbartexten aus dem Stift St. Johann auch die Indices für den ersten Band enthält, war zwar schon für das Jahr 1976 angekündigt worden, erschien in der gleichen Reihe als Teil 2 aber erst im Jahre 1996 mit dem Titel *Die Urbare des Kollegiatstifts St. Johann in Regensburg.*

Matthias Thiel macht insgesamt 524 Urkunden vor dem Jahre 1400 bekannt,[33] die in ihrer großen Mehrheit weder durch Druck noch Regest zugänglich waren. Davon sind rund 100 Urkunden vor dem Jahre 1400 nur durch die Kopialbücher des Stifts überliefert. Das ist ein schönes Beispiel, das zeigt, wie wichtig es ist, auch die gesamte kopiale Überlieferung eines Klosters mit in eine Untersuchung einzubeziehen.

Neben der kopialen Überlieferung aus dem eigentlichen Stiftsarchiv berücksichtigte Thiel auch 144 Urkunden, die aus anderen Archiven stammen. Mit seinen zum Teil recht umfangreichen Vorbemerkungen zu den einzelnen Urkunden bieten diese beiden von Thiel verfassten Bände eine reichhaltige Fundgrube nicht nur zur Geschichte von St. Johann sondern auch zur Geschichte des Regensburger Domkapitels und der übrigen Klöster und Stifte in der Stadt Regensburg. Die Regesten für die Zeit nach 1400 sind bislang leider noch ungedruckt. Insgesamt liegen 813 Urkunden vor dem Jahre 1500 vor. Mit diesen beiden von Matthias Thiel bearbeiteten Bänden ist die bisher beste Aufarbeitung eines Bestandes an Urkunden für ein Regensburger Kloster geleistet worden.

Das Kollegiatstift Unserer Lieben Frau zur Alten Kapelle in Regensburg besitzt ebenfalls ein vorzügliches Archiv.[34] Es überlebte nicht nur die Säkularisation sondern auch die unruhigen Zeiten zwischen 1803 und 1810. Seit 1982 befindet sich das Gesamtarchiv dieses Stifts als Depositum in den Räumen des Bischöflichen Zentralarchivs in Regensburg. Zwischen 1997 und 1999 wurde das gesamte Archiv dieses Stifts neu verzeichnet.

Bereits in den Jahren 1887 und 1892 erwarb sich Stiftsvikar Dr. Adalbert Ebner Verdienste um die Ordnung der Urkunden. Jedoch erst dem Stiftsdekan Dr. Joseph Schmid gelang es, druckfertige Regesten für die Urkunden zu erstellen. In zwei Bänden publizierte er diese in den Jahren 1911 und 1912.[35]

Insgesamt veröffentlichte Joseph Schmid die Regesten von 3358 Urkunden, die den Zeitraum von ca. 1134 bis 1800 erfassen. Bei der Neuverzeichnung des Archivs des Kollegiatstifts 1997/99 wurden nochmals 288 Urkunden entdeckt, die bislang unbekannt waren. Diese 288 Urkunden umfassen den Zeitraum von (ca.1210/20) bis 1949. Sie werden nun chronologisch in einer dritten Urkundenreihe im Bestand der Alten Kapelle aufbewahrt.

Für die Zeit vor dem Jahre 1500 liegen nun insgesamt rund 1816 Siegelurkunden aus dem Bestand des ehemaligen Archivs des Kollegiatstifts im Bischöflichen Zentralarchiv in Regensburg als Originale vor.

Nach den Angaben von Josef Schmid hat er ca. 470 Urkunden von Päpsten, Kardinälen, Bischöfen aber auch von Kaisern, Königen und Herzögen publiziert. Schmid hat seinen beiden Bänden umfangreiche Register beigegeben. Die Namen der Geistlichen und der Laien werden jeweils in 12 Hauptgruppen unterteilt. Hier werden rund 10 000 Personen aufgeführt,[36] wovon circa 3300 dem geistlichen Stand angehören und rund 7000 Laien aufgeführt werden. Dies zeigt welch reichhaltiges Quellenmaterial hier vorliegt.

Überprüfungen ergaben jedoch, dass Schmid in seinen Regesten nicht immer alle Namen aufführt, die in einer Urkunde wirklich genannt werden. Daraus ergibt sich, dass die Anzahl der in den Urkunden genannten Personen die Zahl von 10 000 nicht nur übersteigt, sondern es bedeutet auch, dass eine eingehende Untersuchung oder Edition der Urkunden des Stifts der Alten Kapelle von hohem Wert für die Geschichte der Stadt und des Bistums Regensburg wäre.

Hierbei müsste dann auch die reichhaltige kopiale Überlieferung dieses Stifts mit einbezogen werden. So vor allem ein um 1480 angelegtes Kopialbuch,[37] das bis zum Jahre 1497 fortgeführt wurde, und das die Abschriften sämtlicher während des Spätmittelalters im Besitz des Stiftes erhaltenen Urkunden enthält.

---

33 Thiel (wie Anm. 32) S. 9*.

34 Zur Geschichte dieses Stifts vgl. die Aufsätze in: Kollegiatstift U.L. Frau zur Alten Kapelle 1002 – 2002, Regensburg 2002 (Bischöfliches Zentralarchiv und Bischöfliche Zentralbibliothek Regensburg, Kataloge und Schriften 17) sowie Werner Schiedermaier (Hrsg.): Die Alte Kapelle in Regensburg, Regensburg 2002.

35 Joseph Schmid: Die Urkunden-Regesten des Kollegiatstiftes U.L. Frau zur Alten Kapelle in Regensburg, 2 Bde., Regensburg 1911 u. 1912.

36 Schmid Bd. 2 (wie Anm. 35) Vorwort.

37 BZAR Alte Kapelle Nr. 1430.

Bereits im 13. Jahrhundert (1274) hat das Stift eine Art Kopialbuch angelegt, in das es seine wichtigsten Urkunden aus dem 12. und 13. Jahrhundert eingetragen hat.[38] Hingewiesen sei hier auch auf ein umfangreiches Urkundenrepertorium aus dem Jahre 1586, das ebenfalls von dem bischöflichen Rat und Sekretär Johann Lackhner verfasst wurde.[39] Er beschreibt auf 504 Blättern sämtliche damals im Stiftsarchiv der Alten Kapelle vorliegende Urkunden.

Seit 1974/75 verwahrt das Bischöfliche Zentralarchiv auch den umfangreichen Urkundenbestand aus dem Archiv des ehemaligen Klarissenklosters St. Klara in Regensburg.[40] Dieses Kloster konnte ebenfalls die unruhige Zeit während der Säkularisation zu Anfang des 19. Jahrhunderts unbeschadet überstehen. Im Jahre 1971 teilte sich der Konvent dieses Klosters. Ein Teil der Schwestern entschloss sich für einen Umzug in die Diözese Augsburg, wo sie zeitweise in dem Wallfahrtsort Maria Vesperbild (LK Günzburg) unterkamen, während eine Minderheit des Konventes sich im Jahre 1974 im ehemaligen Franziskanerkloster in Dingolfing niederließ.

Das alte Archiv mit seinen Urkunden wurde dem Bischöflichen Zentralarchiv in Regensburg als Depositum übertragen. Insgesamt umfasst dieses Archiv 1060 Urkunden.

Für das 13. Jahrhundert liegen 25 Urkunden vor, für das 14. Jahrhundert 255 Urkunden und für das 15. Jahrhundert 376 Urkunden. Für die übrigen Jahrhunderte liegen noch 404 Urkunden vor. Die Überlieferung der Urkunden setzt mit dem Jahre 1252 ein und endet mit dem 19.3.1798. Eine geplante Veröffentlichung der mittelalterlichen Urkunden kam leider nicht zustande.

Die Urkunden dieses Klosters sind bisher nur durch ein Repertorium mit Kurzregesten erschlossen. Dieses nennt aber nur Datum, Aussteller und Siegler. Der Rechtsinhalt wird durch ein Kurzregest wiedergegeben. Zeugen, die eventuell in den Urkunden genannt werden, sind bislang nirgends erfasst. Unter den Urkundenausstellern befinden sich zahlreiche Regensburger Bürger.

---

38 BZAR Alte Kapelle Nr. 4150.

39 BZAR Alte Kapelle Nr. 1428.

40 Matthias Bresky: Wirtschaftsgeschichte des Klarissenklosters in Regensburg vom 13. Jahrhundert bis zum Beginn des 16.Jahrhunderts, Magisterarbeit, Regensburg [o.J.]

Ausgrabungen in Obermünster (1982)

Die Abkürzungen und Siglen des Bischöflichen Zentralarchivs

von Franz von Klimstein

Siglen sind Kürzel für Texte. Sie finden Verwendung, wenn häufig zitiert wird. *Sigle* oder *Siglen* ist ein Kunstwort (vom lateinischen *singulae litterae*, d.h. einzelne Buchstaben), das die Abkürzung von einem oder mehreren Wörtern durch Buchstaben oder Buchstaben-Ziffern-Kombinationen bezeichnet.

Wissenschaftliches Arbeiten erfordert, Aussagen durch Zitate aus *Primärquellen* und *Sekundärliteratur* zu belegen. Primärquellen sind Originaltexte, im Gegensatz dazu bezeichnet Sekundärliteratur wissenschaftliche, kritische Forschungsschriften über die Originaltexte (Interpretationen, Kommentare, Untersuchungen).

Bei wissenschaftlichen Arbeiten muss die Quelle immer angegeben werden. Es ist darauf zu achten, dass in einer Arbeit ein einheitliches, in sich stimmiges System für Quellenangaben benutzt wird. Archive verwenden Siglen, um die entsprechende Quelle zu identifizieren. Die Quellen müssen korrekt angegeben werden, um Nachvollziehbarkeit zu gewährleisten.

Im Folgenden soll das **Siglenverzeichnis, also** das Verzeichnis von Abkürzungen und zugeordneten Quellen, des Bischöflichen Zentralarchivs Regensburg dargestellt werden.

Bischöfliches Zentralarchiv Regensburg **BZAR**

Ordinariat-Konsistorium / Ordinariatsarchiv (OA)

Bestand	Kurzbezeichnung	Sigle
Teilbestand des Ordinariats	Ordinariat-Generalia	OA-Gen
Akten allgemeinen Betreffs verblieben als eigener Teilbestand, der zunächst als *Reponierte Registratur*, später einfach als Ordinariatsarchiv	Ordinariat 19. – 20. Jh.	OA
Rest des Schriftguts, der nicht eindeutig einem oben genannten Betreffe zugeordnet werden konnte, verblieb als Teilbestand unter der Bezeichnung *Generalia*, obwohl es sich dabei größtenteils nicht um eigentliche Generalien (Akten allgemeinen Betreffs) handelt.	Ordinariat-Generalia	OA-Gen 1946 bis 1961 OA-Gen 1962 bis 1982 OA-Gen 1982 bis 2002
Akten zu dem beim Ordinariat erwachsenen Schriftgut über die einzelnen Pfarreien in alphabetischer Reihenfolge	Pfarrakten A-Z	OA-Pfa bis 1946 OA-Pfa 1946-1982 OA-Pfa 1982-2002

Akten zu dem beim Ordinariat erwachsenen Schriftgut über Dekanate und Archidekanate	Dekanatsakten	OA-Deka
Akten zu dem beim Ordinariat erwachsenen Schriftgut über die religiösen Gemeinschaften sowie Klöster auf dem Gebiet der Diözese Regensburg	Klosterakten	OA-Kl bis 1946 OA-Kl 1946 bis 1982 OA-Kl 1983 bis 2002
Akten des Generalvikariats	Generalvikariat	OA-GV
Protokolle von den Sitzungen des Bischöflichen Konsistoriums, des Allgemeinen Geistlichen Rates, des Generalvikariates, der Ordinariatssitzungen und Ehegerichtsprotokolle	Konsistorialprotokolle und Ordinariatsprotokolle	OA-Konsistorialprotokolle
Sitzungsprotokolle des Ordinariats	Ordinariats-Sitzungsprotokolle	OA-Sitzungsprotokolle
Urkunden des alten Konsistoriums 1431-1758	Urkunden Konsistorium	OA-Konsistorium Urk.
Akten von Eheprozessen des Bischöflichen Konsistoriums Konversions-, Rekonziliazions- und Ehedispensen	Ehegericht	OA-Eheakten OA-Neuere Eheakten
Rechnungsserien aus dem Ordinariatsarchiv	Ordinariats-Rechnungen	OA-Rechnungen
Aus der Registratur stammender Bestand Rechnungen, der sich dort im Laufe der Jahre angesammelt hat	Kirchenrechnungen	OA-Kirchenrechnungen
Rechnungen des Generalvikariats	Vikariatsrechnungen	OA-Vikariatsrechnungen
Einlauf- und Auslaufjournale des Ordinariats	Ordinariats-Journale	OA-Journale
Ordinationsprotokolle 1571-1855	Ordinationsprotokolle	OA-Ordinationsprotokolle
Berichte in alphabetischer Reihenfolge nach Ortschaften	Pastoralberichte	OA-Pastoralberichte
Akten des Administraturbezirks der Diözese Budweis (Böhmen), der vom 01. 12. 1939-1945 vom Bistum Regensburg verwaltet wurde	Westböhmen	OA-Admin. Böhmen
Akten zu dem beim Ordinariat erwachsenen Schriftgut über das ehemals zum Bistum Regensburg gehörige Egerland	Egrana	OA-Egrana
Ämter und Referate des Ordinariats	Referat Kirchenmusik Baureferat	OA-Kirchenmusik OA-Baureferat
Bischöfliche Pressestelle Regensburg (incl. Akten Synodalbüro und Diözesanpilgerstelle)	Pressestelle	OA-Pressestelle
Französische Emigrantenpriester in der Diözese Regensburg	Emigranten	OA-Emigranten
Wegen Kulturkampfs vertriebene Priester aus anderen Diözesen	Kulturkampf	OA-Kulturkampf

Akten der Ordinariatsregistratur aus der Zeit des Nationalsozialismus	Nationalsozialismus	OA-NS
Akten, die bei der Abwicklung des Nachlasses von Priestern entstanden	Verlassenschaftsakten	OA-VA
Personalakten von Geistlichen und Laienmitarbeitern der Diözese	Personalakten	OA-PA
Seelsorge für Gehörlose	Gehörlose	OA-Gehörlose
Pfarreibeschreibungen (Matrikelfragebögen) 1965/66 (Gliederung nach Schematismus Regensburg 1966	Pfarrbeschreibung 1965	OA-Pfarrbeschreibung 1965
Pfarreibeschreibungen für die neue Bistumsmatrikel von 1991	Pfarrbeschreibung 1991	OA-Pfarrbeschreibung 1991
Fragebögen über das Religiöse Brauchtum aus dem Jahre 1931	Religiöses Brauchtum	OA-Religiöses Brauchtum
Sammlung Domprediger Johann Maier	Domprediger Maier	OA-DP Maier
Für die Gesamtsynode der Bistümer der Bundesrepublik Deutschland wurde ein Diözesanes Synodalbüro errichtet. Aufgaben des Büros lagen in der organisatorischen und ideellen Vorbereitung der Synode 1972.	Akten Synodalbüro	OA-Synodalbüro
Kunstinventar des Bistums Regensburg nach Pfarreien	Diözesanmuseum Kunstinventar	OA-DM Kunstinventar
Matrikelzweitschriften	Matrikelzweitschriften	OA-Matrikelzweitschriften
Priesterrat	Priesterrat	OA-Priesterrat

Domkapitel (DK)

Bestand	Kurzbezeichnung	Sigle
Archivalien des Domkapitels. Laufzeiten der Archivalien reichen vom 14. Jahrhundert bis in die zwanziger Jahre des 19. Jahrhunderts. (Miteigentum des Staates)	Altes Domkapitel'sches Archiv	ADK
Archivalien des Domkapitels. Laufzeiten der Archivalien reichen vom 14. Jahrhundert bis ins 20. Jahrhundert.	Bischöfliches Domkapitel'sches Archiv	BDK
Archivalien, die zu Beginn des 20. Jahrhunderts noch nicht im Archiv, sondern in der Registratur des Domkapitels verwahrt wurden	BDK Alte Registratur	BDK Alte Registratur

Die Bezeichnung *Neue Registratur* erhielt der Bestand 1941, als zu ihm ebenso ein Verzeichnis erstellt wurde wie zur damaligen *Alten Registratur*	BDK Neue Registratur	BDK Neue Registratur
Bauzeichnungen und Baupläne der Domkirche	Dompläne	BDK Dompläne
aus den Akten des Domkapitels entnommene Urkunden	Urkunden ADK Urkunden BDK	ADK Urk. BDK Urk.
Akten und Urkunden die 1976 vom Archiv des Germanischen Nationalmuseums in Nürnberg an das BZAR abgegeben wurden.	BDK Germanisches Nationalmuseum	BDK G.N.

Administration (Admin)

Bestand	Kurzbezeichnung	Sigle
Schriftgut der Bischöflichen Administration (Liegenschaftsverwaltung, Stiftungen sowie Rechnungswesen und Personalverwaltung)	Administration	Admin.
Brauerei Bischofshof Regensburg (Schriftgut, Akten und Pläne)	Bischofshof	Admin. Bischofshof

Seminare (Sem)

Bestand	Kurzbezeichnung	Sigle
Die Archivalien aus dem Regensburger Klerikalseminar sind der *Sammlung Wittmann* entnommen. (18./19. Jh.) Archivalien des Priesterseminars Regensburg (19. /20. Jh.)	Klerikalseminar Priesterseminar	Klerikalseminar Priesterseminar
Obermünster Bischöfliches Seminar 1884;1886 bis 1961 Archivalien des Knabenseminars Westmünster	Knabenseminar Obermünster Knabenseminar Westmünster	Knabenseminar Obermünster Knabenseminar Westmünster
Archivalien des Knabenseminars in Straubing Verzeichnis der Schüler des Bischöflichen Studienseminars St. Wolfgang Straubing	Knabenseminar Straubing Studienseminar Straubing	Knabenseminar Sr. Studienseminar Sr.

Pfarrarchive (PfAr)

Bestand	Kurzbezeichnung	Sigle
In den einzelnen Pfarreien entstandenen Archive	Pfarrarchive A-Z	PfAr
Aus den Pfarrarchiven stammende Kirchenrechnungen	Kirchenrechnungen	PfAr-Kirchenrechnungen

Pfarrmatrikeln (PfM)

Bestand	Kurzbezeichnung	Sigle
Matrikeln der Pfarreien der Diözese Regensburg	Regensburg	M
Matrikeln aus Ost- und Westpreußen bzw. Danzig	Ostkirchenbücher	OstKiBü

Dekanatsarchive (DekAr)

Bestand	Kurzbezeichnung	Sigle
Archivalien der einzelnen Dekanate	Dekanatsarchive A-Z	DekAr

Klöster und Stifte (KuS)

Bestand	Kurzbezeichnung	Sigle
Akten der Eremitenverbrüderung der Diözese Regensburg	Eremiten	Eremiten
Teilarchiv des Klarissenklosters Regensburg (Depositum)	Klarissen	Klarissen
Teilarchiv des Klosters der Magdalenerinnen in Seyboldsdorf	Magdalenerinnen	Magdalenerinnen
Teilarchiv des Damenstifts Obermünster in Regensburg	Obermünster	Obermünster
Teilarchiv des Schottenklosters St. Jakob in Regensburg	Schottenkloster	Sch
Archiv der Alten Kapelle (Depositum)	Stift Alte Kapelle	AK
Archiv St. Johann (Depositum)	Stift St. Johann	St. Johann
Teilarchiv des Kapuzinerklosters Maria Hilf in Vilsbiburg	Kapuzinerkloster	Kapuzinerkloster Vilsbiburg

Kirchliche Verbände, Vereinigungen und Institutionen (KVVuI)

Bestand	Kurzbezeichnung	Sigle
Bund der Deutschen Katholischen Jugend –Straubing	BDKJ	BDKJ-Sr.
Bildungsstätten	Werkvolkheim Ramspau Priestererholungsheim sowie Bildungsstätte Spindlhof	Bildungshaus Ramspau Bildungshaus Spindlhof
Schriftgut der CAJ-Diözesanstelle Regensburg	Christliche Arbeiterjugend	CAJ
Kirchenmusikschule	Kirchenmusikschule	Kirchenmusikschule
Caritasverband Regensburg	Caritas	Caritas
Christophorus-Archiv Gemeinschaft katholischer Studierender und Akademiker	Christophorus Gemeinschaft	Christophorus Gemeinschaft
Deutscher Orden und Deutschordenshaus in Regensburg	Deutschordenshaus St. Ägid	DOH St. Ägid
Akten der katholischen Arbeitnehmerbewegung	Katholische Arbeitnehmerbewegung	KAB
Akten der Diözesanstelle für katholische Erwachsenenbildung	Katholische Erwachsenenbildung	KEB
Archiv der Katholische Hochschulgemeinde Regensburg	Hochschulgemeinde	KHG
Archiv der Katholischen Landjugendbewegung Deutschlands	Katholische Landjugend	KLJB
Akten der Marianischen Studentenkongregation Regensburg	Marianische Studentenkongregation	MC
Neudeutschland Gruppe Straubing	Neudeutschland	Neudeutschland Sr.
Archiv des Katholischen Burschenvereins	Burschenverein	Burschenverein
Katholischer Männerverein Casino Regensburg	Casino Regensburg	Casino Rgbg.
Archivalien des St. Vinzentius-Vereins Regensburg	Vinzentiusverein	Vinzentiusverein Rgbg.

Cartellverband (CV)

Bestand	Kurzbezeichnung	Sigle
CV-Archiv enthält vor allem die zahlreichen Abgaben aus dem CV-Sekretariat sowie den 1995 von Potsdam übernommenen Aktenbestand (Depositum)	Akten	CV
Archiv der KDStV Rupertia in Regensburg (Depositum)	Rupertia	CV-Rupertia

Nachlässe (NL)

Bestand	Kurzbezeichnung	Sigle
Nachlässe diverser Personen in alphabetischer Reihenfolge	Nachlässe A-Z	NL

Sammlungen (S)

Bestand	Kurzbezeichnung	Sigle
Typar- und Siegelsammlung	Siegelsammlung	Sammlung Ty.Si.
Briefmarkensammlung	Briefmarken	Sammlung Bfm.
Collectio Imaginum	Sammlung alter Stiche	Collectio Imaginum
Numismatische Sammlung	Numismatik	Sammlung Numis.
Sammlung Hartig	Hartig	Sammlung Hartig
Sammlung Karten und Pläne Beinhaltet: Pläne (PL), Karten (KA), Bilder (BI), Stiche (ST), Kleine Erwerbungen (KE)	Karten und Pläne	Sammlung PL Sammlung KA Sammlung BI Sammlung ST Sammlung KE
Plakatsammlung	Plakate	Sammlung Plakate
Postkartensammlung	Postkarten	Sammlung PK
Graphiksammlung	Graphiksammlung	Sammlung Grfk.
Sammlung Wittmann	Wittmann	Sammlung Wittmann
Sammlung Urkunden unbekannter Provenienz	Urkunden unbekannter Provenienz	Sammlung Urk.
Sammlung Therese Neumann	Neumann Therese	Sammlung Therese Neumann

Kleinere Erwerbungen

Bestand	Kurzbezeichnung	Sigle
Kleinere Erwerbungen A-Z	Kleinere Erwerbungen	Kleinere Erwerbungen

Unternehmen im Kirchenbesitz (UiK)

Bestand	Kurzbezeichnung	Sigle
Dauerleihgabe Brauerei Bischofshof Regensburg	Bischofshof	Bischofshof
Archiv Schnell & Steiner	Schnell & Steiner	Schnell & Steiner

Sonstige Bestände (SB)

Bestand	Kurzbezeichnung	Sigle
Hofmarksarchiv Hornstein	Hornstein	Hofmark Hornstein
Archiv des Musikvereins Regensburg	Musikverein	Musikverein Rgbg.
Regensburger Liederkranz	Liederkranz	Liederkranz Rgbg.

Manuskripte (MS)

Bestand	Kurzbezeichnung	Sigle
Manuskripte nach Autoren und Betreffen	Manuskripte nach Autoren und Betreffen	MS

Die numismatische Sammlung des Bischöflichen Zentralarchivs

von Johann Gruber und Franz von Klimstein

Das Bischöfliche Zentralarchiv Regensburg gehört zu den wenigen Archiven, die eine eigene numismatische Sammlung unterhalten. Der Bischöfliche Stuhl von Regensburg besaß bereits vor dem Zweiten Weltkrieg eine beachtliche Münz- und Medaillenkollektion.[1] Sie soll während des Krieges zum Schutz vor Bombenangriffen im so genannten Eselsturm an der Nordseite des Doms deponiert gewesen sein, ging jedenfalls in den Wirren am Kriegsende verloren. Schon in den Anfangszeiten des 1971 errichteten Bischöflichen Zentralarchivs war indes wieder ein kleiner Bestand an Münzen und Medaillen vorhanden. Bemerkenswert an diesem Altbestand sind insbesondere die *Münzen und Medaillen aus dem Silberschatz von Walderbach*, die ursprünglich aus dem Kloster Reichenbach stammen sollen und bereits 1971 im Zusammenhang mit der Zentralisierung der Pfarrmatrikel aus Sicherheitsgründen ins genannte Archiv verbracht wurden.[2]

1983 traf Archivdirektor Msgr. Dr. Paul Mai die Entscheidung zum systematischen Neuaufbau einer Münz-, Medaillen-, Plaketten- und Geldscheinsammlung im Archiv, nicht zuletzt auf Anregung des damaligen Zweiten Vorsitzenden des *Regensburger Münzenvereins e. V.* Johannes Baptist Beer. Gleichzeitig trat das Bischöfliche Zentralarchiv diesem Verein als korporatives Mitglied bei. Parallel zum Aufbau der numismatischen Sammlung schaffte die Bischöfliche Zentralbibliothek den notwendigen Fundus an numismatischer Literatur an, neben grundlegenden einschlägigen Werken zahlreiche Auktionskataloge, die von den betreffenden Münzhandlungen in der Regel kostenlos überlassen worden waren. Diese Literatur ist größtenteils ausleihbar; die restlichen Werke stehen Interessenten während der üblichen Öffnungszeiten in den Lesesälen von Archiv oder Bibliothek zur Verfügung.

Die numismatische Sammlung soll allein wissenschaftlichen und dokumentarischen Interessen dienen und mit den sonstigen Aufgaben des Bischöflichen Zentralarchivs korrespondieren. Dementsprechend ist beim Erwerb von Stücken nicht deren materieller Wert maßgeblich, sondern der historisch-dokumentarische. Hauptsammelgebiet sind die von den Bischöfen, bischöflichen Institutionen oder dem Domkapitel von Regensburg herausgegebenen Münzen und Medaillen.[3] Das Bistum Regensburg kam erst relativ spät zur Münzprägung, fast als letztes der bayerischen Hochstifte.[4] Eine förmliche Münzrechtsverleihung ist nicht bekannt. 1047 erhielten die Bischöfe jedoch das zuvor dem bayerischen Herzog zustehende Prägekontingent. Sie ließen dann bis zum Anfang des 15. Jahrhunderts Münzen, ausschließlich Silbermünzen, nämlich Pfennige (denarii) und Hälblinge (oboli), prägen, größtenteils gemeinsam mit dem bayerischen Herzog.[5] Nach längerer Pause nahmen sie die Prägung 1523 wieder auf und setzten sie ein halbes Jahrhundert lang in größerem Umfang fort.[6] Danach

1 Das Bistum Regensburg im Spiegel von Münzen und Medaillen, München, Zürich 1989 (Bischöfliches Zentralarchiv und Bischöfliche Zentralbibliothek Regensburg, Kataloge und Schriften 2) S. 9.

2 Das Bistum Regensburg im Spiegel von Münzen und Medaillen (wie Anm. 1) S. 165.

3 Dazu u. a. Hubert Emmerig: Das Münzwesen der Regensburger Bischöfe im Mittelalter, in: Das Bistum Regensburg im Spiegel von Münzen und Medaillen (wie Anm. 1) S. 11-20; Ders.: Die Münzprägung der Regensburger Bischöfe, in: 1250 Jahre Kunst und Kultur im Bistum Regensburg, München u. a. 1989, S. 299-309; Hubert Emmerig / Otto Kozinowski: Die Münzen und Medaillen der Regensburger Bischöfe und des Domkapitels seit dem 16. Jahrhundert, Stuttgart 1998 (Süddeutsche Münzkataloge 8).

4 Wolfgang Hahn: Moneta Radasponensis. Bayerns Münzprägung im 9., 10. und 11. Jahrhundert, Braunschweig (1976), S. 17, auch für das Folgende; Hubert Emmerig: Der Regensburger Pfennig. Die Münzprägung in Regensburg vom 12. Jahrhundert bis 1409, Berlin 1993 (Berliner Numismatische Forschungen, Neue Folge 3), S. 21.

5 Emmerig (wie Anm. 4) S. 21, 32-37, 40.

6 Emmerig / Kozinowski (wie Anm. 3) S. 15 f., 25-38.

kam es nur noch zu wenigen Münzemissionen Regensburger Bischöfe, zuletzt 1809 unter Erzbischof Karl Theodor von Dalberg.[7] Mit dem Übergang des Fürstentums Regensburg an Bayern 1810 erlosch das Münzrecht des Bistums.
Medaillen emittierten die Regensburger Bischöfe hingegen vom Ausgang des 16. Jahrhunderts, als sich Bischof Philipp Wilhelm Herzog von Bayern (1579-1598) mit einer ovalen einseitigen Medaille, auf der sein Wappen abgebildet ist, verewigte, bis zur Gegenwart, die letzten 2002 anlässlich des 950. Jubiläums der Erhebung der Gebeine der heiligen Wolfgang und Erhard 1052 durch Papst Leo IX und 2006, als das Bistum zusammen mit den anderen Diözesen der südbayerischen Kirchenprovinz eine Gedenkprägung anlässlich des Besuches von Papst Benedikt XVI. in Bayern herausgab.[8]
Des Weiteren sammelt das Bischöfliche Zentralarchiv, meist anlässlich von Baumaßnahmen, Kirchweihen oder Jubiläen herausgegebene Medaillen von bzw. zu Klöstern, Pfarreien, Kirchen, Kapellen, Altären, Wallfahrten, Bruderschaften, kirchlichen Vereinen und Institutionen der Diözese, ferner alle übrigen numismatischen Erzeugnisse, die einen Bezug zum Bistum Regensburg und seiner Geschichte haben, zum Beispiel Münzen, Medaillen und Plaketten, auf denen die Bistumspatrone Wolfgang, Emmeram, Erhard, Dionysius und Albertus Magnus oder aber Bischöfe von Regensburg und sonstige in enger Beziehung zum Bistum stehende Persönlichkeiten wie die große Dulderin Anna Schäffer von Mindelstetten, die kürzlich von Papst Benedikt XVI. heilig gesprochen wurde, die selige, aus dem heutigen Regensburger Stadtteil Stadtamhof stammende Ordensgründerin Maria Theresia Gerhardinger, die ehemaligen Fürstäbte des Benediktinerklosters St. Emmeram in Regensburg Frobenius Forster und Cölestin Steiglehner – letzterer übrigens selbst ein überaus bedeutender Münzsammler[9] – oder der Kirchenmusiker Franz Xaver Witt, ein Regensburger Diözesanpriester, abgebildet sind. Natürlich sind dabei auch Emissionen von nichtkirchlichen Institutionen und von außerhalb der Diözese angesiedelten Emittenten von Interesse, etwa die Münzen der Reichsstadt Regensburg aus dem 16. Jahrhundert mit Porträts des hl. Wolfgang und Wallfahrtsmedaillen aus St. Wolfgang am Wolfgangssee mit Darstellungen desselben Heiligen.
Zu einem anderen großen Sammelgebiet sind die Münzen und Medaillen des Heiligen Stuhls geworden, schon deswegen, weil solche oft als Schenkungen beim Archiv eingingen. Einen Schwerpunkt in diesem Bereich bilden Prägungen zu Heiligen Jahren. Ferner werden Medaillen zu Ereignissen gesammelt, die besondere Bedeutung für die Weltkirche oder den deutschen Katholizismus haben, etwa zu Konzilien, Eucharistischen Weltkongressen oder Deutschen Katholikentagen. Auch Medaillen mit allgemeiner religiös-katholischer Thematik, beispielsweise zu Taufe, Firmung oder Priesterweihe finden Berücksichtigung.
Münzen und Medaillen sind äußerlich sehr ähnlich. Der wesentliche Unterschied besteht darin, dass die Letzteren nicht als Zahlungsmittel, sondern meist dem Zweck dienen, an bestimmte Personen oder Ereignisse zu erinnern, weswegen auch die Bezeichnung *Denkmünze* gebräuchlich ist. Einige Medaillen sind zur Auszeichnung bestimmt, etwa Verdienstmedaillen. Ursprung des Wortes Medaille ist das lateinische *metallum*, doch gibt es auch Medaillen aus anderen Materialien, zum Beispiel Porzellan. Plaketten unterscheiden sich von Medaillen durch ihre einseitige Prägung. Auch sind sie überwiegend nicht rund, sondern haben eine quadratische, rechteckige oder vieleckige Form.
Zum Anwachsen der numismatischen Bestände im Bischöflichen Zentralarchiv trugen zahlreiche Schenkungen und Nachlässe bei, namentlich des Bischofs Manfred Müller, der Weihbischöfe Karl Flügel und Vinzenz Guggenberger, des Generalvikars Fritz Morgenschweis, des Domdekans Edmund Staufer, des Domvikars Richard Völkl sowie des schon genannten Münzsammlers Johannes Baptist Beer. Allein aus dem Vornachlass von Bischof Manfred gingen über 200 Medaillen und einige Münzen in die Sammlung ein. Ähnliche Dimensionen erreichen die numismatischen Nachlässe von Weihbischof Guggenberger und Domdekan Morgenschweis. Eine willkommene Bereicherung des

7 EMMERIG / KOZINOWSKI (wie Anm. 3) S. 52 f., auch für das Folgende.
8 EMMERIG / KOZINOWSKI (wie Anm. 3) S. 117-198; LITURGIE ZUR ZEIT DES HL. WOLFGANG. Der hl. Wolfgang in der Kleinkunst, Regensburg 1994 (Bischöfliches Zentralarchiv und Bischöfliche Zentralbibliothek Regensburg, Kataloge und Schriften 10) S. 147; Prospekt der LIGA Bank zur Prägung von 2006.
9 Werner CHROBAK: Die Säkularisation der Klöster im Bereich der heutigen Stadt Regensburg, in: Beiträge zur Geschichte des Bistums Regensburg 37 (2003) S. 129-168, hier 157.

Bestandes stellen auch die fast regelmäßig als Geschenke zu Weihnachten aus den *Ursula-Werkstätten* (Köln) eingehenden, religiös wie künstlerisch ansprechenden Weihnachtsmedaillen und -plaketten von Egino Weinert dar. Außerdem mussten natürlich viele Stücke käuflich erworben werden, in erster Linie bei Auktionen, gelegentlich auch bei Privatpersonen, die sie dem Bischöflichen Zentralarchiv anboten, in Münzgeschäften oder bei den regelmäßig vom *Regensburger Münzenverein* veranstalteten Münzbörsen. Ein paar Münzen und Medaillen wurden in Archivalien gefunden.

Zu den Aufgaben des Bischöflichen Zentralarchivs gehört im Prinzip nicht das Sammeln von Geldscheinen, da solche vom Bistum oder kirchlichen Institutionen innerhalb desselben nicht herausgegeben wurden – wenn man einmal von Notgeld in der Zeit des Ersten Weltkriegs absieht – und Geldscheine mit kirchlichen oder in weiterem Sinne christlichen Motiven selten sind. Nachdem dem Archiv aber in einem Nachlass eine Geldscheinsammlung, die namentlich Inflationsgeld, Notgeld und Juxgeld enthielt, zufloss und außerdem in den Archivalien oft alte Banknoten auftauchen, empfahl es sich, eine eigene Geldscheinkollektion anzulegen. Sie umfasst derzeit mehrere Tausend Stücke.

Bereits in mehreren Ausstellungen in der Bischöflichen Zentralbibliothek oder im – Zentralarchiv wurden in großem Umfang Stücke aus der numismatischen Sammlung präsentiert, vor allem bei Gelegenheit des 1250. Bistumsjubiläums 1989 unter dem Titel *Das Bistum Regensburg im Spiegel von Münzen und Medaillen*,[10] anlässlich des 1000. Todestages des hl. Wolfgang, des Hauptpatrons des Bistums, 1994, mit dem Thema *Liturgie zur Zeit des hl. Wolfgang. Der hl. Wolfgang in der Kleinkunst*[11] und in der Ausstellung *Das Papsttum im Spiegel von Münzen und Medaillen*, die 2006 anlässlich des Besuchs Papst Benedikts XVI. in Regensburg gezeigt wurde.[12] Zu allen diesen Ausstellungen erschienen Kataloge, im Unterschied zu der 2000 ebenfalls großteils aus eigenen Beständen bestückten Ausstellung *Heiliges Jahr 2000. Die Geschichte der Heiligen Jahre, illustriert durch Medaillen, Briefmarken und Bücher*.[13]

Das Archiv veranstaltete darüber hinaus eine Reihe von numismatischen Kleinausstellungen, etwa über Weihnachtsmedaillen, über Regensburger Bischöfe, über Pfarr- und Kirchenjubiläen, über *Kriegs- und Inflationsgeld bayerischer Kommunen 1917-1923* oder über numismatische Vereinigungen und Institutionen.[14] Bei einigen weiteren Ausstellungen von Zentralarchiv, Zentralbibliothek und Diözesanmuseum wurden ebenfalls Exponate aus der Sammlung präsentiert.[15] Zahlreiche Abbildungen von Stücken aus der Kollektion wurden als Bildmaterial zu diversen Vorträgen verwendet, insbesondere beim Regensburger Münzenverein.[16]

Insgesamt umfasst die Sammlung derzeit nahezu 1000 Münzen und rund 1260 Medaillen, dazu über 50 Plaketten und die schon erwähnten Geldscheine. Auch ein paar Stempel und Modelle von Münzen oder Medaillen sind vorhanden, darunter Stempel zu Sedisvakanzmünzen und -medaillen des Dom-

---

10 Katalog Das Bistum Regensburg im Spiegel von Münzen und Medaillen (wie Anm. 1).

11 Katalog Liturgie zur Zeit des hl. Wolfgang (wie Anm. 8).

12 Das Papsttum im Spiegel von Münzen und Medaillen, Regensburg 2006 (Bischöfliches Zentralarchiv und Bischöfliche Zentralbibliothek Regensburg, Kataloge und Schriften 22).

13 BZBR Jahresbericht 2000.

14 BZAR Tätigkeitsberichte J. Gruber 2000, 2006, 2007, 2009, 2010.

15 Selige Theresia von Jesu Gerhardinger (1797-1879). Ein Leben für Kirche und Schule, Regensburg 1997 (Bischöfliches Zentralarchiv und Bischöfliche Zentralbibliothek Regensburg, Kataloge und Schriften 13) S. 170, 309-312; Kollegiatstift Unserer Lieben Frau zur Alten Kapelle in Regensburg 1002-2002, Regensburg 2002 (Bischöfliches Zentralarchiv und Bischöfliche Zentralbibliothek Regensburg, Kataloge und Schriften 18) S. 181; 1904/2004. Der deutsche Katholikentag zu Regensburg 1904 und der Umbau des Bischofshofs, Regensburg 2004 (Bischöfliches Zentralarchiv und Bischöfliche Zentralbibliothek Regensburg, Kataloge und Schriften 20) S. 92 f.; Konrad von Megenberg. Regensburger Domherr, Dompfarrer und Gelehrter (1309-1374), Regensburg 2009 (Bischöfliches Zentralarchiv und Bischöfliche Zentralbibliothek Regensburg, Kataloge und Schriften 26) S. 90; 800 Jahre Deutschordenskommende St. Ägid in Regensburg 1210-2010, Regensburg 2010 (Bischöfliches Zentralarchiv und Bischöfliche Zentralbibliothek Regensburg, Kataloge und Schriften 28) S. 148, 244-248, 250; Tu es Petrus. Bilder aus zwei Jahrtausenden, Regensburg 2006 (Museumsschriften des Bistums Regensburg 2 = Kunstsammlungen des Bistums Regensburg, Kataloge und Schriften, 29), S. 93 f.; 1809. Dompfarrer Wittmann als Helfer im Feuersturm, Regensburg 2009 (Kunstsammlungen des Bistums Regensburg, Kataloge und Schriften 36) S. 77 f.

16 S. z. B. BZAR Tätigkeitsbericht J. Gruber 2004.

kapitels aus dem 18. Jahrhundert[17] und Modelle der schon berührten Medaille zum 1250. Bistumsjubiläum. Zur Lagerung der Münzen, Medaillen und Plaketten fanden größtenteils handelsübliche Münzkästen Verwendung, während die Geldscheine in Alben aufbewahrt werden.

Die numismatische Kompetenz des Archivs und seine Beziehungen zu anderen Fachleuten wurden auch für die Herausgabe verschiedener Medaillen durch die Diözese genutzt, zum Beispiel für die 1973 emittierte Wolfgangsverdienstmedaille des Bistums[18] sowie für Medaillen zum 150. Todestag von Bischof Johann Michael Sailer 1982,[19] zum 1250. Bistumsjubiläum 1989,[20] und zum 1000. Todestag des hl. Wolfgang 1994,[21] ebenso für eine Medaille des Deutschen Ordens (Komturei an der Donau) zum 800. Jubiläum der Deutschordenskommende St. Ägid in Regensburg 1990.[22] Der von Msgr. Johann Nepomuk Pemsel (1911-1986) anhand seiner Sammlung verfasste Katalog *Antike Münzen zur Heilsgeschichte* wurde posthum von Msgr. Dr. Paul Mai als Bd. 4 der *Kataloge und Schriften der Bischöflichen Zentralbibliothek und des Bischöflichen Zentralarchivs* herausgegeben.[23]

---

17 Das Bistum Regensburg im Spiegel von Münzen und Medaillen (wie Anm. 1) S. 102, 104 f.

18 Paul Mai: Die St. Wolfgang-Verdienstmedaille, in: Almanach des Bistums Regensburg, Regensburg ²1973, S. 298; Liturgie zur Zeit des hl. Wolfgang (wie Anm. 8) S. 146.

19 Regensburger Bistumsblatt Nr. 20 (16.5.1982) S. 17.

20 Das Bistum Regensburg im Spiegel von Münzen und Medaillen (wie Anm. 1) S. 175.

21 Liturgie zur Zeit des hl. Wolfgang (wie Anm. 8) S. 81, 147.

22 800 Jahre Deutschordenskommende St. Ägid in Regensburg 1210-2010 (wie Anm. 15) S. 247.

23 München – Zürich 1989; die Sammlung Pemsels ging seinem Vermächtnis gemäß an das Diözesanmuseum Regensburg.

Die Bischöfliche Zentralbibliothek Regensburg – Bau und Entwicklung*

von Werner Chrobak

Am 27. Oktober 1972 wurde im Rahmen der Wolfgangswoche auf dem Areal des ehemaligen Damenstifts Obermünster das neue Bibliotheksgebäude der Bischöflichen Zentralbibliothek Regenburg eingeweiht.[1] Die Forderung zur Errichtung einer Diözesanbibliothek – wie auch eines Diözesanarchivs – war erstmals vom Mettener Benediktinerpater Wilhelm Fink auf der Regensburger Diözesansynode 1928 erhoben worden.[2] Auch der Verein für Regensburger Bistumsgeschichte, gegründet am 10. Februar 1967, nahm als eines seiner Ziele die Förderung des Ausbaus der Bischöflichen Zentralbibliothek in seine Satzung auf. Der Regensburger Bischof Dr. Rudolf Graber (1962-1982), vor seiner Berufung auf den Bischofsstuhl in Regensburg Professor für Mystik und Aszetik an der Philosophisch-Theologischen Hochschule Eichstätt, ein der Wissenschaft und dem Bibliothekswesen zutiefst verbundener Oberhirte, gilt als Initiator des Neubaus der Bischöflichen Zentralbibliothek. Nach der Errichtung der vierten bayerischen Landesuniversität in Regensburg mit Vorlesungsbeginn 1967, sah Bischof Graber im Neubau der Bischöflichen Zentralbibliothek Regensburg auch einen Beitrag der katholischen Kirche zur Unterstützung des Wissenschaftsbetriebs und der wissenschaftlichen Forschung in der Bischofsstadt Regensburg. Daneben spielte auch der damals mehr und mehr aufkommende Gedanke der Fort- und Weiterbildung für Priester und Laien eine Rolle.

Bei der Suche nach einem geeigneten Standort bot sich das Areal östlich des ehemaligen Damenstifts und späteren Knabenseminars Obermünster an. Die Verlegung des Alten Gymnasiums – seit 1962 Albertus-Magnus-Gymnasium genannt – aus dem Stadtzentrum nach Westen mit dem Neubau eines Schulgebäudes in der Hans-Sachs-Straße 1965[3] hatte auch die Übersiedlung des Bischöflichen Knabenseminars im Juli 1969 nach „Westmünster" nach sich gezogen.[4] Für die leer stehenden Gebäude des ehemaligen Damenstifts Obermünster und die unter Bischof Dr. Michael Buchberger 1930 errichteten Erweiterungsbauten wurde mit dem „Diözesanzentrum Obermünster" ein neues Nutzungskonzept gefunden. In die bestehenden Bauten zogen zum Teil kirchliche Dienststellen – Pres-

---

* Aktualisierte und stark erweiterte Fassung von: Werner Chrobak: Der Neubau der Bischöflichen Zentralbibliothek Regensburg und die Einrichtung der Diözesanstelle des St. Michaelsbundes, in: Beiträge zur Geschichte des Bistums Regensburg 42 (2008) S. 545-563.

1 Vgl. Paul Mai: Bischöfliches Zentralarchiv und Bischöfliche Zentralbibliothek, in: Almanach des Bistums Regensburg, 2. erw. Aufl., Regensburg 1973, S. 269-273; Ders.: Die Bischöfliche Zentralbibliothek und das kirchliche Büchereiwesen, in: Dienen in Liebe. Rudolf Graber, Bischof von Regensburg, hrsg. v. Paul MAI im Auftrag des Bischöflichen Ordinariates Regensburg, München, Zürich 1981, S. 321-338, hier 327 (zit.: Mai: Zentralbibliothek und Büchereiwesen); Ders.: Obermünster. Vom Bischöflichen Knabenseminar zum Diözesanzentrum, in: Gruß aus Westmünster Nr. 42, Weihnachten 1972, S. 3-17, hier 5 (zit.: Mai: Gruß); Ders.: Die Bischöfliche Zentralbibliothek, in: Wissenschaftliche Bibliotheken in Regensburg. Geschichte und Gegenwart, hrsg. v. Hans-Joachim Genge u. Max Pauer, Wiesbaden 1981 (Beiträge zum Buch- und Bibliothekswesen 18) S. 105-129, hier 119f. (zit.: Mai: Wissenschaftliche Bibliotheken); Heide Gabler: Bischöfliche Zentralbibliothek, in: Handbuch der Historischen Buchbestände in Deutschland, Bd. 12: Bayern I-R, hrsg. v. Eberhard Dünninger, Hildesheim, Zürich, New York 1996, S. 236-247, hier 236 (zit.: Gabler: Zentralbibliothek).

2 Vgl. Diözesansynode für die Diözese Regensburg, abgehalten 1927 am 11. Oktober (I. Teil), 1928 am 2. und 3. Juli (II. Teil), Bericht, Beschlüsse und oberhirtliche Verordnungen, Regensburg 1929, S. 88-89; dazu Mai: Zentralbibliothek und Büchereiwesen (wie Anm. 1) S. 324f.

3 Vgl. Otmar Kappl: Die Geschichte der Schule von 1945 bis heute, in: Albertus-Magnus-Gymnasium Regensburg. Festschrift zum Schuljubiläum 1988, Regensburg 1988, S. 285-308, hier 297.

4 Vgl. Mai: Gruß (wie Anm. 1) S. 3.

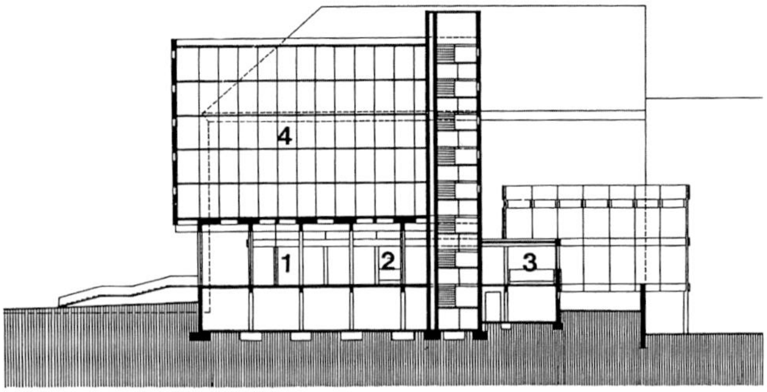

Nord-Süd Schnitt

1 Eingangshalle
2 Leihstelle
3 Lesesaalaufsicht
4 Magazine (selbsttragende Regalanlage)

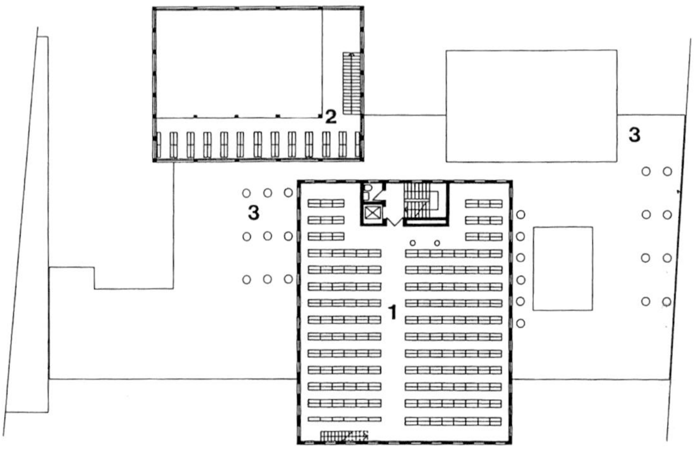

1. Obergeschoß

1 Magazin
2 Lesesaalempore
3 Dachaufsicht

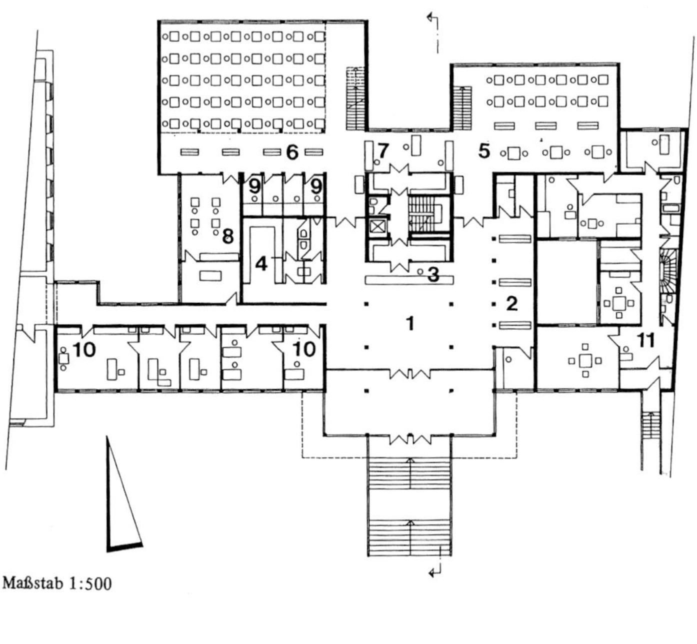

Erdgeschoß

1 Eingangshalle
2 Katalog
3 Leihstelle
4 Garderobe
5 Zeitschriftenlesesaal
6 Lesesaal mit Empore
7 Lesesaalaufsicht
8 Leseraum
9 Lesekabinen
10 Diensträume
11 Dienstwohnung

Maßstab 1:500

sestelle, Pilgerbüro, Jugendpfarrer, Jugendamt, Katholische Arbeitnehmer-Bewegung, Katholische Landvolkbewegung, Bund deutscher katholischer Jugend, Frauenbund, Kolping usw. – ein, zum Teil wurde der Komplex im Sinne eines Tagungshauses mit Zimmern für Übernachtungen genutzt. Ein Teil des Buchberger-Südflügels wurde vom Bischöflichen Zentralarchiv belegt.

Da von Beginn der Planungen an ein Verbund von Bischöflichem Zentralarchiv und Bischöflicher Zentralbibliothek unter der zukünftigen Leitung von Dr. Paul Mai – in Personalunion des Archiv- und Bibliotheksdirektors – beabsichtigt war, wurde nach einer räumlichen Lösung auch für die Bibliothek im Areal der bestehenden Obermünstergebäude gesucht. Dr. Paul Mai, 1962 bereits zum Dr. phil. an der Universität München promoviert und im gleichen Jahr zum Priester geweiht, war seit 1963 zunächst an der Seite von Archivdirektor Johann Baptist Lehner als ehrenamtlicher Archivar und Bibliothekar tätig. Am 15. Mai 1967 wurde er zum Bischöflichen Archivar und Bibliothekar ernannt. Um sich das nötige bibliothekarische Fachwissen anzueignen, absolvierte Dr. Mai auf Ratschlag von Diözesanbischof Dr. Rudolf Graber ab 1967 die zweijährige Ausbildung des höheren Bibliotheksdienstes an der Bayerischen Staatsbibliothek in München. Nach dem Tode Lehners (gest. am 9. Februar 1971) wurde Dr. Mai am 1. April 1971 zum Direktor der Bischöflichen Archive und Bibliotheken ernannt.

Das mit der Planung beauftragte Architekturbüro Gerhard Prell – später wurde Prell Diözesanbaurat – lieferte zunächst einen Entwurf, der die Überbauung des Innenhofes zwischen dem Gebäudetrakt am Petersweg (Buchbergerbau von 1930) und dem Flügel von 1797 als Magazinbau vorsah. Lesesäle und Büroräume sollten im Trakt am Petersweg untergebracht werden. Der damalige Finanzdirektor der Diözese, Domkapitular Augustin Kuffner, lehnte diese Planung jedoch ab und schlug eine gänzliche Neubaulösung auf dem Areal Obermünster in Richtung Fröhliche Türkenstraße vor.[5]

Zum Glück stand eine ausreichende Fläche in Kirchenbesitz, der ehemalige Garten und das Fußballfeld des früheren Knabenseminars Obermünster und die Fläche der kriegszerstörten Obermünsterruine, zur Verfügung. Es konnte ein Baugrund – direkt westlich im Anschluss an das bereits bestehende Parkhaus am Petersweg – beplant werden. Das Architekturbüro Gerhard Prell legte zusammen mit den Architekten Hohenthanner und Ferstl unter dem Datum des 25.4.1969 dann die neuen Pläne vor, nach denen das Projekt innerhalb von dreieinhalb Jahren realisiert wurde.[6]

Ziel war es, die Bischöfliche Zentralbibliothek Regenburg sowohl räumlich wie personell nach neuesten bibliothekstechnischen Gesichtspunkten auszustatten. Für die Planungen wurde auf den Bibliotheksplan II des deutschen Forschungsbeirates und die Beratung der Generaldirektion der Staatlichen Bibliotheken Bayerns zurückgegriffen. Grundsätzlich wurde die Bibliothek als Magazinbibliothek mit der Dreiteilung in Benutzungs-, Magazin- und Verwaltungsbereich konzipiert. Es galt die Maxime der kürzesten Wege: Benutzer sollten innerhalb von Minuten mit Büchern aus dem Bibliotheksmagazinen bedient werden können, nachdem sie ihre Bücher in den Katalogen im Randbereich des Bibliotheksfoyers ausfindig machen konnten, beraten von einer Bibliotheksfachkraft an der Ausleihtheke an der Stirnseite des Foyers.

Angestrebt wurde ein moderner Zweckbau, „der sich architektonisch akzeptabel in das Ensemble der historischen Obermünster-Gebäulichkeiten einfügen sollte".[7] Moderne Architektur sollte hier eine „Symbiose" mit den historisch bedeutsamen Überresten der im Kriege zerstörten Obermünsterkirche eingehen.[8] Realisiert wurde eine Baugruppe aus eingeschossigen Flachbauten mit einem viergeschossigen sog. Bücherturm als Magazinbereich in der Mitte, einem Kleinen Lesesaal (für Zeitschriften) im Nordosten, einem Großen Lesesaal im Nordwesten und einem Großzügigen Eingangsfoyer als Benutzungsbereich, sowie

---

5 Vgl. Marianne Popp: Das Bischöfliche Zentralarchiv und der Verein für Bistumsgeschichte, in: Dienen in Liebe. Rudolf Graber, Bischof von Regensburg, hrsg. v. Paul Mai im Auftrag des Bischöflichen Ordinariates Regensburg, München, Zürich 1981, S. 301-320, hier 306.
6 Vgl. BZAR Akt Baupläne Diözesanbibliothek 1969-1973.
7 Mai: Zentralbibliothek und Büchereiwesen (wie Anm. 1) S. 327.
8 Vgl. Regensburger Bistumsblatt Nr. 43, 22.10.1972, Titelseite und S. 10-12.

Bischöfliches Zentralarchiv (Ostecke) und Bischöfliche Zentralbibliothek, Herbst 1972

einem Flachbau als Verbindung zum Obermünsterbau der 1930er Jahre nach Westen als Verwaltungstrakt. Im Südosten, zwischen dem Parkhaus am Petersweg und dem Turm, wurde eine Dienstwohnung für den Bibliotheksdirektor mit direktem Zugang in den Kleinen Lesesaal, geschaffen. Die Bauten wurden betonsichtig in schalungsrauher Optik ausgeführt. Neben Beton bestimmten Aluminium (Fester- und Türrahmen, Treppengeländer) und Glas das äußere Erscheinungsbild. Der würfelförmige – jedoch nicht quadratische – Turm weist auf der Süd- und Nordseite je vier mal zehn vergleichsweise kleine Fenster, auf der West- und Ostseite je vier mal zwölf Fenster, d.h. insgesamt 176 Fenster auf. Die zum Schutz gegen UV-Licht blau verspiegelten Fenster bilden zum Grau des Betons einen belebenden Kontrast. Von Fensterecke zu Fensterecke und von den Fenstern zu den Rändern des Baukörpers gliedern balkenförmig eingetiefte Andreaskreuze die Fassade und lockern damit die Blockhaftigkeit des Baukörpers auf.

Interessant sind einige technische Angaben, die es verdienen, festgehalten zu werden: Die Fläche des Baugrundstücks (nach DIN 277) betrug 10 790 m², die bebaute Fläche 1446 m², die Nettogrundrissfläche 2032 m², der umbaute Raum (brutto) 8853 m³. Die Gesamtkapazität war auf 264 000 Bände ausgelegt, davon 250 000 Bände im Magazinturm, 10 000 Bände im Großen Lesesaal und 4000 Bände im Raum des Liturgiewissenschaftlichen Instituts.[9] Der Magazinturm mit vier Geschossen ist im Inneren vom ersten bis vierten Geschoss mit einem durchgängigen selbsttragenden Stahl-Regalsystem von Pohlschröder (Dortmund) ausgestattet. Das Regalsystem kann statisch jederzeit um zwei weitere Geschosse aufgestockt werden. Die Zwischendecken (Stahlblech-Kassettendecken) sind an den Regalpfosten aufgehängt, ebenso wie die Leichtbetondecke über dem vierten Geschoss.[10] Der Turm ist mit einer Klimaanlage für konstante Luftfeuchtigkeit und Temperatur ausgestattet. Spezialbeschichtete Fenster im

9 Vgl. Bischöfliche Zentralbibliothek Regensburg, in: Bibliotheksneubauten in der Bundesrepublik Deutschland 1968-1983, hrsg. v. Rolf Fuhlrott, Gerhard Liebers, Franz-Heinrich Philipp, Frankfurt a. M. 1983 (Zeitschrift für Bibliothekswissenschaft und Bibliographie, Sonderheft 39) S. 293-297 (zit.: Bibliotheksneubauten).

10 BZAR Akt Stat. Berechnungspläne Bibliothek Pohlschröder 1967-1971.

Bibliotheksturm von Südwest, Herbst 1972

Blauton schützen die Bücher im Turm vor ultravioletter Sonneneinstrahlung. Ein Personenaufzug und ein breites Treppenhaus ermöglichen den dienstlichen Zugang zu den Magazingeschossen. Der Turm weist insgesamt 1312 m² Hauptnutzfläche und eine lichte Geschoßhöhe von jeweils 2,20 m auf.

Der Große Lesesaal mit einer Hauptnutzfläche von 262 m² bietet bei einer lichten Raumhöhe von 6,03 m 28 Arbeitsplätze an einzeln aufgestellten Arbeitstischen, dazu vier zusätzliche Arbeitskabinen an der Südwand. Die Bücherregale für die Handbibliothek sind zweigeschossig (ebenerdig und auf einer Galerie) angeordnet. Der Kleine Lesesaal (Zeitschriftenlesesaal) mit einer Hauptnutzfläche von 126 m² und einer lichten Raumhöhe von 4,20 m kann an aneinandergereihten Arbeitstischen in U-Form 48 Arbeitsplätze vorweisen. In den Zeitschriftenregalen mit Klappfächern ist Platz für 366 Zeitungen und Zeitschriften. Dieser Kleine Lesesaal mit abdunkelbaren Fenstern und Leinwand an der Stirnseite ist zugleich als Vortrags- und Konferenzraum konzipiert. Der Speziallesesaal des Instituts für Liturgiewissenschaft besitzt 52 m² Hauptnutzfläche und eine lichte Raumhöhe von 3,08 m. Vier Benutzerplätze waren anfangs darin vorgesehen. Alles in allem bieten die drei genannten Säle bei 462 m² Hauptnutzfläche Platz für rund 80 Benutzer. Das Bibliotheksfoyer als Eingangsbereich mit 220 m² Hauptnutzfläche mit einer lichten Raumhöhe von 4,62 m ist zugleich als Ausstellungsfläche gedacht. Am östlichen Randbereich des Foyers wurde ein Bereich von 47 m² Nutzfläche mit einer Raumhöhe von 2,90 m für die Stahlkästen des Zettelkatalogs reserviert.[11]

Was kostete der Neubau? Für das Bauwerk als solches (Konstruktion und Anlagen) wurden 2 262 130 DM, für Gerät (Möbel und Einrichtung) 889 586 DM, für Außenanlagen 168 648 DM aufgewendet, dazu fielen 333 833 DM Nebenkosten an.[12] Insgesamt kostete der Bau also 3 654 197 DM.

11 Vgl. Bibliotheksneubauten (wie Anm. 9) S. 295.
12 Vgl. Bibliotheksneubauten (wie Anm. 9) S. 295.

Bibliothekstypus und Gründungsbestände

Vom Bibliothekstypus her wurde die Bischöfliche Zentralbibliothek als wissenschaftlich-theologische Bibliothek konzipiert. Wie der Begriff „Zentralbibliothek" besagt, sollten zerstreute, in geistlichem Besitz befindliche Bibliotheken und Buchbestände zusammengeführt werden, um sie der Forschung zugänglich zu machen. Als Gründungsbestände der Bischöflichen Zentralbibliothek wurden die sogenannte„Schottenbibliothek", die Ordinariatsbibliothek und die Proskesche Musikbibliothek sogleich in den neuen Bibliotheksturm überführt.

Bei der „Schottenbibliothek" handelte es sich um die Bibliothek des ehemaligen Regensburger Schottenklosters St. Jakob, ein um 1090 gegründetes Benediktinerkloster der dritten irischen Missionswelle, das anfangs des 16. Jahrhunderts aus irischen in schottische Hände übergegangen war. Die Schottenbibliothek war deshalb von besonderem Wert, weil sie als einzige Benediktinerklosterbibliothek Bayerns die Säkularisation 1803 unbeschadet überstanden hatte. Der quasi-exterritoriale Status des nur von schottischen Mönchen belegten Klosters hatte die Bibliothek vor dem Zugriff des bayerischen Staates geschützt. Bei der Aufhebung des Klosters 1862 nahm der letzte provisorische Superior des Klosters, P. Anselm Robertson, einen kleinen, für wichtig erachteten Teil der Schottenbibliothek – wie auch des Klosterarchivs – mit nach Schottland: Über das in Schottland neu begründete Benediktinerkloster Fort Augustus gelangten vier mittelalterliche Handschriften und 54 Drucke später (nach 1998) an die Schottische Nationalbibliothek in Edinburgh.[13] Der größte Teil der Schottenbibliothek blieb jedoch in Regensburg unmittelbar an Ort und Stelle im ehemaligen Kloster St. Jakob. Der Bestand wurde erfreulicherweise auch in einer Phase vierjähriger gemeinsamer Verwaltung durch Staat und Kirche unmittelbar nach der Aufhebung 1862 nicht angetastet, bis der Übergang in alleinigen kirchlichen Besitz erfolgte: Ab 1872 diente die Bibliothek des ehemaligen Schottenklosters als Bibliothek des neu eingerichteten Klerikalseminars. Der Einschlag einer Artilleriegranate Ende des Zweiten Weltkriegs richtete in der Abteilung „Conciones" (Predigten) und „Patristica" (Kirchenväter) begrenzten Schaden an. Wegen Umbaus des bisherigen Bibliotheksraums in eine Aula wurde die Bibliothek vorübergehend in einen Stadel der ehemaligen Schottenabtei gegenüber der Jakobinerschenke in der Schottengasse 5 ausgelagert. 1965 fand eine Transferierung der Bibliothek wegen des Abrisses des Stadels zwecks Parkplatzanlegung in die Speicherräume des Bischöflichen Knabenseminars Obermünster am St. Petersweg statt. Von hier wurde die Schottenbibliothek mit ihren rund 30 000 Bänden 1972 in den Bibliotheksneubau der Bischöflichen Zentralbibliothek überführt, um hier – hoffentlich – eine Bleibe auf Dauer zu finden.[14]

Der zweite wertvolle Gründungsbestand der Bischöflichen Zentralbibliothek war die Proskesche Musikbibliothek. Diese kirchenmusikalische Spezialbibliothek aus musikalischen Quellen (Handschriften und Drucken des 16. bis 19. Jahrhunderts) und Musikschrifttum wurde von Dr. Carl Proske (1794-1861) grundgelegt. Proske, ursprünglich Leibarzt Bischof Johann Michael von Sailers, entwickelte sich nach einem Theologiestudium und der Priesterweihe als Kanonikus der Alten Kapelle zum profilierten Musikwissenschaftler und kirchenmusikalischen Reformer der sogenannten Regensburger Tradition. Nach Proskes Tod ging die Musiksammlung an das Regensburger Domkapitel über. Sie fand eine Unterbringung 1862 zunächst im damaligen Klerikalseminar in den Gebäuden des einstigen Damenstifts Obermünster, doch bereits 1864 wurde sie in das Bischöfliche Ordinariat im Komplex des ehemaligen Damenstifts Niedermünster überführt. Mit zahlreichen musikalischen Nachlass-Bibliotheken erweitert

13 Vgl. Paul Mai: Die Bibliothek des Schottenklosters St. Jakob in Regensburg, in: Die Regensburger Bibliothekslandschaft am Ende des Alten Reiches, hrsg. v. Manfred Knedlik u. Bernhard Lübbers, Regensburg 2011 (Kataloge und Schriften der Staatlichen Bibliothek Regensburg 5) S. 65-80 (zit.: Mai: Bibliothek des Schottenklosters).

14 Vgl. Mai: Zentralbibliothek und Büchereiwesen (wie Anm. 1) S. 325f.; Gabler: Zentralbibliothek (wie Anm. 1) S. 237f.; Mai: Wissenschaftliche Bibliotheken (wie Anm. 1) S. 113-115; Mai: Bibliothek des Schottenklosters (wie Anm. 13) S. 65-80. – 2007/2008 gab es Überlegungen seitens der Stadt Regensburg, auf dem Areal des Parkhauses am Petersweg und der Bischöflichen Zentralbibliothek (Abriss geplant) das Regensburger Kultur- und Kongresszentrum zu errichten.

– Dominicus Mettenleiter 1868, Franz Xaver Witt 1888, Franz Xaver Haberl 1930, Karl Weinmann 1931 – war sie zum Schluss äußerst beengt, in einem „unwürdigen Zustand", wie es Bischof Dr. Rudolf Graber ausdrückte[15], untergebracht. Die Unterbringung im Neubau der Bischöflichen Zentralbibliothek Regensburg auf dem Obermünsterareal bedeutete für den von Forschern aus aller Welt benutzten Bestand gleichsam eine Rückkehr an ihren ersten Aufstellungsort vor 110 Jahren.[16]

Der dritte Gründungsbestand, die Ordinariatsbibliothek, war demgegenüber vergleichsweise unbedeutend. Die Ordinariatsbibliothek wurde ab 1834 auf Beschluss des Bischofs Franz Xaver von Schwäbl (1833-1841) praktisch vom Nullpunkt an neu aufgebaut, nachdem die alte Dombibliothek in der Säkularisation unter bis heute nicht genau nachvollziehbaren Umständen aufgelöst worden war.[17] An „Altbestand" (Bestand vor 1900) gingen 1972 insgesamt 960 Werke mit 1390 Bänden an die Bischöfliche Zentralbibliothek über, wobei nur 210 Werke aus dem 16.-18. Jahrhundert, der weitaus größte Teil aber aus dem 19. Jahrhundert stammte.[18]

Die Institutsbibliothek des „Institutum Liturgicum Ratisbonense" gehörte von Beginn an zur neueröffneten Bischöflichen Zentralbibliothek. Mit Übereignungsvertrag vom 17. Mai 1972 hatte Msgr. DDr. Klaus Gamber seine wissenschaftliche Privatbibliothek, die seit 1957 zugleich als Bibliothek des Liturgiewissenschaftlichen Instituts im Kloster Prüfening gedient hatte, dem Bischöflichen Stuhl von Regensburg übereignet. In einem eigenen Raum neben dem Großen Lesesaal untergebracht, war das Institutum Liturgicum mit seiner Bibliothek unter der Leitung von Msgr. Gamber der Bischöflichen Zentralbibliothek angegliedert. Bei der Übernahme 1972 umfasste die Institutsbibliothek rund 2500 Bände, 1980 rund 4000 Bände und 2011 rund 4500 Bände.[19] Die Bischöfliche Zentralbibliothek betreut von Gründung an auch die Handbibliothek im Lesesaal des Bischöflichen Zentralarchivs (2012: rund 2000 Bände).

Bestands-Zuwachs

War bei der Eröffnung der Bibliothek 1972 noch daran gedacht worden, die beiden oberen der vier Stockwerke des Magazinturms an die Universitätsbibliothek zu vermieten, so stellte sich sehr bald heraus, dass durch unvorhergesehen viele Bestandszuwächse die Lagerkapazität sehr schnell ausge-

15 Vgl. Rudolf Graber: St. Wolfgang heute. Predigten und Ansprachen zur 1000-Jahr-Feier der Ernennung des hl. Wolfgang zum Bischof von Regensburg, Regenburg 1972, S. 28; dazu Mai: Zentralbibliothek und Büchereiwesen (wie Anm. 1) S. 326f.

16 Vgl. August Scharnagl: Die Proskesche Musiksammlung in der bischöflichen Zentralbibliothek Regensburg, in: Wissenschaftliche Bibliotheken in Regensburg. Geschichte und Gegenwart, hrsg. v. Hans-Joachim Genge u. Max Pauer, Wiesbaden 1981 (Beiträge zum Buch- und Bibliothekswesen 18) S. 130-146; Gabler: Zentralbibliothek (wie Anm. 1) S. 237; Rafael Köhler: Proskesche Musikbibliothek, in: Handbuch der Historischen Buchbestände in Deutschland, Bd. 12: Bayern I-R, hrsg. v. Eberhard Dünninger, Hildesheim, Zürich, New York 1996, S. 244f.

17 In den Domkapitelschen Protokollen findet sich unter dem 30. Oktober 1801 der Eintrag, dass Graf von Sternberg in der Sitzung daran erinnerte, dass mit dem in Regensburg befindlichen englischen „Buchführer" Penck aus London ein „sehr billiger Verkauf der domkapitelschen Inkunabeln getrofen werden könnte". Es wurde der Beschluss gefasst, dass Graf von Sternberg dieses Verkaufsgeschäft nach seiner Kenntnis und seinem Gutbefinden abschließen solle. Vgl. BZAR Domkapitelsche Protokolle 1801/02, 30.10.1801, [Nr.] 11 (freundlicher Hinweis von Oberarchivrat Dr. Johann Gruber). Ob dieser Verkauf tatsächlich zustande kam, darüber gibt es keine bestätigende Nachricht. Mit dem Übergang Regensburgs an Bayern 1810 wurde das Hochstift mit der Dombibliothek säkularisiert, doch behauptete der Kustos der Münchener Hofbibliothek Bernhart, der am 21. Januar 1812 die Dombibliothek inspizierte, nur „einige Bücher" für München ausgewählt zu haben. Ein Teil der Dombibliothek scheint in den Besitz der Regensburger Stadtbibliothek gelangt zu sein, jedenfalls deuten einige von dort 1876 nach München abgegebene Handschriften mit dem Exlibris „Camera episcopalis" darauf hin. Vgl. Mai: Zentralbibliothek und Büchereiwesen (wie Anm. 1) S. 322f.; Mai: Wissenschaftliche Bibliotheken (wie Anm. 1) S. 105-113.

18 Vgl. Gabler: Zentralbibliothek (wie Anm. 1) S. 237, 242.

19 Vgl. BZAR Akt Archiv- und Bibliotheksverträge; Mai: Zentralbibliothek und Büchereiwesen (wie Anm. 1) S. 328f.; Mai: Wissenschaftliche Bibliotheken (wie Anm. 1) S. 120-123; Gabler: Zentralbibliothek (wie Anm. 1) S. 343.

schöpft wurde. Bereits mit Vertrag vom 5. Januar 1972 hatte das Kollegiatstift St. Johann zu Regensburg, vertreten durch Stiftsdekan Anton Pronadl, zugestimmt, Stiftsarchiv und Stiftsbibliothek an den Bischof zu Regensburg, vertreten durch Dr. Mai, zu übergeben. Der relativ kleine Bibliotheksbestand umfasste drei Inkunabeln (zwei Psalterium Ratisponense ohne Druckjahr, einen Sermones-Band von 1489, eine Handschrift des 15. Jahrhunderts, dazu rund 50 Drucke vom 16. bis beginnenden 20. Jahrhundert).[20] Angeregt durch das Vorhandensein der Proskeschen Musikbibliothek in der Bischöflichen Zentralbibliothek, entschied sich der Regensburger Liederkranz e.V., seine Musikalien, Archivalien und Bücher mit Vertrag vom 2. März 1973 zunächst als Depositum (Dauerleihgabe) an die Bischöfliche Zentralbibliothek zu übergeben. Nach Auflösung des Regensburger Liederkranzes Ende der 1970er Jahre ging das bisherige Dauerleihgut (71 Regalmeter Musikdrucke und Handschriften) gänzlich in den Besitz der Bischöflichen Zentralbibliothek über.[21] Als Dauerleihgabe auf Zeit überließ die Prämonstratenserabtei Speinshart mit Vertrag vom 2. Februar 1976 die Bücher – zirka 3000 Bände – und eine Heiligenbildersammlung des Prälaten Michael Hartig, des früheren Kunstbeauftragten des Erzbistums München-Freising, der Bischöflichen Zentralbibliothek.[22]

Mit Vertrag vom 10. Juni 1977 kam die Bibliothek der Deutschen Genossenschaft der Ritter des Internationalen Konstantinordens e.V., die sog. Ferdinand-Fromann-Gedächtnis-Bibliothek, als langfristige Leihgabe nach Regensburg. Sie umfasste rund 750 Bände, allerdings zeigten viele Bücher nach einer teilweisen Überflutung am früheren Lagerort in Wetzlar Wasserschäden.[23] Eine gute Bestandsergänzung – im Sinne einer „Brücke nach dem Osten", wie sie Bischof Graber den neu geschaffenen Kultureinrichtungen der Bischöflichen Zentralbibliothek und des Bischöflichen Zentralarchivs zugedacht hatte – gelang mit der Übernahme der Bibliothek des Instituts für ostdeutsche Kirchen- und Kulturgeschichte e.V. als Dauerleihgabe zu Beginn des Jahres 1979. Dieses 1958 in Königstein im Taunus gegründete Institut hatte sich die wissenschaftliche Erforschung der Kirchen- und Kulturgeschichte in ehemaligen deutschen Ostgebieten – mit Schwerpunkt ehemaliges Erzbistum Breslau – und sonstigen Gebieten Ostmitteleuropas zum Ziele gesetzt. Die im kirchenhistorischen Seminar der Katholisch-theologischen Fakultät der Universität Bonn bei Prof. DDr. Bernhard Stasiewski aufgestellten Bände wurden laut Beschluss des Institutsvorstandes vom 28. Januar 1978 nach Regensburg überführt.[24] Eine gute Ergänzung fand diese Institutsbibliothek hinsichtlich der ehemaligen deutschen Ostgebiete in einem Bibliotheksbestand von rund 1200 Bänden des Katholischen Kirchenbuchamtes für Heimatvertriebene (München) 1981.[25] Einen wertvollen Bestandszuwachs bedeutete die Übernahme der Bibliothek des Kollegiatstifts Unserer Lieben Frau zur Alten Kapelle zu Regensburg als Leihgabe mit Vertrag vom 15. Juli 1981. Neben 73 – teilweise mittelalterlichen Handschriften – und 123 Inkunabeln gehören über 1500 Signatureinheiten mit rund 2400 Bänden vorwiegend älteren Bestandes vor 1900 zu diesem Depositum.[26] Als wichtiges Beispiel einer Pfarrbibliothek wurde 2003 die Bibliothek der Pfarrei Amberg-St. Martin mit zirka 65 Regalmetern als Depositum übernommen.[27] Das aufgelöste Kloster der Magdalenerinnen von Seyboldsdorf überließ der Bischöflichen Zentralbibliothek 2004/05 rund 1000

20 Vgl. BZAR Akt Archiv- und Bibliotheksverträge; BZBR Akt Bischöfliche Zentralbibliothek III Teilbibl. Dauerleihgaben.

21 Vgl. BZAR Akt Archiv- und Bibliotheksverträge; Mai: Zentralbibliothek und Büchereiwesen (wie Anm. 1) S. 329.

22 Vgl. BZAR Akt Archiv- und Bibliotheksverträge; Mai: Zentralbibliothek und Büchereiwesen (wie Anm. 1) S. 329; BZBR Akt Jahresberichte 1976.

23 Vgl. BZAR Akt Archiv- und Bibliotheksverträge; Mai: Zentralbibliothek und Büchereiwesen (wie Anm. 1) S. 329.

24 Vgl. BZAR Akt Archiv- und Bibliotheksverträge; Mai, Zentralbibliothek und Büchereiwesen (wie Anm. 1), S. 329; BZBR Akt Jahresberichte 1979.

25 Vgl. BZAR Akt Archiv- und Bibliotheksverträge; BZBR Akt Jahresberichte 1981.

26 Vgl. BZAR Akt Archiv- und Bibliotheksverträge; BZBR Akt Jahresberichte 1988; Gabler: Zentralbibliothek (wie Anm. 1) S. 237, 243f.; Werner Chrobak: Die Bibliothek der Alten Kapelle, in: BGBR 34 (2000) 425-434 (zit.: Chrobak: Bibliothek der Alten Kapelle); ders., Die Bibliothek des Kollegiatstiftes Unserer Lieben Frau zur Alten Kapelle in Regensburg, in: Die Regensburger Bibliothekslandschaft am Ende des Alten Reiches, hrsg. v. Manfred Knedlik u. Bernhard Lübbers, Regensburg 2011 (Kataloge und Schriften der Staatlichen Bibliothek Regensburg 5) S. 81-93 (zit.: Chrobak: Alte Kapelle Bibliothekslandschaft).

27 BZAR Akt Archiv- und Bibliotheksverträge; BZBR Akt Jahresberichte 2003.

Bände.[28] Die Katholische Hochschule für Kirchenmusik St. Gregorius in Aachen gab bei ihrer Auflösung 2006 die Sammlung Buschmann, eine Spezialsammlung zur Orgelwissenschaft (rund 1000 Monographien und über 400 Zeitschriftenbände), nach Regensburg ab.[29]

Ungeahnt stark war der Bücherzuwachs an Geschenken bzw. Nachlass-Abgaben. Die Anregung von Pater Wilhelm Fink von 1928, jeder Geistliche solle in seinem Testament bestimmen, dass sein literarischer Nachlass an das Diözesanarchiv bzw. die Diözesanbibliothek übergeben werden solle, wurde in modifizierter Form in der ordentlichen Mitgliederversammlung des Vereins für Regensburger Bistumsgeschichte am 9. November 1977 zur Sprache gebracht.[30] Der Nachhall dieser Empfehlung war erstaunlich. In den folgenden Jahren haben zahlreiche Geistliche des Bistums ihre Bibliotheken – oder Teile davon – schon zu Lebzeiten oder für den Fall ihres Ablebens der Bischöflichen Zentralbibliothek vermacht. Noch 1977 konnte die Nachlass-Bibliothek des Domdekans Hermann Grötsch (Regensburg) mit 1055 Titeln verzeichnet werden. 1979/80 überließ Pfarrer Dr. Alois Plötz (Teisbach) über 2600 Bände als Nachlass, 1981 wurden im Zugang der Bibliothek rund 6500 Bände von Studiendirektor a.D. Georg Wolker (Regensburg) und über 1300 Bände des früheren Stadtpfarrers von St. Emmeram in Regensburg, Pfarrer Josef Kraus, zuletzt Kommorant in Waldmünschen, verzeichnet, 1988 über 500 Bände von BGR Studienrat a.D. Helmut Schiekofer (Regensburg), 1989 rund 1300 Bände von Prälat Lorenz Rosner (Konnersreuth), dazu jeweils 200-300 Bände von BGR Josef Jungwirth (Weiden), Stiftspropst Dr. Edmund Piekorz (Seyboldsdorf) und Pfarrer Lorenz Leibl (Aiterhofen), 1990 über 600 Bände von Pfarrer Georg Necker (Abensberg), 1991 jeweils 100 bis 200 Bände von den Kanonikern der Alten Kapelle Regensburg, Franz Bubenik, Hermann Köstlbacher und Josef Zimmerer, 1993 knapp 200 Bände von Pfarrer Franz Dietheuer (Regensburg), 1994 rund 450 Bände von Dr. Hans Janner (München) und 140 Bände von Prälat Ludwig Scharf (Regensburg), 1995 rund 1000 Bände von Herrn Rönisch, 1996 knapp 300 Bände von Redemptoristenpater Alois Reiter (Cham) und rund 130 Bände von Diakon Horst Boenisch (Loizenkirchen), 1997 jeweils rund 100 Bände von BGR Johann Fersch (Viechtach), Albert Fischer (Geiselhöring), Prälat Heinrich Kaiser (Plattling) und Dr. Albert Bär (Regensburg), 1998 rund 450 Bände aus dem Nachlass von P. Emmeram von Thurn und Taxis (Regensburg), jeweils rund 250 Bände von Generalvikar Fritz Morgenschweis (Regensburg) und Ordinariatsrat i.R. Karl Höllerzeder (Regensburg), rund 100 Bände von Karmelitenpater Franziskus Rupert (Schwandorf-Kreuzberg), 1999 knapp 100 Bände von Pfarrer Franz Mitterhuber (Loizenkirchen), 2000 rund 250 Bände von Pfarrer Albin Ulrich (Regensburg-St. Emmeram), rund 150 von Oberstudienrat Dr. Bruno Schön (Amberg), rund 100 jeweils von Prälat Augustin Kuffner (Regensburg)
und Kanonikus Johann Güntner (Regensburg), 2001 rund 450 Bände von Pfarrer Eberhard Gottsmann (Eschenbach), 2002 rund 700 Bände von Prälat Georg Strupf (Regensburg), 2003 rund 200 Bände von Msgr. Alois Frischholz (Regensburg), 2004 über 100 Bände von Dr. Werner Schrüfer (Regensburg), 2005 rund 300 Bände von Pfarrer Georg Johann (Hofkirchen), 2008 über 900 Bände von Pfarrer Franz Xaver Fischer (Regensburg) und 2011 knapp 500 Bände von Prälat Edmund Stauffer (Regensburg).[31]

Angesichts des Spendeneifers der Diözesangeistlichkeit ist es nicht erstaunlich, dass auch die Diözesanbischöfe und Weihbischöfe „ihrer“ Diözesanbibliothek Buchgeschenke zukommen ließen. Bischof Dr. Rudolf Graber, der eigentliche Initiator der Diözesanbibliothek, bestimmte in seinem Testament, dass seine Privatbibliothek mit rund 4000 Bänden an die Zentralbibliothek überging (katalogisiert 1996/97). Bischof Manfred Müller gab teilweise schon als regierender Bischof, besonders aber als Bischof emeritus Bücher ab, insgesamt rund 2000 Bände. Weihbischof Vinzenz Guggenberger machte es sich bereits in seiner aktiven Zeit zur Gewohnheit, immer wieder auch Bücher an die Zentralbibliothek weiterzuleiten.[32]

Von besonderem Wert erwiesen sich Professorenbibliotheken. Die Bibliothek Bischof Grabers war zugleich Professorenbibliothek, war Graber doch vor seiner Berufung nach Regensburg – wie oben

28 BZBR Akt Jahresberichte 2004, 2005.
29 BZAR Akt Archiv- und Bibliotheksverträge; BZBR Akt Jahresberichte 2006-2008.
30 Vgl. Mai: Zentralbibliothek und Büchereiwesen (wie Anm. 1) S. 330.
31 Vgl. BZBR Akt Jahresberichte 1977-2011.
32 Vgl. BZBR Akt Jahresberichte 1989, 1994-1997, 2002-2003.

erwähnt – Professor in Eichstätt. 1980 konnte die Nachlassbibliothek von Prof. Dr. Rudolf Mayer (genannt „Urmayer"), dem Lehrstuhlinhaber für biblische Einleitungswissenschaft an der Universität Regensburg, übernommen werden. 1985 folgten rund 1200 Bände des Kirchenmusikers Prof. Dr. Ferdinand Haberl (Rom), 1993 rund 750 Bände als Abgabe des Kirchenhistorikers und Liturgiewissenschaftlers Prof. Dr. Karl Josef Benz (Regensburg), 1994 rund 330 Bände von Prof. Dr. Franz Xaver Gaar, dem früheren Professor an der Philosophisch-Theologischen Hochschule Regensburg, 1995 über 700 Bände des Moraltheologen Prof. Dr. Josef Rief (Regensburg), über 100 Bände von Prof. Dr. Maria Zenner, der Lehrstuhlinhaberin für Geschichtsdidaktik an der Universität Regensburg, 2003 über 1400 Bände des Regensburger Liturgiewissenschaftlers Prof. Dr. Bruno Kleinheyer, 2009 über 300 Bände von Prof. Dr. Lothar Schneider (Regensburg), 2011 je rund 100 Bände von Prof. Dr. Werner Marschall (Freiburg i.Br.) und Prof. Dr. Norbert Glatzel (Regensburg).[33]

Neben Klerikern bedachten auch Laien die Bischöfliche Zentralbibliothek mit Buchgeschenken. So spendete beispielsweise 1991 die Witwe des verstorbenen Regensburger Kunstsammlers Prof. Dr. Franz Winzinger rund 300 Bände, 1994 Dr. Hans Janner (München) rund 450 Bände. 2000/01 liefen rund 800 Bände des verstorbenen OstR Heinrich Grüger (Trier) und rund 350 Bände der Musikwissenschaftlerin Dr. Gertraud Haberkamp (München) ein, 2005 folgten über 600 Bände von Rektor a.R. Alfred Scherm und rund 350 Bände von Prof. Dr. Alexander Thomas, Lehrstuhlinhaber für Psychologie an der Universität Regensburg. 2006 gab Editha Preißl rund 250 Bücher aus dem Nachlass Ihres verstorbenen Mannes, des Malers Rupert D. Preißl, ab, 2007 schenkten Rudi Apfelbeck (Eilsbrunn) rund 200, Prof. Dr. Eberhard Dünninger (Regensburg) rund 100, Dr. Anton Kormann (Nittendorf) rund 60 Bände. 2010 gelangten aus dem Nachlass des Sonderschullehrers Peter Kammerer (München) rund 3500 Bände, 2011 aus dem Nachlass des Münzensammlers Johann Beer (Regensburg) rund 1600 Bände an die Bischöfliche Zentralbibliothek. [34]

Eine Zugangsart, die ab den 1980er Jahren von immer größerer Bedeutung wurde, waren die Abgaben von kirchlichen Behörden oder Institutionen aus dem Bereich der Diözese Regensburg. Das Diözesanmuseum Regensburg schenkte immer wieder Bücher in größerer Zahl, zwischen rund 100 und knapp 700 Bänden schwankten die Abgaben pro Jahr. Ab 1992 lieferte die Bischöfliche Pressestelle von Fall zu Fall „waschkorbweise" Broschüren, Kleinschriften und Bücher. Das aufgelöste Kapuzinerkloster St. Fidelis in Regensburg überließ der Bischöflichen Zentralbibliothek 1991 über 800 Bände seiner Klosterbibliothek. 1994/95 wurden rund 1500 Bände aus dem aufgelösten Bischöflichen Studienseminar in Straubing überstellt. 1996 gab die Katholische Erziehergemeinschaft Regensburg rund 900 Bände ab. Aber auch Klöster und Stifte schenkten sporadisch überflüssige Bücher, so jeweils rund 100 Bände das Kloster Mallersdorf 1988, das Kloster Weltenburg 1999 und das Augustinerchorherrenstift Paring 2004. Bücherabgaben von rund 50 Bänden kamen zwischendurch vom Diözesanzentrum Obermünster (2000) oder vom Bischöflichen Jugendamt (2002). Sehr willkommen war die jährliche Produktion des Schnell & Steiner Verlags, die quasi als „Belegexemplar" an die Bischöfliche Zentralbibliothek geschenkt wurde. Diese Übung wurde dankenswerterweise auch nach dem Übergang des Verlags an Dr. Weiland beibehalten. Aber auch die Mitarbeiter der Bischöflichen Zentralbibliothek, voran Direktor Msgr. Dr. Paul Mai oder auch Dr. Werner Chrobak, schenken seit Jahren immer wieder Bücher in Größenordnungen von 100 bis 200 Bänden.[35]

Bestandsübersicht

Weist der 1. Jahresbericht der Bischöflichen Zentralbibliothek Regensburg von 1976 noch einen Bestand von rund 165 00 Monographien aus, so stieg die Zahl rasch an: 1980 wurden rund 182 000, 1990 rund 227 500, 2000 rund 267 000 und 2011 schließlich rund 314 000 Einheiten angegeben.[36]

33 Vgl. BZBR Akt Jahresberichte 1980, 1985, 1993-1996, 2003, 2009, 2011.
34 Vgl. BZBR Akt Jahresberichte 1991, 1996, 2001, 2002, 2005-2007, 2010, 2011.
35 Vgl. BZBR Akt Jahresberichte 1980-2007.
36 Vgl. BZBR Akt Jahresberichte 1976-2007.

Zum qualitätvollen Besitz gehören auch die wertvollen Handschriften- und Inkunabelbestände: 261 Inkunabeln (Stand 2012) verwahrt die Bischöfliche Zentralbibliothek (135 aus der Schottenbibliothek, 123 aus der Bibliothek der Alten Kapelle, 3 aus der Bibliothek von St. Johann).[37] Handschriften – abgesehen von den Musikhandschriften – können (Stand 2012) 134 aufgelistet werden: 58 in der Schottenbibliothek (davon 23 mittelalterliche),[38] 75 in der Bibliothek der Alten Kapelle (davon 40 mittelalterliche)[39] und eine Handschrift des 15. Jahrhunderts in der Bibliothek von St. Johann. Nicht vernachlässigt werden dürfen die über 350 mittelalterlichen Handschriftenfragmente, die aus Inkunabeln, alten Büchern und Aktenfaszikeln abgelöst wurden. Als deren ältestes darf ein Doppelblatt aus dem sog. Regensburger Bonifatius-Sakramentar (vor 739) gelten, aufsehenerregend war der Fund eines Tristan-und-Isolde-Fragments.[40] Eine Besonderheit bilden ein gutes Dutzend hebräische Handschriftenfragmente, darunter ein Thorah-Fragment, drei Talmud-Fragmente und ein Psalmen-Fragment jeweils des 14. Jahrhunderts, ein Machzor-Fragment (Neujahrsliturgie) wohl des 14. Jahrhunderts, ein Sefer Nizzachon jaschan-Fragment (Schrift „Der Sieg") des 15. Jahrhunderts, eine Estherrolle des 17./18. Jahrhunderts und zwei unvollständige Torahrollen des 19. Jahrhunderts.[41] Gewaltig ist die Zahl der Musikhandschriften in der Proskeschen Musikabteilung mit rund 15 000.[42]

Zur aktuellen Information werden laufende Zeitschriften gehalten. 1976 waren es insgesamt 240, davon 225 inländische und 15 ausländische. 2011 stieg die Zahl der Zeitschriften auf 399, davon 365 inländische und 34 ausländische. Neben den Zeitschriften werden auch Zeitungen und Amtsblätter bezogen: 1976 waren es 16, 2011 dann 20.[43]

---

37 Vgl. Mai: Bibliothek des Schottenklosters (wie Anm. 13) S. 78f.; Chrobak: Bibliothek der Alten Kapelle (wie Anm. 26) S. 433f.; Chrobak: Alte Kapelle Bibliothekslandschaft (wie Anm. 26) S. 91f.

38 Vgl. Mai: Bibliothek des Schottenklosters (wie Anm. 13) S. 78; Marina Bernasconi Reusser: Die Handschriften der Bischöflichen Zentralbibliothek Regensburg. Ehemalige Schottenbibliothek St. Jakob Regensburg und Zusätze, maschinenschriftlich, Regensburg 2009.

39 Vgl. Chrobak: Bibliothek der Alten Kapelle (wie Anm. 26) S. 432f.; Chrobak: Alte Kapelle Bibliothekslandschaft (wie Anm. 26) S. 90f.; Johann Gruber: Handschriften des Kollegiatstifts der Alten Kapelle in Regensburg, maschinenschriftlich, Regensburg [2000].

40 Vgl. Paul Mai: Kostbarer und seltener Fund im Bischöflichen Zentralarchiv, in: Regensburger Bistumsblatt Nr. 41, 13. Oktober 1974, S. 3; Liturgie im Bistum Regensburg von den Anfängen bis zur Gegenwart. Ausstellung anläßlich des Bistumsjubiläums 739-1989 in der Bischöflichen Zentralbibliothek Regensburg 30. Juni bis 29. September 1989, München, Zürich 1989 (Bischöfliches Zentralarchiv und Bischöfliche Zentralbibliothek Regensburg, Kataloge und Schriften 3) S. 124; Marina Bernasconi Reusser: Bischöfliche Zentralbibliothek Regensburg. Katalog der Handschriftenfragmente, maschinenschriftlich, Regensburg 2004; Ausgewählte Liturgische Fragmente aus der Bischöflichen Zentralbibliothek Regensburg. Aus Anlass des fünfzigjährigen Bestehens des Liturgiewissenschaftlichen Instituts Regensburg (Institutum Liturgicum Ratisbonense) hrsg. v. Karl Joseph Benz unter Mitarbeit v. Raymond Dittrich, Regensburg 2007 (Bischöfliches Zentralarchiv und Bischöfliche Zentralbibliothek Regensburg, Kataloge und Schriften 23); Fragmente der Bischöflichen Zentralbibliothek Regensburg. I. Nichtliturgische Texte. Theologische Abhandlungen und Varia, hrsg. v. Benedikt Konrad Vollmann, Regensburg 2009 (Bischöfliches Zentralarchiv und Bischöfliche Zentralbibliothek Regensburg, Kataloge und Schriften 27). Edith Feistner: Fragmente des Tristanromans in der Bischöflichen Zentralbibliothek Regensburg – wieder entdeckt für die Forschung, in: Bibliotheksforum Bayern 33 (2005) S. 279–287. Zu den Fragmenten vgl. auch den Beitrag Benz S. 135–143.

41 Vgl. Klaus Gamber: Hebraica in der Bischöflichen Zentralbibliothek Regensburg (vor 1850). Ausstellung in der Bischöflichen Zentralbibliothek Regensburg 22.10.-23.12.1979, maschinenschriftlich, Regensburg 1979; Andreas Angerstorfer: Vernichtung der jüdischen Bibliotheken, in: „Stadt und Mutter in Israel". Jüdische Geschichte und Kultur in Regensburg. Ausstellung vom 9. November – 12. Dezember 1989, Regensburg, Stadtarchiv und Runtingersäle, Regensburg 1989, S. 68-71; Ders.: Ein bedeutsamer Handschriftenfund. In der Bischöflichen Zentralbibliothek Regensburg entdeckt, in: Der Landesverband der israelitischen Kultusgemeinden in Bayern Nr. 11, November 1985, S. 16.

42 Vgl. Marion Sommerfeld: Handbuch der Musikbibliotheken in Deutschland. Öffentliche und wissenschaftliche Musikbibliotheken sowie Spezialsammlungen mit musikbibliothekarischen Beständen, Berlin 1994, S. 360-362. Siehe auch den Beitrag Dittrich in diesem Katalog S. 97–133.

43 Vgl. BZBR Akt Jahresberichte 1976, 2011.

Katalogisiert wurde zunächst auf Bibliothekskärtchen (IFK-Format) nach der Münchener Katalogisierungsordnung (MKO), aber bereits mit mechanischer Wortfolge beim Hauptsachtitel. Ab Januar 2000 wurde auf RAK-WB und EDV umgestellt und die Bibliothek dem Bayerischen Bibliotheksverbund angeschlossen.

Magazin-Erweiterungen und Aufstockungspläne

Vom Magazinbedarf her stieß die Bischöfliche Zentralbibliothek schneller an Grenzen, als bei der Planung erwartet. Denn schon sehr bald musste das 1. Stockwerk des Magazinturms allein für Zeitschriften reserviert werden. Mit einem Eingabeplan der Architekten Carl Schnabel und Siegi Wild (Kötzting) vom 1./25. Mai 1982 suchte Bibliotheksdirektor Msgr. Dr. Paul Mai Anfang Juni 1982 um eine Erweiterung durch eine Aufstockung des Bibliotheksturms um zwei Geschosse und den Ausbau des Untergeschosses des Großen Lesesaals als Magazin nach. Die beiden Lesesäle nämlich standen auf Betonpfeilern, waren nicht unterkellert. Die Bischöfliche Finanzkammer – Finanzdirektor Franz Spießl – lehnte eine Aufstockung des Turmes ab, gab aber für den Ausbau des Untergeschosses unter dem Großen Lesesaal mit Schreiben vom 8. Juni 1982 grünes Licht. Die beantragte Aufstockung des Turmes lehnten aber auch das Bayerische Landesamt für Denkmalpflege – gezeichnet Generalkonservator Dr. Michael Petzet – wie auch das Bauordnungsamt der Stadt Regensburg – gezeichnet Rechtsdirektor Dr. Rosenmeier – zu diesem Zeitpunkt aus denkmal- und stadtbildpflegerischen Gründen ab. Immerhin aber stellte das Bauordnungsamt dem Antragsteller anheim, eine entsprechend überarbeitete Planung vorzulegen. Somit wurde in dieser Phase 1982/83 nur der Ausbau des Kellergeschosses unter dem Großen Lesesaal vorgenommen. Geschaffen wurde ein Magazin mit 136,50 m² Grundfläche. Ausgestattet mit fahrbaren Pohlschröder-Kompaktus-Regalen, wurden rund 1600 laufende Regalmeter Stellfläche gewonnen. Der Gesamtpreis belief sich auf 398.844,34 DM, hiervon entfielen 94.668,29 DM auf die Pohlschröder-Einrichtung.[44]

Die Anlegung des Magazins unter dem Großen Lesesaal 1982/83 linderte die Raumnot der Bischöflichen Zentralbibliothek nur sehr befristet. Bereits im März 1991 bat Direktor Msgr. Dr. Paul Mai Generalvikar Dr. Wilhelm Gegenfurtner, durch das Bischöfliche Baureferat prüfen zu lassen, inwieweit der Kelleraum unter dem Kleinen Lesesaal als Magazin ausgebaut werden könne. Im positiven Fall sollten Mittel im Etatjahr 1992 dafür bereitgestellt werden. Um die Jahreswende 1991/92 fand durch Bischöflichen Baudirektor Manfred Erhard und Bischöflichen Baurat Hanns Werner Ferstl eine Besichtigung der Bischöflichen Zentralbibliothek statt. Dabei stellten die Vertreter des Bischöflichen Baureferats fest, dass laut Aussage des früheren Baudirektors Gerhard Prell das vorhandene Flachdach des Bibliotheksturms nur als Übergangslösung geplant worden war. Somit kam zu diesem Zeitpunkt auch die Frage der Dachsanierung ins Gespräch. Nach der Besichtigung der Bischöflichen Zentralbibliothek durch eine kleine Kommission der Ordinariatssitzung im Februar 1992 wurde Direktor Mai angesichts der Raumnot der Bibliothek ermächtigt, sich bei den zuständigen Stellen der Stadt wegen der möglichen Aufstockung des Bibliotheksturms zu erkundigen. Ein Gespräch Dr. Mais im Bauamt der Stadt Regensburg mit Dr. Rosenmaier und Herrn Ittlinger am 9. Juni 1992 ergab angesichts der notwendigen Flachdachsanierung seitens der Stadt die grundsätzliche Bereitschaft, den Turm wenigstens um ein Geschoss erhöhen zu lassen. Ein entsprechender Skizzenvorschlag der Dachlösung sollte von den Architekten dem Bauamt der Stadt Regensburg als Besprechungsvorschlag vorgelegt werden.

Mit Datum vom 2. Februar 1993 fertigte das Architekturbüro Carl Schnabel und Partner (Kötzting) in Abstimmung mit den städtischen Behörden und dem urheberberechtigten Architekten des Baus von 1969/72, Baudirektor i. R. Prell, einen „Eingabeplan zur Sanierung des Daches und der technischen Ausstattung der Diözesanbibliothek in Regensburg“. Die veranschlagten Kosten beliefen sich auf 5 450 000 DM. Die Grundidee war, durch das Aufsetzen einer Art Mansarddachkonstruktion aus

44 Vgl. BZAR Akt Erweiterung der Diözesanbibliothek 1982/83.

Stahl auf die vorhandene Attika – ohne Erhöhung der Betonaußenwände des Bücherturms – ein voll nutzbares 5. Geschoss und einen in Teilen nutzbaren „Spitzboden" – sozusagen eineinhalb Geschosse – zu bekommen. Der frühere Einwand seitens der Denkmalpfleger, durch zwei Vollgeschosse mit Flachdach einen Block in der Altstadt zu schaffen, der das historische Ensemble durch das Überragen der Traufhöhen sprengte, wurde damit entkräftet.

Doch es gab Schwierigkeiten, diese Variante zu realisieren. Bereits am 1. Februar 1993 hatte Generalvikar Dr. Gegenfurtner Direktor Mai mitgeteilt, dass im Haushaltsjahr 1993 größere Investitionen bezüglich kirchlicher Schulen getätigt werden müssten, so dass das Bischöfliche Ordinariat in diesem Jahr nicht in der Lage sei, die Dachinstandsetzung bzw. Aufstockung des Bibliotheksturms zu finanzieren. In einem weiteren Schreiben vom 17. März 1993 wurde zwar die Notwendigkeit der Schaffung neuer Kapazitäten in der Bischöflichen Zentralbibliothek zugestanden, aber darauf hingewiesen, dass in den nächsten beiden Jahren auf keinen Fall Finanzmittel zur Verfügung gestellt werden könnten. Erst ein Verzicht auf die geplante Aufstockung und die Beschränkung auf den Ausbau des Untergeschosses unter dem Kleinen Lesesaal und des Verbindungsstückes zwischen Kleinem und Großem Lesesaal als Magazinräume mit Antrag vom 14. August 1996 eröffnete den Weg für eine weitere Baumaßnahme. Im Haushalt 1997 wurden Mittel in Höhe von 250 000 DM bewilligt. Entsprechend Eingabeplan des Architekturbüros Carl J. Schnabel und Partner vom 7. April 1997 wurde die Genehmigung von der Stadt Regensburg am 20. Juni 1997 erteilt und die Maßnahme in der Hauptsache im Sommer / Herbst 1997 durchgeführt, im Januar 1998 abgeschlossen. Die neu gewonnenen Magazinräume wurden ebenfalls wieder mit Kompaktus-Regalen der Firma Pohlschröder ausgestattet. Der umbaute Raum betrug 812,50 m^3. Der Raum unter dem Kleinen Lesesaal bot auf 101 m^2 Grundfläche 1250 lfd. m Regale, der Verbindungsraum zwischen Kleinem und Großem Lesesaal auf 48 m^2 rund 520 lfd. Meter Regale, zusammen also knapp 1800 lfd. m Regale. Als Abschluss der Baumaßnahme wurde 1998 noch ein Eisenzaun zwischen der Mercherdach-Kapelle und dem Untergeschoss des Kleinen Lesesaals zur Abgrenzung des Eremitoriums, der barocken Holzkapelle aus dem Kloster St. Klara, errichtet.[45]

Der ab den 1980er Jahren auftretende Engpass an Magazinraum wurde behelfsmäßig durch Anmietung von Außenmagazinen gelöst. In den 1980er Jahren wurden Dubletten in das ehemalige Schloss Viehhausen, den Pfarrhof Viehhausen, ausgelagert. Nach Auflösung des Kapuzinerklosters St. Fidelis in Regensburg konnte 1992 der dortige ehemalige Bibliotheksraum als Dublettenmagazin angemietet werden, sodass für die Übernahme des umfangreichen Nachlasses Bischof Graber in der Bischöflichen Zentralbibliothek selbst wieder Stellraum gewonnen war.[46] Zwischenzeitlich – 2010 – musste das Ausweichmagazin in St. Fidelis aber geräumt und der dort gelagerte Zeitschriftendublettenbestand größtenteils an einen Antiquar abgegeben werden.

Gegenwärtig – 2012 – zeichnet sich die völlige Ausschöpfung der Magazinstellfläche in zwei bis drei Jahren ab. Die Handschriften- und Inkunabelbestände sowie ein Teil der Zeitungsbestände der Bibliothek lagern ohnehin schon in einem Kellermagazin des Bischöflichen Zentralarchivs. Größere Bestandsübernahmen – wie etwa der Bibliothek des Historischen Vereins für Oberpfalz und Regensburg – mussten aus Platzgründen schon in den 1990er Jahren abgelehnt werden. So kommt man an einer Erweiterung der Bibliothek in nächster Zeit nicht vorbei. Ein Plan für eine Aufstockung um eineinhalb Geschoße („mansardförmig") des Architekturbüros Carl Schnabel und Partner (Kötzting) liegt ja seit 1993 vor.[47] Es ist eine Frage der Prioritätensetzung in der Bistumsleitung, die Kulturinstitution Bischöfliche Zentralbibliothek als „Armarium" („geistige Rüstkammer") der katholischen Kirche aus der Tradition der kirchlichen Bibliotheken heraus auch für die Zukunft lebens- und entwicklungsfähig zu erhalten.

---

45 Vgl. BZAR Akt Aufstockung Diözesanbibliothek, Ausbaupläne, Statik-Berechnung, Antrag auf Baugenehmigung 1993/95; Akt Aufstockung Diözesanbibliothek, Schriftwechsel 1993/95; Akt Baupläne Kompaktusanlage Bibliothek 1997/98.

46 Vgl. Akt Aufstockung Diözesanbibliothek, Schriftwechsel 1993/95.

47 Vgl. BZAR Akt Aufstockung Diözesanbibliothek, Ausbaupläne, Statik-Berechnung, Antrag auf Baugenehmigung 1993/95.

Personalausstattung

Eines der wichtigsten Prinzipien, die Direktor Dr. Mai zu Beginn für eine Aufgabenerfüllung von Bibliothek – wie auch Archiv – durchsetzte, war ein ausreichend großer Stellenplan und die Bedingung der Anstellung von in der Regel nur fachlich ausgebildetem Personal. Damit standen kirchliche Einrichtungen in dieser Beziehung nicht mehr hinter staatlichen oder kommunalen Einrichtungen zurück. Dr. Mai ging hier als Bibliotheksdirektor mit gutem Beispiel voran, er absolvierte als in Kirchengeschichte promovierter Theologe selbst eine zweijährige Ausbildung für den höheren Bibliotheksdienst an der Bayerischen Staatsbibliothek in München. Für effektive, fachlich qualifizierte Arbeit war damit für die Zukunft eine der Hauptvoraussetzungen geschaffen.[48]

Die Personalausstattung der Bischöflichen Zentralbibliothek war nicht von Anfang an gleich, sie hat im Laufe der Jahrzehnte Veränderungen erfahren. Der Personalkegel der Bibliothek gliedert sich in Stellen des höheren Dienstes – Direktor, Rats- und Oberratsstelle(n) –, des gehobenen Dienstes – Inspektor(inn)en und Oberinspektor(inn)en –, des mittleren Dienstes – Assistent(inn)en (ab 2010 die Fachangestellten für Medien und Informationsdienste) – und des einfachen Dienstes. Die Direktorenstelle der Bischöflichen Zentralbibliothek und des Bischöflichen Zentralarchivs, in Personalunion von Dr. Mai ausgefüllt, blieb über mehr als vier Jahrzehnte eine nicht unterbrochene Kontinuitätslinie. Die Bibliothek startete in der Anfangsphase, den Direktor eingeschlossen, mit einem halben Dutzend Bediensteten. Fünf Jahre später – 1977 – umfasste der Stellenplan bereits achteinhalb Personalstellen, nämlich eine Bibliotheksinspektorin, vier Bibliotheksassistentinnen/-assistenten, eineinhalb Sekretärinnen und einen Magaziner.[49] Zu Beginn der 1980er Jahre waren zusätzlich ein Bibliotheksrat, eine Inspektorin und ein Buchbinder tätig, allerdings nur mehr dreieinhalb Bibliotheksassistentinnen/-assistenten und eine Sekretärin, insgesamt hatte die Bibliothek also zehn Personalstellen.[50] 1989 wurde eine eigene Musikbibliothekarsstelle des höheren Dienstes geschaffen. Im Jahr 2000 konnte ein Personalstatus von 13 Stellen verzeichnet werden: Neben dem Direktor gehörten nun ein Bibliotheksoberrat, ein Bibliotheksrat (Musikwissenschaftler), zwei Oberinspektorinnen, drei Bibliotheksassistentinnen, ein Magaziner, ein Buchbinder, zwei Verwaltungsangestellte und ein zeitlich befristeter Musikwissenschaftler (DFG) zum Bibliothekspersonal.[51] Als wertvolle Verstärkung der Personalausstattung erwies es sich, dass einerseits für die Katalogisierung von Musikbeständen (Handschriften und Drucken) der Proskeschen Musikabteilung ab Mitte der 1980er Jahre für mehr zwei Jahrzehnte eine sehr erfahrene Musikwissenschaftlerin – Frau Dr. Gertraut Haberkamp – jährlich mehrere Wochen für die RISM-Gruppe Deutschland hier arbeitete und dass andererseits ab 1990 mit immer wieder genehmigten Maßnahmen der Deutschen Forschungsgemeinschaft Musikwissenschaftlicher bestimmte Katalogisierungs- und Forschungsprojekte vorantreiben konnten.[52] Wochenweise wurden über all die Jahre immer auch Werkstudenten/Werkstudentinnen beschäftigt. Die Sparmaßnahmen des Bistums infolge sinkender Kirchensteuereinnahmen schlugen nach der Jahrtausendwende auch auf die Bischöfliche Zentralbibliothek durch: Ab 2010 mussten die Freitagsöffnungszeiten der Bibliothek (wie auch des Archivs) gestrichen werden. 2011 bestand das Bibliothekspersonal nur mehr aus achteinhalb Stellen, neben dem Direktor aus einem Bibliotheksoberrat, einem Bibliotheksrat (Musikwissenschaftler), eineinhalb Oberinspektorinnen, einer Assistentin, einem Magaziner, einer Buchbindermeisterin und einer Verwaltungsangestellten.[53]

48 Dass diese Personalbesetzung bis dahin keineswegs selbstverständlich war, lag in der Übung begründet, dass im kirchlichen Bereich gesundheitlich geschwächte, berufsunfähige oder an anderer Stelle gescheiterte oft gerne in die vermeintlichen „Schonungsräume“ Archive oder Bibliotheken versetzt wurden.

49 Vgl. BZBR Akt Jahresberichte 1977.

50 Vgl. BZBR Akt Jahresberichte 1983.

51 Vgl. BZBR Akt Jahresberichte 2000.

52 Vgl. BZBR Akt Jahresberichte 1985-2011; siehe auch den Beitrag DITTRICH u. S. 00.

53 Vgl. BZBR Akt Jahresberichte 2011.

Der Personalstand der Bibliothek ist demnach von seinem Anfangsstand von sechs Stellen 1972, dann achteinhalb Stellen 1977 über ein Maximum von 13 Stellen um 2000 auf nunmehr achteinhalb Stellen (2011) abgesunken. Es wird für die Zukunft darum gehen, weitere Personalkürzungen zu vermeiden, da sonst ein geregelter Geschäftsablauf und Öffnungszeiten, wie sie für eine wissenschaftliche Bibliothek unabdingbar sind, nicht mehr gewährleistet werden können.

Ausstellungs-Aktivitäten und Publikationstätigkeit

Das Konzept, die Bischöfliche Zentralbibliothek am Standort Obermünster in ein Netz mit anderen kirchlichen, direkt benachbarten Einrichtungen einzubinden, erwies sich als richtig und wegweisend. Die Zusammenarbeit mit dem Bischöflichen Zentralarchiv und dem Matrikelamt, ab 1979 auch mit dem Diözesanmuseum, brachte in Synergieeffekten beachtliche Arbeitsergebnisse hervor. Die genannten Institutionen traten sehr bald als kirchliche Kulturinstitutionen in das Bewusstsein der Regensburger Bevölkerung. Wesentlich trug dazu eine gezielte Öffentlichkeitsarbeit mit zahlreichen Ausstellungen bei. Bestände nicht nur zu sammeln und in Magazinen für die Nachwelt zu erhalten, sondern sie auch zu erschließen und bei besonderen Anlässen zu präsentieren, war ein von Anfang an geltendes Prinzip. Auch Wanderausstellungen – von anderen Institutionen erarbeitete Ausstellungen – wurden gezeigt, wenn sie theologisch, historisch, musikgeschichtlich oder kunstgeschichtlich interessant waren und zum Profil der Bibliothek passten. Die Jahresberichte der Bischöflichen Zentralbibliothek lassen folgende Aktivitäten erkennen: 1976 zwei Ausstellungen: „Therese von Lisieux“ und „Werke der Proske-Musikbibliothek“. – 1977 zwei Ausstellungen: „20 Jahre Liturgiewissenschaftliches Institut“ und „Beethoven-Ausstellung“. – 1978 zwei Ausstellungen: „Die Oberpfalz wird bairisch“ und „Neuerwerbungen der Bischöflichen Zentralbibliothek in Auswahl“. – 1979 vier Ausstellungen: „Die Bibel in 400 Jahren“, „Dokumente zur Regensburger Musikgeschichte“, „Hacia Dios – Kirche unterwegs“ und „Hebraica. Juden in Regensburg“. – 1980 eine Ausstellung „Benediktinisches Erbe im Bistum Regensburg“. – 1981 zwei Ausstellungen: „Documenta pretiosa choralia et liturgica“ und „Dr. Carl Proske – 120. Todestag“. – 1982 eine Ausstellung: „Orlando di Lasso – zum 450. Geburtstag. Die Wiedererweckung seiner Kirchenmusik in Regensburg im 19. Jahrhundert“. – 1983 vier Ausstellungen: „Peter Griesbacher zum 50. Todestag“, „1000 Jahre Stift St. Paul (Mittelmünster) in Regensburg“, „Franz von Assisi“ und „Georg Michael Wittmann, Bischof von Regensburg.Gedächtnisausstellung zum 150. Todestag“. – 1984 zwei Ausstellungen: „Franz Xaver Witt – Joseph Renner jun. – Franz Xaver Engelhart“ und „Gedächtnisausstellung zum 400. Todestag des hl. Karl Borromäus“. – 1985 zwei Ausstellungen: „Domprediger Dr. Johann Maier-Gedächtnisausstellung: 1945/1985. 40 Jahre Kriegsende in Regensburg“ und „Karolina Gerhardinger (1797-1879). Mutter Theresia von Jesu, Gründerin der Kongregation der Armen Schulschwestern. Aus Anlaß der Seligsprechung am 17. November 1985“. – 1986 zwei Ausstellungen: „Franz Xaver von Schönwerth (1810-1886). Ein Leben für die Oberpfälzer Volkskultur“ und „’Sah ein Knab’ ein Röslein stehn’. J.W. v. Goethes ‚Heidenröslein’ in 86 Vertonungen. Weltpremiere einer Notendokumentation. Sammlung von Prof. Hachiro Sakanishi, Sapporo/Japan“. – 1987 drei Ausstellungen: „80 Jahre Zeitschrift ‚Die Oberpfalz’“, „Regensburger Liederkranz, gegr. 1835“ und „Der Katechismus. Von den Anfängen bis zur Gegenwart“. – 1988 fünf Ausstellungen: „Thomas Morus (1478-1535). Humanist – Staatsmann – Martyrer“, „Das Münzwesen der Landgrafen von Leuchtenberg“, „Böhmische Stadtsiegel aus der Sammlung Erik Turnwald“, „Ruth Lynen: Religiöse Bilder und Worte“ und „Die Tradition des Cäcilienvereins. Zum 100. Todestag von Franz Xaver Witt (1834-1888)“. – 1989 drei Ausstellungen „Das Bistum im Spiegel von Münzen und Medaillen“, „Liturgie im Bistum Regensburg. Von den Anfängen bis zur Gegenwart“ und „Otto Baumann. Bilder zur Weihnacht“. – 1990 fünf Ausstellungen: „Carl Ditters von Dittersdorf (1739-1799). Mozarts Rivale in der Oper“, „St. Johann in Regensburg. Vom Augustinerchorherrenstift zum Kollegiatstift 1127/1290/1990“, „Handschriften der Bistumsmatrikel des Erzdechanten Gedeon Forster vom Jahr 1665 und Publikationen des Vereins für Regensburger Bistumsgeschichte“, „RSGI-Gedichte in mehr als 50 Sprachen. Lyrische Begegnungen rund um die Welt“ und „Formen – Zentren – Komponisten. Profil der Proskeschen Handschriftensammlung“. – 1991 drei Ausstellungen: „Otto Baumann. Leiden und Auferstehung. Bilder zur Fasten- und Osterzeit", „Die Altgläubigen. Russlands orthodoxe Christen" und „Breslauer Juden 1850-1946". – 1992 eine Ausstellung: „Bibeln aus einem halben Jahrtausend". – 1993 drei Ausstellungen: „St. Wolfgang 994-1994", „125 Jahre Allgemeiner Cäcilienverein" und „Hedwig von Andechs – 750. Todestag". – 1994 zwei Ausstellungen: „Liturgie zur Zeit des hl. Wolfgang – Der hl. Wolfgang in der Kleinkunst" und „Musica Divina. Zum 400. Todestag von Giovanni Pierluigi da Palestrina und Orlando di Lasso und zum 200. Geburtsjahr von Carl Proske". – 1995 eine Ausstellung: „50 Jahre danach – Domprediger Dr. Johann Maier und seine Zeit". – 1996 drei Ausstellungen: „Pretiosen der Musikabteilung der Bischöflichen Zentralbibliothek", „Die Bibel. Illustrationen vom Mittelalter bis zur Gegenwart" und „Eustachius Kugler. Barmherziger Bruder, Handwerker, Ordensoberer, Beter". – 1997 drei Ausstellungen: „Petrus Canisius (1521-1597). Zum 400. Todestag", „Selige Theresia von Jesu Gerhardinger (1797-1879). Ein Leben für Kirche und Schule. Zum 200. Geburtstag" und „Die Gesangbücher der Proske'schen Musiksammlung – von Luther bis zum Cäcilianismus". – 1998 zwei Ausstellungen: „Jubiläumsausstellung zum 80. Geburtstag des Oberpfälzer Komponisten Ernst Kutzer" und „Kleine Bilder – große Wirkung. Religiöse Druckgraphik des 19. Jahrhunderts". – 1999 drei Ausstellungen: „125 Jahre Kirchenmusikschule Regensburg. Vom Kornmarkt zur Reichsstraße", „Choralhandschriften in Regensburger Bibliotheken" und „Augustinerchorherren in Bayern. Zum 25-jährigen Wiedererstehen des Ordens". – 2000 sechs Ausstellungen: „Marianische Männer-Congregation Regensburg, gegründet 1592", „'Karussell des Lebens'. Bücher von Dr. Ernst R. Hauschka", „Kompositionen und Bilder – Ausstellung zum 85. Geburtstag der Regensburger Komponistin Gertraud Kaltenecker", „Heiliges Jahr 2000. Die Geschichte der Heiligen Jahre, illustriert durch Medaillen, Briefmarken, Bücher", „Papst Johannes XXIII., Bücher von ihm und über ihn" und „Musikhandschriften aus den Sammlungen Mettenleiter und Franz Xaver Haberl". – 2001 zwei Ausstellungen: „Bücher von und zu Bischof Johann Michael von Sailer. Buchpräsentation zum 250. Geburtstag Sailers" und „Die Sieben letzten Worte Jesu in der Musik. Handschriften und Drucke aus der Bischöflichen Zentralbibliothek Regensburg". – 2002 vier Ausstellungen: „Autographen und Erstdrucke von Andreas Raselius (1562/64-1602) zum 400. Todestag des Regensburger Stadtchronisten, Organisten und Komponisten", „Kollegiatstift Unserer Lieben Frau zur Alten Kapelle in Regensburg 1002-2002", „80 Jahre Bayerischer Landesverein für Familienkunde. Bezirksgruppe Oberpfalz (Regensburg)" und „Aktuelle Schauvitrine: Schrifttum von Bischof Prof. Dr. Gerhard Ludwig Müller". – 2003 drei Ausstellungen: „Berta Hummel. Begleitausstellung zur Buchpräsentation", „ Bibelausstellung. Zum Jahr der Bibel 2002" und „150 Jahre Musica Divina von Carl Proske, 100 Jahre Motuproprio Pius' X., 40 Jahre Liturgiekonstitution". – 2004 vier Ausstellungen: „John Weiner. ‚Less than slaves – geringer als Sklaven'. Jüdische Zwangsarbeiterbrigaden in der Ungarischen Armee 1939-1945", „Verfolgung und Widerstand im ‚Dritten Reich' im Bistum Regensburg. Blutzeugen des Glaubens", „1904/2004. Der Deutsche Katholikentag zu Regensburg 1904 und der Umbau des Bischofshofs" und „Berühmte Faksimiles". – 2005 eine Ausstellung: „60 Jahre danach. Dr. Johann Maier und seine Zeit". – 2006 drei Ausstellungen: Das Papsttum im Spiegel von Münzen und Medaillen", „Präsentation wertvoller mittelalterlicher Handschriften-Fragmente (Liturgische Fragmente, Neumen-Fragmente, Deutsche Handschriften-Fragmente)" und „Bücher zur Weihnachtszeit". – 2007 vier Ausstellungen: „Evita Gründler: Bilder zum ‚Buch der Bücher'. Bilder zur Fasten- und Osterzeit und zum Alten und Neuen Testament", „Rupert Kornmann (1757-1817), letzter Abt von Prüfening. Zum 250. Geburtstag", „Ausgewählte Fragmente aus der Bischöflichen Zentralbibliothek. Aus Anlass des fünfzigjährigen Bestehens des Liturgiewissenschaftlichen Instituts Regensburg (Institutum Liturgicum Ratisbonense)" und „Musikerbriefe des 19. Jahrhunderts in der Bischöflichen Zentralbibliothek Regensburg". – 2008 vier Ausstellungen: „Der selige Mercherdach (um 1040-1075), Inkluse in Regensburg-Obermünster", „Obermünster Regensburg. Von den Anfängen bis heute", „Die Ottheinrich-Bibel und die Illustrationen zum hl. Paulus" und „Marianus Königsperger OSB (1708-1769). Zum 300. Geburtstag des Prüfeninger Klosterkomponisten. – 2009 drei Ausstellungen: „Franz Xaver Witt (1834-1888). Reformer der katholischen Kirchenmusik im 19. Jahrhundert. Zum 175. Geburtstag", „Die Publikationen des Vereins für Regensburger Bistumsgeschichte und die Kataloge und Schriften des Bischöflichen Zentralarchivs und der Bischöflichen Zentralbibliothek ‚Regensburg" und „Konrad von Megenberg. Regensburger Domherr, Dompfarrer und Gelehrter (1309-1374). Zum 700. Geburtstag". – 2010 sechs Ausstellungen: „Der selige Augustiner-Eremit Friedrich von Regensburg und sein Orden im Bistum Regensburg", „360 Jahre Brauerei Bischofshof – 100 Jahre Braustandort", „Schauvitrinen zur Jahrestagung der Gesellschaft für Bayerische Musikgeschichte", „800 Jahre Deutschordenskommende St. Ägid in Regensburg", „Die Liturgika der Proskeschen Musikabteilung" und „Sagen- und Märchenbilder nach Franz Xaver von Schönwerth (1810-1866)". – 2011 drei Ausstellungen: „Erzbischof Dr. Michael Buchberger (1874-1961). Zum 50. Todestag", „Pfarrer Georg Ott (1811-1885). Ein theologischer Bestsellerautor des Verlags Pustet im 19. Jahrhundert. Zum 200. Geburtstag" und „Regensburger Domorganisten. Ausstellung zum 150. Todestag von Carl Proske (1794-1861) und zum 80. Geburtstag von Eberhard Kraus (1931-2003)". – 2012 zwei Ausstellungen: „200 Jahre Universität Breslau (1811-2011). Ehemalige Breslauer Theologiestudenten im Bistum Regensburg" und „40 Jahre Bischöfliches Zentralarchiv und Bischöfliche Zentralbibliothek Regensburg".

Insgesamt wurden in 40 Jahren also 106 Ausstellungen präsentiert, im Durchschnitt zwei bis drei Ausstellungen pro Jahr. Es gab aber auch Jahre, in denen bis zu sechs Ausstellungen gezeigt wurden. Allerdings wurden dann die im Normalfall im Hause erarbeiteten Ausstellungen mit „Wanderausstellungen" ergänzt. Die 106 aufgezählten Ausstellungen fanden in der Regel im dafür konzipierten Foyer der Bischöflichen Zentralbibliothek statt, teilweise unter Einbeziehung des Kleinen Lesesaals oder auch des Archiv-Lesesaals. In Ausnahmefällen wurden Ausstellungen auch außerhalb der Bibliothek präsentiert, wie etwa „St. Paul Mittelmünster" 1983 im Treppenhaus des Obermünsterzentrums. Wesentlich mitbeteiligt waren die Bischöfliche Zentralbibliothek – wie auch das Bischöfliche Zentralarchiv – an mehreren im Diözesanmuseum gezeigten Ausstellungen, so 1982 an „Johann Michael Sailer. Pädagoge – Theologe – Bischof von Regensburg, zum 150. Todestag"[54], 1983 an „750 Jahre Dominikanerinnenkloster Heilig Kreuz Regensburg"[55] und 1984 an „Die Bibel in Bildern". Die Ausstellung „Scoti peregrini in St. Jakob. 800 Jahre irisch-schottische Kultur in Regensburg" wurde 2005 im Kreuzgang und Räumen des ehemaligen Schottenklosters St. Jakob präsentiert.[56] Die erste große Ausstellung „St. Wolfgang. 1000 Jahre Bischof von Regensburg. Darstellung und Verehrung" 1972 im Domkapitelhaus am Regensburger Dom verantwortete übrigens das Bischöfliche Zentralarchiv.[57]

Ein Gewinn für die Forschung wie Kunst- und Kulturinteressierte war es, dass die oft unter großem Aufwand erarbeiteten Ausstellungen nicht nur temporär flüchtig als „Eintagsfliegen" gezeigt, sondern zum Großteil auch in gedruckten Ausstellungskatalogen dokumentiert wurden. Ein Anfang wurde gemacht mit dem Katalog über die – eben genannte – Wolfgangsausstellung 1972[58], gefolgt vom Katalog über die Dominikanerinnenausstellung 1983 als Band 1 der von Paul Mai begründeten Schriftenreihe der „Kunstsammlungen des Bistums Regensburg. Diözesanmuseum Regensburg, Kataloge und Schriften"[59]. 1987 wurde eine eigene Schriftenreihe „Bischöfliches Zentralarchiv und Bischöfliche Zentralbibliothek Regensburg. Kataloge und Schriften" ins Leben gerufen. Band 1 war der

---

54 Johann Michael von Sailer. Pädagoge – Theologe – Bischof von Regensburg. Katalog der Ausstellung zum 150. Todestag Sailers im Diözesanmuseum Regensburg 1982. Festgabe zum 75. Geburtstag für Manfred Müller, Bischof von Regensburg (1982-2001), hrsg. v. Domkapitel der Diözese Regensburg, Regensburg 2001.

55 Vgl. 750 Jahre Dominikanerinnenkloster Heilig Kreuz Regensburg. Ausstellung im Diözesanmuseum Regensburg ... 22. Juli bis 18. September 1983, München, Zürich 1983 (Kunstsammlungen des Bistums Regensburg, Diözesanmuseum Regensburg, Kataloge und Schriften 1).

56 Scoti peregrini in St. Jakob. 800 Jahre irisch-schottische Kultur in Regensburg. Ausstellung ... im Priesterseminar St. Wolfgang, Regensburg, 16. November 2005 bis 2. Februar 2006, Regensburg 2005 (Bischöfliches Zentralarchiv und Bischöfliche Zentralbibliothek Regensburg, Kataloge und Schriften 21).

57 Vgl. St. Wolfgang. 1000 Jahre Bischof von Regensburg. Darstellung und Verehrung. Ausstellung im Kapitelhaus Regensburg, Am Dom, veranstaltet vom Bischöflichen Zentralarchiv Regensburg, 21. Oktober bis 19. November 1972, Regensburg 1972.

58 Vgl. Anm. 57.

59 Vgl. Anm. 55.

Ausstellung „Der Katechismus von den Anfängen bis zur Gegenwart" gewidmet.[60] Bis 2012 erschienen 32 Bände, angesichts der knappen Personalausstattung von Archiv und Bibliothek[61] sicherlich auch eine beachtenswerte Arbeitsleistung.

Nicht übersehen werden soll, dass die Musikhandschriften der Bischöflichen Zentralbibliothek Regensburg, teilweise mit Unterstützung der Deutschen Forschungsgemeinschaft, von 1989 bis Jahresende 2010 in bisher 15 Bänden der „Kataloge Bayerischer Musiksammlungen" im renommierten G. Henle-Verlag in München publiziert wurden, ein Katalogisierungsprojekt, das allein schon vom Bandvolumen her die Bedeutung der Proskeschen Musikabteilung als eine der bedeutendsten Musiksammlungen in Bayern, ja sogar deutschlandweit, unterstreicht.[62]

Bischöfliche Zentralbibliothek – Leitbibliothek für die kirchlich-öffentlichen Büchereien

Der Bischöflichen Zentralbibliothek wurde bald nach ihrer Gründung die Diözesanstelle des St. Michaelsbundes in Bayern angegliedert. Einen „St. Michaelsbund zur Pflege des katholischen Schrifttums in Bayern" gab es nominell seit 1934. Als Vorgängerinstitution hatte der seit 1901 vom Eichstätter Generalvikar Prälat Dr. Georg Triller ins Leben gerufene „Katholische Preßverein" bestanden. Seinem Namen entsprechend hatte sich der „Preßverein" die Förderung der katholischen Presse und die Verbreitung ihrer Presseerzeugnisse auf die Fahne geschrieben, daneben setzte er sich für die Gründung von Volksbibliotheken ein. Von den Nationalsozialisten wurde der St. Michaelsbund 1935 gezwungen, seine „Volksbüchereien" in „Katholische Pfarrbüchereien" umzubenennen, zudem wurden inhaltliche Beschränkungen des Bestands verfügt. Die Bayerische Verfassung vom 2. Dezember 1946 sah in Artikel 142 dann ausdrücklich auch die Förderung kirchlich öffentlicher Büchereien vor. Die Richtlinien der Staatlichen Beratungsstellen von 1953 betonte die Gleichrangigkeit kommunaler und freier Bildungsträger. Der Aufbau des katholischen Pfarrbüchereiwesens nach 1945 erfolgte mit großem Idealismus, aber zunächst mit rein ehrenamtlichen Kräften.[63]

Seit Mitte der 1960er Jahre hatte sich im Bistum Regensburg angesichts der zunehmenden Bedeutung der kirchlichen Büchereiarbeit die Notwendigkeit abgezeichnet, zur Koordinierung dieser Aktivitäten und Betreuung der Büchereien draußen bei den Pfarreien eine Diözesanleitstelle für das kirchliche Büchereiwesen zu schaffen. Bischof Graber hatte daher im November 1966 den im Ruhestand lebenden Gymnasialprofessor Msgr. Franz Hiltl zum ehrenamtlichen Diözesanstellenleiter ernannt. Bald aber zeichnete es sich ab, dass die Arbeit ohne professionelle, fachlich ausgebildete Bibliothekare nicht mehr zu leisten war.

Mit Wirkung vom 22. Januar 1973 ernannte Bischof Graber Msgr. Dr. Paul Mai zum Diözesandirektor des St. Michaelsbundes. In der 1972 neueröffneten Diözesanbibliothek Regensburg wurde da-

---

60 Vgl. Der Katechismus von den Anfängen bis zur Gegenwart. Ausstellung in der Bischöflichen Zentralbibliothek Regensburg ... 18. September bis 18. Dezember 1987, München, Zürich 1987 (Bischöfliches Zentralarchiv und Bischöfliche Zentralbibliothek Regensburg, Kataloge und Schriften 1).

61 So beispielsweise Personalstand 2007: Bischöfliche Zentralbibliothek: 10 Bedienstete (1 Direktor, 1 Bibliotheksoberrat, 1 Bibliotheksrat = Musikwissenschaftler, 1 DFG-Musikwissenschaftler, 2 Oberinspektorinnen, 1 Bibliotheksassistent, 1 Magaziner, 1 Buchbindermeisterin, 1 Verwaltungsangestellte); Bischöfliches Zentralarchiv: 10 Bedienstete (1 Direktor - in Personalunion mit Bibliotheksdirektor), 2 Oberarchivräte, 1 Archivrat, 1 Archivamtsrat, 1 Archivsoberinspektor, 1 Archivinspektorin, 1 Magaziner, 2 Verwaltungsangestellte). Auflistung der Bände siehe S. 312–315.

62 Auflistung der Bände siehe im Beitrag Dittrich S. 127f..

63 Vgl. Mai: Zentralbibliothek und Büchereiwesen (wie Anm. 1) S. 330f.; Paul Mai: Die Bischöfliche Zentralbibliothek als Leitbibliothek für die kirchlich-öffentlichen Büchereien des Bistums Regensburg, in: Bibliothekslandschaft Bayern. Festschrift für Max Pauer zum 65. Geburtstag. Unter Mitwirkung v. Gerhard Hanusch hrsg. v. Paul Niewalda, Wiesbaden 1989, S. 312-323, hier 313-315 (zit.: Mai: Zentralbibliothek als Leitbibliothek).

raufhin ein eigenes Büro eingerichtet, das zunächst mit einer nebenamtlich tätigen Büchereiassistentin besetzt wurde. Diese Fachkraft hatte bei der Parallelorganisation des St. Michaelsbundes außerhalb Bayerns, dem Borromäusverein in St. Augustin bei Bonn, einen vierwöchigen Kurs zur Ausbildung einer kirchlichen Büchereiassistentin absolviert. Diese Kurse waren dort erstmals 1965 angeboten worden. Ab 1. Januar 1977 wurde die Diözesanstelle dann mit einem hauptamtlichen Bibliotheksinspektor besetzt.

Die 1973 zunächst im Foyer der Bischöflichen Zentralbibliothek aufgestellte „Leitbibliothek", ein Bücherbestand der Diözesanstelle mit exemplarischem Buchbestand und zeitlich begrenzter Ausleihmöglichkeit von Teilbeständen für die Pfarrbüchereien draußen im Bistum, wurde im September 1978, zusammen mit dem Büro in neue, büchereifachgerecht ausgestattete Räume des Diözesanzentrums Obermünster verlegt. Zunächst befand sich die Diözesanstelle im Dachgeschoss, im Jahr 2002 bezog sie Räume im Erdgeschoss des Obermünsterzentrums. Gegenwärtig (2011) arbeiten hier drei Personen, eine Diplombibliothekarin auf einer Ganztagsstelle, eine Bibliotheksassistentin in Teilzeit und eine Verwaltungsangestellte halbtags.

Zwar wies die Zahl der Büchereien 1965 im Bistum Regensburg eine Höchstzahl von 302 auf, doch befanden sich darunter viele Klein- und Kleinstbüchereien. Der Trend zu größeren Büchereien mit qualitätvollerem Bestand wurde von der Diözesanstelle gezielt gefördert, auch durch die politische Gebietsreform der 1970er Jahre begünstigt. 1970 war die Zahl der Büchereien bereits auf 229 gesunken, 1979 weiter noch auf 190.[64] Im Jahr 2011 hatte die Diözesanstelle des St. Michaelsbundes im Bistum Regensburg 146 aktive Büchereien zu betreuen, davon 62 in rein kirchlicher und 84 in kirchlich-kommunaler Trägerschaft. In diesen Büchereien arbeiteten 1444 überwiegend ehrenamtlich tätige Büchereimitarbeiter/innen.[65]

Resümee

Mit dem Bau der Bischöflichen Zentralbibliothek Regensburg 1972 legte das Bistum Regensburg, obwohl damals eines der finanzschwächsten Bistümer der Bundesrepublik Deutschland, eine richtungsweisende Lösung auf dem kirchlichen Bibliothekssektor vor. Keine andere kirchliche Bibliothek war, was Größe und Anlage des Bibliotheksgebäudes anging, zu dieser Zeit mit der Regensburger Zentralbibliothek vergleichbar. Dies hob der Schriftleiter des Mitteilungsblattes der Arbeitsgemeinschaft katholisch-theologischer Bibliotheken, Prälat Wilhelm Schönartz aus Köln, in einem Bericht über die Bibliothekseinweihung voller Anerkennung hervor.[66] Bibliotheksneubauten anderer Diözesen folgten zum Teil erst viele Jahre später, so in Köln – innerhalb des Maternushauses – 1983, in Hildesheim, Münster oder Würzburg, erst in den 1990er Jahren und zum Teil erst nach 2000. Zugleich war das Regensburger Konzept mit einer Funktionseinheit aus Archiv, Bibliothek, Diözesanmuseum und kirchlichem Verbandszentrum seiner Zeit weit voraus. Die Begriffe Kulturzentrum, Kulturpool oder kulturelles Netzwerk bezeichnen heute das, was damals faktisch und pragmatisch konzipiert und in die Realität umgesetzt wurde. Wichtig war zudem, dass die Institution Bibliothek – wie auch das Archiv und später das Museum – mit einem ausreichend großen Stellenplan versehen wurde. Eines der wichtigsten Prinzipien, die Direktor Dr. Mai durchsetzte, war, dass grundsätzlich nur fachlich ausgebildetes Personal eingestellt wurde. Damit standen kirchliche Einrichtungen in dieser Beziehung nicht mehr hinter staatlichen oder kommunalen Einrichtungen zurück. Für effektive, fachlich qualifizierte Arbeit waren damit die Voraussetzungen geschaffen.

---

64 Hierzu und zum Vorausgehenden Mai: Zentralbibliothek und Büchereiwesen (wie Anm. 1) S. 331-335; MAI: Zentralbibliothek als Leitbibliothek (wie Anm. 63) S. 316-323.

65 Vgl. Tätigkeitsbericht 2011 der Diözesanstelle des St. Michaelsbundes Regensburg.

66 Vgl. Wilhelm SCHÖNARTZ: Bischöfliche Zentralbibliothek Regensburg, in: Mitteilungsblattes der Arbeitsgemeinschaft katholisch-theologischer Bibliotheken (AkthB) 20 (1973) Heft 1, S. 74-79, hier 75.

Dr. Carl Proske (1794–1861). Unsigniertes Ölgemälde nach 1830. Malerin ist vermutlich die Regensburger Künstlerin Barbara Popp (1802–1870). Standort: Bischöfliche Zentralbibliothek Regensburg.
Proske wurde 1830 zum Kanoniker am Kollegiatstift U. L. Frau zur Alten Kapelle ernannt. Das Brustbild zeigt ihn mit dem Kanonikerstern der Alten Kapelle am roten Halsband. In den 30er Jahren des 19. Jahrhunderts begann Proske intensiv mit dem Auf- und Ausbau seiner Musiksammlung.

„... *eine musikhistorische Sammlung ersten Ranges*"
Die Proskesche Musikabteilung in der Bischöflichen Zentralbibliothek Regensburg
Zugleich ein Rückblick auf 150 Jahre Proske-Sammlung

von Raymond Dittrich

Mit der Eröffnung der Bischöflichen Zentralbibliothek im Jahr 1972 gelangte auch die zuvor im Niedermünsterstiftsgebäude aufgestellte Musiksammlung des Kanonikus Dr. Carl Proske (1794–1861) in die neuen Räume am St. Petersweg. Erstmals stand damit diesem inzwischen um zahlreiche weitere musikalische Nachlässe angewachsenen historischen und um moderne Materialien erweiterten Bestand ein sowohl für die Benutzung wie für die konservatorische Aufbewahrung angemessener Ort zur Verfügung.[1]

Die heute unter dem RISM-Sigel *D-Rp* bekannte Proskesche Musiksammlung geht in ihrem Kernbestand zurück auf die Privatbibliothek des Mediziners und Theologen Carl Proske (1794–1861).[2]

---

1 Über die Geschichte und die Bestände der Proskeschen Musiksammlung hat deren langjähriger Kustos, Dr. August Scharnagl, zahlreiche Beiträge veröffentlicht, die – neben den weiter unten genannten Arbeiten und den in den Anmerkungen jeweils zitierten Primärquellen – eine wesentliche Grundlage für vorliegenden Artikel bilden. Zu nennen sind insbesondere: August SCHARNAGL: Die Proskesche Musiksammlung in der Bischöflichen Zentralbibliothek zu Regensburg, in: Oberpfälzer Dokumente zur Musikgeschichte. Gesammelte Aufsätze zur Einführung in Musiksammlungen, musikalische Quellen aus dem Gebiet der Oberpfalz, hrsg. v. Hermann BECK, Regensburg 1976 (Regensburger Beiträge zur Musikwissenschaft 1) S. 11–30; DERS.: Die Proskesche Musiksammlung in Regensburg, in: Wissenschaftliche Bibliotheken in Regensburg. Geschichte und Gegenwart, hrsg. v. Hans-Joachim GENGE u. Max PAUER, Wiesbaden 1981 (Beiträge zum Buch- und Bibliothekswesen 18) S. 130–146; DERS.: Die Proskesche Musiksammlung in der Bischöflichen Zentralbibliothek zu Regensburg, in: Gertraut HABERKAMP: Bischöfliche Zentralbibliothek Regensburg. Thematischer Katalog der Musikhandschriften: 1. Sammlung Proske. Manuskripte des 16. und 17. Jahrhunderts aus den Signaturen A.R., B, C, AN, München 1989 (Kataloge Bayerischer Musiksammlungen 14/1) S. XI–XXVI.
Vgl. außerdem die folgenden Beiträge (in chronologischer Folge): Franz Xaver WITT: Die Proske'sche Bibliothek, in: Caecilia (Luxemburg) 4 (1865) S. 49–51, 57–60, 75–77, 84, 93–96; Karl WEINMANN: Die Proske'sche Bibliothek in Regensburg, in: Regensburger Anzeiger 46 (1908) Nr. 642, 22. Dezember 1908, S. [3f.]; DERS.: Die Proskesche Musikbibliothek in Regensburg, in: Festschrift zum 90. Geburtstage Sr. Exzellenz des Wirklichen Geheimen Rates Rochus Freiherrn von Liliencron, überreicht von Vertretern deutscher Musikwissenschaft, Leipzig 1910, S. 387–403; DERS.: Die Proskesche Musikbibliothek in Regensburg, in: Kirchenmusikalisches Jahrbuch 24 (1911) S. 107–131; Joseph POLL: Die Proskesche Musikbibliothek von heute, in: Die Kirchenmusik 4 (1941) S. 42–44; Paul MAI: Die Proske'sche Musiksammlung in der Bischöflichen Zentralbibliothek Regensburg, in: Bibliotheksforum Bayern 20 (1992) S. 255–262; Gertraut HABERKAMP: Zur Herkunft der Musikalien der Proske-Sammlung, in: DIES.: Bischöfliche Zentralbibliothek Regensburg. Thematischer Katalog der Musikhandschriften, Bd. 2: Sammlung Proske: Manuskripte des 18. und 19. Jahrhunderts aus den Signaturen A.R., C, AN, München 1989 (Kataloge Bayerischer Musiksammlungen 14/2) S. XI–XXXVIII; Rafael KÖHLER: Proskesche Musikbibliothek, in: Handbuch der Historischen Buchbestände in Deutschland, Bd. 12: Bayern I–R, hrsg. v. Eberhard DÜNNINGER, Hildesheim [u.a.] 1996, S. 244f.

2 Zu Proske und seinem Bemühen um die Regensburger Kirchenmusikreform ausführlich: August SCHARNAGL: Carl Proske (1794–1862). Ein Lebensbild, in: Musica Divina. Ausstellung zum 400. Todesjahr von Giovanni Pierluigi da Palestrina und Orlando di Lasso und zum 200. Geburtsjahr von Carl Proske. Ausstellung in der Bischöflichen Zentralbibliothek Regensburg, 4. November 1994 bis 3. Februar 1995, Regensburg 1994 (Bischöfliches Zentralarchiv und Bischöfliche Zentralbibliothek Regensburg, Kataloge und Schriften 11) S. 13–52.

Proske, 1794 im oberschlesischen Gröbnig geboren, studierte von 1810 bis 1813 in Wien Medizin. Nach einem Einsatz als Militärarzt während der Befreiungskriege (1813–1815) promovierte er 1816 an der medizinischen Fakultät der Universität Halle und war anschließend in Oberglogau, Oppeln und Pleß als Arzt tätig. 1823 übersiedelte er nach Regensburg, um bei Johann Michael Sailer (1751–1832, Bischof seit 1829) Theologie zu studieren und erhielt 1826 die Priesterweihe. Sein Interesse als Theologe war insbesondere auf die Liturgie gerichtet und damit auch auf deren Ausführung durch die Regensburger Dommusik.

Als Proske nach Regensburg kam, befand sich die Musikpflege am Dom in einer Krise, und zwar im Wesentlichen aus zweierlei Gründen. Zum einen wurde ein Großteil der Dommusikalien 1809 ein Raub der Flammen, zum anderen fiel Regensburg 1810 an das Königreich Bayern, wodurch die Besoldung des Musikpersonals und die Dienstaufsicht über die Dommusik vom Staat übernommen, anfänglich jedoch aus Überforderung vernachlässigt wurde. Unter Domkapellmeister Fortunat Cavallo (1738–1801, DKM seit 1769) hatte der konzertante Musikstil einen regen Aufschwung genommen. Die Aufführungsbedingungen änderten sich seit der Amtsübernahme durch seinen Sohn Wenzeslaus allerdings drastisch. Insbesondere gab es Probleme mit dem Musikpersonal.[3]

Die Überlegungen, in welcher Weise die Dommusik zu reformieren sei, mündeten letztlich in einen Richtungsstreit: Ging es ausschließlich um eine Reorganisierung der Domkapelle durch eine gesicherte finanzielle Grundlage, Ablösung des Kapellmeisters und ein gehobenes Niveau in Auswahl und Ausführung der Musikwerke, oder sollte eine weitgehende Abkehr von der Stilrichtung der konzertanten Kirchenmusik angestrebt werden zugunsten von A-cappella-Werken, wie sie, gefördert von König Ludwig I., Caspar Ett (1788–1847) an St. Michael in München schon seit 1816 in der Advents- und Fastenzeit aufführte? Befürworter einer tiefgreifenden Reform fanden sich in Johann Michael Sailer und Carl Proske. Ihre Absicht war es, über die Reorganisation hinaus und vor dem Hintergrund der restauratorischen Tendenzen der Zeit die verloren geglaubte Einheit von religiösem Kultus und Kunst, von Liturgie und Musik wiederherzustellen.

Auf der Grundlage der im September 1830 veröffentlichten Anordnung König Ludwigs I., „*daß in den Kirchen, vorzüglich in den Domkirchen, der Choralgesang und die Chormusik nach dem ältern guten Stile wieder herzustellen sei*“[4], legte Proske am 6. Oktober 1830 einen detailreichen Plan zur praktischen Umsetzung der Reform vor.[5] In diesem Dokument ist auch erstmals die Rede von der Musikaliensammlung, die Proske in späteren Jahren zu einer der bedeutendsten und bis heute nahezu vollständig erhaltenen Privatmusiksammlungen ausbauen sollte und deren Quellen er schon zu diesem Zeitpunkt für die praktische Umsetzung der Reform zur Verfügung stellen wollte:

„*In Beziehung auf meine persönliche Theilnahme an den schon gemachten Voranstalten zur neuen Formation darf ich nicht verschweigen, welch großen Aufwand mir in den letzten Jahren die reichliche Anschaffung von klassischen, (ganz in dem Sinne der allerhöchst angeordneten Wiedererweckung reiner, ächt liturgischer Musik gesammelten) Manuscripten und gedruckten Werken verursacht hat* [...]. *Es dürfte demnach sehr billig seyn, die von mir – lediglich für diesen Zweck gesammelten, durchaus brauchbaren u[nd] auserlesenen, aber gleichfalls kostbaren und – was von weit höherem, unverkäuflichem Werthe für den technischen Gebrauch ist – ganz korrekten und mit allen Hülfsmitteln der*

3 Vgl. dazu ausführlich: Thomas Emmerig: Die Musik im Regensburger Dom vor der Verwirklichung der Reformpläne Proskes. Wolfgang Joseph Emmerig, Johann Baptist Weigl und Johann Evangelist Deischer und ihr Einfluß auf die Kirchenmusik in Regensburg bis 1852, in: Verhandlungen des Historischen Vereins für Oberpfalz und Regensburg 124 (1984) S. 421–445 sowie Ders.: Die Musik im Regensburger Dom unter den Kapellmeistern Fortunat Ferdinand Cavallo, Wenzeslaus Cavallo und Johann Evangelist Deischer. Personal, Repertoire und Ästhetik der Regensburger Kirchenmusik zu Beginn des 19. Jahrhunderts, in: Musik in Bayern 67 (2004) S. 89–136.

4 Georg Ferdinand Döllinger: Sammlung der im Gebiete der inneren Staatsverwaltung des Königreichs Bayern bestehenden Verordnungen, München 1838, Bd. 8, S. 1071; vgl. auch August Scharnagl: Sailer und Proske. Neue Wege der Kirchenmusik, in: Johann Michael Sailer und seine Zeit, hrsg. v. Georg Schweiger u. Paul Mai, Regensburg 1982 (Beiträge zur Geschichte des Bistums Regensburg 16) S. 351–364, hier S. 361.

5 Vollständig wiedergegeben bei Emmerig: Musik im Regensburger Dom vor der Verwirklichung der Reformpläne Proske (wie Anm. 3) S. 432–437.

Handschriftliche Stimmbücher mit Motetten aus der Signaturengruppe der *Antiquitates Ratisbonenses*, Regensburg 1570–1579 (A.R. 857–860).
Aufgeschlagen: Francesco de Layolle (1492–ca. 1540). 5-stg. Motette *Homo erat in Hierusalem*.

Methodik für die Vorstellung mühsamst eingerichteten Vorräthe an Partituren und Stimmenauszügen in der Art zu übernehmen: dass ich verbunden wäre, für alle Erfordernisse des liturgischen Jahres gediegene Musikalien, gegen Entschädigung der Anschaffungskosten, an die Domkapelle auszuliefern; wodurch wieder ein fester Grund zur weitern Sammlung gelegt würde.“

Proske, seit 1827 Chorvikar am Kollegiatstift Unserer Lieben Frau zur Alten Kapelle, wurde 1830 von König Ludwig I. ein Kanonikat an eben diesem Kollegiatstift verliehen, mit der Verbindlichkeit, das Domkapellmeisteramt kommissarisch zu übernehmen, und auf diese Weise im Sinne der angestrebten Reform zu wirken. In einem ausführlichen Rechenschaftsbericht legte Proske jedoch am 6. Dezember 1837 die Gründe dar, warum er der Anordnung Ludwigs I. aus dem Jahr 1830 nicht entsprochen hatte, indessen auf andere Weise, nämlich durch den Aufbau einer Musiksammlung, dem Ziel einer Erneuerung liturgischer Musik dienlich gewesen sei.[6]

Bereits ab etwa 1829 begann Proske mit dem Aufbau einer Sammlung historischer Musikalien.[7] Den Grundstock legte er mit einem Bestand von über tausend, teils in gedruckten, teils in handschriftlichen Stimmbüchern vorliegenden vokalmusikalischen Werken des 16. und 17. Jahrhunderts, den *Antiquitates Ratisbonenses*.

6 Vollständig wiedergegeben bei Emmerig: Musik im Regensburger Dom vor der Verwirklichung der Reformpläne Proskes (wie Anm. 3) S. 441–443.

7 Vgl. Haberkamp: Zur Herkunft der Musikalien der Proske-Sammlung (wie Anm. 1) S. XI–XXXVIII.

Er erwarb sie durch Vermittlung des lutherischen Kantors Johann Kaspar Andreas Bühling (1785–1882) aus Regensburger Besitz, überwiegend aus dem ehemaligen reichsstädtischen *Gymnasium Poeticum*, der Lateinschule der seit 1542 protestantischen Reichsstadt. Die 1505 als Ratsgymnasium gegründete und bis 1811 bestehende Lateinschule verfügte über einen reichen Musikalienfundus, der sowohl dem Musikunterricht der Schüler durch die städtischen Kantoren wie der kirchenmusikalischen Ausgestaltung der evangelischen Gottesdienste der Stadt diente.

Diese Sammlung hochkarätiger, überwiegend geistlicher Vokalmusik sowohl protestantischer wie katholischer Komponisten ergänzte Proske ab 1840 durch Ankäufe aus dem Augsburger Antiquariat von Fidelis Butsch (1805–1879), darunter mehrere Quellen aus dem Besitz Adam Gumpelzhaimers (1559–1625) und der Augsburger Kirche St. Anna. Zwischen 1842 und 1843 erhielt die Sammlung einen Zuwachs durch Ankäufe aus der Musikaliensammlung des Stiftsprobstes von St. Kajetan in München, Johann Michael Hauber (1778–1843), unter anderem mit zwölf Bänden von Sparten älterer Kirchenmusik und autographen Oratorienpartituren von Johann Ernst Eberlin (1702–1762).

Als Proske den oben angesprochenen Bericht vom Dezember 1837 verfasste, war er gerade von der zweiten seiner insgesamt drei Studienreisen nach Italien zurückgekehrt. Um seine in Regensburg angekauften Antiquitates durch weitere Schätze altklassischer Vokalpolyphonie zu ergänzen, begab er sich in den Jahren von 1834 bis 1838 auf drei Forschungsreisen in verschiedene Städte Italiens. In zahlreichen Archiven konsultierte er die Originalquellen und fertigte eigenhändig Stimmenabschriften und Partitursparten an. Die erste und in Bezug auf die Ausbeute ergiebigste Reise erfolgte von August 1834 bis Januar 1836 und führte ihn über Sankt Gallen nach Mailand, Bergamo, Genua, Florenz, Rom, Neapel und Assisi. Vor allem in den römischen Archiven machte er die glücklichsten Entdeckungen. Die Erfahrung dieser Quellen, von denen er – mit Unterstützung des im Mai 1835 zur Hilfe angereisten Regensburger Domorganisten Joseph Hanisch – an die dreitausend kopierte, musste für Proske ein durchschlagendes Erlebnis gewesen sein. Mit umso größerer Ungeduld beobachtete er die schleppende Reform in Regensburg. Noch 1841 erwog er, mit seiner Musiksammlung Regensburg zu verlassen und ins preußische Staatsgebiet, nach Breslau oder Berlin, zu ziehen.[8] Mit einem Wegzug Proskes hätte nicht nur die Regensburger Reform auf der Kippe gestanden, sondern möglicherweise auch der Zusammenhalt seiner Bibliothek über seinen Tod hinaus.

Seine ursprünglich theologisch-liturgisch motivierten Quellenstudien machten Proske indessen zu einem führenden Vertreter der Wiederentdeckung alter Musik im 19. Jahrhundert und der Palestrina-Renaissance in Deutschland. In Rom traf Proske auch mit Fortunato Santini (1778–1861) und Giuseppe Baini (1775–1844) zusammen, deren Privatmusiksammlungen er konsultierte.

Eine zweite Reise, die sogenannte „Etruskische" führte Proske im Sommer und Frühherbst 1837 in die Archive und Bibliotheken von Bologna, Florenz und Pistoja. Ein drittes Mal brach er im Juni 1838 nach Venedig auf, wo er wichtige Theoretika und Praktika erwarb. Auf der Rückreise ergänzte er seine Ankäufe in Padua durch Teile der Büchersammlung des Minoriten Francesco Antonio Vallotti (1697–1780) sowie in Verona, Augsburg und Nürnberg. Eine geplante Reise nach Spanien, die Proske vor allem in Hinblick auf eine auf den Quellen basierenden Gesamtausgabe der Werke von Tomás Luis de Victoria ins Auge fasste, trat er wegen der dortigen unsicheren politischen Verhältnisse nicht an. Er beauftragte stattdessen einen Antiquar mit Ankäufen für seine Sammlung.

Nach der Rückkehr von seinen italienischen Reisen legte Proske Verzeichnisse der in Italien erworbenen, spartierten und kopierten Musikalien an. Er vermerkte darin genauestens, ob es sich bei der Vorlage um einen Druck oder eine Handschrift handelte, ob es eine Abschrift oder ein Autograph war und in welcher Stadt das Werk abgeschrieben oder spartiert wurde. Die über 3000 Sparten und Kopien von der Hand Proskes und seines Gehilfen Hanisch werden heute unter der Fachgruppensignatur Pr-M (Proske-Mappenbibliothek) aufbewahrt.[9]

---

8 Vermittler sollte der preußische Diplomat Carl Josias von Bunsen (1791–1860) sein. Vgl. Johannes Hoyer: Der Priestermusiker und Kirchenmusikreformer Franz Xaver Haberl (1840–1910) und sein Weg zur Musikwissenschaft, Regensburg 2005 (Beiträge zur Geschichte des Bistums Regensburg, Beiband 15) S. 36f.

9 Zu den Partitursparten Proskes vgl.: Gertraut Haberkamp: Carl Proskes Partiturensammlung – einmalig in ihrer Art?, in: Musica Divina (wie Anm. 2) S. 65–80. Dies.: Einleitung, in: Bischöfliche Zentralbibliothek Regensburg. Thematischer Katalog der Musikhandschriften, Bd. 3: Sammlung Proske. Mappenbibliothek, München 1990 (Kataloge Bayerischer Musiksammlungen 14/3) S. IX–XX.

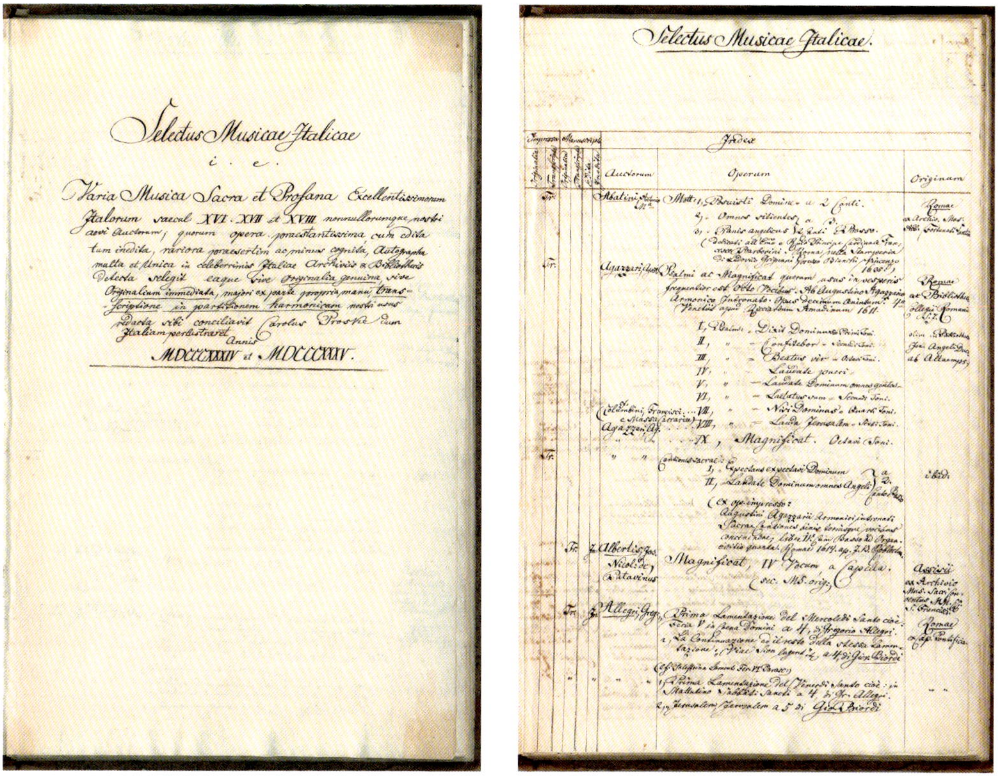

Selectus Musicae Italicae. In diesem Katalog verzeichnete Carl Proske die während seiner ersten Forschungsreise nach Italien 1834–1835 abgeschriebenen Musikalien.

Auch die Regensburger Sammlung der *Antiquitates Ratisbonenses* (Signaturengruppe A.R.) katalogisierte er eigenhändig in drei Bandkatalogen mit einem Registerband. Einen einbändigen Katalog legte Proske für die Sammlung Butsch (Signaturengruppe B) und die Hauber-Sammlung (Signaturengruppe C) an. In einem Zeitraum von gut einem Jahrzehnt – von circa 1829 bis in die 40er Jahre des 19. Jahrhunderts – hatte Proske auf eigene Kosten eine Quellensammlung zusammengetragen, die weit über die Erfordernisse einer Erneuerung der Regensburger Kirchenmusik hinausreichte.

Ab 1841 befasste er sich mit Editionsprojekten, um eine Auswahl seiner Bibliothek der Praxis zugänglich zu machen. Zum musikeditorischen Hauptwerk wurde die liturgisch motivierte Sammlung vokalpolyphoner Kirchenmusik, die unter dem Titel *Musica divina*[10] im Regensburger Pustet-Verlag in vier Bänden zwischen 1853 und 1863 erschien und polyphone Musikwerke für die unterschiedlichsten Anlässe des Kirchenjahres bereitstellt.

10 Carl PROSKE [Hrsg.]: Musica divina sive thesaurus concentuum selectissimorum […], Regensburg. Annus 1, Bd. 1 Liber missarum, 1853. Bd. 2 Liber motettorum, 1855. Bd. 3 Psalmodiam, magnificat, hymnodiam, et antiphones B. Mariae Virg. complectens, 1859. Bd. 4 (posthum) Liber vespertinus, 1863.

Dr. Georg Jacob (1825–1903), der erste Bibliothekar der Proske-Sammlung. Ausschnitt aus einer Fotografie von 1896 (BZBR).

Proskes Nachlass: Die Musikbibliothek unter Georg Jacob: 1862–1903

Am 20. Dezember 1861 starb Carl Proske. In seinem Testament vom 4. September 1854 setzte er seine Haushälterin Marie Seitz, eine Schullehrertochter aus dem oberbayerischen Aresing, als Universalerbin ein. Über den musikalischen Teil des Nachlasses traf er jedoch eine gesonderte Verfügung: *„Als Legat vermache ich dem hochwürdigsten Herrn Bischof Valentin* [von Riedel (1802–1857)] *dahier zum lebenslänglichen Gebrauche und nach dessen Ableben eigenthümlich dem hiesigen hochwürdigen Domkapitel den praktischen Theil meines musikalischen Nachlaßes |: unter Ausschluß also des theoretischen :| unter der Verbindlichkeit, das von mir begonnene Werk der Herausgabe aller Kirchenmusiken, wenn es bei meinem Tode noch nicht vollendet wäre, fortsetzen zu lassen.“*[11] Die Erbin Marie Seitz erklärte sich in einem mit dem Domkapitel geschlossenen Vertrag vom 26. April 1862 darüber hinaus bereit, aus dem ihr vermachten Buchbestand *„alle jene theoretischen und geschichtlichen Werke, welche irgend eine natürliche Beziehung zur Musik, deren Verständnis oder Geschichte haben“* dem Domkapitel *„zum gleichem Besitze und Eigenthume verabfolgen zu lassen“*.[12]

11 Abschrift des Testamentes von Carl Proske, in: D-Rp, Nachlass Proske, ohne Signatur.

12 Vertrag zwischen Bischof Ignatius von Senestréy und dem Regensburger Domkapitel einerseits und Marie Seitz andererseits vom 26. April 1862, in: BZAR OA (Ordinariatsarchiv) 3023 „Canonicus Dr. Proske'sche Musik-Bibliothek“.

Anfang Juli 1862 sichtete der damalige Ordinariatsassessor Dr. Georg Jacob (1825–1903) die Privatbibliothek Proskes in dessen Wohnung in der heutigen Kapellengasse 6 und sonderte die musikalischen Werke aus. Durch ein 24 Seiten starkes *Memorandum*, in welchem Jacob dem seit 1858 amtierenden Regensburger Bischof Ignatius von Senestréy (1818–1906) über sein Vorgehen Bericht erstattete, sind wir über den Hergang der Nachlassüberführung informiert:

„*Da laut abgeschlossenen Vertrags* [gemeint ist jener zwischen dem Domkapitel und Marie Seitz] *die Bestimmung, welche Bücher etc. der musikal. Bibl. angehören oder nicht, ausschließlich dem Ermessen des bischöflichen Abgeordneten zustand, so schied ich zu ihr erstens sämtliche Werke aus, welche ohnehin nach Titel oder Inhalt als musikalisch erkannt werden mußten, zweitens jene, welche der sel. Proske selbst in seinen musikalischen Catalogen, die ich soweit es bei dem Drängen des neuen Hausherren möglich war, mit Sorgfalt dreimal durchging, verzeichnet hatte, drittens endlich jene, von denen ich erachtete, daß sie in der Auffassung des Seligen als im Zusammenhang mit der Musik erkannt worden seien. Wie es sich später bei der genaueren Durchsicht der Bibliothek selber herausstellte, habe ich hiebei nicht zu weit gehen können.*“[13]

In Kisten verpackt gelangte die Musikbibliothek schließlich am 7. Mai 1862 in ein eigens hergerichtetes Zimmer im Obergeschoß des Klerikalseminars im Obermünstergebäude, wo sie Jacob nach dem von Proske überlieferten Plan in einer theoretischen und einer praktischen Abteilung in elf Schränken aufstellte.[14] Als Dank für seine geleistete Arbeit bestätigte Bischof von Senestréy ihn daraufhin als „*Bibliothekar der ‚Proske'schen Musik-Bibliothek'*“ und beauftragte ihn „*vorläufig nach mündlichen Directiven fortzufahren, bis eine förmliche Instruktion gegeben werden kann*“.[15] Jacob war für diese Aufgabe in jeder Hinsicht prädestiniert, galt er doch als Autorität in der Beurteilung kirchlicher Kunst und Musik spätestens seit Herausgabe seines Buches *Die Kunst im Dienste der Kirche*, das zwischen 1857 und 1901 nicht weniger als fünf Auflagen erhielt und noch posthum 1905 und 1908 nachgedruckt wurde.[16]

Das zitierte Memorandum Jacobs mit seinen vier Abschnitten über die „*Translation*“, die „*Ordnung*“, die „*Benutzung*“ und eine ins Auge gefasste „*Vervollständigung*“ der Bibliothek erweist sich zugleich als die früheste Benutzungsordnung der Proske-Sammlung, denn die vom neu ernannten Bibliothekar in acht Paragraphen vorgeschlagenen Richtlinien über die Modalitäten der Ausleihe, den zugelassenen Benutzerkreis und die Öffnungszeiten fanden die volle Zustimmung des Bischofs. Mit der 1862 vorgenommenen Einsetzung eines Bibliothekars, der Öffnung der Sammlung für eine, wenn auch zunächst noch stark eingeschränkte Benutzerklientel und der schriftlichen Fixierung einer Nutzungsordnung, kann die Proske-Sammlung im Jahr 2012 auf eine 150-jährige Geschichte zurückblicken.

In ihrem ganzen Umfang stand die Bibliothek zunächst nur zwei Personen offen: zum einen – Proskes Testament gemäß – dem zukünftigen Herausgeber einer Fortsetzung der Editionsreihe *Mu-*

---

13 Georg Jacob: Memorandum über die musicalische Dr. C. Proske'sche Bibliothek, Autograph 1862, 28 S., in: BZAR OA 3023, S. 3f.

14 Vgl. G. Jacob: Memorandum 1862 (wie Anm. 13), S. 4f.: „*Unterdessen war das von Sr. Bischöflichen Gnaden im Klerikalseminar bestimmte Local zur Aufstellung der Bibliothek in guten Stand gesetzt, und mit neuen Fenstern und neuem Schlosse versehen, dazu den einen Schlüssel für außerordentliche Fälle Herr geistlicher Rath und Regens Dr.* [Ludwig] *Wittl* [1861–1893], *den anderen aber ich behielt. Am 7. Mai* [1862] *wurden die Kisten verschlossen sämtlich in dieses Local gebracht, und die folgenden Tage benützt, um mit Unterstützung des genannten Herrn Caplans Dr.* [Georg Michael] *Greß* [1833–1916] *die Bibliothek auszupacken und in einer gewissen Ordnung vorläufig in den 11 Schränken aufzustellen.*“

15 Antwortentwurf von Ignatius von Senestréy auf S. 25 des in vorhergehender Anm. zitierten Memorandums.

16 Vgl. August Scharnagl: Ein Leben im Dienste der religiösen Kunst: Dr. Georg Jakob (1825-1903). Geistlicher Rat und Domdekan in Regensburg, in: Straubinger Kalender 382 (1978) S. 75–80.

sica divina[17] und dem Regensburger Domkapellmeister. Dieser erhielt die Berechtigung, „*Alles zu benutzen, was er zur Aufführung im Dome für geeignet hält*" [...]. *Ihm werden darum auch, was sonst noch bei Niemandem geschehen dürfte, die Cataloge durch den Conservator vorzulegen und die Einsicht und Prüfung der Originale ermöglicht sein müssen, sooft er solches wünscht.*"[18] Doch die Einsichtnahme und sogar Ausleihe an die solchermaßen Bevorzugten unterlag strengen Auflagen. So durfte „*ohne spezielle und schriftliche Genehmigung des Eigenthümers, des hochwürdigsten Bischofs, Nichts von dem Erhaltenen*" veröffentlicht werden. Außerdem durfte das „*eingehändigte Druckwerk oder alte Manuscripte* [...] *Niemandem gezeigt, noch weniger zur Umschreibung übergeben* [werden], *es sei wer es wolle.*"[19]

Die Konsultierung der Sammlung durch eine öffentliche Benutzung unterlag weitaus strengeren Restriktionen. Alle polyphonen Werke, die prinzipiell für eine Publikation im Rahmen der *Musica divina* in Frage kamen – und hierbei dürfte es sich um den überwiegenden Teil der Signaturengruppen A.R., B, C sowie der Mappenbibliothek (Pr-M) handeln –, waren von einer Einsichtnahme ausgeschlossen, es sei denn, es lag eine Sondergenehmigung des Bischofs vor.[20] Die Theoretika standen dagegen einer größeren Klientel zur Verfügung: „*Die theoretische Abtheilung der Bibliothek kann dem allgemeinsten Gebrauche offen sein, um gründliches Quellenstudium so viel* [wie] *möglich zu fördern*".[21] Generell sollte die Bibliothek jedoch „*nur mit Vorsicht dem Besuche geöffnet werden*"[22], vor allem sei „*bloße Neugierde oder zur Schaustellen*" als Motiv der Einsichtnahme auszuschließen und „*Fremde[n]*" sowie „*Antiquare[n]*" und „*Sammler[n] älterer Musik*" mit besonderer Vorsicht zu begegnen. Im Einzelfall konnte der Konservator den Eintritt in die Bibliothek von einer Genehmigung des Bischofs abhängig machen. Für den gegebenen Fall einer Benutzung war die Protokollierung in einer Art Ausleihjournal vorgesehen: „*Vom Conservator ist übrigens ein laufendes Verzeichnis offen zu halten, darin die sämtlichen geschehenden Mitteilungen nach Titel und Namen des Empfängers, Datum des Empfanges und der Rückgabe aufgeführt, von dem Empfänger aber eigenhändig unterschrieben u[nd] bestätiget werden, es sei dies wer immer* [...]."[23] Für die Konsultierung der Bibliothek, an deren Öffnungszeiten der Domkapellmeister und der zukünftige Herausgeber der *Musica divina* nicht gebunden waren, „*wären ein paar Tage in der Woche und eine oder die andere Stunde derhalben festzusetzen*"[24].

---

17 Vgl. G. Jacob: Memorandum 1862 (wie Anm. 13) S. 15f: „*Die erste und vorzüglichste Benützung der Bibliothek ist der Fortsetzung des Dr. Proske'schen Werkes, der ‚divina musica' geboten. Zu dem Zwecke hätte der hiemit Betraute an der Hand des Conservators die Cataloge durchzugehen, die bereits gemachten, in Zetteln den einzelnen Werken beigelegten Bemerkungen des Seligen zu berücksichtigen, um die richtige Auswahl zu treffen; dann aber das Ausgewählte umzuschreiben.*"
Nach Proskes Tod gab zunächst der Chorregent an der Alten Kapelle, Johann Georg Wesselack (1828–1866) den noch von Proske vorbereiteten vierten Band der *Musica divina* posthum (1863) heraus. In den folgenden Jahren setzten die Regensburger Domkapellmeister Joseph Schrems (1815–1872) und Franz Xaver Haberl (1840–1910) die *Musica divina* zwischen 1865 und 1877 in einem zweiten, wegen mangelnden Absatzes aber unvollendet gebliebenen Jahrgang fort.

18 Jacob: Memorandum 1862 (wie Anm. 13) S. 16f.

19 Jacob: Memorandum 1862 (wie Anm. 13) S. 16f.

20 Jacob: Memorandum 1862 (wie Anm. 13) S. 17f.: „*Andere können, solange die Herausgabe des Werkes dauert, Nichts aus der jetzigen Bibliothek an polyphoner Kirchenmusik erhalten; oder nur Solches, was nach dem Urtheile des Herausgebenden oder Bearbeitenden, des Domkapellmeisters und des Conservators in Übereinstimmung als zur Drucklegung nicht geeignet erkannt werden wird* [...] *Außerordentliche Begünstigungen können nur von dem hochwürdigsten Bischofe selbst ertheilt und angeordnet werden.*"

21 Jacob: Memorandum 1862 (wie Anm. 13) S. 18.

22 Jacob: Memorandum 1862 (wie Anm. 13) S. 19, dort auch die beiden folgenden Zitate.

23 Jacob: Memorandum 1862 (wie Anm. 13) S. 18. Aus dieser Frühzeit der Bibliothek ist kein derartiges Journal erhalten.

24 Jacob: Memorandum 1862 (wie Anm. 13) S. 19.

Über die weitere Entwicklung der Bibliothek bis ins letzte Jahrzehnt des 19. Jahrhunderts unterrichtet ein zweites umfangreiches Manuskript, das Jacob 1893 verfasste: *Geschichte und jetziger Bestand der Dr. Proske'schen Musikbibliothek*.[25] Der Kustos teilt darin unter anderem Informatives über die Benutzung, einen Umzug und die Bestandserweiterung der Sammlung mit. Tatsächlich wurden Abschriften der polyphonen Kirchenmusik zur vermehrten Aufführung durch den Domchor herangezogen. Domkapellmeister Joseph Schrems (1815–1872) kopierte ausgewählte Werke eigenhändig nach Proskes Vorlagen.[26] Daneben machte Jacob zwei der frühesten Bibliotheksbenutzer namhaft: „*Auch Freunde des Studiums der Kirchenmusik fanden sich schon im ersten Jahr ein. Es wohnten im Seminare der hochw. Herr Zeller aus der Rottenburger und Koenen aus der Kölner Diözese, fast ¾ Jahr. Sie erhielten Gelegenheit, den Reichthum der Musik alter Zeit kennen zu lernen, und Werke zum privaten Studium.*“[27] Angesprochen ist der junge Geistliche Franz Adolph Zeller (1837–1881) aus Weißenstein, der 1863 vom Rottenburger Bischof nach Regensburg zu einer kirchenmusikalischen Ausbildung bei Domkapellmeister Schrems geschickt worden war.[28] Mit demselben Ziel traf bereits im vorhergehenden Jahr der spätere Kölner Domkapellmeister Friedrich Koenen (1829–1887) in Regensburg ein. Beide erhielten nicht nur eine kirchenmusikalische Unterweisung, sondern auch die Erlaubnis, die Bestände der Proske-Bibliothek zu konsultieren.

Ein anderer Gast in diesen frühen Jahren soll nicht unerwähnt bleiben, wenn er auch nicht als Bibliotheksbenutzer im eigentlichen Sinn anzusprechen ist: Franz Liszt (1811–1886). Als er sich vom 17. bis 19. April 1869 aus Anlass eines Konzertes seines Schwiegersohns Hans von Bülow (1830–1894) in Regensburg aufhielt, nutzte er die Gelegenheit auch zu einem Besuch der Proske-Sammlung. Wie Franz Xaver Witt (1834–1888), der ein Jahr zuvor den Allgemeinen Cäcilienverein zur Förderung der Kirchenmusik gegründet hatte, berichtete, hatte Liszt „*am 19.* [April] *die Proske'sche Bibliothek mit Professor Pohl* [Carl Ferdinand Pohl (1819–1887), Archivdirektor der Gesellschaft der Musikfreunde in Wien], *der mit mehreren anderen hieher geeilt, um den Meister zu begrüßen, besichtigt*“.[29] Dabei habe sich Liszt für „*eine stärkere Ausnützung der Proske'schen Bibliothek z. B. durch Herausgabe des opus musicum magnum von Orlandus Lassus, noch mehr aber durch Förderung der ‚Musica divina'*“[30] ausgesprochen. Bereits zu diesem Zeitpunkt zeichnete sich ab, dass Proskes Sammlung zu einem Anziehungspunkt für die kirchenmusikalische Quellenforschung werden sollte.

Die heute im Bibliotheksbereich übliche Praxis der Abgabe von sogenannten Belegexemplaren, also der kostenfreien Abgabe von Materialien (heute zumeist Publikationen), die mit Hilfe von Quellen der Bibliothek entstanden sind, wurde bereits von Jacob eingeführt: „*Da auch von auswärts Gesuche an die Bibliothek gelangten um Mittheilung dieser oder jener Werke, so wurde vom hochwürdigsten Herrn Bischofe der Vorschlag des Custos genehmiget, daß* [...], *wenn ein Werk zur Umschreibung an Jemand abgelassen werden sollte, derselbe gehalten sei, eine gute Abschrift seiner*

---

25 Georg Jacob: Geschichte und jetziger Bestand der Dr. Proske'schen Musikbibliothek, Autograph 1893, 20 Bl., in: BZAR OA 3023.

26 Vgl. Jacob: Geschichte und jetziger Bestand 1893 (wie Anm. 25) S. 10: „*Herr Domkapellmeister Joseph Schrembs* [sic] *benützte die Bibliothek mit größtem Fleiße, um durch Abschriften und hie und da auch Umschreibungen das Repertoire des Domchors zu vermehren.*“ Die Katalogisate der betreffenden Abschriften sind auffindbar in: Christopher Schweisthal: Bischöfliche Zentralbibliothek Regensburg. Thematischer Katalog der Musikhandschriften, Bd. 4: Kollegiatstift Unserer Lieben Frau zur Alten Kapelle, Dom St. Peter und Kollegiatstift zu den Heiligen Johann Baptist und Johann Evangelist in Regensburg, München 1994 (Kataloge Bayerischer Musiksammlungen 14/4).

27 Jacob: Geschichte und jetziger Bestand 1893 (wie Anm. 25) S. 10.

28 Vgl. Hoyer: Der Priestermusiker (wie Anm. 8) S. 53, 120.

29 Franz Xaver Witt: Abbé Dr. Franz von Liszt, in: Fliegende Blätter für katholische Kirchenmusik 4 (1869) S. 33f., Zitat S. 34.

30 Ebenda.

Arbeit an die Bibliothek bei der Zurückgabe mit einzusenden.“[31] 1893 konnte Jacob immerhin resümieren: „*Zu Umschreibungen wurden nicht viele Werke hinausgegeben; doch beträgt die Zahl der eingelieferten immerhin c[irca] 20, z.B. auch von Dr. Witt*[32]*, Dreßler u. A.*“.[33]

Am Beispiel des Organisten und Chordirektors in Weingarten, Ottmar Dressler (1834–1885), ist zu belegen, dass die Quellen der Proske-Sammlung tatsächlich außer Haus verschickt wurden, wenn eine entsprechende Genehmigung vorlag. Denn Dressler erhielt 1872 durch Vermittlung des amtierenden Domkapellmeisters und Musikforschers Dr. Franz Xaver Haberl die Stimmbücher von zwei Erstdrucken des Komponisten Jacob Reiner (vor 1560–1606): *Gloriosissimae Virginis Dei Genitricis Mariae canticum*, Frankfurt 1604 (RISM A/I: R 1091; Signatur in D-Rp: A.R. 149–151 und A.R. 274–277) sowie *Missae tres, cum litaniis de SS. Sanguine Christi octonis vocibus liber primus*, Dillingen 1604 (RISM A/I: R 1092; Signatur in D-Rp: A.R. 392–394).[34] Wie aus einem an Haberl gerichteten Brief hervorgeht, hatte Dressler die spätestens im Mai erhaltenen Stimmbücher[35] bis Mitte Juli noch nicht zurückgesandt. Er entschuldigte sich schriftlich mit den Worten: „*Da ich Ihnen versprochen, die aus der Proskeschen Bibliothek erhaltenen 2 Werke von Reiner bis Anfangs Juni zurückzuschicken, so halte ich mich für verbunden, Ihnen mitzutheilen, warum Solches selbst bis Mitte Juli noch nicht geschehen ist, beziehungsweise* [...] *noch etliche Zeit nicht geschehen wird.*“[36] Dressler wartete nämlich – bis dahin vergeblich – auf die Übermittlung eines im Regensburger Bestand fehlenden Stimmbuches aus der Stadtbibliothek Breslau: „*Daß es gut ist, wenn ich zu dieser Stimme auch noch die übrigen bei Handen habe, ist wohl klar; weshalb ich warten möchte mit der Retoursendung der 2 Werke, bis ich von dem Altus I^mus^ auch Abschrift genommen.*“[37] Da es sich bei den Regensburger Stimmen um Bindeeinheiten mit anderen Werken handelte, waren auch diese für längere Zeit nicht verfügbar. Die Praxis des Versendens auch wertvollster Primärquellen (Reiners *Missae tres* sind laut RISM A/I: R 1092 bis heute ein Unikum in D-Rp) – quasi eine Art auswärtiger Leihverkehr an ausgewählte Privatpersonen und Institutionen – war in jener Zeit ein durchaus gängiges Verfahren und ist in Regensburg noch bis in die ersten Jahrzehnte des 20. Jahrhunderts bezeugt.

Eine räumliche Veränderung erlebte die Sammlung, als Jacob 1864 in das Domkapitel berufen wurde. Mit ihm zog auch die von ihm betreute Proske-Bibliothek in das zweite Stockwerk des Nordflügels des bischöflichen Ordinariats. Eine Verlagerung in die konservatorisch besser geeigneten feuersicheren Räume im Parterre wurde von Jacob zwar ins Gespräch gebracht, aber zu diesem Zeitpunkt noch nicht

---

31 Jacob: Geschichte und jetziger Bestand 1893 (wie Anm. 25) S. 10f.

32 Franz Xaver Witt (1834–1888) bat am 26. Februar 1869 schriftlich um die Genehmigung, die „*nothwendigen Codices u. Proske'schen Handschriften*“ zum Zweck einer Neuausgabe des *Magnum opus musicum* von Orlando di Lasso benutzen zu dürfen (Brief von F. X. Witt an den Bischof Ignatius von Senestrey, Regensburg, 26.02.1869, in: BZAR OA 3023). Zu Witts Absicht einer Herausgabe des *Magnum opus musicum*, für die er Liszt als Verfasser eines Vorworts gewinnen wollte, vgl. Agnes Watzatka: Franz Liszts Briefe an Franz Xaver Witt in der Proskeschen Musikabteilung der Bischöflichen Zentralbibliothek Regensburg, in: Franz Xaver Witt 1834–1888. Reformer der katholischen Kirchenmusik im 19. Jahrhundert. Ausstellung in der Bischöflichen Zentralbibliothek, 9. Februar bis 29. März 2009, Regensburg 2009 (Bischöfliches Zentralarchiv und Bischöfliche Zentralbibliothek, Kataloge und Schriften 25), S. 64–90, hier S. 76. Die Neuedition auf Grundlage von Proskes Sparten sowie der Originaldrucke des *Magnum opus musicum* wurde schließlich von Franz Xaver Haberl im Rahmen der bei Breitkopf & Härtel in Leipzig publizierten Lasso-Gesamtausgabe verwirklicht.

33 Jacob: Geschichte und jetziger Bestand 1893 (wie Anm. 25) S. 14.

34 Diese Werke nennt Dressler in seinem Brief an F. X. Haberl vom 6. April 1872, vgl. Dieter Haberl: Bischöfliche Zentralbibliothek Regensburg. Thematischer Katalog der Musikhandschriften, Bd. 13: Musikerbriefe der Autoren A bis R, München 2007 (Kataloge Bayerischer Musiksammlungen 14/13) S. 122 (Brief mit der Signatur: Dressler1872.04.06).

35 Vgl. den Brief Dresslers an F. X. Haberl vom 17. Mai 1872 (D-Rp Dressler1872.05.17; KBM 14/13, S. 122): „*Für die gütige Besorgung der beiden Reineriana aus der Proske'schen Bibliothek sage ich E[ue]r Hochw[ürden] den besten Dank. Bis Anfang Juni hoffe ich sie retour senden zu können. Beide sind sehr schön; namentl[ich] die 2te der 3 achtstimmigen Messen aufführenswerth!*“.

36 Brief Dresslers an F. X. Haberl vom 14. Juli 1872 (D-Rp Dressler1872.07.14–1; KBM 14/13, S. 122).

37 Wie vorhergehende Anm.

realisiert.[38] Der Raum erwies sich als äußerst beengt. Denn als nach dem Tod des Chorvikars an der Alten Kapelle, Dominicus Mettenleiter (1822–1868), dessen nicht unbeträchtliche Musiksammlung übernommen wurde[39] – die aus *„etwa 3300 Musikhandschriften, über 3400 Musikdrucken, eine große Zahl von theoretischen Schriften, Textbüchern und Zeitschriften“*[40] bestehende Musikbibliothek, die auch die Sammlung seines Bruders, des Chorregenten an der Alten Kapelle, Johann Georg Mettenleiter (1812–1858), enthielt, füllten zusammen mit einer Kunstsammlung in seiner Wohnung nach eigener Angabe *„fast 3 Zimmer“*[41] aus –, musste diese mangels besseren Platzes inmitten des Raumes aufgestellt werden: *„Da in der Bibliothek kein Platz mehr sich fand, wurde sie in Mitte derselben in einem Doppeldurchzuge untergebracht. Sie besteht: a) aus Compositionen verschiedener älterer u. neuerer Meister, die alphabetisch nach deren Namen, in Mappen mit röm[ischer] Ziffernbezeichnung eingelegt sind; b) aus einer Theater= und Opernbibliothek in Mappen mit arabischer Ziffernbezeichnung (die Stimmen befinden sich auf der anderen Seite des Durchzuges, die Textbücher oben aufgestellt); c) aus mehreren Oratorien in Partituren und Stimmen (für die Aufführung); sie befinden sich ebenfalls auf der Rückseite des Durchzugs; d) aus der Sammlung Orgel= und Klaviermusik, zum Theil alphabetisch nach Meistern gelegt, ebendaselbst; e) aus Musikzeitungen; zu diesen wurde auch die Allgem[eine] Musikzeitung der Proske'schen Bibliothek eingestellt, und zwar an der Stirnseite des Durchzugs. Katalog nicht gut.“*[42]

Zwanzig Jahre darauf erhielt die Bibliothek 1888 erneut einen bedeutenden Zuwachs durch die Aufnahme des testamentarisch vermachten Musiknachlasses des Generalpräses des Allgemeinen Cäcilienvereins, Franz Xaver Witt (1834–1888). Aus den Anmerkungen Jacobs ist die Problematik herauszulesen, den Neuzugang in den bereits überfüllten Bibliotheksraum, der keine separate Aufstellung mehr zuließ, einzugliedern: *„In 17 Kisten*[43] *wurde der Nachlaß übersendet, leider in einer geradezu grenzenlosen Zerrissenheit. Es war buchstäblich kein Buch, kein Blatt der Musikalien oder der Zeitungen bei dem andern. Die in dem Vereinskataloge* [Cäcilienvereins-Katalog] *aufgenommenen Compositionen wurden nach Autoren alphabetisch geordnet und in der Hauberischen Abtheil[ung]* [der Proske-Sammlung] *untergebracht, die übrigen Musikwerke in den Abtheilungen der Mettenleiterschen Bibliothek, die Bücher zu jeder der Abtheilungen der Proske'schen einstweilen gelangt. Die gebundenen Musikzeitungen ober die Mappenbibliothek gestellt, die ungebundenen mit unsäglicher Mühe, soviel möglich zusammengesucht, und in den Lafften* [Schachtel, Schublade][44] *am südöstlichen Fenster eingereiht.“*[45]

---

38 Jacob: Geschichte und jetziger Bestand 1893 (wie Anm. 25) S. 11f.: *„Als ich im Jahre 1864 zum Assessor des bischöfl[ichen] Ordinariates und Canonicus am Dom ernannte wurde, sollte auch die Bibliothek in das bischöfl[iche] Palais übertragen werden. Dem Antrage, aus dieser Veranlassung derselben einen Platz in den feuersichern und doch hellen Gewölben zu ebener Erde anzuweisen, konnte eine Folge nicht gegeben werden, und wurde sie aufgestellt, wo sie noch jetzt* [d. h. 1893] *sich befindet. Die Eintheilung bleibt dieselbe.“*

39 Zum Erwerb der Musiksammlung der Brüder Johann Georg und Dominicus Mettenleiter, die Dominicus dem Bischöflichen Stuhl 1867 gegen Beziehung einer jährlichen Rente von 300 Gulden abtrat vgl. KBM 14/9, S. XI. Außerdem: Gertraut Haberkamp: Die Brüder Mettenleiter im Dienste der Alten Kapelle in Regensburg, in: Beiträge zur Geschichte des Bistums Regensburg 34 (2000) S. 297–325, hier S. 312.

40 Gertraut Haberkamp: Bischöfliche Zentralbibliothek Regensburg. Thematischer Katalog der Musikhandschriften, Bd. 9: Sammlung Mettenleiter. Autoren A bis P, München 1998 (Kataloge Bayerischer Musiksammlungen 14/9) S. IX.

41 Zitiert nach: KBM 14/9, S. XI.

42 Jacob: Geschichte und jetziger Bestand 1893 (wie Anm. 25) S. 14. Mit dem *„Katalog“* ist vermutlich das eigenhändige Verzeichnis gemeint, welches Dominicus Mettenleiter zu Beginn der 1860er Jahre anfertigte (D-Rp SM 2552) oder der Ende 1867 von anderer Hand erstellter Katalog mit autographem Eintrag D. Mettenleiters: *Catalog der musikalischen Bibliothek des Dr. Dom. Mettenleiter* (D-Rp Mettenleiter, Mappen). Zu diesen Altkatalogen vgl. KBM 14/9, S. XII.

43 Anton Walter: Dr. Franz Witt, Gründer und erster Generalpräses des Cäcilienvereines. Ein Lebensbild, Regensburg 1889, S. 182, Anm. 1 spricht von *„15 Kisten“*, die *„nach Regensburg in die bischöfliche Bibliothek gebracht worden sind“*. Dort S. 182 auch Weiteres über die Verfügungen in Witts Testament.

44 Vgl. Johann Andreas Schmeller: Bayerisches Wörterbuch, 3. Neudr. der von G. Karl Frommann bearb. 2. Ausg. München 1872–77. Mit der wissenschaftlichen Einleitung zur Ausg. Leipzig 1939 von Otto Mausser und mit einem Vorwort von 1961 von Otto Basler, Lizenzausg. Aalen 1973, Bd. 1, Sp. 1451: *„Die Lafften, Dim das Lafftl,* [...] *die Schachtel.“* Das Wort wird auch in der Bedeutung von Schublade verwendet, vgl. Kat.-Nr. 1.2

45 Jacob: Geschichte und jetziger Bestand 1893 (wie Anm. 25) S. 15.

Zur Zeit Jacobs wurde auch der Grund zu der heute vom Liturgiewissenschaftlichen Institut fortlaufend erschlossenen Fragmente-Sammlung gelegt. 1863 entdeckte man in einem Archivzimmer des Obermünstergebäudes eine Archivschachtel, die neben Urkunden auch Rechnungsbücher enthielt, die in Makulatur von mittelalterlichen Pergamentcodices eingebunden waren. Jacob löste die Einbände ab und integrierte sie in die Proskesche Bibliothek. Er erkannte ihren Wert nicht zuletzt für die musikalische Paleographie: „*die liturgischen* [Fragmente] *mit Gesang bilden eine sehr vollständige Sammlung von Proben der Notenschrift, beginnend mit den Neumen bis zu jener des 16. Jahrhunderts.*"[46] Unter den von Jacob aufgefundenen Pergament-Fragmenten befanden sich auch sechs Blätter einer Handschrift aus dem 14. Jahrhundert mit Bruchstücken des mittelhochdeutschen Versepos *Der jüngere Titurel*, einer um 1260–1275 entstandenen Fortsetzung und Ergänzung der Titurel-Fragmente des Wolfram von Eschenbach. Georg Jacob entdeckte die von Aktendeckeln des Stiftes Obermünster abgelösten Pergamentblätter 1869 und gliederte sie der Proskeschen Musikbibliothek ein. 1917 wurden sie jedoch von dem späteren Betreuer der Sammlung, Karl Weinmann, an die Münchener Hof- und Staatsbibliothek veräußert, nachdem diese ein starkes Interesse an dem Fragment bekundet hatte: Es ergänzte nämlich ein dort bereits vorhandenes Bruchstück.[47]

Als die wohl bedeutendste bibliographische Leistung in diesen ersten Jahrzehnten nach Proskes Tod dürfte die Erfassung der Sammeldrucke für die von Robert Eitner (1832–1905) in Zusammenarbeit mit Domkapellmeister Franz Xaver Haberl in Regensburg und den Bibliothekaren Anders Lagerberg (1813–1895) in Upsala sowie Carl Ferdinand Pohl (1819–1887) in Wien 1877 herausgegebene *Bibliographie der Musik-Sammelwerke des XVI. und XVII. Jahrhunderts*[48] anzusprechen sein. Erstmals wurde damit einer breiten Öffentlichkeit eine Vorstellung sowohl vom Umfang wie vom Wert der Proskeschen Sammlung gegeben. Intern hatte Jacob damit begonnen, die Mappenbibliothek Proskes in einem handschriftlichen Bandkatalog zu verzeichnen, gelangte damit bei Lebzeiten aber nur bis zum Buchstaben H.

Die Proskesche Musikbibliothek unter Karl Weinmann: 1906–1929

Eine Verbesserung der Raumsituation ergab sich erst mit dem Amtsantritt des neuen Bischofs Antonius von Henle (1851–1927) im Jahr 1906. Stand Bischof Senestréy einer Benutzung und Öffnung der Proske-Bibliothek äußerst restriktiv gegenüber[49], so zeigte sich von Henle von Anfang an in weitaus stärkerem Maße an der Pflege und einer optimalen und doch zugleich gesicherten Benutzbarkeit der Sammlung interessiert. Noch während der Sedisvakanz genehmigte zunächst das Domkapitel im November 1906 dem Stiftskapellmeister an der Alten Kapelle, Dr. Karl Eduard Weinmann (1873–1929), die Katalogisierungsarbeiten in der Sammlung, in die ihn der 1903 verstorbene Jacob eingeführt hatte,

46 Jacob: Geschichte und jetziger Bestand 1893 (wie Anm. 25) S. 13.

47 Die Regensburger Fragmente des *Jüngeren Titure*l werden heute in der Handschriftenabteilung der Bayerischen Staatsbibliothek unter der Signatur Cgm. 7 aufbewahrt, vgl. Erich Petzet: Die deutschen Pergament-Handschriften Nr. 1–200 der Staatsbibliothek in München, ed. alterea, München 1920 (Catalogus codicum manu scriptorum Bibliothecae Monancensis 5,1) S. 12–14. Korrespondenz über den Verkauf befindet sich in: BZAR OA 3024 (Briefe und Briefentwürfe zwischen dem 8. Juni und 15. November 1916).

48 Bibliographie der Musik-Sammelwerke des XVI. und XVII. Jahrhunderts, im Vereine mit Frz. Haberl, A. Lagerberg und C. F. Pohl bearb. u. hrsg. v. Robert Eitner, 2 Bde., Berlin 1877. Die Regensburger Bestände wurden von F. X. Haberl mit bischöflicher Genehmigung bibliographisch erfasst. Eine Fortsetzung und Ergänzung fand dieses Werk in den zehn zwischen 1900 und 1904 publizierten Bänden von Eitners monumentalem Quellen-Lexikon, in welches ebenfalls die Bestände der Proskeschen Sammlung durch Vermittlung F. X. Haberls Aufnahme fanden: Robert Eitner: Biographisch-Bibliographisches Quellen-Lexikon der Musiker und Musikgelehrten der christlichen Zeitrechnung bis zur Mitte des neunzehnten Jahrhunderts, 10 Bde., Leipzig 1900–1904.

49 Vgl. das bei Scharnagl: Die Proskesche Musiksammlung 1981 (wie Anm. 1) S. 136, Anm. 5 wiedergegebene Signat Senestréys vom 17. September 1901: „*Es ist mein bestimmter Wille, daß aus der Proske'schen Bibliothek Bestandteile nicht ausgegeben werden. Eventuell könnte dies nur mit besonderer Erlaubnis geschehen, und auch nur, wenn der Empfang bestätigt, baldige Rückgabe zugesichert wird und jede Publikation bisher ungedruckter Werke oder von Originalen ausgeschlossen bleibt.*" Original in BZAR OA 3023.

Dr. Karl Eduard Weinmann (1873–1929), der Nachfolger Georg Jacobs als Conservator der Proskeschen Musikbibliothek. Ausschnitt aus einer Fotografie von 1911 (BZBR).

und die seit dessen Tod stagnierten, fortsetzen zu dürfen.[50] Und auch die seit Erscheinen der bibliographischen Quellen-Lexika Robert Eitners vermehrt eintreffenden Anfragen nach Einsichtnahme oder Ausleihe von Drucken und Handschriften erhielten zunehmend eine positive Erwiderung. Wie

50 Weinmann bat bereits nach Jacobs Tod um diese Erlaubnis oder gegebenenfalls auch nur darum, die Bestände der Proske-Sammlung für eigene Forschungen nutzen zu dürfen, vgl. den Brief Weinmanns an Bischof Senestréy vom 18. Dezember 1904 (in: BZAR OA 3023). Bischof Senestréy verweigerte Weinmann sowohl die Arbeit in der Bibliothek wie auch eine bloße Benutzung zu Forschungszwecken mit der Begründung: *„Die Bibliothek soll lediglich für die Kathedrale dienen"* (Antwortentwurf von der Hand Senestréys auf dem Brief Weinmanns). Sein Anliegen formulierte Weinmann erneut in einem Brief an das Domkapitel am 5. November 1906 (in: BZAR OA 3023). Er erhielt dieses Mal die Genehmigung von Dompropst Dr. Paul Kagerer unter der Bedingung *„daß 1.) die Ordnung und Catalogisierung der vorhandenen Werke sich immer unter Aufsicht und Mitwirkung des Herrn Domvikars Michael Münz vollziehe* [M. Münz (1860–1937) führte interimsmäßig seit Jacobs Tod die Bibliotheksgeschäfte]; *2.) daß dieselbe nur innerhalb der bischöfl[ichen] Curie stattfinde u[nd] kein Werk u[nd] kein Buch nach Hause in eine Privatwohnung mitgenommen werde, 3. daß Publikationen aus der Proske'schen Bibliothek nur mit ausdrücklicher Erlaubnis des Domkapitels vollzogen werden. Über den Fortschritt der außerordentlich dankenswerten Arbeit ist von zeit zu zeit Bericht zu erstatten."* (Antwort Kagerers vom 23. November 1906, in: BZAR OA 3023.)

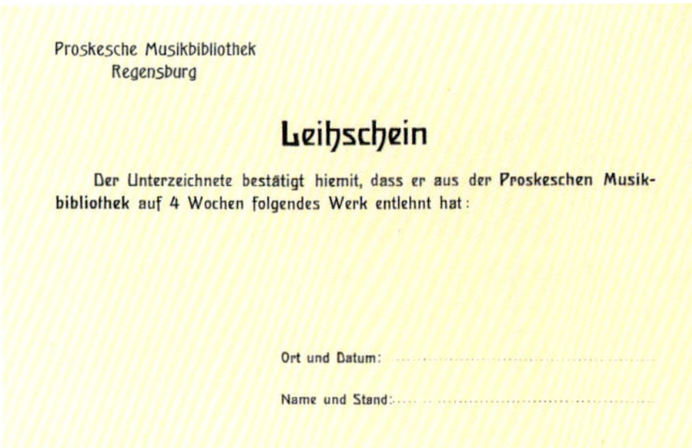
Proskesche Musikbibliothek
Regensburg

Leihschein

Der Unterzeichnete bestätigt hiemit, dass er aus der Proskeschen Musikbibliothek auf 4 Wochen folgendes Werk entlehnt hat:

Ort und Datum: ....

Name und Stand: ....

Blanko-Formular eines gedruckten Leihscheins aus der Proskeschen Musikbibliothek Regensburg, um 1925.

begehrt die Sammlung war, bezeugt die überlieferte Korrespondenz[51], unter der sich Briefe zahlreicher Koryphäen des Faches finden, wie – um nur einige Namen herauszugreifen – Hugo Riemann (1849–1919), Guido Adler (1855–1941), Johannes Wolf (1869–1947), Theodor Kroyer (1873–1945), Arnold Schering (1877–1941) oder Alfred Einstein (1880–1952), später auch Wilibald Gurlitt (1889–1963) und Karl Gustav Fellerer (1902–1984). An sie wurden gegebenenfalls auch wertvollste Werke per Postversand ausgeliehen. So erhielt der an der Berliner Universität tätige Wolf im März 1906 eines der bis heute bedeutendsten Stücke der Sammlung, den Pernner-Codex (D-Rp C 120). Der erhaltene Postaufgabeschein benennt den Wert des handschriftlichen Chorbuches aus dem frühen 16. Jahrhundert mit *„zweitausend Mark"*. Alfred Einstein in München war – im Rahmen seiner Arbeit für die *Denkmäler der Tonkunst in Bayern* – Anfang Juni 1907 der Empfänger von 11 bibliographischen Titeln in nicht weniger als 38 Einzelbänden (Stimmbüchern), darunter auch eine Handschrift, nämlich das Autograph der *Musiche da camera e chiesa* (D-Rp B 241) von Francesco Rasi (1574–1621) aus dem Jahr 1612. Auf dem handschriftlich ausgestellten Leihschein unterzeichnete der Empfänger folgende Verpflichtungserklärung: *„Herr Dr. Einstein übernimmt, laut beigefügter Unterschrift, im vollen Umfang die persönliche Haftung für die ihm zur häuslichen Benutzung* [!] *überlassenen Werke."*

Von großer Tragweite wurden zudem die Überlegungen, wie den sowohl für die Benutzung wie für die Archivierung denkbar ungünstigen Raumverhältnissen abzuhelfen sei. 1907 beauftragte Bischof von Henle den Direktor der Regensburger Kirchenmusikschule, Franz Xaver Haberl, mit einem Gutachten über den Zustand der Bibliothek. Diesem Dokument vom 15. April 1907 verdanken wir eine plastische Situationsschilderung: *„Diese drei Bibliotheken* [Proske, Mettenleiter, Witt] *sind nun seit über 40 Jahren in einem sehr beschränkten, wenn auch hohen Zimmer der bischöflichen Residenz im II. Stock untergebracht und gewissenhaft konserviert.* [...] *Da das Lokal ganz natürlich ungeheizt ist, bleibt die Benützung im höchsten Falle auf 7 Wochen beschränkt, wenn nicht die Erlaubnis gegeben wird, einzelne Werke unter gewissen Kautelen* [Bedingungen] *an die Bittsteller herauszugeben oder zu versenden.* [...] *Sämtliche Schränke reichen bis an den Plafond* [Zimmerdecke], *sodaß eine Übersicht erschwert, durch Mangel an Raum die Benützung gehemmt, das Abstauben der vielen Tausende von Faszikeln unmöglich ist."*[52]

Zur Besserung der Lage brachte Haberl zum einen die Aufstellung der Sammlung *„in größeren, feuersicheren Räumlichkeiten mit wenigstens zwei Lokalen, einem für die Bücher und Musikalien und einem anstoßenden heizbaren Arbeitszimmer"*[53] in Vorschlag. Zum anderen plädierte er für die

51 D-Rp ohne Signatur.

52 Gutachten von F. X. Haberl: Die Proskesche Bibliothek betreffend, vom 15. April 1907, Abschrift (16 S.) in: BZAR OA 3023, autographer Entwurf (6 Bl.) beiliegend.

53 Haberl: Die Proskesche Bibliothek betreffend 1907 (wie Anm. 52) S. 10.

Anstellung von bibliothekarischem Fachpersonal.[54] Seine Vorstellung von einer zeitgemäßen Einrichtung der Räume mit einer Frühform von Kompaktregalen orientierte sich an Musikbibliotheken von internationalem Rang. So sei ein *„größeres Lokal notwendig, in welchem die Regale nach dem Muster der Musik-Bibliotheken in London und Leipzig nur in Normalgröße aufgestellt werden, ohne daß hohe Leitern oder Staffeleien benötiget sind. Diese Regale können dann im Mittelraum nacheinandergestellt werden, stehen auf Eisenschienen, welche rechts und links im Betonboden ihre Fortsetzung finden, sodaß die mit Rollen, einem eisernen Griff und den Aufschriften für den Inhalt versehenen Seitenteile im Bedarfsfalle mit Leichtigkeit nach rechts oder links herausgeschoben und zurückgebracht werden können. Soweit diese Regale nicht an den Wänden des Lokals Platz finden, werden sie im Mittelraum angebracht. Ein eigenes Zimmer für den Bibliothekar und die Schreiber oder Forscher soll heizungsfähig sein und mit elektrischem Licht versehen, damit zu jeder Jahreszeit gearbeitet werden kann. In demselben sind außer den nötigen Pulten nur die Kataloge, die bibliographischen und musikhistorischen Werke als Nachschlags-Bibliothek unterzubringen. Nur der Bibliothekar sollte die Befugnis haben, die gewünschten Werke aus der mit eiserner Türe verschlossenen Bibliothek in das Arbeitszimmer zu bringen und jeden Tag wieder in die Bibliothek zurückzuschaffen.“*[55]

Das Domkapitel befürwortete die Verlegung der Bibliothek in zwei Räume im Parterre des Westflügels des Ordinariats. Die Finanzkammer der Königlichen Regierung – die Gebäude des Bischöflichen Ordinariats waren Staatseigentum – reagierte jedoch vorerst zurückhaltend, worauf das Ordinariat mit Bezug auf ein angefordertes Referat des 1908 zum Domvikar und Bibliothekar der Proske-Sammlung ernannten Karl Weinmann die Dringlichkeit des Projekts mit dem Hinweis erläuterte, dass es sich nicht um eine beliebige Provinzbibliothek handle, sondern um eine Bibliothek von europäischem Rang.[56] Die Regierung reagierte, indem das Königliche Staatsministerium des Innern für Kirchen- und Schulangelegenheiten den Direktor der Münchener Hof- und Staatsbibliothek, Hans Schnorr von Carolsfeld (1862–1933) mit der Prüfung der Verhältnisse beauftragte. Dieser kam in seinem Gutachten über die

---

54 Haberl: Die Proskesche Bibliothek betreffend 1907 (wie Anm. 52) S. 10: *„Ein fachverständiger Bibliothekar, welcher ausschließlich, ähnlich den geistlichen Administratoren, die Förderung und Wahrung der Bibliotheksinteressen nach wissenschaftlicher und pekuniärer Seite zu besorgen hätte, wäre aufzustellen. Ihm müßten auch die Mittel geboten werden, durch Kopisten und Schreiber die von ihm angeordneten mechanischen Arbeiten unter seiner Aufsicht besorgen zu lassen.“*

55 Haberl: Die Proskesche Bibliothek betreffend 1907 (wie Anm. 52) S. 11f. Die Konstruktion von auf Eisenschienen laufenden Stellagen hatte Haberl auch in seiner eigenen Bibliothek verwirklicht. Vgl. dazu: Klemens Bachstefel: Erinnerungen an Dr. Fr. Xav. Haberl †, in: Musica Sacra 43 (1910) S. 162–168, hier 164: *„Eine unmittelbare Folge des ersten Charakterzuges* [die Liebe zur Wissenschaft] *war die große Vorliebe und Begeisterung und das hohe Interesse Haberls für Bibliotheken.* [...] [Er] *entfaltete die größte Sorge und das regste Interesse für die berühmte Proskesche Musikbibliothek und schuf als letztes großes Werk seines Lebens mit einem Kostenaufwande von 25000 Mark den nach jeder Richtung hin mustergültigen, herrlichen Bau für seine eigene kostbare Bibliothek im Garten seiner Musikschule. Was er an praktischen Einrichtungen für derartige Räumlichkeiten nur irgendwo erspähen und entdecken konnte, das verwertete sein kluger Sinn am eigenen Bibliotheksbau. Etwas eigenartiges in dieser Beziehung sind die auf Eisenrollen laufenden Schränke und Regale, welche zur Platzgewinnung die Stellagen unmittelbar aneinandergereiht gestatten und doch zu jedem einzelnen Fache zutritt ermöglichen. Haberl entdeckte diese Einrichtung in London, wie er dem Schreiber dieser Zeilen noch am vergangenen 22. Juli* [1910] *erzählte.“* Die *Abrechnung über Herstellung und Bauarbeiten für das Neue Bibliotheksgebäude* ist zitiert bei: Dieter Haberl: Bischöfliche Zentralbibliothek Regensburg. Thematischer Katalog der Musikhandschriften, Bd. 7: Bibliothek Franz Xaver Haberl. Manuskripte BH 6001 bis BH 6949, München 2000 (Kataloge Bayerischer Musiksammlungen 14/7) S. XVII, Anm. 58.

56 Schreiben des bischöflichen Ordinariats Regensburg an das Königliche Landbauamt Regensburg vom 20. August 1909, in: BZAR OA 3023, Konzept Weinmanns beiliegend. Es heißt dort unter anderem: *„Die Proskesche Musikbibliothek war seit dem Tode ihres Gründers fast unzugänglich und ihrem eigentlichen Zweck entzogen. Erst Sr.*[sic] *Exzellenz H.H. Bischof Antonius v. Henle beschloss die Eröffnung und Verwertung der Bibliothek, und damit treten nun alle jene Momente in Erscheinung, welche für die Bewahrung eines solchen Kleinods unbedingt notwendig sind.* [...] *Für die Notwendigkeit des Projekts endlich sprechen alle jene Gründe, welche die Pflege von Kunst und Wissenschaft notwendig erscheinen lassen und das hier in gesteigertem Maße, da es sich nicht um eine unbedeutende Provinzbibliothek handelt, sondern um eine Musiksammlung, die einen europäischen Ruf genießt.“*

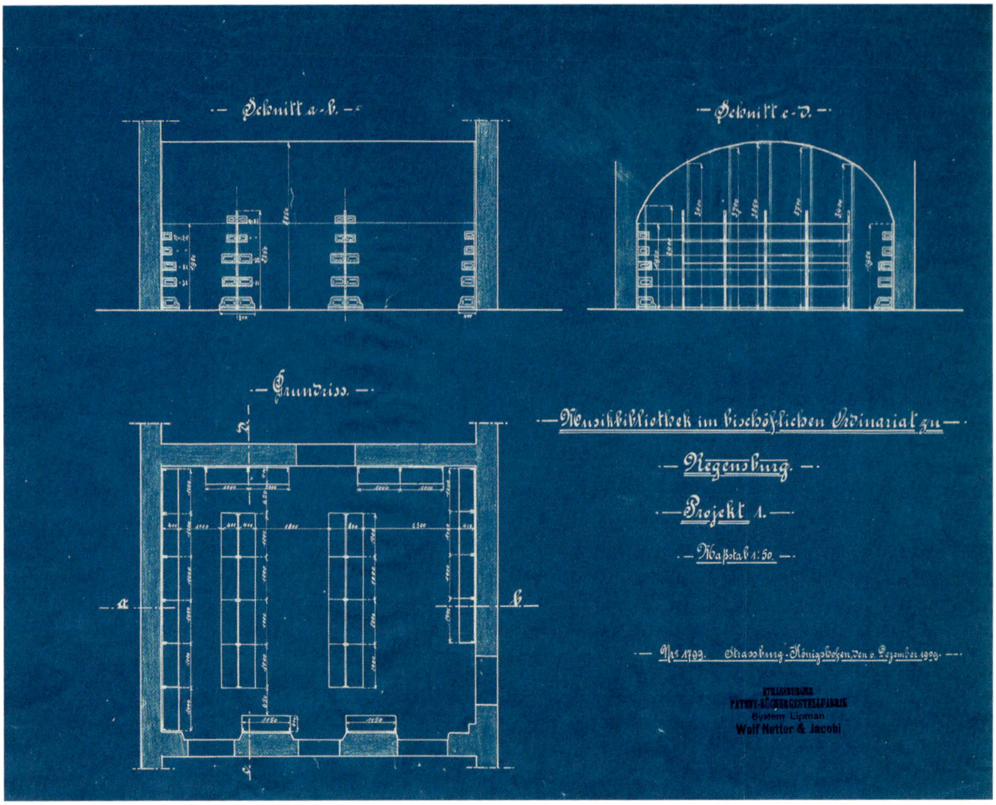

Projektplan aus dem Jahr 1909 der *Strassburger Patent-Bücher Gestellfabrik, System Lipman, Wolf Netter & Jacobi* für den Magazinraum der Proske-Bibliothek in den Gewölben des Westflügels im Bischöflichen Palais. Hier befand sich die Proske-Sammlung von 1910 bis 1929 (BZAR OA 3023).

„*musikhistorische Sammlung ersten Ranges*"[57] am 27. Oktober 1909 zu folgendem Ergebnis: „*Die Schwierigkeit der wissenschaftlichen Ausnützung liegt zunächst zwar in der ungenügenden Ordnung und Katalogisierung, das Unzulängliche dieser ist aber in erster Linie bedingt durch die mangelhafte Aufstellung in einem gänzlich unzureichenden Raume des zweiten Stockes des erzbischöflichen* [sic] *Palais'. Die ganze wunderbare Sammlung ist in einem Zimmer von 38 qm Bodenfläche zusammengedrängt, das keine Ordnung ermöglicht, nicht heizbar ist, für den Bibliothekar nur einen notdürftigen Stehplatz bietet, keinen Raum aber für den Benützer.*"[58] Er empfahl daher die Verlegung der Bibliothek in die anvisierten Räume mit folgenden Worten: „*Die beiden im Parterre des Palais' gelegenen Räume sind wohl geeignet: Der größere, mit 46,50 qm Bodenfläche bietet allein schon mehr Platz als der jetzige, er soll das eigentliche Magazin bilden und ohne Beheizung bleiben. Der andere mit etwas über 27 qm kann noch einen Theil der Bibliothek, etwa die theoretische Musik aufnehmen, bietet aber vor allem, zumal auch Beheizung und Beleuchtung vorgesehen ist, einen schönen Raum für den Bibliothekar und die Gelehrten, die die Bibliothek für ihre Arbeiten benützen müssen* [...]. *Die beiden Räume sind gewölbt und bieten dadurch und durch die Lage im Parterre auch eine erhöhte Sicherheit gegen Feuer.*"[59]

57 Abschrift des Schreibens von Hans Schnorr von Carolsfeld an das Königlich Bayerische Staatsministerium des Innern für Kirchen- und Schulangelegenheiten vom 27. Oktober 1909, S. 2, in: BZAR OA 3023.

58 Ebenda, S. 2f.

59 Ebenda, S. 3f.

Auf Schnorr von Carolsfelds Bericht hin bewilligte das Ministerium schließlich die Summe von 2.600 Mark gemäß dem Kostenvoranschlag des Kgl. Landbauamts Regensburg für die Herstellung der beiden Räume im bischöflichen Palais des Niedermünsterstiftsgebäudes. Die Herrichtung wurde umgehend in Angriff genommen und konnte bereits am 1. Februar 1910 abgeschlossen werden. Der Umzug und die Neuaufstellung der Bibliothek erfolgten unter Leitung Karl Weinmanns. Eine Vorstellung vom Grundriss des Magazinraums vermitteln die erhaltenen Projektpläne der *Strassburger Patent-Bücher Gestellfabrik, System Lipman, Wolf Netter & Jacobi,* die mit der Inneneinrichtung beauftragt wurde.[60]

Die dringendste Aufgabe war es nun, die seit Jacobs Tod nur schleppend vorangekommene Katalogisierung fortzusetzen. Weinmann, dem diese Arbeit aufgetragen war, wurde 1910 zugleich Nachfolger des in diesem Jahr verstorbenen Franz Xaver Haberl als Direktor der Regensburger Kirchenmusikschule. Die – unentgeltlich geführte – Bibliotheksarbeit konnte daher nur mit zeitlicher Einschränkung ausgeführt werden. Vorläufig veröffentlichte Weinmann im *Kirchenmusikalischen Jahrbuch* 1911 einen ersten größeren Aufsatz über *Die Proskesche Musikbibliothek in Regensburg,* dem er ein alphabetisches Verzeichnis der in den Signaturengruppen A.R. und B vertretenen Komponisten beigab.[61] Zur Unterstützung bei der Bibliotheksarbeit wurden dem durch seine vielfältigen Aufgabenbereiche als Kirchenmusikschuldirektor, Bibliothekar und Herausgeber zahlreicher Publikationen teilweise überlasteten Weinmann Domkapellmeister Franz Xaver Engelhart (1861–1924) als Assistent und der Präfekt der Dompräbende Friedrich Dobmayer[62] (1883–1958) als Schreibkraft zugewiesen.

Einen ersten Bericht über die geleistete Arbeit legte Weinmann am 15. Dezember 1916 vor.[63] Diesem sind zum einen interessante Details der neuen Einrichtung zu entnehmen: „*Es wurden, um Platz zu gewinnen, 6 verschiebbare, auf eisernen Schienen laufende Bücherstellagen – nach dem Muster der Bibliothek des britischen Museums in London – in Auftrag gegeben*".[64] Diese frühe Form der Kompaktregalanlage geht in ihrem Kern auf den oben vorgestellten Vorschlag Haberls aus dem Jahr 1907 zurück, der demnach tatsächlich verwirklicht worden war. Im Kostenvoranschlag des Königlichen Landbauamts vom 2. Dezember 1909 wurde hierauf sogar ausdrücklich verwiesen. Zugleich erfahren wir die Maße der Regale: „*6 Stück neue Stellagen nach Muster der Haberl'schen Bibliothek je 2.00 m lang , 0.60 m breit, 1.90 m hoch mit 8 Querfächern* [...] *2 Stück neue Stellagen mit Laufrollen und Schienenwegen zu versehen inkl. Handhaben auf beiden Seiten* [...]."[65] Neben den neu angefertigten Regalen wurden zur Aufstellung an den Wänden auch die bereits vorhandenen, vordem bis an die Zimmerdecke reichenden übernommen, jedoch auf die neue Höhe von 1,90 m gekürzt.[66] Der so hergerichtete Magazinraum bot nach Auskunft der *Strassburger Patent-Bücher Gestellfabrik* eine Stell-

60 Vgl. die Pläne in BZAR OA 3023.

61 Karl Weinmann: Die Proskesche Musikbibliothek in Regensburg, in: Kirchenmusikalisches Jahrbuch 24 (1911) S. 107–131. Ohne Komponistenverzeichnis erschien der Aufsatz bereits 1910 in der Festschrift zum 90. Geburtstage Sr. Exzellenz des Wirklichen Geheimen Rates Rochus Freiherrn von Liliencron, Leipzig 1910, S. 387–403.

62 Ein mit *Ostern 1916* datierter Tätigkeitsbericht Dobmayers befindet sich in BZAR OA 3024: „*Plan der Arbeiten, welche der Unterzeichnete in der Proske'schen Bibliothek in der Zeit* [...] *vom 21. Oktober 1913* [...] *bis 18. Oktober 1915* [...] *verrichten durfte*". Demnach versah Dobmayer unter Aufsicht und Anleitung Weimanns die A.R.-Gruppe mit Signaturenschildern, ordnete die B-Gruppe nach Signaturen und den noch unsignierten Bestand der Gesangbücher (heute Kk und Kp) chronologisch, führte den von Jacob begonnenen Katalog der Proskeschen Mappenbibliothek (Pr-M) fort und trug die Titel der seinerzeit noch unsignierten Theoretika in einen neu begonnenen Zettelkatalog ein.

63 Bericht Karl Weinmanns an das Regensburger Domkapitel vom 15. Dezember 1916 „Betreff: Proske'sche Musikbibliothek", maschinenschriftlich, 11 S., in: BZAR OA 3024.

64 Weinmann: Bericht 1916 (wie Anm. 63) S. 1f.

65 Kostenanschlag über Einrichtungsgegenstände in der Proske Bibliothek in Regensburg, Kgl. Landbauamt, 2. Dezember 1909, in: BZAR OA 3023.

66 Vgl. Kostenanschlag 1909 (wie Anm. 65): „[...] *für Abändern der alten Stellagen, Abschneiden auf die Höhe von 1.90 m* [...]".

Stempel der Proskeschen Musikbibliothek Regensburg, 2. Jahrzehnt 20. Jh.
Um 1916 wurden die Gruppen A.R., B, C, Th, G und Ch der Proske-Sammlung mit gelben (Praktika) und roten (Theoretika und Choralia) Signaturschildern versehen und die Titelblätter der Drucke (manchmal leider an unpassender Stelle) gestempelt. Der Stempel ist seit Mitte des 20. Jahrhunderts außer Gebrauch.

fläche für *„ca. 5000 Bände“*[67]. In diesen Räumlichkeiten verblieb die Bibliothek bis zum Beginn des Jahres 1929.

Weinmanns Bericht belegt zum anderen ebenso die zunehmende Öffnung der Bibliothek für den Benutzerverkehr auch für Studenten und Doktoranden der Musikwissenschaft: *„Neben diesen Arbeiten* [gemeint ist die Ordnung und Neuaufstellung der Sammlung] *waren die laufenden Obliegenheiten der Bibliothek zu erledigen, das Ausleihgeschäft und die Anfrage.“*[68] Weinmann zeichnet ein anschauliches Bild vom bibliothekarischen Alltag in dieser Frühzeit: *„So verhältnismäßig gering und wenig Arbeit verursachend das Ausleihgeschäft war, so zeitraubend und die Katalogisierung geradezu aufhaltend waren die zahlreichen Anfragen, die an die Proske'sche Bibliothek, meist an die Privatadresse des Bibliothekars erfolgten, der auch meist die Porti hiefür ex propriis bestritt. In dieser Beziehung stellten besonders die jungen Doktoranden der Musikwissenschaft an verschiedenen deutschen und österreichischen Universitäten mitunter Anfragen, die ein zeitraubendes Suchen erforderten. Nur einige Beispiele seien herausgegriffen: Welche Kompositionen besitzt die Proske'sche Bibliothek von dem Komponisten X, nicht nur in Druckwerken, sondern auch in Handschriften der Bibliothek? – Mit welchen Komponisten steht in dem Sammelwerk Y der Komponist Z zusammen? – Ich bitte die angegebene Nummer gefl. zu spartieren oder durch eine geeignete Persönlichkeit spartieren zu lassen. – In den mir vorliegenden Druckwerken scheinen Druckfehler sich zu finden; ich bitte meine eingesandte Spartierung zu vergleichen und die etwaigen Fehler zu korrigieren u.s.w. u.s.w.“*[69]

Einen Abschluss der Katalogisierungsarbeiten stellte Weinmann für das folgende Jahr in Aussicht. Und tatsächlich konnte er am 22. November 1917 den Abschluss der Ordnung sowie der Erschließung in Form eines Zettelkatalogs aller zum ursprünglichen Proskeschen Nachlass gehörender Gruppen – also mit Ausschluss der Musikalien Mettenleiters und Witts – bekanntgeben.[70] Die bis in die Gegenwart bestehende Beschilderung der Signaturengruppen A.R., B und C mit gelben und der Theoretika-Gruppen (Th, G) mit roten Etiketten geht auf die Arbeit Weinmanns zurück. Im Auftrag des Staatsministeriums des Innern für Kirchen- und Schulangelegenheiten, das den Umzug, die Neuaufstellung und Erschließung der Proske-Sammlung mit 2.600 Mark finanziert hatte, inspizierte am 9. und 10. Oktober 1918 der Bibliothekar Dr. Gottfried Schulz von der Musikabteilung der Hof- und Staatsbibliothek in München die Regensburger Bibliothek und gelangte in seinem Bericht vom 8. November desselben Jahres zu dem Ergebnis, dass sie *„in jeder Beziehung mustergültig geordnet und katalogisiert“* sei, *„wie es den Regeln der modernen Bibliothekstechnik entspricht und wie es der in-*

67 Schreiben der *Strassburger Patent-Bücher Gestellfabrik* an Karl Weinmann, Straßburg-Königshofen im Elsass, 7. Dezember 1909, in: BZAR OA 3023.

68 Weinmann: Bericht 1916 (wie Anm 63) S. 5.

69 Weinmann: Bericht 1916 (wie Anm. 63) S. 5f.

70 Karl Weinmann: Bericht über die Proskesche Musikbibliothek in Regensburg, 22. November 1917, in: BZAR OA 3024. Vgl. daraus ein längeres Zitat bei A. Scharnagl 1981 (wie Anm. 1) S. 140.

nere Wert dieser seltenen Fachbibliothek erfordert".[71] Wie August Scharnagl[72] betonte, endete mit diesem Bericht zugleich die staatliche Einflussnahme in Fragen des organisatorischen Aufbaus und der Erschließung der mit staatlichen Finanzmitteln neu eingerichteten Bibliothek.

Die Proskesche Musikbibliothek unter Joseph Poll: 1930–1955

Eine neue Ära begann Ende der zwanziger Jahre des 20. Jahrhunderts. Denn mit dem Tod von Antonius von Henle am 11. Oktober 1927 und demjenigen von Karl Weinmann am 29. September 1929 erhielt die Diözese einen neuen Bischof und die Proske-Sammlung einen neuen Bibliothekar. Seit dem 12. März 1928 leitete Dr. Michael Buchberger (1874–1961) das Bistum Regensburg. Ein halbes Jahr nach Weinmanns Tod ernannte er am 10. April 1930 seinen Sekretär, den musikalisch hochgebildeten Domvikar Msgr. Joseph Poll (1873–1955), zum Bibliothekar der Proske-Sammlung. Poll war zugleich der erste Konservator, der eine finanzielle Vergütung für seine Bibliotheksarbeit erhielt. Der Bischof wies ihm „*als Entschädigung für seine Mühewaltung durch die Bischöfliche Administration aus Regiemitteln jährlich 300 Mark*"[73] zu.

Msgr. Joseph Poll (1873–1955). Kustos der Proskeschen Musikbibliothek seit 1930. Fotografie um 1932 (BZAR OA 3025).

Als vordringlichste Aufgabe stellte sich die Revision der Bestände. Denn zum einen wurde die Bibliothek im Februar 1929 noch einmal innerhalb des Bischöflichen Palais verlegt, und zwar in die ebenfalls feuersicheren Gewölbe im Parterre, in denen sich bis dahin die Holzlege befand, unmittelbar unter der damaligen Bischofswohnung im 1. Stock. Im Auftrag Weinmanns, der im September noch desselben Jahres verstarb, überwachte der Student und spätere Bibliothekar der Regensburger Kirchenmusikschule, Dr. des. Johannes Maier[74], den Umzug, der auch für die Neuaufstellung und in Vertretung Weinmanns für die Bibliotheksarbeit verantwortlich zeichnete. Er berichtete hierüber in einem Brief an das Bischöfliche Ordinariat am 16. Oktober 1929: „*Derselbe wurde im Februar dieses Jahres* [1929] *durch H. H. Geistlichen Rat Prof. Dr. Weinmann mit der Überwachung der Übertragung der Proskeschen Bi-*

71 Gottfried Schulz: Bericht über die Inspektion der Proske'schen Musikbibliothek in Regensburg am 9. und 10. Oktober 1918, maschinenschriftlich, 3 S., in: BZAR OA 3024.

72 Vgl. Scharnagl 1981 (wie Anm. 1) S. 141.

73 Schreiben Bischof Buchbergers an das Bischöfliche Ordinariat Regensburg, 10. April 1930, in: BZAR OA 3024.

74 Zu Maier vgl. die Angaben bei Jürgen Libbert: Die Lehrer und Schüler der Kirchenmusikschule Regensburg von 1874 bis 1974, in: Gloria Deo pax hominibus. Festschrift zum 100jährigen Bestehen der Kirchenmusikschule Regensburg, Fachakademie für Katholische Kirchenmusik und Musikerziehung, hrsg. v. Franz Fleckenstein, Bonn 1974 (Allgemeiner Cäcilien-Verband für die Länder der Deutschen Sprache: Schriftenreihe des Allgemeinen Cäcilienverbandes für die Länder der Deutschen Sprache 9) S. 361–428, hier 405: „*Maier, Dr. Johannes (1929 bis 1930), später ChD und Org. an der Herz-Jesu-Kirche in Regensburg und Bibliothekar der KMS, dann ChD und Org. in Sigmaringen und Bibliothekar ebd.*". 1939 veröffentlichte Maier im Pustet-Verlag eine Dissertation über das Salve Regina, die wesentlich auf seinen Forschungen in der Proske-Bibliothek beruhte: Johannes Maier: Studien zur Geschichte der Marienantiphon „Salve regina", Regensburg 1939.

Die Proskesche Musikbibliothek in den Räumen der ehemaligen Holzlege des Bischöflichen Palais', in denen die Sammlung von Februar 1929 bis 1972 aufbewahrt wurde. Im Boden sind die eisernen Schienen zu erkennen, auf denen die Regale verschoben werden konnten. Im hinteren Regal einliegend die sogenannte „Mappenbibliothek". Fotografie von Ernst Berger aus dem Jahr 1968. Bildnachweis: Hauptabteilung Presse und Öffentlichkeitsarbeit der Stadt Regensburg, Bilddokumentation, Berger.

bliothek in ihre neuen Räume beauftragt und hat dieselbe dort neu eingeordnet. Darauf wurde ihm von Herrn Dr. Weinmann erlaubt, dort wissenschaftlich zu arbeiten. Zunächst suchte der Unterzeichnete an Hand des handschriftlichen Kataloges die Bibliothek kennen zu lernen, und erledigte im Auftrage des Herrn Bibliothekars während des Sommer-Halbjahres die Korrespondenz und den Leihverkehr.“[75] Beim Umzug wurde offenbar die Konstruktion der verschiebbaren Regale übernommen. Denn von diesem Raum, in dem die Bibliothek bis zur Übernahme in die Bischöfliche Zentralbibliothek im Jahr 1972 verblieb, existieren Fotografien von Ernst Berger aus dem Jahr 1968.[76] Auf dem Boden des Magazinraums sind deutlich die Schienen eines darauf rollbaren Regals zu erkennen, das an einem Griff seitlich verschoben werden konnte. Nach der Verlegung der Proske-Sammlung in die Gewölbe der ehemaligen Holzlege dienten die beiden vormaligen Räume zur Unterbringung von Archivbeständen.[77]

Ein zweiter Grund für die notwendig gewordene Revision zu Beginn der Amtszeit Polls war die Feststellung von Desiderata. Durch eine in den vorhergehenden Jahren großzügig gehandhabte Ausleihpraxis waren mehrere Lücken im Bestand bemerkt worden. Für die Ausarbeitung eines Planes zur Revision und zu einer Katalogisierung der bibliothekarisch noch unerschlossenen Sammlungen (Mettenleiter, Witt) zog man den Rat der promovierten Münchener Musikwissenschaftlerin Bertha Antonia Wallner (1876–1956) ein. Sie verfügte über eine reiche Erfahrung auf dem Gebiet der Bestandserschließung, hatte sie doch bereits als Mitarbeiterin von Adolf Sandberger (1864–1943) Inventarisationskataloge für die *Denkmäler der Tonkunst in Bayern* in mehreren bayerischen Archiven erstellt und in der Bayerischen Staatsbibliothek die Musikhandschriften Michael Haydns katalogisiert.[78] Am 17. und 18. März 1930 verschaffte sie sich vor Ort in Regensburg einen Überblick und legte am 21. des Monats *Vorschläge für die Revision, bzw. Neuordnung und Katalogisierung der Bibliothek Proske und der mit ihr vereinigten Musikbibliotheken* vor.[79] Die vermissten Materialien betreffend, schlug sie den Versand von Reklamationen vor *„an alle öffentlichen Bibliotheken Deutschlands, welche für Entleihung in Frage kommen, ebenso an sämtliche musikwissenschaftliche Seminarien der Universitäten, an Kirchenmusikschulen und Konservatorien*“[80]. Und tatsächlich erging noch im selben Monat ein Rundschreiben an musikwissenschaftliche Einrichtungen mit einer anhängenden Liste der Desiderata.[81] Der Aktion schien Erfolg beschieden zu sein, denn die in der Vermisstenliste aufgeführten Quellen befinden sich heute wieder im Bestand der Sammlung. Eine ebenfalls in Vorschlag gebrachte Neukatalogisierung der Bibliothek, für die Wallner gegebenenfalls ihre eigene Mitarbeit und eine zwischenzeitliche Transferierung der Bestände in die Staatsbibliothek nach München ins Auge fasste, wurde vorerst zurückgestellt mit dem Hinweis, dass zum einen die hierfür erforderlichen Mittel nicht bereitstünden und zum anderen *„gerade für die Antiquitates die von Proske hergestellten Kataloge vollkommen ausreichend sind für den Bibliotheksverkehr. Der Katalog Mettenleiter ist ja allerdings erneuerungsbedürftig, aber da der Hochwürdigste Herr Bischof*

75 Brief von Johannes Maier an das Bischöfliche Ordinariat Regensburg, Regensburg, 16. Oktober 1929, in: BZAR OA 3024.

76 Die Aufnahmen sind erhalten in der Hauptabteilung Presse und Öffentlichkeitsarbeit der Stadt Regensburg, Bilddokumentation, Berger. Herrn Peter Ferstl sei vielmals gedankt für die Bereitstellung des Bildmaterials. Die Fotos sind gemacht worden für einen am 10. Mai 1968 in der Mittelbayerischen Zeitung erschienenen Artikel: Alois Hönle: „Kostbare Mitgift für die Uni“. Die Proske-Musikbibliothek erhält nächstes Jahr eine würdige Heimstätte, in: Mittelbayerische Zeitung Nr. 112, 10. Mai 1968, S. 17. Die einleitenden Sätze geben einen Eindruck von der Lage der Räume im Niedermünsterstiftsgebäude: *„Die fünf großen, mit Eisenstäben abgesicherten Fenster gehen auf den Innenhof des Bischöflichen Ordinariats; die Tür führt in die Gewölbe der ehemaligen Holzlege.*“

77 So heißt es in einem undatierten Bericht über Registraturarbeiten im Bischöflichen Ordinariat der Jahre 1895 bis 1929 (in: BZAR OA 1571): *„Die erst kurz ins Parterre verlegte Proske-Bibliothek wanderte in die bisherige Holzlege. In die nunmehr freien Zimmer wurden die Archiv-Bestände gebracht.*“ Für den Hinweis auf diesen Bericht danke ich meiner Kollegin vom Bischöflichen Zentralarchiv, Frau Dr. Camilla Weber.

78 Vgl. Alfons Ott: Artikel „Wallner, Bertha Antonia“, in: Die Musik in Geschichte und Gegenwart. Allgemeine Enzyklopädie der Musik, hrsg. v. Friedrich Blume, Kassel u.a., Bd. 14 (1968) Sp. 177f.

79 Bertha Antonia Wallner: Vorschläge für die Revision, bzw. Neuordnung und Katalogisierung der Bibliothek Proske und der mit ihr vereinigten Musikbibliotheken, München, 21. März 1930, maschinenschriftlich, 3 S., in: BZAR OA 3024.

80 Wallner: Vorschläge für die Revision (wie Anm. 79) S. 3.

81 In: BZAR OA 3024.

Die Proskesche Musikbibliothek in den Räumen der ehemaligen Holzlege des Bischöflichen Palais' (Februar 1929 bis 1972) mit Arbeitstisch für den Bibliothekar. Darüber das Porträt Proskes (vgl. Abb. S. 96).
Fotografie von Ernst Berger aus dem Jahr 1968. Bildnachweis: Hauptabteilung Presse und Öffentlichkeitsarbeit der Stadt Regensburg, Bilddokumentation, Berger.

Ausleihen ohnehin nur im Notfalle und selten gewähren will, weil die Bibliothek privat ist, so drängt diese Arbeit nicht allzusehr."[82]

Poll war indessen um eine Bestandserweiterung bemüht. Der wohl bedeutendste Zugewinn in diesen Jahren war ohne Zweifel die Übernahme der Musiksammlung Franz Xaver Haberls, die bis 1912 in einem eigenen Bibliotheksbau[83] im Garten der Kirchenmusikschule aufgestellt war, danach, als dieses Gebäude in einen Hörsaal umfunktioniert werden sollte[84], in *„einem ganz ungenügenden und feuchten Raume der Kirchenmusikschule*"[85]. Am 14. April 1930 gab Poll bekannt„*dass ich* [...] *aus der Musikschule die Bibliothek Haberl (c. 10.000 Bände) übertragen habe*".[86] Ähnlich wie Proske erwarb Haberl vor allem in Italien wertvolle sowohl gedruckte wie handschriftliche Chor- und Stimmbücher des 16. und 17. Jahrhunderts, bei deren Ankauf er darum bemüht war, in gezielter Ergänzung des ihm gut bekannten Proskeschen Bestandes den Erwerb von Dubletten zu vermeiden.[87] Daneben zählen zum umfangreichen Korpus seiner Bibliothek unter anderem die im Jahr 1867 in Bologna erworbenen Autographen von Giovanni Battista Martini (1706–1784), Stanislao Mattei (1750–1825) und Giuseppe Baini (1775–1844), der 1890 angekaufte Nachlass des Kustos der Musiksammlung der Münchener Hofbibliothek, Julius Joseph Maier (1821–1889), große Teile der Musik-Bibliothek von Peter Heinrich Thielen (1839–1908), die Druckvorlagen zu den von Haberl redigierten Palestrina- und Lasso-Gesamtausgaben sowie bedeutende Choraldrucke und -handschriften.[88] Poll kleidete die Bedeutung der Haberl-Sammlung insbesondere mit Blick auf die Choral- und Cäcilianismusforschung in folgende Worte: *„Diese Bibliothek Haberls ist ebenso wie Proskes Bibliothek von unschätzbarem Werte und namentlich die Akten und Briefe, welche diese Sammlung aufbewahrt hinsichtlich der Choralforschung und des langwierigen Choralstreits und nicht zuletzt hinsichtlich der Bewegung des Cäcilianismus mit all dem Erfreulichen und auch Unerfreulichen werden noch oft und viel die Musikforscher späterer Tage zu beschäftigen haben.*"[89]

---

82 Brief Joseph Polls an Bertha Antonia Wallner vom 5. Oktober 1931, in: BZAR OA 3024.

83 Vgl. Bachstefel (wie Anm. 55) S. 164.

84 Vgl. Karl Weinmann in seinem Bericht an das Domkapitel vom 15. Dezember 1916 (wie Anm. 63) S. 7f.: *„So z.B. gab Seine Exzellenz 1912 den Auftrag zur Erstellung eines würdigeren und geräumigeren Hörsaals. Um diesen zu gewinnen, wurde die Haberl'sche Bibliothek verlegt und übertragen* [...]".

85 So Joseph Poll in seiner Rede zur Eröffnung der Proske-Ausstellung anlässlich der 25. Generalversammlung des Allgemeinen Cäcilienvereins im Juli 1932, wiedergegeben in einem Zeitungsbericht über die Tagung: *Die Regensburger Tagung des Allgemeinen Cäcilienvereins*, in: Regensburger Anzeiger Nr. 190, 11. Juli 1932, S. 5, Sp. 3. Die vollständige Passage lautet: *„Nicht unerwähnt darf bleiben, daß erst im Laufe des vorigen Jahres auf Anregung unseres hochwürdigsten Herrn Bischofes nun auch die Bibliothek Dr. Haberls mit zirka 10 000 Bänden durch den jetzigen Bibliothekar von einem ganz ungenügenden und feuchten Raume der Kirchenmusikschule in das Bischöfliche Palais in einen feuersicheren und trockenen Raum in der unmittelbaren Nähe der Proske-Bibliothek übertragen wurde.*"

86 Brief Joseph Polls an Bertha Antonia Wallner vom 14. April 1930, in: BZAR OA 3024.

87 Vgl. sein Gutachten vom 15. April 1907 (vgl. oben Anm. 52), S. 3f.: *„Im Jahre 1867 hatte der Unterzeichnete vor seiner ersten Romreise 6 Wochen hier zugebracht, um mit Erlaubnis des † Bischofs Ignatius und des damaligen Bibliothekars und Domvikars Dr. Gg. Jakob diejenigen Werke und Literarien zu verzeichnen, welche sich in Proskes Bibliothek vorfanden, um bei seinen Studien in Italien und Rom nicht Werke und Kompositionen zu erwerben oder zu kopieren, welche hier bereits vorhanden waren.*" Am 22. Juli 1868 bot F. X. Haberl schriftlich aus Rom sogar an, *„alle Werke dieser reichen* [Proskeschen] *Sammlung, von denen einzelne Stimmen oder Theile fehlen, hier in Rom durch Kopie zu vervollständigen gegen Eintausch von Dubletten*". Brief F. X. Haberls an *„Hochwürdiger Herr*", Rom, 22. Juli 1868, in: BZAR OA 3023. Mit diesem Angebot fand er jedoch bei Bischof Senestréy kein Gehör, was immerhin dazu beitrug, dass die vorhandenen Dubletten nicht veräußert wurden.

88 Einen detailreichen Überblick über die Haberl-Bibliothek vermitteln: Johannes Hoyer: Die Musikbibliothek Franz Xaver Haberl, in: Ders.: Bischöfliche Zentralbibliothek Regensburg. Thematischer Katalog der Musikhandschriften, Bd. 6: Bibliothek Franz Xaver Haberl. Manuskripte BH 7866 bis BH 9438, München 1996 (Kataloge Bayerischer Musiksammlungen 14/6) S. XI–XXXI sowie Dieter Haberl: Einleitung, in: Ders.: Bischöfliche Zentralbibliothek Regensburg. Thematischer Katalog der Musikhandschriften, Bd. 7: Bibliothek Franz Xaver Haberl. Manuskripte BH 6001 bis BH 6949, München 2000 (Kataloge Bayerischer Musiksammlungen 14/7) S. XI–XXXVII.

89 Regensburger Anzeiger Nr. 190, 11. Juli 1931, S. 5. Das von Poll genannte Quellenmaterial wurde für die Forschung zuletzt ausgewertet in der Habilitationsschrift von Johannes Hoyer: Der Priestermusiker (wie Anm. 8).

Für die Neuordnung dieses immensen, zunächst in einem an die Proske-Bibliothek angrenzenden Nebenraum untergebrachten Korpus, gewann Poll eine Hilfskraft in Person einer in seinen Worten *„vollkommen verarmte[n] adlige[n] Dame, die schon zu Haberls Lebzeiten seine Bibliothek ordnete“*[90]. Es handelte sich hierbei offensichtlich um die 1869 in München geborene Maria Cäcilia Therese Julia Freifrau von Lurz, die sich erstmals zwei Jahre nach Haberls Tod, als die Übertragung seiner Sammlung aus dem Gartenbau ins Schulgebäude beschlossen wurde, an den damaligen Regensburger Bischof Antonius von Henle in einem achtseitigen Brief gewandt hatte mit der Bitte, die Bibliothek – *„eine monumentale und wissenschaftliche Zierde Regensburgs“*[91] – an ihrem Standort zu belassen, da *„bei einer Transferierung die Bibliothek nicht intakt bleiben wird“*[92]. Übereinstimmend mit der Aussage Polls spricht auch sie davon, dass sie *zwei Jahre lang, seit dem Bestehen des Baues bis zum Tode des seligen Herrn Prälaten, das Glück und den Vorzug genossen“* habe, *„diese Bibliothek nach Direktion des Seligen zu ordnen und ihm als Hilfsarbeiterin an die Hand zu gehen“*.[93] Sie war sogar an der Katalogisierung beteiligt, wenn sie darauf hinweist, dass *„der Katalog, den ich nur bis zur Hälfte machen konnte, noch nicht fertig gestellt ist.“*[94] In ihrer Person fand Poll eine profunde Kennerin der Materie.

Schon bald scheint die nunmehr von Poll ins Bischöfliche Palais übernommene Bibliothek Haberls mit derjenigen Proskes in einem Raum vereint worden zu sein, denn der Bischöfliche Archivdirektor Johann Baptist Lehner (1890–1971) sprach in einem im Dezember 1940 verfassten Bericht über *10 Jahre Archivarbeit*, davon, dass die *„Haberl-Bibliothek aus Archiv I in die Proske-Bibliothek übertragen“*[95] wurde und *„in den folgenden Jahren“* [!] der freigewordene Archivraum mit Akten aus der Registratur belegt worden sei. Demnach dürfte sich die Musiksammlung Haberls wohl nur in der ersten Hälfte der 30er Jahre in dem ursprünglichen Raum befunden haben.

Spätestens bis 1932 gelangte auch der musikalische Nachlass von Karl Weinmann zur Proske-Bibliothek und wurde anfangs ebenfalls im Nebenraum untergebracht. Das mengen- und wertmäßig deutlich geringere Vermächtnis – nach einer von Poll mitgeteilten fachmännischen Schätzung betrug ihr Wert *„c. 600 M[ark] (antiquarisch)“*[96] – besteht aus rund 1080 Drucken (Theoretika, Praktika und Liturgika) des späten 19. und vor allem frühen 20. Jahrhunderts sowie mehreren Archivschachteln mit hand- und maschinenschriftlichen Werkmanuskripten, Lebensdokumenten, kleineren Sammlungen und Korrespondenzen.

Abgesehen von der Übernahme ganzer Nachlässe verfolgte Poll aber auch das Ziel, erhaltenswerte historische Musikalien aus dem gesamten Bistum für die Bibliothek zu gewinnen und auf diese Weise vor einer möglichen Zerstörung oder Zerstreuung zu bewahren. Bereits 1931 konnte er einen Erfolg vermelden: *„Ausserdem bin ich eben daran, aus der ganzen Diözese, insbesondere aus den alten Klöstern und Stiften antiquitates musicae zu erforschen und für die Bibliothek zu gewinnen. Bisher habe ich aus 3 Orten c. 50 Nummern, darunter ganz hervorragende Sachen gefunden, in einem alten Benediktinerinnenkloster sogar 24 Stimmbände Musica practica, darunter sogar*

90 Brief Joseph Polls an Bertha Antonia Wallner vom 5. Oktober 1931, in: BZAR OA 3024.

91 Brief von Marie Cäcilie von Lurz an Antonius von Henle, Dietenhausen (Post Dietramszell, Oberbayern), 21.7.1912, S. 6, in: BZAR OA 3024

92 Ebenda, S. 7.

93 Ebenda, S. 5.

94 Ebenda, S. 7.

95 Johann Baptist Lehner: 10 Jahre Archivarbeit, maschinenschriftlich, 12 Bl. in: BZAR Nachlass J. B. Lehner, Nr. 363, Bl. 3. Die Kenntnis dieses Manuskripts verdanke ich Frau Dr. Camilla Weber vom Bischöflichen Zentralarchiv Regensburg.

96 Brief von Joseph Poll an *„die Erben des Nachlasses Dr. Karl Weinmann“* vom 25. Februar 1932, in: BZAR OA 3025.

Stadlmayr."[97] In dieser Sammeltätigkeit ist schon der Ansatz zu erkennen, eine zentrale Musikbibliothek des Bistums zu errichten, in der wertvolle Bestände zusammengetragen, konserviert, katalogisiert und der wissenschaftlichen Nutzung zugänglich gemacht werden sollen. Und zugleich scheint auch die Intention der späteren *Kataloge Bayerischer Musiksammlungen* bereits angedacht zu sein, nämlich die Erhaltung und Erschließung von Musikbeständen primär aus kirchlichem Besitz.[98] Es geht wohl auch auf die Initiative Polls zurück, wenn in der März-Ausgabe des *Oberhirtlichen Verordnungsblattes* für die Diözese Regensburg folgende Notiz erschien: „*Stiftungen und Schankungen* [sic] *zur Proske'schen Musikbibliothek. Wie zu den Diözesansammlungen, Diözesan-Bibliothek und Diözesan-Archiv, so sind auch zu der im Bischöflichen Palais untergebrachten, dem Bischöflichen Stuhle gehörigen Proske'schen Musikbibliothek Stiftungen und Schankungen aus der Diözese überaus erwünscht und werden ebenso mit dem wärmsten oberhirtlichen Danke unter dem Titel: Geschenke (Stiftungen) zu den Diözesansammlungen im O. V.* [Oberhirtlichen Verordnungsblatt] *jeweils bekannt gegeben.*"[99]

Für die interne Bibliotheksarbeit erstellte Poll ein vierseitiges Typoskript *Arbeitsplan für die Neuordnung der Proske-Bibliothek.*[100] Dabei handelte es sich weniger um eine Anleitung zu einer grundsätzlichen Neuordnung der Sammlung, als vielmehr um eine Zusammenstellung der noch ausstehenden Arbeiten für die Revision, Konservierung und Katalogisierung. Ein besonderes Augenmerk legte Poll auf die konservatorische Erhaltung der Materialien. So heißt es unter anderem mit Bezug auf die Stimmbücher der Signaturengruppe B: „*5. Eine Reinigungsarbeit, sowie die Ausbesserung vieler beschädigter und zerrissener Teile wird eine notwendige Aufgabe der Zukunft sein. 6. Das bisherige Zusammenschnüren der Stimmbände eines einzelnen Werkes mit grobem Spagat ist auf alle Fälle zu ändern, am besten mit Bändern, welche in die zum Teil morschen Einbanddeckeln nicht so einschneiden.*"[101] Auf Poll dürfte wohl auch die schließlich vorgenommene Lagerung der Stimmbücher in Archivschachteln zurückgehen, um sie vor weiteren Schäden zu schützen. Der Signaturengruppe B galt die besondere konservatorische Sorge Polls, denn Weinmann hatte seinerzeit – in der Absicht Dubletten auszusondern[102] – die in einer Bindeeinheit zusammengefassten Stimmbücher auseinandergetrennt und dabei ihre Einbände entfernt, was nicht ohne Verletzung des Materials geschehen konnte.[103]

Am 10. Juli 1932 wurde die erste öffentliche, unter Polls Kuratorschaft stehende Ausstellung von Drucken und Handschriften aus sämtlichen Abteilungen der Proskeschen Bibliothek im Festsaal des Knabenseminars Obermünster eröffnet. Anlass war die 25. Generalversammlung des Allgemeinen Cäcilienvereins für Deutschland, Österreich und der Schweiz. Anhand der erhaltenen Dokumente[104] ließe sich sowohl die Auswahl wie die räumliche Darbietung der Exponate relativ vollständig rekonstruieren.

---

97 Brief Joseph Polls an Bertha Antonia Wallner vom 5. Oktober 1931, in: BZAR OA 3024. Poll verzeichnete diese Zugänge in dem 1935 erstellten *Katalog der Antiquitates Musicae Practicae der Proske-Sammlung Regensburg* unter der Rubrik *Anhang III In einzelnen Kirchenchören der Diözese aufgefundene Musica practica* und reihte sie in die Signaturengruppe AN (Antiquitates Novae) ein. Es sind Musikalien aus St. Jacob in Straubing, aus Haindling und aus dem Kloster der Benediktinerinnen in Geisenfeld. Bei dem erwähnten Druck von Johann Stadlmayr handelt es sich um die *Missae breves a IV. cum una pro defunctis et alia V. voc. concertatae* [...] *editio secunda*, Innsbruck 1660, RISM A/I: S 4299 (D-Rp AN 49).

98 Vgl. Robert Münster: Die Kataloge Bayerischer Musiksammlungen, in: Bibliotheksforum Bayern 20 (1992) S. 169–178.

99 Oberhirtliches Verordnungsblatt für die Diözese Regensburg, No. 5, 3. März 1931, S. 69.

100 Joseph Poll: Arbeitsplan für die Neuordnung der Proske-Bibliothek, Typoskript, 4 Bl. (einseitig beschr.), in: BZAR OA 3025. Das Typoskript ist undatiert, dürfte aber ca. 1931 erstellt sein.

101 Poll: Arbeitsplan für die Neuordnung der Proske-Bibliothek (wie Anm. 100) Bl. 2.

102 Die Abgabe von Dubletten an die Münchener Hof- und Staatsbibliothek gehörte ursprünglich zu den Bedingungen der staatlichen finanziellen Förderung zur Herrichtung der neuen Bibliotheksräume im Jahr 1909–1910. Die Abgabepflicht wurde aber fallengelassen. Vgl. hierzu den Bericht Weinmanns vom 15. Dezember 1916 (wie Anm. 63): „*Wie ich dann später zufällig erfuhr, war das H. H. Domkapitel zu einem ablehnenden Votum bezüglich der Abgabe der Dubletten an die Kgl. Hof- und Staatsbibliothek gekommen. Die Dubletten wurden sodann wieder in ihre Abteilungen eingereiht.*"

103 Vgl. Polls *Nota die Proske-Bibliothek betr.*, maschinenschriftlich, 1 Bl., undatiert, in: BZAR OA 3025.

104 In: BZAR OA 3025.

Neben der Breitenwirkung, die mit der Ausstellung erzielt werden konnte[105], bereicherte sie auch die wissenschaftliche Publizistik. So veröffentlichte der seit 1931 am Alten Gymnasium in Regensburg tätige spätere Mittelalterforscher Bruno Stäblein (1895–1978), der beratend bei der Auswahl der ausgestellten Liturgika mitgewirkt hatte[106], einen Aufsatz über die *Choralhandschriften der Regensburger Bibliotheken* und stellte diesen Spezialbestand erstmals einer interessierten Öffentlichkeit vor.[107]

Als Joseph Poll am 1. Oktober 1935 zum Kanoniker am Kollegiatstift Unserer Lieben Frau zur Alten Kapelle ernannt wurde und zugleich seine Stellung als Sekretär des Bischofs aufgab, war dem nunmehr Zweiundsechzigjährigen endlich der zeitliche Rahmen vergönnt, die lange geplante Neukatalogisierung der gesamten Bibliothek in Angriff zu nehmen. Bis 1940 entstanden in der Folge zwölf Bandkataloge für sämtliche Abteilungen.[108] Quasi zum Abschluss seiner Katalogisierungsarbeiten veröffentlichte Poll in der Zeitschrift *Die Kirchenmusik* einen kurzen Beitrag über *Die Proskesche Musikbibliothek von heute*, in dem er die Bestandsgruppen mit ihrer jeweiligen Anzahl von Bänden aufführte.[109]

Dem mit großer Umsicht um die Bestandspflege besorgten Poll ist es auch zu verdanken, dass zu Beginn des Zweiten Weltkriegs die wertvollsten Werke der Proskeschen Bibliothek an verschiedene Orte ausgelagert wurden und vor Kriegsverlusten bewahrt werden konnten, so nach Kloster Viehhausen, in die Pfarrhöfe zu Ramspau und Pinkofen sowie in den Glockenturm der Alten Kapelle.[110]

Von der Musikbibliothek zur Proskeschen Musikabteilung unter August Scharnagl: 1955–1988

Gut zwei Jahre nach Beendigung des Krieges erreichte Bischof Buchberger im September 1947 das Schreiben eines damals 33-jährigen promovierten Musikwissenschaftlers aus Straubing, der um die Genehmigung bat, die in der Proskeschen Musikbibliothek „*vorhandenen Quellen für die Forschung benützen zu dürfen*“. Und zwar für eine „*sich auf mehrere Jahre hinziehende Arbeit*“ über ein Thema, welches „*bis heute noch nicht die gebührende wissenschaftlich exakte und seiner tatsächlichen*

---

105 Vgl. den Bericht mit Wiedergabe der Eröffnungsrede von Joseph Poll, in: Regensburger Anzeiger Nr. 190, 11. Juli 1932, S. 5.

106 Vgl. seinen Vorschlag der in der Proskeausstellung „*Choralabteilung*“ auszustellenden Choralhandschriften vom 10.6.1932, maschinenschriftlich, 1 Bl., in: BZAR OA 3025.

107 Bruno Stäblein: Choralhandschriften der Regensburger Bibliotheken, in: Musica Sacra 62 (1932) S. 198–208.

108 Nachfolgend ist die Beschriftung der Einbandetiketten wiedergegeben:
1) *Katalog der Antiquitates Musicae Practicae der Proske-Sammlung Regensburg (2314 B[ände])* [ergänzt:] *& AN-Reihe*, 1935, 192 S. (davon 182 beschr.);
2) *Alphabetisches Namens-Verzeichnis der Abteilungen Butsch – Continuatio – Hauber*, o. D., 128 S. (davon 61 beschr.);
3) *Katalog der musikal. Bibliothek des Dr. Dom. Mettenleiter 6650 Bände*, o. D., 315 pag. S.;
4) *Theoretica mit Anhang aus der Mettenleiter-Witt-Sammlung (488 N[ummern])*, o. D., 96 S. (davon 86 beschr.);
5) *II. Anhang zu Theoretika u. Historika (513 Nummern)*, o. D., 100 S. (davon 72 beschr.);
6) *Choralia 187 N., Historica 139 N., Kath. & Protest. Kirchenlied 161 N[ummern]*, o. D. 96 S.;
7) *Alphabet. Katalog der Musik des A[llgemeinen] D[eutschen] Caecilien-Vereins von Witt bis Heute. 1655 B[ände]*, o. Pag.;
8) *Bibliothek Dr. K. Weinmann zur Proske-Biblioth. gehörig*, o. D., 192 S. (davon 143 beschr.);
9) *Monsignore Poll-Sammlung*, o. D., o. Pag.;
10) *Kirchen-Lied, Volkslied, Sing-Unterricht*, o. D., 88 pag. S.;
11) *Bibliothek Haberl, I. Abteilung: I. Theorie u. Geschichte, II. Varia* (Poesie, Theologie, Kunst etc.), o. D., 382 S. (davon 324 beschr.);
12) *Bibliothek Haberl, II. Abteilung: Musica practica, Choral u. Choralwissenschaft, Anhang*, 1940., 386 S. (davon 199 beschr.).
Außerdem ergänzt von Poll: *Mappen-Katalog Sammlung Proske (Angelegt von Dr. Jakob, ergänzt v. Engelhart, Dobmayer, Poll)*, o. D. 323 pag. S.

109 Joseph Poll: Die Proskesche Musikbibliothek von heute, in: Die Kirchenmusik 4 (1941) S. 42–44.

110 Vgl. Joseph Poll: Verzeichnis der luftschutzgesicherten Werke der Proske-Bibliothek, Autograph, 6 Bl., in: BZAR OA 3025.

Dr. August Scharnagl (1914–2007) betreute die Proskesche Musiksammlung mehr als 30 Jahre lang von 1955 bis 1988. Die Fotografie von Ernst Berger wurde 1968 in den alten Räumen der Proske-Sammlung im Parterre des Bischöflichen Palais (Niedermünsterstiftsgebäude) aufgenommen. A. Scharnagl studiert ein vom evangelischen Kantor Johann Buchmayer (ca. 1520–1591) im Jahr 1560 geschriebenes Chorbuch mit vokalpolyphonen Messen und Motetten (D-Rp C 100). Aufgeschlagen ist eine Stelle aus dem Gloria (Quoniam tu solus sanctus) aus der Missa „Bewahr mich Herr" von Johann Buchmayer (Bl. 47v–48r).
Bildnachweis: Hauptabteilung Presse und Öffentlichkeitsarbeit der Stadt Regensburg, Bilddokumentation, Berger.

Bedeutung entsprechende Darstellung gefunden hat, nämlich: Die Regensburger Kirchenmusikreform im 19. Jahrhundert"[111]. Der Bischof genehmigte das Gesuch und verwies den Antragsteller darauf, „*sich deshalb mit dem Bibliothekar Msgr. Josef Poll, Stiftsdekan an der Alten Kapelle in Regensburg, ins Benehmen zu setzen*"[112]. Mit dem zitierten Schriftwechsel liegt uns die erste Kontaktaufnahme von Dr. August Scharnagl (1914–2007) – so der Name des jungen Forschers – zur Proske-Bibliothek vor, die er schon wenige Jahre später selber betreuen sollte, über einen Zeitraum von mehr als 30 Jahren. Von Anfang an ergab sich eine enge Zusammenarbeit zwischen dem Studienrat Scharnagl und Msgr. Poll, der in seinen letzten Lebensjahren durch ein Augenleiden in seiner Tätigkeit stark eingeschränkt war. Am 11. November 1953 konnte Scharnagl – seit 1951 neben seiner Lehrertätigkeit in Straubing auch Lehrbeauftragter für Musikwissenschaft an der Philosophisch-Theologischen

111 Brief von August Scharnagl an Bischof Michael Buchberger, Straubing, 14. September 1947, in: BZAR OA 3025.
112 Antwortschreiben des Generalvikars Josef Franz im Auftrag des Bischofs an August Scharnagl, Regensburg, 30. September 1947, in: BZAR OA 3025.

Hochschule in Regensburg[113] – eine erste Kostprobe seiner Studien über die Kirchenmusikreform in einem Carl Proske gewidmeten Vortrag beim *Historischen Verein für Oberpfalz und Regensburg* der Öffentlichkeit vorstellen.[114] Und als Joseph Poll am 7. Februar 1955 starb, fand das Domkapitel in der Person des Straubinger Musikforschers den geeigneten Nachfolger in der Fortführung der Bibliotheksarbeit[115], die dieser neben seiner hauptberuflichen Lehrtätigkeit gleichwohl nur nebenamtlich ausüben und nach eigener Aussage *„jeweils nur an einem Tage anwesend sein konnte“*[116].

Dennoch gelang es ihm, das anfallende bibliothekarische Tagesgeschäft mit Professionalität und Routine zu bewältigen, wie sein *Arbeitsbericht für das Jahr 1957*[117] ausweist, in dem die Erledigung der Korrespondenz aus dem In- und Ausland, die *„Anfertigung von Microfilmen und deren Abgabe“* sowie die Betreuung persönlich anwesender Benutzer einen breiten Raum einnehmen. Besondere Beachtung zieht indessen folgender Passus im Arbeitsbericht auf sich: *„Nach den durch* [das] *Répertoire International des Sources Musicales – Deutsche Arbeitsgruppe, Bayerische Staatsbibliothek, München durchgeführten Arbeiten zur Aufnahme der Musik-Sammeldrucke des 16. und 17. Jahrhunderts steht die Proskesche Musikbibliothek mit 240 Sammeldrucken nach der Bayerischen Staatsbibliothek München von allen westdeutschen Bibliotheken an 2. Stelle.“* Angesprochen ist damit die bereits in das Jahr 1954 zurückreichende Entscheidung Bischof Buchbergers, die älteren Musikdrucke der Proskeschen Bibliothek durch die am 1. Juni 1953 an der Bayerischen Staatsbibliothek in München gegründete Deutsche Arbeitsgruppe des *Internationalen Quellenlexikons der Musik* bibliographisch vor Ort in Regensburg erfassen zu lassen. Einen Monat zuvor, am 1. Mai 1953, hatte in Paris die französische Arbeitsgruppe die praktische Arbeit an dem seit Jahren geplanten Projekt aufgenommen, durch eine Kooperation der sechs größten Musikaliensammlungen der Welt (Library of Congress Washington, British Museum London, Bibliothèque Nationale de France Paris, Biblioteca di Santa Cecilia Roma, Österreichische Nationalbibliothek Wien und Bayerische Staatsbibliothek München) die 1877 und 1899–1904 erschienenen Musikalischen Quellenlexika Robert Eitners durch eine zeitgemäße Neuerfassung weltweiter Quellenbestände zu ersetzten. Im Dezember 1953 hatte sich die damalige Leiterin der deutschen Arbeitsgruppe, Frau Dr. Liesbeth Weinhold, erstmals an die Leitung der Proske-Bibliothek gewandt mit der Bitte um Unterstützung des Projekts durch die Erlaubnis, die Regensburger Bestände bibliographisch erfassen zu dürfen.[118] Der noch amtierende Verwalter der Sammlung, Stiftsdekan Prälat Joseph Poll, befürwortete Bischof Buchberger gegenüber als eine seiner letzten Weichenstellungen die Beteiligung der Proske-Bibliothek an dem monumentalen Plan[119], worauf die oberhirtliche Genehmigung erfolgte. Ein erster, einwöchiger Arbeitsaufenthalt von Frau Dr. Weinhold und ihrer Mitarbeiterin, Frau Dr. Hella Gensbaur, in Regensburg ab dem 17. Mai 1954 bildete nur den Auftakt zu einer sich über Jahre und Jahrzehnte erstreckenden Zusammenarbeit zwischen dem RISM

---

113 Vgl. August Scharngl: Artikel „Scharnagl, August“, in: Die Musik in Geschichte und Gegenwart. Allgemeine Enzyklopädie der Musik, hrsg. v. Friedrich Blume, Kassel u.a., Bd. 11 (1963) Sp. 1601. Weitere biographische Details bei: Franz A. Stein: Er hütet den Schatz der Musica sacra; der Custos der Proske-Bibliothek, Dr. August Scharnagl, ist 70, in: Musica Sacra 104 (1984) S. 305; Robert Münster: August Scharnagl zum 80. Geburtstag, in: Musik in Bayern 48 (1994) S. 5f.; Johannes Hoyer: Musica sacra – Musica bavarica; zum 80. Geburtstag von Prof. Dr. Dr. h.c. August Scharnagl, in: Musica Sacra 114 (1994) S. 322f.

114 Vgl. hierüber die Zeitungsberichte in: Mittelbayerische Zeitung (Ausgabe A) Nr. 263, 13. November 1953; Tages-Anzeiger – Regensburger Anzeiger (Ausgabe A) Nr. 206, 13. November 1953.

115 In diesem Sinn äußerte sich der BGR Friedrich Dobmayer, der 1916 als Hilfskraft unter der Anleitung Karl Weinmanns in der Bibliothek arbeitete (vgl. Anm. 62), in einer Karte an A. Scharnagl vom 2. Mai 1955 (in: BZAR OA 3025): „[…], *daß ich Ihre Hilfe und Tätigkeit in der Proske-Bibliothek als eine Fügung betrachte, die mich von Sorgen befreit, die aber auch von oberhirtlicher Stelle Anerkennung finden wird, sobald ich darüber berichten werde.*“

116 Scharnagl: Die Proskesche Musiksammlung, 1981 (wie Anm. 1) S. 142.

117 Scharnagl: Proskesche Musikbibliothek Regensburg, Arbeitsbericht für das Jahr 1957, maschinenschriftlich, 1 Bl., in: BZAR OA 3925.

118 Liesbeth Weinhold an Joseph Poll, München, Dezember 1953, in: BZAR OA 3025, Faszikel „Verhandlungen mit RISM 1953–1964“.

119 Brief Joseph Polls an Bischof Michael Buchberger vom 23. April 1954. in: BZAR OA 3025, Faszikel „Verhandlungen mit RISM 1953–1964“.

und der Proske-Bibliothek auch bei den an die *Sammeldrucke*[120] anschließenden Folgeprojekten, wie insbesondere den *Einzeldrucken vor 1800*[121], den *Theoretika*[122] und dem *Deutschen Kirchenlied*[123].

Wurden diese bibliographischen Projekte in den ersten Monaten noch von Joseph Poll in seinem letzten Lebensjahr betreut, so setzte ab 1955 August Scharnagl die Kooperation mit dem RISM fort. Als zu Beginn des Jahres 1959 die Arbeit an den Musiktheoretika aufgenommen werden sollte, begründete Liesbeth Weinhold ihm gegenüber den frühestmöglichen Beginn in Regensburg mit den Worten: *„Der Proske-Bestand in Regensburg ist einer der bedeutendsten und umfänglichsten, weshalb wir ihn gern als Grundlage für die Erfassung an anderen Bibliotheken an den Anfang der Arbeit stellen möchten.“*[124]

Zum 100. Todestag von Carl Proske am 20. Dezember 1961 initiierte August Scharnagl eine von ihm geplante und organisatorisch durchgeführte große Gedächtnisausstellung im Museum der Stadt Regensburg. Es war dies – nach der erstmaligen Ausstellung im Jahr 1932 – die zweite öffentliche Präsentation von Beständen aus der Proske-Sammlung. Das zur Ausstellung erschienene Faltblatt[125] weist die aufgeführten Exponate unter vier Themengruppen aus: *I. Dokumente zu Proskes Leben*, *II. Proske als Herausgeber*, *III. Aus der Proskeschen Musikbibliothek* und *IV. Regensburger Tradition*. Der Eröffnungsvortrag, in dem Scharnagl die Ursprünge der Musiksammlung und das Reformwerk Proskes fokussierte, fand zu Beginn des Folgejahres 1962 seine Drucklegung.[126] Nach dem Umzug in die Räume der Bischöflichen Zentralbibliothek am St. Petersweg sollten Ausstellungen zu wechselnden Themen aus dem Bereich der Musiksammlung zu einer regelmäßigen Einrichtung werden.

Wie seine Vorgänger war auch Scharnagl an der Bestandserweiterung interessiert. Auf ihn geht das Bestreben zurück, nicht allein die Nachlässe der Amtsvorgänger (Jacob, Weinmann, Poll) für die Bibliothek zu gewinnen, was bereits vor ihm Usus war, sondern darüber hinaus auch solche von Sammlern oder Komponisten, deren Werke den Bestand in sinnvoller Weise ergänzen. So gelang es ihm, die Kompositionsautographen unter anderem der regional bedeutsamen Komponisten Adalbert Hämel (1860–1932), Alfons Stier (1877–1952), Karl Wimmer (1889–1971) und Bruno Steinhauer (1908–1978) einzuwerben und damit auch Musik des 20. Jahrhunderts für die Proske-Sammlung zu erschließen. Aber auch der Zugang älterer Bestände, wie die Musikalien des Regensburger Liederkranzes oder Musikhandschriften aus der Stadtpfarrkirche St. Jakob in Straubing, St. Martin in Amberg und St. Salvator in Nördlingen fielen in seine Wirkungszeit.

Die einschneidendste Veränderung während seiner Ära war zweifelsohne 1972 der Umzug der Proske-Bibliothek und ihre Integrierung als nunmehrige Proskesche Musikabteilung in die Bischöfliche Zentralbibliothek, welchen Vorgang Scharnagl als verantwortlicher Kustos zu begleiten hatte. Damit standen nicht nur weiträumige und bibliotheksgerechte Magazine für die Archivierung der wertvollen Materialien zur Verfügung, sondern es wurden den Benutzern auch deutlich verbesserte Arbeitsbedingungen in einem großzügigen Lesesaal mit einer musikwissenschaftlichen Handbibliothek geboten. Zur Aufnahme eines geregelten Bibliotheksbetriebes zählte von Anfang an die Zuteilung eines Etats für Neuerwerbungen, an dem die Musikabteilung ihren Anteil hatte. Zur Katalogisierung der gedruckten Neuzugänge durch die Katalogabteilung wurden die Signaturgruppen *Mus.*

---

120 Recueils imprimés Bd. 1: XVIe–XVIIe siècles, Liste chronologique, München 1960 und Bd. 2: XVIIIe siècles, München u.a. 1964 (RISM B/I).

121 Einzeldrucke vor 1800. Red.: Karlheinz Schlager, Bd. 1–9, München 1971–1981, Addenda Bd. 11–14, Kassel u.a. 1986–1999 (RISM A/I).

122 Écrits imprimés concernant la musique, ouvrage publié sous la direction de François Lesure, 2 Bde., München u.a. 1971 (RISM B/VI).

123 Das Deutsche Kirchenlied DKL. Kritische Ausg. der Melodien. Hrsg. v. Konrad Ameln [u.a.], Bd. I, Teil: Verzeichnis der Drucke, Kassel u.a. 1975 (RISM B/VIII).

124 Brief von Liesbeth Weinhold an August Scharnagl, München, 14. Januar 1959, in: BZAR OA 3025, Faszikel „Verhandlungen mit RISM 1953–1964“.

125 Dr. Karl Proske † 20. Dezember 1861. Ausstellung zum 100. Todestag. [Dauer der Ausstellung: 18. Dezember 1961 bis 31. Januar 1962], Museum der Stadt Regensburg, Regensburg [1961]. Mit einem Einführungstext „Dr. Karl Proske“ von August Scharnagl (BZBR Mus. th. 5036/11).

126 August Scharnagl: Dr. Karl Proske – Leben und Werk. Gedenkrede, gehalten anläßlich der Eröffnung der Gedächtnisausstellung im Museum der Stadt Regensburg am 18. Dezember 1961, in: Der Zwiebelturm. Monatsschrift für das Bayerische Volk und seine Freunde 17 (1962) S. 2–4.

Proskes „Mappenbibliothek“ (Pr-M). In den Mappen wurden Proskes eigenhändige Spartierungen aufbewahrt. Im Vordergrund: Beispiel einer der ursprünglichen Mappen. Dahinter: Die heutige Aufgewahrung der Manuskripte in säurefreien Archivkartons.

th. (Musica theoretica: wissenschaftliche Sekundärliteratur) – in die auch die bis dahin noch unkatalogisierten Theoretika der Sammlung F. X. Haberl aufgenommen wurden – und *Mus. pr.* (Musica practica: Einzel- und Gesamtausgaben von Musikalien) eingeführt. Die Erwerbungskriterien, die Scharnagl 1981 formulierte, haben nach wie vor ihre Gültigkeit: „*Bei den Neuanschaffungen werden natürlich solche Werke berücksichtigt, die nach der eigentlichen Zweckbestimmung der Musikbibliothek* [sprich heute: Musikabteilung] *der kirchenmusikalischen Forschung dienen, außerdem Nachschlagewerke, Lexika und Biographien.*“[127]

Trotz seiner bibliothekarischen Arbeit hörte Scharnagl, der 1957 zu den Mitbegründern der *Gesellschaft für Bayerische Musikgeschichte e. V.* zählte, nicht auf, sich aktiv an der Musikforschung zu beteiligen und pflegte eine beeindruckende Publikationstätigkeit, wie das von Thomas Emmerig 1994 veröffentlichte *Schriftenverzeichnis Dr. August Scharnagl* ausweist.[128] Die Arbeiten zur Regensburger Kirchenmusik sowie zur Geschichte und den Beständen der Proskeschen Sammlung bilden darin natürlich einen wiederkehrenden Schwerpunkt. Sein 1947 angekündigtes Forschungsvorhaben zur Regensburger Kirchenmusikreform verwirklichte Scharnagl nicht nur in einer beträchtlichen Anzahl von einschlägigen Einzelbeiträgen, sondern auch in der 1980 erschienenen monographischen *Einführung in die katholische Kirchenmusik*[129]. Für sein vielfältiges Schaffen wurde er mit zahlreichen Ehrungen ausgezeichnet.[130]

Wurden die historischen Musikdrucke der Proske-Sammlung in der internationalen Bibliographie des RISM nachgewiesen[131], so eröffnete sich noch während der letzten Jahre der Ära Scharnagl eine weitere Option für die überregionale Präsentation der Musikhandschriften. 1971 erschien im Münchener Verlag G. Henle unter der Herausgeberschaft der damaligen Generaldirektion der Bayerischen Staatlichen Bibliotheken der erste Band einer neuen Reihe *Kataloge Bayerischer Musiksammlungen*. Der Bearbeiter, Dr. Robert Münster, damals noch Mitarbeiter, später Leiter der Musikabteilung in der Bayerischen Staatsbibliothek, war zugleich der Initiator der Reihe. In einem Rückblick fasste er die Zielsetzung

127 Scharnagl: Die Proskesche Musiksammlung 1981 (wie Anm. 1) S. 145f.

128 Thomas Emmerig: Schriftenverzeichnis Dr. August Scharnagl, in: Musik in Bayern 48 (1994) S. 113–124.

129 August Scharnagl: Einführung in die katholische Kirchenmusik. Ein Überblick über die Geschichte, Wilhelmshaven 1980. 2. Aufl. (1998), 3. Aufl. (2003).

130 Darunter der päpstliche Verdienstorden *Pro ecclesia et pontifice* (1972), die Albertus-Magnus-Medaille der Stadt Regensburg (1980), die Orlando-di-Lasso-Medaille des Allgemeinen Cäcilienverbandes (1984), das Bundesverdienstkreuz am Bande (1984) und das Ehrendoktorat des *Istituto di Musica Sacra* in Rom (1989).

131 Mit der Veröffentlichung der Serie RISM A/I auf CD-ROM besteht seit 2011 auch die Möglichkeit einer bibliotheksspezifischen Suche nach den in D-Rp vorhandenen Einzeldrucken vor 1800: Répertoire International des Sources Musicales A/I: Einzeldrucke vor 1800 [Bd. 1.1971–15.2003]. Datenbank auf CD-ROM, publ. par la Société Internationale de Musicologie et l'Association Internationale des Bibliothèques Musicales, Kassel 2011.

der Kataloge zusammen.[132] Es ging um die fachgerechte Erschließung und Erhaltung von Musikbeständen in kirchlichem Besitz, die im Zuge der Säkularisation von 1803 als vermeintlich sakrale Gebrauchsmusik ohne Wert nicht konfisziert worden waren, aber bis dahin vielmals unbeachtet und unerschlossen, in konservatorisch oftmals bedenklichem Zustand in Kirchen- und Pfarrarchiven lagerten. Schon bald weitete sich die Reihe auf kostbare Musikalien kirchlicher und nichtkirchlicher Institutionen aus.

Seit den 80er Jahren des 20. Jahrhunderts ist die Bischöfliche Zentralbibliothek Regensburg durch Vermittlung und jahrelange Mitarbeit von Frau Dr. Gertraut Haberkamp, der damaligen Leiterin der Arbeitsgruppe Deutschland des RISM, an dem Projekt mit einer eigenen Unterreihe beteiligt. Die Musikaliennachlässe eines Carl Proske, Franz Xaver Haberl, Franz Xaver Witt und der Brüder Mettenleiter waren geradezu prädestiniert für eine Erfassung in den *Katalogen Bayerischer Musiksammlungen*. Seit den Anfängen erschienen bislang 15 Bände, in denen nicht nur die genannten Nachlässe, sondern auch die in die Proskesche Musikabteilung übernommenen Musikalien aus dem Regensburger Dom, den Kollegiatstiften Unserer Lieben Frau zur Alten Kapelle und zu den Heiligen Johann Baptist und Johann Evangelist in Regensburg sowie der Stadtpfarrkirche St. Jakob in Straubing, weiterhin die Musikerkorrespondenz aus dem Nachlass F. X. Witt und die Liturgika der Proske-Sammlung auf Grundlage der von der Deutschen Forschungsgemeinschaft erarbeiteten Richtlinien für Handschriftenkatalogisierung erschlossen worden sind:

Bischöfliche Zentralbibliothek Regensburg: Thematischer Katalog der Musikhandschriften. – München: Henle. – (Kataloge Bayerischer Musiksammlungen; 14, ...)

1. Sammlung Proske. Manuskripte des 16. und 17. Jahrhunderts aus den Signaturen A.R., B, C, AN / beschrieben von Gertraut Haberkamp. Mit einer Geschichte der Proskeschen Musiksammlung von August Scharnagl und einem Vorwort von Paul Mai. – 1989. – XXX, 418 S.
2. Sammlung Proske. Manuskripte des 18. und 19. Jahrhunderts aus den Signaturen A.R., C, AN / beschrieben von Gertraut Haberkamp und Jochen Reutter. – 1989. – XXXX, 194 S.
3. Sammlung Proske. Mappenbibliothek / beschrieben von Gertraut Haberkamp und Jochen Reutter. – 1990. – XXIV, 578 S.
4. Kollegiatstift Unserer Lieben Frau zur Alten Kapelle, Dom St. Peter und Kollegiatstift zu den Heiligen Johann Baptist und Johann Evangelist in Regensburg / beschrieben von Christopher Schweisthal. – 1994. – IX, 592 S.
5. Stadtpfarrkirche St. Jakobus und Tiburtius in Straubing / beschrieben von Christopher Schweisthal. – 1995. – XVIII, 248 S.
6. Bibliothek Franz Xaver Haberl. Manuskripte BH 7866 bis BH 9438 / beschrieben von Johannes Hoyer. Mit einem Vorwort von Paul Mai. – 1996. – XXXV, 275 S.
7. Bibliothek Franz Xaver Haberl. Manuskripte BH 6001 bis BH 6949 / beschrieben von Dieter Haberl. Mit einem Vorwort von Paul Mai. – 2000. – XLII, 360 S.
8. Bibliothek Franz Xaver Haberl. Manuskripte BH 7055 bis BH 7865. Anhang BH 8076 bis BH 9340 / beschrieben von Dieter Haberl. – 2000. – S. 361–811.
9. Sammlung Mettenleiter. Autoren A bis P / beschrieben von Gertraut Haberkamp unter Mitarbeit von Bernat Cabero Pueyo. – 1998. – XXXIV, 328 S.
10. Sammlung Mettenleiter. Autoren Q bis Z. Anonyma und Sammlungen / beschrieben von Gertraut Haberkamp unter Mitarbeit von Bernat Cabero Pueyo. – 1998. – S. 329–654.
11. Manuskripte der Signaturengruppe Mus. ms. Autoren A bis P / beschrieben von Raymond Dittrich. Vorwort von Paul Mai. – 2004. – XXVI, 335 S.
12. Manuskripte der Signaturengruppe Mus. ms. Autoren Q bis Z. Anonyma und Sammlungen / beschrieben von Raymond Dittrich. – 2004. – S. 336–811.

132 Robert MÜNSTER: Die Kataloge Bayerischer Musiksammlungen, in: Bibliotheksforum Bayern 20 (1992) S. 169–178. Ergänzend hierzu: DERS.: Vorgeschichte und Ergebnisse der DFG-geförderten Musikhandschriften-Katalogisierung in Bayern. Die von München aus betreuten Projekte mit den Beiträgen von RISM, in: Entwicklungen und Bestände. Bayerische Bibliotheken im Übergang zum 21. Jahrhundert. Hermann Holzbauer zum 65. Geburtstag. Unter Mitarbeit v. Stefan Kellner u. Christian Büchele hrsg. v. Klaus Walter LITTGER, Wiesbaden 2003, S. 181–193.

13. Musikerbriefe der Autoren A bis R / beschrieben von Dieter Haberl. Vorwort von Paul Mai. – 2007. – XXXIX, 598 S.
14. Musikerbriefe der Autoren S bis Z und biographische Nachweise / beschrieben von Dieter Haberl. – 2007. – S. 599–1184.
15. Die Liturgika der Proskeschen Musikabteilung. Drucke und Handschriften der Signaturengruppe Ch. Mit einem Anhang der handschriftlichen Gesangbücher aus den Signaturengruppen Kk und Kp / beschrieben von Raymond Dittrich. Vorwort von Paul Mai. – 2010. – XXI, 605 S.
16. Die Musikernachlässe der Proskeschen Musikabteilung / beschrieben von Raymond Dittrich. Vorwort von Paul Mai. – In Vorbereitung.

Die Proskesche Musikabteilung seit 1989

Als sich der inzwischen fast 75-jährige August Scharnagl aus Altersgründen Ende 1988 aus der Bibliotheksarbeit zurückzog, schuf das Bistum zum 1. Januar 1989 eine eigene Personalstelle des höheren Bibliotheksdienstes für die Musikabteilung, um der kontinuierlich steigenden Nachfrage an die Bestände seitens der Musikwissenschaft und einer bibliothekarisch verantwortlichen Bestandspflege gerecht werden zu können. In den Aufgabenbereich des jeweiligen Stelleninhabers fällt vorrangig die konservatorische Erhaltung des Quellenmaterials (gegebenenfalls Einleitung von Restaurierungsmaßnahmen) und die Sicherung des Inhalts (Sicherheitsverfilmungen und Digitalisierungen), die Bestandserschließung (Katalogisierung von noch unerschlossenen Teilen des handschriftlichen Altbestands[133] sowie der neueren Nachlässe), die Bestandserweiterung (Erwerbung von bestandsbezogenen Neuerscheinungen, antiquarische Ergänzungen des Altbestandes, Einwerben von Vor- und Nachlässen), die Benutzerbetreuung (Beantwortung schriftlicher und telefonischer Anfragen, Betreuung einer internationalen Besucherschaft vor Ort, Verwaltung von Reproduktionsaufträgen für Forschung und Praxis), die Vermittlungs- und Öffentlichkeitsarbeit (Ausstellungs- und Publikationstätigkeit) und im Bedarfsfall die Kooperation mit anderen Einrichtungen bevorzugt des Bistums (Hochschule für katholische Kirchenmusik und Musikpädagogik, Allgemeiner Cäcilienverband für Deutschland) und weiteren wissenschaftlichen Institutionen (u. a. Musikwissenschaftliches Institut der Universität Regensburg, Gesellschaft für Bayerische Musikgeschichte, Orlando-di-Lasso-Gesamtausgabe der Musikhistorischen Kommission an der Bayerischen Akademie der Wissenschaften).

Insbesondere die Handschriftenkatalogisierung im Rahmen der *Kataloge Bayerischer Musiksammlungen* erwies sich von Anfang an als ein Schwerpunkt der Arbeit. Aufgrund des qualitativ hochwertigen Quellenmaterials und des internationalen Renommees der Sammlung fand die Bestandserfassung – parallel zu den kontinuierlich betriebenen Erschließungsarbeiten des jeweiligen fest angestellten Bibliothekars – seit 1990 bereits mehrfach mehrjährige Förderungen durch das Instrument der *Wissenschaftlichen Literaturversorgungs- und Informationssysteme* (LIS) der *Deutschen Forschungsgemeinschaft* (DFG). Mit Hilfe dieser Förderung konnten zunächst zwischen 1990 und 1994 die Regensburger Musikhandschriften aus dem Dom, der Alten Kapelle, St. Johann und der Stadtpfarrkirche St. Jakobus in Straubing beschrieben und durch gedruckte Kataloge der wissenschaftlichen Nutzung zugänglich gemacht werden.[134] Gleichzeitig begann 1992 die Erfassung des umfangreichen musikalischen Nachlasses von Franz Xaver Haberl. Von den drei bis zum Jahr 2000 vorgelegten opulenten Katalogbänden mit mehr als tausend Seiten Gesamtumfang entstanden zwei mit Förderung durch die DFG.[135] Zwei weitere mit Hilfe der DFG erarbeitete Bände nehmen inso-

133 Im Unterschied zu den handschriftlichen Quellen werden gedruckte Theoretika und Praktika nicht von der Musikabteilung erschlossen, sondern durch die Katalogabteilung für den Online-Katalog des Bibliotheksverbundes Bayern (B3Kat).

134 Vgl. KBM 14/4 und 14/5. Der Musikwissenschaftler Dr. Christofer Schweisthal arbeitete vom 1. Juli 1990 bis 30. Juni 1994 als DFG-Mitarbeiter in der BZBR.

135 KBM 14/6–8. Während KBM 14/6 durch den damaligen Bibliotheksstelleninhaber Dr. Johannes Hoyer (Mitarbeiter in BZBR vom 15. Mai 1992 bis 31. Juli 1995) erarbeitet wurde, verfasste Dr. Dieter Haberl KBM 14/7 und KBM 14/8 im Auftrag der DFG von 1. Oktober 1995 bis 31. März 2000.

fern eine Sonderstellung ein, als sie nicht wie die Vorgängerkataloge mehrstimmige Musikhandschriften verzeichneten, sondern eine Gattung, die für die Musikwissenschaft zunehmend an Bedeutung gewinnt: Musikerbriefe, in diesem Fall das immense Korpus der Musikerkorrespondenz aus dem Nachlass Franz Xaver Witts.[136] Dieser handschriftliche Bestand ist nach den DFG-Anforderungen erstmals auch online über den Verbundkatalog der Nachlässe und Autographen *Kalliope*[137] recherchierbar.

Die Erschließung eines weiteren Sondergutes findet gegenwärtig die Förderung der Deutschen Forschungsgemeinschaft: das im Jahr 2011 in die Bischöfliche Zentralbibliothek übernommene Archiv des Verlags Friedrich Pustet. Für das Bistum Regensburg ist die Geschichte des Pustet-Verlages von immenser Bedeutung. Seit 1826 in Regensburg ansässig, kristallisierten sich als thematische Schwerpunkte der Produktion neben der Theologie schon bald die Liturgik und die katholische Kirchenmusik in Theorie und Praxis heraus. Von spätestens 1827 bis 1978 unterhielt der Verlag eine eigene Musikalienproduktion. Diese erlangte ihren Höhepunkt mit der Spezialisierung auf Werke der kirchenmusikalischen Reformbewegung. Nicht nur Carl Proskes *Musica divina* und Johann Georg Mettenleiters *Enchiridion chorale* wurden von Pustet verlegt, sondern auch die Musikdrucke und Zeitschriften des Regensburger Cäcilianismus. Bis in die siebziger Jahre des 20. Jahrhunderts hinein boten Editionsreihen des Pustet-Verlages wie *Musica divina* (im Auftrag des Instituts für Musikforschung Regensburg hrsg. von Bruno Stäblein 1950–1966), *Regensburger Tradition* (hrsg. von Domkapellmeister Theobald Schrems 1956–1958), *Cantantibus organis* (hrsg. von Domorganist Eberhard Kraus 1958–1976) und *Geistliche Liedkantaten* (hrsg. von Eduard Quack 1962–1964) sowie Einzeleditionen ein überregionales Forum für historische und zeitgenössische Kirchenmusik. 1849 druckte Pustet ein *Missale romanum ex decreto sacrosancti concilii tridentini restitutum* und begründete damit seinen Ruf als Druckerverleger liturgischer Bücher. 1858 wurde Pustet mit dem Ehrentitel eines *Typographus Apostolicus* ausgezeichnet, 1870 zum Typographen der Ritenkongregation ernannt und erhielt ein 30-jähriges Druckprivileg. 1884 erlangte der Verlag darüber hinaus das Privileg zur Herstellung der *Editio typica*, also von Ausgaben, die als verbindliche Vorlagen für alle weiteren Nachdrucke zu dienen hatten. Pustet gewann damit in den letzten Jahrzehnten des 19. Jahrhunderts die zentrale Stellung für den Druck autorisierter Liturgika. Internationales Aufsehen und eine damit einhergehende wissenschaftliche Kontroverse entspann sich um den Nachdruck der Graduale-Ausgabe des römischen Typographen Medicaea von 1614/1615 (*Graduale iuxta ritum sacrosanctae Romanae ecclesiae*). Die europaweit geführte Auseinandersetzung, in die der Verleger Pustet stark involviert war, ging als „Regensburger Choralstreit" in die Liturgiegeschichte ein. Neben der musikalischen und liturgischen Produktion engagierte sich Pustet von Anfang an stark im Bereich der Erbauungs- und Volksliteratur. Hier nehmen die Werke der religiösen Volksschriftsteller Leonhard Goffiné (1648–1719) und Georg Ott (1811–1885) einen besonderen Stellenwert ein.[138] Die von der Bischöflichen Zentralbibliothek übernommenen Archivmaterialien stellen wertvolle Primärquellen bereit zur Aufarbeitung sowohl der Verlagsgeschichte, deren neuere Darstellung noch aussteht, wie auch zur Erforschung von für einzelne Disziplinen (Literatur-, Musik-, Choral-, Liturgiewissenschaft und Kunstgeschichte) bedeutsamen Aspekten.[139]

Auch nach Abschluss der Arbeit an den Drucken der Proske-Sammlung bekundete das *Répertoire International des Sources Musicales* Interesse an den Musikhandschriften. So entstand in mehreren jeweils einwöchigen Arbeitsbesuchen der Leiterin der Arbeitsgruppe Deutschland des RISM, Frau

136 KBM 14/13–14, ebenfalls von Dr. Dieter Haberl verfasst.

137 http://kalliope.staatsbibliothek-berlin.de/

138 Vgl. Pfarrer Georg Ott (1811–1885). Ein theologischer Bestsellerautor des Verlags Pustet im 19. Jahrhundert. Zum 200. Geburtstag. Ausstellung in der Bischöflichen Zentralbibliothek Regensburg, 28. November 2011 bis 2. März 2012, Regensburg 2012 (Bischöfliches Zentralarchiv und Bischöfliche Zentralbibliothek Regensburg, Kataloge und Schriften 31).

139 Für die Erschließungsarbeiten des von der DFG geförderten Projekts konnte abermals Dr. Dieter Haberl gewonnen werden. Die Veröffentlichung der Katalogisate ist sowohl über die Online-Datenbank Kalliope wie – nach Abschluss des Projekts (voraussichtlich 2015) – in einer gedruckten Publikation des Pustet-Verlags geplant.

Dr. Gertraut Haberkamp, die bereits die handschriftlichen Quellen des primären Proske-Bestandes erfasst hatte[140], bis 1998 ein zweibändiger Katalog der Sammlung Mettenleiter.[141]

Die unter der Signaturengruppe *Mus. ms.* (*Musica manuscripta*) summierten Handschriften unterschiedlicher Provenienzen des 18. bis 20. Jahrhunderts sowie die neueren Musiker-Nachlässe und Sondersammlungen werden fortlaufend hausintern erschlossen.[142] Letzteres gilt gleichermaßen für die inzwischen vollständig erfassten Liturgika aus den Sammlungen Proske, Mettenleiter, Witt und Haberl.[143]

Mit dem Umzug in den St. Petersweg war der Musikabteilung nun auch die Möglichkeit zu regelmäßigen Ausstellungen im eigenen Haus gegeben. Und so wurden bereits in den siebziger Jahren ausgewählte Exponate aus der Proskeschen Sammlung jährlich in den Vitrinen des Bibliotheksfoyers präsentiert.[144] Diese bloße Präsentation wich schon bald motivisch fest umrissenen Ausstellungen, wie etwa *Dokumente zur Regensburger Musikgeschichte* (1979), *Dr. Carl Proske zum 120. Todestag* (1981), *Orlando di Lasso zum 450. Todestag* (1982), *Peter Griesbacher zum 50. Todestag* (1983), *F. X. Witt – Joseph Renner jun. – F. X. Engelhart. Aus Anlaß der Generalversammlung des Allgemeinen Deutschen Cäcilienvereins und Görres-Gesellschaft in Regensburg* (1984), *Regensburger Liederkranz* (1987), *Die Tradition des Cäcilienvereins. Zum 100. Todestag von Franz Xaver Witt* (1988) oder *125 Jahre Allgemeiner Cäcilienverband* (1993). Mit der vom Bischöflichen Zentralarchiv und der Zentralbibliothek unter der Herausgeberschaft von Direktor Msgr. Dr. Paul Mai 1987 begründeten Schriftenreihe *Kataloge und Schriften* im Verlag Schnell & Steiner war auch die Musikabteilung in die Lage versetzt, ihre Ausstellungskataloge nicht mehr nur, wie bisher, in wenigen xerokopierten Exemplaren mit kurzen Exponatebeschreibungen aufzulegen, sondern in fachgerechter Buchform zu veröffentlichen. Der dem eigentlichen Katalogteil jeweils vorangestellte Aufsatzteil bot zugleich die Gelegenheit zur Darlegung neuer, aufgrund des ausgestellten Quellenmaterials gewonnener wissenschaftlicher Erkenntnisse. Seit 1994 ist die Proskesche Musikabteilung mit ihren Ausstellungen in der Katalogreihe präsent mit den Titeln *Musica Divina* (1994)[145], *Choralhandschriften in Regensburger Bibliotheken* (1999)[146], *Die Sieben letzten Worte Jesu in der Musik* (2001)[147], *Das Motuproprio Pius X.*

140 KBM 14/1–3.

141 KBM 14/9–10. Frau Dr. Haberkamp katalogisierte für RISM im Anschluss an die Mettenleiter-Sammlung die zu diesem Zweck in die Bischöfliche Zentralbibliothek transferierten neuzeitlichen Musikhandschriften des Benediktinerklosters Metten (1996–2004). In dieser Zeit erledigte die Proskesche Musikabteilung auch sämtliche Anfragen an diesen Bestand. Seit Eröffnung des Bibliotheksneubaus in Metten im Jahr 2009 befinden sich die Handschriften wieder im Klosterbesitz.

142 Ein erster zweibändiger Katalog erschien 2004: KBM 14/11–12. Ein Katalog der Nachlässe ist in Vorbereitung: KBM 14/16. Der Bearbeiter und zugleich Verfasser dieses Beitrags ist seit Dezember 1995 festangestellter Musikbibliothekar der Proskeschen Musikabteilung.

143 KBM 14/15.

144 Nach Ausweis der Jahresberichte aus den Jahren 1976–1979.

145 Musica Divina. Ausstellung zum 400. Todesjahr von Giovanni Pierluigi da Palestrina und Orlando di Lasso und zum 200. Geburtsjahr von Carl Proske in der Bischöflichen Zentralbibliothek Regensburg, 4. November 1994 bis 3. Februar 1995, Regensburg 1994 (Bischöfliches Zentralarchiv und Bischöfliche Zentralbibliothek Regensburg, Kataloge und Schriften 11).

146 Choralhandschriften in Regensburger Bibliotheken. Ausstellung in der Bischöflichen Zentralbibliothek Regensburg, 27. September bis 5. November 1999, Regensburg 1999 (Bischöfliches Zentralarchiv und Bischöfliche Zentralbibliothek Regensburg, Kataloge und Schriften 15).

147 Die Sieben letzten Worte Jesu in der Musik. Ausstellung in der Bischöflichen Zentralbibliothek Regensburg, 6. April bis 23. Mai 2001, Regensburg 2001 (Bischöfliches Zentralarchiv und Bischöfliche Zentralbibliothek Regensburg, Kataloge und Schriften 17).

zur Kirchenmusik (2003)[148], *Franz Xaver Witt* (2009)[149] und *Regensburger Domorganisten* (2011).[150] Und auch an nicht primär musikgeschichtlich gebundenen Themen von Ausstellungen der Bischöflichen Zentralbibliothek beteiligt sich die Musikabteilung, soweit dies sinnvoll und möglich ist.[151]

Pflegte August Scharnagl bereits einen engen Kontakt zum Institut für Musikforschung an der Philosophisch-Katholischen Hochschule in Regensburg, so entstanden nach Aufnahme des Lehrbetriebes an der Universität Regensburg im Jahr 1967 ebenso Beziehungen zum Musikwissenschaftlichen Institut. Gelegenheit zur Zusammenarbeit zwischen der Musikabteilung und dem Institut ergeben sich bis in die Gegenwart unter anderem durch Forschungsprojekte der Universität, bei denen die musikalischen Quellen der Proskeschen Sammlung einbezogen werden können. So veranstaltete die Bischöfliche Zentralbibliothek 1999 eine Ausstellung zum Abschluss des Forschungsvorhabens *Heiligenoffizien* von Prof. Dr. David Hiley zum Thema *Choralhandschriften in Regensburger Bibliotheken*. Die Zentralbibliothek bietet ebenso die Möglichkeit, ihre Räumlichkeiten für musikwissenschaftliche Tagungen zur Verfügung zu stellen, wenn diese in einem thematischen Bezug zum Sammelschwerpunkt der Musikabteilung stehen, wie zuletzt im Jahr 2011 anlässlich des unter Leitung von Lehrstuhlinhaber Prof. Dr. Wolfgang Horn und Dr. Katelijne Schiltz (München) stehenden Internationalen Symposions *Musik und Theorie bei Adrian Willaert und Gioseffo Zarlino*. Hier konnten die Referate durch eine Einbeziehung der vorhandenen Primärquellen vertieft werden. Die Handschriften und Drucke der Proske-Sammlung können aber auch den Gegenstand der Lehre bilden, wenn Seminare zu ausgewählten Quellen in der Bischöflichen Zentralbibliothek gehalten werden.[152] Und nicht zuletzt frequentieren Studierende die Musiksammlung im Rahmen ihrer Examensarbeiten, die nicht selten vom Bibliotheksbestand inspiriert sind. Eine vergleichbare Kooperation besteht mit der Hochschule für katholische Kirchenmusik und Musikpädagogik Regensburg. Wenige Jahre vor der Eröffnung der Bischöflichen Zentralbibliothek publizierte die *Mittelbayerische Zeitung* am 10. Mai 1968 einen Artikel über den in Aussicht genommenen Umzug der Proske-Sammlung in den St. Petersweg im Obermünsterkomplex unter dem Titel *Kostbare Mitgift für die Uni*. Der Autor, Alois Hönle, kommentierte dazu: *„Diese Neuerung wird nicht zuletzt auch der Universität Regensburg zugute kommen, deren Studiosi in dieser originären Bibliothek ein Quellenmaterial finden wer-*

148 Das Motuproprio Pius X. zur Kirchenmusik „Tra le sollecitudini dell'officio pastorale" (1903) und die Regensburger Tradition. Ausstellung in der Bischöflichen Zentralbibliothek, 10. November bis 23. Dezember 2003, Regensburg 2003 (Bischöfliches Zentralarchiv und Bischöfliche Zentralbibliothek Regensburg; Kataloge und Schriften 19).

149 Franz Xaver Witt 1834–1888. Reformer der katholischen Kirchenmusik im 19. Jahrhundert. Ausstellung in der Bischöflichen Zentralbibliothek, 9. Februar bis 29. März 2009, Regensburg 2009 (Bischöfliches Zentralarchiv und Bischöfliche Zentralbibliothek Regensburg, Kataloge und Schriften 25).

150 Regensburger Domorganisten. Zum 150. Todestag von Carl Proske (1794–1861) und zum 80. Geburtstag von Eberhard Kraus (1931–2003). Ausstellung in der Bischöflichen Zentralbibliothek Regensburg, 20. Mai bis 22. Juli 2011, Regensburg 2011 (Bischöfliches Zentralarchiv und Bischöfliche Zentralbibliothek Regensburg, Kataloge und Schriften 30).

151 Gelegenheit hierzu bot zuerst eine große Ausstellung über *Liturgie im Bistum Regensburg* im Jahr 1989, an der sowohl August Scharnagl wie sein unmittelbarer Nachfolger in der Bibliotheksarbeit, Dr. Rafael Köhler, wesentlich beteiligt waren, vgl. Liturgie im Bistum Regensburg von den Anfängen bis zur Gegenwart. Ausstellung anläßlich des Bistumsjubiläums 739–1989 in der Bischöflichen Zentralbibliothek Regensburg, 30. Juni bis 29. September 1989, München [u.a.] 1989 (Bischöfliches Zentralarchiv und Bischöfliche Zentralbibliothek Regensburg, Kataloge und Schriften 3).
Köhler, der von Mai 1989 bis März 1992 die Proskesche Musikabteilung leitete, setzte die Mitarbeit an Ausstellungen der Bibliothek im folgenden Jahr 1990 fort mit einem Katalogbeitrag über den Stiftsdekan und Komponisten Peter Griesbacher anlässlich der Ausstellung über das Kollegiatstift St. Johann in Regensburg, vgl. Rafael Köhler: Stiftsdekan Peter Griesbacher: Kirchenmusik zwischen ‚Choral und Wagner'. Anmerkungen zur Ästhetik der cäcilianischen Kirchenmusik, in: St. Johann in Regensburg vom Augustinerchorherrenstift zum Kollegiatstift 1127 / 1290 / 1990. Festschrift hrsg. im Auftrag des Stiftskapitels v. Paul Mai, München [u.a.] 1990 (Bischöfliches Zentralarchiv und Bischöfliche Zentralbibliothek Regensburg, Kataloge und Schriften 5) S. 253–260.

152 Die Möglichkeit hierzu nutzte in den vergangenen Jahren nicht nur das Musikwissenschaftliche Institut der Universität Regensburg, sondern auch Seminare aus Augsburg und Weimar.

den, wie es in dieser spezifischen Ausrichtung nur mehr ganz wenige Bibliotheken aufweisen."[153] Die Einschätzung hat sich bewahrheitet.

Im Ausblick auf die Zukunft wird die Proskesche Musikabteilung vor allem in folgenden Bereichen gefordert sein: 1.) Fortsetzung der Rekonversion sämtlicher Signaturengruppen des gedruckten Altbestandes für den Bibliotheksverbund Bayern durch die Katalogabteilung der Bischöflichen Zentralbibliothek.[154] Hiervon betroffen sind insbesondere die gedruckten Stimm- und Chorbücher der Gruppen A.R., B, C, AN und BH. 2.) Fortsetzung der Katalogisierung der neueren Musikhandschriften aus vorhandenen und zukünftigen Nachlässen für die *Kataloge Bayerischer Musiksammlungen*.[155] 3.) Die konservatorische Pflege des Altbestands. 4.) Die inhaltliche Sicherung des Altbestands und zugleich Schonung der Originale durch Verfilmung und Digitalisierung. Ein Großteil des Bestandes liegt bereits in Form von Diazo-Mikrofiches vor, die auch für die Benutzung herangezogen werden können, ein kleinerer Teil in hauseigenen Digitalisierungen. Angesichts der begrenzten Lebensdauer sowohl von Filmmaterial wie herkömmlicher Trägermedien, sind Strategien zu einer digitalen Langzeitarchivierung zu erarbeiten. 5.) Gegebenenfalls wäre in weiterer Zukunft auch eine Online-Bereitstellung von Teilen der Sammlung in Erwägung zu ziehen, wie dies für die Stimmbücher des 16. und 17. Jahrhunderts in einem von der *Deutschen Forschungsgemeinschaft* geförderten Projekt der Bayerischen Staatsbibliothek derzeit geschieht.[156] 6.) Online-Katalogisierung der Tonträger und audiovisuellen Medien (Tonbänder, Audiokassetten, Schallplatten, VHS, CDs und DVDs) und Digitalisierung analoger Medien in Auswahl.

153 Alois HÖNLE: „Kostbare Mitgift für die Uni". Die Proske-Musikbibliothek erhält nächstes Jahr eine würdige Heimstätte, in: Mittelbayerische Zeitung Nr. 112, 10. Mai 1968, S. 17. Der Artikel enthält das auch im vorliegenden Katalog wiedergegebene Foto des Arbeitsraums der Proske-Bibliothek im Parterre des Niedermünstergebäudes von Ernst Berger.

154 Diese Arbeit wurde bereits begonnen und ist für folgende Gruppen abgeschlossen: G (214 bibliographische Einheiten), K.u.V. (892), Kk (71), Kp (146), Poll (240), Th, Th A und Th A II (949) und Mus. tx. (1172). Darüber hinaus sind die wissenschaftliche Sekundärliteratur (Mus. th., 7106), die Monographien der Sammlung Buschmann (Busch, 781) und Teile der neueren Notenausgaben (ab Mus. pr. 6600 ff., 8401 bibliogr. Einh.) online erfasst.

155 Nach Abschluss des in Arbeit befindlichen KBM 14/16 (Die Musikernachlässe der Proskeschen Musikabteilung) wäre – unter Voraussetzung der rechtlichen Zustimmung des Verlages G. Henle München – eine Online-Präsentation der 16 Katalogbände auf der Homepage der Bischöflichen Zentralbibliothek Regensburg zu erwägen.

156 Vgl. Sabine KURTH: „Stimmbücher" und mehr an der Bayerischen Staatsbibliothek. Digitalisierung und Online-Bereitstellung der Notendrucke des 16. und 17. Jahrhunderts mit mehrstimmiger Musik, in: Bibliotheks-Magazin. Mitteilungen aus den Staatsbibliotheken in Berlin und München 2012, H. 2, S. 64–68; Jürgen DIET; Frank KRAHL; Sabine KURTH: Die Notendrucke des 16. und 17. Jahrhunderts mit mehrstimmiger Musik in der Bayerischen Staatsbibliothek München: Digitalisierung und Online-Bereitstellung, in: Forum Musikbibliothek 33 (2012) S. 7–11.

Chorbuch, das vom Kantor am Regensburger *Gymnasium Poeticum*, Johann Stengel in der Mitte des 16. Jahrhunderts geschrieben wurde (C 99).
Aufgeschlagen: *Missa Paschalis super Alleluia Resurrexit Dominus* von einem anonymen Komponisten.

Pater Alban Dold OSB (1882–1960) mit Klaus Gamber (1919–1989).

Das Institutum Liturgicum Ratisbonense und die Fragmentesammlung der Bischöflichen Zentralbibliothek Regensburg

von
Karl Josef Benz

Zur Institutsgeschichte

Bei der Entstehung des *Institutum Liturgicum Ratisbonense* treffen sich die unterschiedlichsten Interessen. Da ist zunächst das Interesse des nicht mehr ganz jungen Leiters des Palimpsestinstituts der Erzabtei Beuron, P. Dr. Alban Dold OSB – geboren am 7. Juli 1882 war Pater Alban Dold 1956 etwa 74/75 Jahre alt – an einer Zusammenarbeit mit dem damals noch relativ jungen Priester des Bistums Regensburg Klaus Gamber, der sich mit Eifer vor allem der Erforschung der Liturgie im frühen Mittelalter und ihrer Bücher widmete. Klaus Gamber, geboren am 23. April 1919, war zu dieser Zeit 37/38 Jahre alt. Es wäre interessant zu wissen, wer von den beiden den Anstoß zur engeren Zusammenarbeit gab, die dann schließlich in die Gründung des Liturgiewissenschaftlichen Instituts einmündete. Genauere Auskunft darüber könnte möglicherweise eine intensive Beschäftigung u. a. mit dem Nachlass von Gamber geben, dessen Privatakten, darunter die Korrespondenz seit 1948, als Folge seiner testamentarischen Verfügungen inzwischen in die Universitätsbibliothek Eichstätt gelangt sind. Eines erscheint als relativ sicher, dass nämlich P. Alban Dold es sehr wohl verstanden hat, den Forschungsdrang und Arbeitseifer des noch unerfahrenen jungen, aus gesundheitlichen Gründen von der Seelsorgearbeit befreiten Priesters geschickt zu nützen und ihn gleichsam zum Sprachrohr seiner eigenen Erkenntnisse der frühen Geschichte der römischen Liturgiebücher zu machen. Es lässt aufhorchen und stimmt nachdenklich, dass in relativ kurzer zeitlicher Abfolge noch vor der Gründung oder in den Anfangszeiten des Liturgiewissenschaftlichen Instituts seit 1956 gleich vier Sakramentarstudien von Klaus Gamber erschienen, die expressis verbis in beratender Verbindung mit P. DDr. Alban Dold OSB herausgegeben wurden, so zunächst 1956 die *Wege zum Urgregorianum.*[1] 1957 erschien dann *Das Sakramentar von Monza.*[2], 1958 *Sakramentartypen*[3] und 1960 schließlich *Das Sakramentar von Salzburg.*[4]

Aus dem Vorwort von A. Dold zum erstgenannten Werk *Wege zum Urgregorianum* könnte man schließen, dass die Zusammenarbeit zwischen beiden auf Gamber zurückzuführen ist. Er habe sich bei ihm Rat geholt, so in etwa umschreibt A. Dold die beginnende Zusammenarbeit (vgl. *Wege*, S. VI f.), und das entspricht auch der Darstellung Gambers in seinem Vorwort zu diesem Werk (vgl. *Wege*, S. VII), wobei es wiederum etwas eigenartig anmutet, wenn Gamber in seinem Vorwort A. Dold auf dessen ausdrücklichen Wunsch hin von der Verantwortung für „manche meiner Behauptungen“ entbindet (vgl. *Wege*, S. VII). Wie immer es auch gewesen sein mag, eine genaue Antwort auf die interessante Frage, von wem die ersten Schritte auf ein liturgiewissenschaftliches Forschungszentrum hin

---

1 Wege zum Urgregorianum. Erörterung der Grundfragen und Rekonstruktionsversuch des Sakramentars Gregors d. Gr. vom Jahre 592 in beratender Verbindung mit P. DDr. Alban Dold OSB hrsg. v. Klaus Gamber, Beuron 1956 (Texte und Arbeiten. Abt. I 46).

2 Das Sakramentar von Monza (im Cod. F 1/101 der dortigen Kapitelsbibliothek). Ein aus Einzel-Libelli redigiertes Jahresmessbuch. Untersucht und hrsg. v. P. DDr. Alban Dold, u. Klaus Gamber. Mit Anhang: Ein Scheyerer Sakramentar-Fragment im Monza-Typ, Beuron 1957 (Texte und Arbeiten. Abt. 1, Beiheft 3).

3 Sakramentartypen. Versuch einer Gruppierung der Handschriften und Fragmente bis zur Jahrtausendwende. In beratender Verbindung mit DDr. Alban Dold und Prof. Dr. Bernhard Bischoff, hrsg. v. Klaus Gamber, Beuron 1958 (Texte und Arbeiten. Abt. 1 49/50).

4 Das Sakramentar von Salzburg: seinem Typus nach auf Grund der erhaltenen Fragmente rekonstruiert, in seinem Verhältnis zum Paduanum untersucht. Neu hrsg. v. P. DDr. Alban Dold u. Klaus Gamber, Beuron 1960 (Texte und Arbeiten. Abt.1, Beiheft 4).

getan wurden, wird sich eventuell erst nach intensiver Nachforschung in den entsprechenden Archiven geben lassen.

Die Frage nach den Ursprüngen des Liturgiewissenschaftlichen Instituts verkompliziert sich noch durch die nicht uninteressierten Bemühungen des Paters Emmeram von Thurn und Taxis OSB, dem damaligen Hausherrn von Schloss/Kloster Prüfening. Im Regensburger Bistumsblatt vom 23. Juni 1957 lesen wir auf S. 14:

„Prüfening. P. Emmeram von Thurn und Taxis, seit 33 Jahren Benediktiner der Abtei Neresheim, ist beauftragt, das vom hl. Bischof Otto von Bamberg 1109 gegründete und 1803 in der Säkularisation aufgehobene Kloster wieder aufzurichten. Nun wurde dort ein Institut für Liturgiewissenschaft und Ordensgeschichte geschaffen. P. Alban Dold von Beuron wird es leiten; der ehemalige Expositus von Wolfsegg, Klaus Gamber, wird mitarbeiten und die Deutsche Forschungsgemeinschaft wird die Arbeit unterstützen ...“[5]

Die hier auftauchende Frage nach der Rolle, die P. Emmeram von Thurn und Taxis und die wohl schon seit längerem gehegte Idee einer Neubesiedlung von Kloster Prüfening bei der Gründung des Liturgiewissenschaftlichen Instituts spielten, könnte erst nach gründlichen Forschungen in den entsprechenden einschlägigen Archiven etwa von Neresheim, Beuron und der Familie Thurn und Taxis beantwortet werden. Die oben erkennbare Vorstellung, dass das neue Institut sich auch mit Ordensgeschichte befassen solle, wurde wohl bald fallen gelassen und spielt dann im weiteren Verlauf auch keine Rolle mehr.

Eine andere Frage sollte uns bei der Suche nach den Ursprüngen des Liturgiewissenschaftlichen Instituts noch beschäftigen, nämlich die nach dem Interesse an und der Mitwirkung des Bistums Regensburg bei der Gründung des Instituts. Mit Erstaunen stellt man fest, dass seitens der Bistumsverwaltung bzw. des Bischofs zunächst keinerlei Interesse feststellbar ist. Man hat den Eindruck, dass die dann schließlich in den ersten Junitagen des Jahres 1957 geschehene „Gründung“ – was immer man darunter verstehen mag – des Liturgiewissenschaftlichen Instituts eine reine Privatangelegenheit war, von der man dann nachlesen kann, dass sie im nachhinein den Segen des zuständigen Bischofs, Erzbischof Michael Buchberger (1927–1961), empfing. *„Anläßlich einer Audienz bei Regensburgs damaligem Oberhirten, Erzbischof Dr. Michael Buchberger, bei der P. Emmeram von Thurn und Taxis OSB, Prälat DDr. Wolfram Gamber und H.H. Klaus Gamber anwesend waren, konnte der Gründungsakt vollzogen, oder einfacher ausgedrückt, die bischöfliche Zustimmung für dieses Unternehmen erlangt werden“*.[6] Aus diesen Andeutungen wurde dann auf irgendeine Weise *„im Sommer 1957 die Gründung des Instituts für Ordensgeschichte und Liturgiewissenschaft durch den Bischof von Regensburg im Kloster Prüfening“*.[7] Tatsache scheint zu sein, dass das Bistum seine Mühe hatte mit der Anerkennung der neuen Einrichtung. Im Schematismus des Bistums Regensburg erscheint erst im Jahre 1966 unter der Rubrik *„Stadtdekanat ... Stadtpfarrei S. Georg Prüfening“* Klaus Gamber als *„Leiter des Liturgiewissenschaftlichen Instituts Regensburg“*, bzw. als *„Leiter des Liturgischen Institutes Regensburg-Prüfening“* (Schematismus 1966, S. 2 u. 239). Zwei Jahre später erscheint dann im Schematismus von 1968 unter der Rubrik *„Diözesane und überdiözesane Einrichtungen und Vereinigungen“* das Liturgiewissenschaftliche Institut Regensburg, als dessen Leiter Klaus Gamber angegeben wird (Schematismus 1968, S. XXIX u. 235). Von da an erscheint das Liturgiewissenschaftliche Institut in der ein oder anderen Form regelmäßig im Schematismus des Bistums, welches also das Institut als seine Einrichtung angenommen hat.

Dass die Anfänge des neuen Instituts nicht so glücklich verliefen wie man sich das wohl gewünscht hätte, hat seinen Grund einfach darin, dass die ernsthaften und sachlich kompetenten Mitarbeiter der ersten Stunde bald nacheinander wegstarben. Nachdem man sich im Schloß Prüfening eingerichtet hatte und die ersten Ergebnisse der Forschungsarbeit vorgelegt worden waren, starb unerwartet am

---

5 Regensburger Bistumsblatt 26, 1957, Nr. 25, 23. Juni 1957, S. 14.

6 Paul Mai: Das Institutum Liturgicum Ratisbonense, in: Simandron. Der Wachklopfer. Gedenkschrift für Klaus Gamber (1919–1989), hrsg. v. Wilhelm Nyssen, Köln 1989, S. 303–315, hier 305.

7 Hans-Joachim Schulz: Zum Werk von Klaus Gamber, in: Klaus Gamber, Bibliographie seiner Veröffentlichungen. Bearb. v. Christa Schaffer, unter Mitwirkung v. Helga König u. Cordula Schütz-Fischer, Trier 2002 (Schriften der Universitätsbibliothek Eichstätt 53) S. XI–XVI, XIII.

27. September 1960 der Spiritusrector, der erste Leiter des Instituts, P. Alban Dold.[8] Im Juni 1962 verstarb P. Dr. Petrus Siffrin OSB vom Institutum Liturgicum von San Anselmo in Rom, der Mitarbeiter von Anfang an gewesen war.[9]

Wohl in Sorge um den Fortbestand des Instituts auf entsprechendem wissenschaftlichem Niveau wurden gar Überlegungen angestellt – ob mit oder ohne Mitwirkung der Diözesanverwaltung wäre noch zu erforschen –, das Institut der Philosophisch-Theologischen Hochschule anzugliedern, ein Vorhaben, das, aus welchen Gründen auch immer, nicht verwirklicht wurde[10]. Nachdem auch noch P. Emmeram von Thurn und Taxis und auch Gambers Bruder, DDr. Wolfram Gamber, sich von der Mitarbeit zurückzogen, blieb nur noch Klaus Gamber als Mitarbeiter der ersten Stunde übrig und wurde dann auch folgerichtig Leiter des Liturgiewissenschaftlichen Instituts, mit dem er sich in intensiver wissenschaftlicher Arbeit identifizierte bis zu seinem plötzlichen Heimgang am 2. Juni 1989.

Die Jahre seines Schaffens sind angefüllt mit zahllosen Veröffentlichungen, die u.a. in den Bänden seiner Reihen *Textus patristici et liturgici*, ab 1964 insgesamt 15 Bände., ab 1967 die *Studia Patristica et liturgica*, zusammen 18 Bände und besonders in der eher spirituelle Themen aufgreifenden Reihe der *Beihefte*, die es auf 26 Bände brachte, den Namen des Instituts weithin bekannt machten.[11]

Das Jahr 1972 markiert einen Wendepunkt in der Geschichte des Liturgiewissenschaftlichen Instituts.

Wohl um den Bestand s e i n e s Instituts zu sichern und den engeren Anschluss an das Bistum zu dokumentieren, entschloss sich Klaus Gamber dazu, seine beträchtlich angewachsene Privatbibliothek, die bisher in Schloss Prüfening als Institutsbibliothek genutzt wurde, zusammen mit dem inzwischen angesammelten reichen Arbeitsmaterial dem Bischöflichen Stuhl von Regensburg zu übereignen.

Am 17. Mai 1972 unterzeichneten DDr. Klaus Gamber und der damalige – und heutige – Bibliotheksdirektor Msgr. Dr. Paul Mai einen *Übereignungsvertrag*, in dem es unter anderem heißt: *„2 b: Das von Erzbischof Michael Buchberger und P. DDr. Alban Dold OSB im Jahre 1957 im Kloster Prüfening gegründete Liturgiewissenschaftliche Institut wird im Rahmen der Bischöflichen Zentralbibliothek weitergeführt.“* .[12] Die so neu konstituierte Institutsbibliothek fand ihren Platz in der neu errichteten Bischöflichen Zentralbibliothek wo sich, wie Paul Mai es ausdrückt, optimale Arbeitsbedingungen vorfanden.[13] Dennoch dauerte es bis 1977, bis das Institut durch die von Bischof Dr. Dr. Rudolf Graber am 6. Dezember unterzeichneten Statuten die endgültige rechtliche Grundlage erhielt (BZAR Generalia 1961–1982 600, 32), mehr als zwanzig Jahre nach seiner Gründung. Es ist das gleiche Jahr, in dem, wohl auf Anregung von Klaus Gamber, mit einem zweitägigen Festakt am 5./6. August das zwanzigjährige Bestehen des Instituts großartig gefeiert wurde. Es sollte wohl mehr Interesse an der Arbeit des Instituts geweckt werden, das weithin als ein Einmannbetrieb betrachtet wurde. So schrieb Gamber selbst im Vorfeld der Vorbereitung der Feierlichkeiten an Weihbischof Flügel: *„Nach dem Tod des Gründers des Instituts, P. DDr. Alban Dold OSB im Jahre 1960 und seines Mitarbeiters, P. Dr. Petrus Siffrin OSB im Jahre 1962 war das Institut weitgehend ein Einmannbetrieb.“*[14] Wie eng die Verbindung zwischen Institut und Klaus Gamber gesehen werden konnte, hat Bischof Graber in seiner Ansprache beim Festakt zum Ausdruck gebracht. *„Der Name Klaus Gamber und das Liturgiewissenschaftliche Institut Regensburg, dessen Träger der Bischöfliche Stuhl ist, sind so eng miteinander verbunden, dass sie als deckungsgleich bezeichnet und gegeneinander ausgetauscht werden könnten.“*[15]

Dass die alleinige Verantwortung Klaus Gambers für das Institut dieses teilweise auch belastete, ist eine andere Frage. In zahlreichen Aufsätzen brachte Gamber seine ablehnende Haltung mancher

---

8 Vgl. Mai: Das Institutum (wie Anm. 6) S. 307.
9 Vgl. Mai: Das Institutum (wie Anm. 6) S. 305, 308.
10 Vgl. Mai: Das Institutum (wie Anm. 6) S. 308.
11 Vgl. Schulz: Zum Werk (wie Anm. 7) S. XIII f.
12 Mai: Das Institutum (wie Anm. 6) S. 313.
13 Vgl. Mai: Das Institutum (wie Anm. 6) S. 313.
14 Brief an Weihbischof Karl Flügel vom 3. März 1977, Institutsakten Regensburg, „allgemein, Nachfolge Institutsleitung“.
15 Mai: Das Institutum (wie Anm. 6) S. 314.

Entwicklungen der Liturgiereform zum Ausdruck, was von eher konservativen Kreisen ausgenutzt wurde. Gamber brachte so, ungewollt, das Institut in Verruf. Generalvikar Fritz Morgenschweis wies ihn daher darauf hin, künftig seine private Meinung nicht als Leiter des Instituts zu veröffentlichen.[16] Zugleich entschuldigte er sich bei den Beschwerdeführern, dem Provinzial der Salesianer Don Boscos am 28. Juli 1977 und bei P. Dr. Heinrich Bacht SJ in St. Georgen am 21. September 1979 unter anderem mit dem Hinweis, dass das Institut eigentlich ein *„Ein-Mann-Betrieb"* Gambers sei.

Nachdem Klaus Gamber am 3. Februar 1989 für seine Verdienste mit dem Bundesverdienstkreuz am Bande ausgezeichnet worden war, sollte ihm zu seinem 70. Geburtstag eine Festschrift gewidmet werden. Es sollte seine Gedenkschrift werden, nachdem er am 2. Juni plötzlich heimgerufen worden war. Mehr als dreißig Jahre hatte er dem Liturgiewissenschaftlichen Institut seinen Stempel aufgedrückt. Mit seinem Hinscheiden ging eine Ära in der Geschichte des Instituts zu Ende. Das Institut als solches sollte weiter bestehen.

Es ist nicht Aufgabe dieses Beitrags, Klaus Gambers Rolle und Bedeutung für das Liturgiewissenschaftliche Institut zu würdigen. Dies geschah in seiner Gedenkschrift aus dem Jahr 1989 *Simandron. Der Wachklopfer.*[17]

Die Frage, wie es zunächst weitergehen sollte, wurde von Bibliotheksdirektor Msgr. Dr. Paul Mai nach kurzer Zwischenpause, in der vor allem die Eigentums- und Erbschaftsangelegenheiten geregelt wurden, dahingehend beantwortet, dass der in Liturgiewissenschaft ausgebildete und ausgewiesene Kirchenhistoriker an der Theologischen Fakultät der Universität Regensburg, Prof. Dr. Karl Josef Benz, zunächst zum nebenamtlichen und dann, nach seiner Pensionierung im Jahre 1992, zum hauptamtlichen Leiter des Instituts von Bischof Manfred Müller bestellt wurde.

Zunächst wurde in einem intensiven Arbeitseinsatz die Bibliothek neu geordnet, wobei die Systematik der Universitätsbibliothek als Vorlage diente. Ein geordneter Jahresetat dient seither dem ergänzenden Erwerb von wissenschaftlicher Literatur.

Nachdem dieser erste Schritt im Hinblick auf eine sinnvolle Fortführung der Institutsarbeit getan war, folgte ein nicht minder wichtiger weiterer Schritt. Die Bearbeitung der umfangreichen Fragmentesammlung wurde ins Auge gefasst. In einem Kraftakt wurde in Zusammenarbeit mit Frau Dr. Marina Bernasconi Reusser ein systematischer Katalog der Handschriftenfragmente erstellt (Manuskriptdruck, Regensburg 2004). Dieser dient als Grundlage für die sorgfältige Bearbeitung eines jeden Fragments. Und diese Arbeit, die in Zusammenarbeit mit der Proskeschen Musikabteilung der Bischöflichen Zentralbibliothek geschieht, liegt ganz auf der Linie dessen, was Klaus Gamber, freilich in weit größerem Ausmaße, geleistet hat.

Die Fragmentesammlung der Bischöflichen Zentralbibliothek in Regensburg

Zu den verborgenen Schätzen der an alten Handschriften und Inkunabeln, vor allem aber an für die Musikgeschichte reichen Beständen der Bischöflichen Zentralbibliothek Regensburg zählt der inzwischen auf mehr als 350 Stück angewachsene Bestand von mittelalterlichen Buchfragmenten, d.h. von Resten einstiger Handschriften, die nach der Erfindung der Buchdruckerkunst allmählich außer Gebrauch kamen und für vielerlei praktische Zwecke Wiederverwendung fanden. Diese Sammlung verdankt ihr Entstehen wohl dem zunächst vornehmlich auf Musikalien ausgerichteten Sammeleifer zweier für die Erneuerung der Kirchenmusik im Bistum Regensburg im 19. Jahrhundert bedeutender Persönlichkeiten. Da ist an erster Stelle Carl Proske (1794–1861) zu nennen, der seit 1823 in Regensburg lebte, dort 1826 zum Priester geweiht wurde und ab 1830 als Kanonikus an der Alten Kapelle tätig war, von wo aus er seine Bemühungen um die notwendige Reform der Kirchenmusik unter-

---

16 Vgl. BZAR Personalakte Klaus Gamber.

17 Simandron. Der Wachklopfer. Gedenkschrift für Klaus Gamber (1919–1989), hrsg. v. Wilhelm Nyssen, Köln 1989 (mit Beiträgen von Joseph Kardinal Ratzinger, Joachim Kardinal Meisner, Alfons Kardinal Stickler, Bischof Karl Braun, Eichstätt, Wilhelm Nyssen und Paul Mai). Weiterhin: Klaus Gamber: Bibliographie seiner Veröffentlichungen, bearb. v. Christa Schaffer, Trier 2002 (mit Beiträgen von Hans Joachim Schulz und Christa Schaffer).

ÜBEREIGNUNGSVERTRAG

1. Msgr. DDr. Klaus Gamber, Leiter des Liturgiewissenschaftlichen Instituts (Institutum Liturgicum Ratisbonense), übereignet seine wissenschaftliche Privat-Bibliothek, die seit 1957 zugleich als Bibliothek des Liturgiew.-Instituts im Kloster Prüfening gedient hat, dem Bischöflichen Stuhl von Regensburg zur Aufstellung in dem dafür vorgesehenen Raum der Bischöflichen Zentralbibliothek.

2. Die Übereignung der Bücher erfolgt unentgeltlich. Für den Übergang in das alleinige Eigentum des Bischöflichen Stuhles von Regensburg (Bischöfl. Zentralbibliothek) gelten folgende Bestimmungen:

   a) Die genannte Bibliothek bleibt weiterhin als selbständiges Ganzes erhalten.

   b) Das von Erzbischof Michael Buchberger und P. DDr. Alban Dold OSB im Jahre 1957 im Kloster Prüfening gegründete Liturgiew. Institut wird im Rahmen der Bischöflichen Zentralbibliothek weitergeführt.

   c) Die Leitung des Instituts hat wie bisher Klaus Gamber. Nach ihm ist ein neuer Leiter zu ernennen.

   d) Zur Unterbringung der Bücher, Mikrofilme und Akten des Instituts werden sowohl ein Bibliotheks- als auch ein Archiv raum innerhalb des Obermünsterkomplexes zur Verfügung gestellt. Für die vom Institut herausgegebenen und noch nicht verkauften Bücher wird im Keller Lagerraum zur Verfügung gestellt.

   e) Die Bücher dürfen von Benützern nur innerhalb der Bibliothek räume benützt und nicht nach auswärts ausgeliehen werden.

   f) Msgr. DDr. Gamber hat freien Zugang zu den Magazinbeständen der Zentralbibliothek.

Regensburg, den 17. Mai 1972 1972

.... (DDr. Klaus Gamber)

.... (Dr. Paul Mai) Direktor

Vertrag über die Übereignung der wissenschaftlichen Privatbibliothek DDr. Klaus Gambers an den Bischöflichen Stuhl vom 17. Mai 1972. Gambers Bibliothek ist in der Bischöflichen Zentralbibliothek aufgestellt und steht dort der wissenschaftlichen Nutzung zur Verfügung.

Statuten

des Liturgiewissenschaftlichen Instituts Regensburg (Institutum Liturgicum Ratisbonense)

Das im Juni 1957 von DDr.h.c. Alban Dold OSB und P.Emmeram von Thurn und Taxis OSB u.a. im Kloster Prüfening gegründete und vom damaligen Diözesanbischof Dr.Michael Buchberger bestätigte Liturgiewissenschaftliche Institut wurde im Mai 1972 in den Räumen der Bischöflichen Zentralbibliothek untergebracht. Am 12.Mai des gleichen Jahres hat der jetzige Leiter des Instituts, Msgr.Dr.Dr.h.c.Klaus Gamber, die in seinem Besitz befindliche Institutsbibliothek durch einen Übereignungsvertrag dem Bischöflichen Stuhl in Regensburg geschenkt.

Für dieses Institut gelten ab sofort folgende Statuten:

§ 1. Das Liturgiewissenschaftliche Institut (Institutum Liturgicum Ratisbonense) ist aus dem bisherigen Verband des Klosters Prüfening e.V. herausgenommen und untersteht dem Bischöflichen Stuhl.

§ 2. Der Leiter des Instituts, der ein Fachmann auf liturgiewissenschaftlichem Gebiet sein muß, wird vom Diözesanbischof ernannt. Der Vorgänger hat das Vorschlagsrecht.

§ 3. Das Institut hat die Aufgabe die Liturgiegeschichte, vor allem deren Quellen, wissenschaftlich zu erforschen. Zu diesem Zweck wurden bereits im Jahr 1964 die Reihen "Textus patristici et liturgici" und "Studia patristica et liturgica" gegründet.

§ 4. Für die Forschungsarbeit ist der jeweilige Institutsleiter allein verantwortlich.

§ 5. Dieser ist zugleich Personalchef seiner Mitarbeiter.

§ 6. Die Besoldung des Institutsleiters und seiner Mitarbeiter erfolgt über die Bischöfliche Finanzkammer.

§ 7. Falls die Deutsche Forschungsgemeinschaft oder eine andere Institution Beiträge zu den Personalkosten leistet, werden diese wie bisher an die Bischöfliche Finanzkammer abgeführt.

§ 8. Hinsichtlich der Unterbringung des Instituts in den Räumen der Bischöflichen Zentralbibliothek bzw. des Diözesanzentrums gelten die Abmachungen des oben genannten Übereignungsvertrags.

§ 9. ~~Der Buchbestand des Instituts wird von der Bischöflichen Zentralbibliothek verwaltet und steht zur Benutzung in den Räumen dieser Bibliothek bereit.~~

Regensburg, den 6. Dezember 1977

+ Rudolf

Bischof von Regensburg

Die Statuten des Liturgiewissenschaftlichen Instituts vom 6. Dezember 1977.

nahm.[18] Auf der Arbeit von Carl Proske baute der mit ihm befreundete jüngere Dominicus Mettenleiter (1822–1868) auf, der seit 1850 Chorvikar an der Alten Kapelle war und nicht nur Proskes Musikaliensammlung und Erneuerungswerk der Kirchenmusik mit Eifer fortsetzte, sondern auch seinen Bruder Johann Georg in dieser Angelegenheit unterstützte.

Bei der Sichtung der alten Buchbestände der Bischöflichen Zentralbibliothek stieß man häufig auf Bücher, die in Blätter ehemaliger Pergamenthandschriften eingebunden waren. Ebenso wurde man bei manchen Archivalien des Bischöflichen Zentralarchivs fündig. Indem man zahlreiche alte Pergamenteinbände ablöste, wuchs so langsam aber stetig eine doch beachtliche Sammlung von Handschriftenfragmenten, deren Wert auch für die wissenschaftliche Forschung man recht bald erkannte. Obwohl manche der wissenschaftlich besonders interessanten Fragmente wegen der eventuellen Nachfrage aus Fachkreisen Ordnungsnummern erhielten, dachte man nicht an eine systematische Erschließung der Bestände. Es ging den in Kästen aufbewahrten Fragmenten in Regensburg nicht anders als anderswo, z.B. in München, wo man sich allerdings schon seit 1831 an der damaligen Kgl. Hof- und Staatsbibliothek um die Erstellung eines Verzeichnisses der ausgelösten Handschriftenfragmente bemühte. Das zunehmende Interesse an diesen vielfältigen Zeugen mittelalterlicher Geisteskultur führte schließlich dazu, dass man in der Reihe *Catalogus codicum manu scriptorum Bibliothecae Monacensis Tomus IV* einen ersten Band *Katalog der lateinischen Fragmente der Bayerischen Staatsbibliothek München. Band 1 Clm 29202–29311, beschr. von Hermann Hauke, Wiesbaden 1994* publizierte. Noch einen gewaltigen Schritt weiter geht das sogenannte Düsseldorfer Fragmenteprojekt, in dem der Versuch unternommen wird, die zahlreichen Handschriftenfragmente der Universitäts- und Landesbibliothek Düsseldorf zu erschließen, zu digitalisieren und zu publizieren. Ein erster Band liegt seit 2003 vor.[19]

Ein ähnliches Schicksal war auch der wachsenden Fragmentesammlung der Bischöflichen Zentralbibliothek in Regensburg beschieden. Die gesammelten Fragmente wurden in diversen Kästen aufbewahrt, aus denen man bei Anfragen interessierter Wissenschaftler die entsprechenden Stücke zwecks näheren Studiums heraussuchte und ihnen zur leichteren Auffindung Katalog-Nummern zuwies. Aber dann wanderten sie wieder in die Kästen zu den übrigen Fragmenten. Erst in jüngster Zeit entschied sich der Direktor der Bischöflichen Zentralbibliothek, Msgr. Dr. Paul Mai, dazu, eine systematische Aufstellung der Fragmente anfertigen zu lassen. In Zusammenarbeit mit dem Leiter des Institutum Liturgicum Ratisbonense, Prof. Dr. Karl Josef Benz, erstellte Frau Dr. Marina Bernasconi Reusser, eine ausgebildete Codicologin, einen ersten alle Fragmente umfassenden Katalog, der, nach systematischen Gesichtspunkten geordnet, einen Überblick und gezielten Zugriff ermöglicht (BZBR, Katalog der Handschriftenfragmente, Computerausdruck Oktober 2004).

Die Gesamtzahl der katalogisierten Fragmente beträgt z. Zt. 352, wovon 258 Liturgica sind. Die restlichen 94 verteilen sich wie folgt: 20 div. Autoren, darunter so bekannte Namen wie Gregor von Tours, Gregor d. Gr. Schriften bzw. Briefe, Caesarius von Arles u.a.; 5 Lebensbeschreibungen; 20 Exzerpte theologischer Abhandlungen, 13 kanonistische Fragmente. Interessant sind die 5 deutschsprachigen Fragmente[20] z.B. von *Tristan und Isolde*[21] oder aus dem *Schwabenspiegel*; 1 hebräisches Fragment[22], 2 Fragmente von Computushandschriften des 10. Jahrhunderts und 10 Varia. Sodann folgen Biblia mit 16 Fragmenten.

Den größten Teil der Fragmente, 258 Stück (fast drei Viertel), machen liturgische Texte aus, deren Provenienz meistens nicht eindeutig geklärt werden kann. Wir können aber davon ausgehen, dass die

18 Vgl. den Beitrag Dittrich über die Proskesche Musikabteilung der Bischöflichen Zentralbibliothek in diesem Band.

19 Katalog der frühmittelalterlichen Fragmente der Universitäts- und Landesbibliothek Düsseldorf. Vom beginnenden achten bis zum ausgehenden neunten Jahrhundert, bearb. v. Klaus Zechiel-Eckes, Wiesbaden 2003 (Schriften der Universitäts- und Landesbibliothek Düsseldorf 34).

20 Vgl. Edith Feistner: Deutsche Fragmente in der Bischöflichen Zentralbibliothek Regensburg, in: Zeitschrift für deutsches Altertum und deutsche Literatur 135 (2006) S. 1–12.

21 Vgl. Edith Feistner: Fragmente des Tristanromans in der Bischöflichen Zentralbibliothek Regensburg – wieder entdeckt für die Forschung, in: Bibliotheksforum Bayern 33 (2005) S. 279–287.

22 Zu weiteren hebräischen Fragmenten vgl. oben den Beitrag Chrobak S. 87.

meisten aus Regensburger Klöstern bzw. Kirchen stammen. Von diesen 258 Liturgica können etwa 180 Fragmente dem 14. und 15. Jahrhundert, also dem sog. Spätmittelalter zugeordnet werden. Interessant dürfte es sein, dass ca. 110 dieser Fragmente der Messfeier zuzuordnen sind, 54 dem Stundengebet und nur zwei den Ordnungstexten, den Ritualbüchern bzw. Kalendarien, zehn entziehen sich einer näheren Zuweisung. Von den 110 Messfragmenten stammen 74 von Vollmissalen, 24 von Gesangbüchern und nur 2 von anderen Büchern.

Diese auf der rein zufälligen Sammlung der Fragmente beruhende Verteilung spiegelt in etwa die konkrete Situation am Ende des Mittelalters wider. Mit der seit dem 13. Jahrhundert immer stärker werdenden Behauptung des Vollmissale werden die Rollenbücher immer weniger. Die Vollmissale aber werden in den letzten Jahrzehnten des 15. Jahrhunderts in rascher Folge durch die ersten Druckmissale ersetzt. Bischof Heinrich IV. von Absberg veranlasste 1485 den ersten Druck des Regensburger Missale. Die überflüssig werdenden Handschriften wurden dann eben teilweise aus dem Verkehr gezogen und als Makulatur für Bucheinbände oder zum Binden von Aktenmaterial wiederverwendet.[23]

Um, wie oben gesagt, die Fragmente der Bischöflichen Zentralbibliothek leichter zugänglich zu machen, wurden diese zunächst systematisch geordnet. Zur Kenntnisnahme soll hier die systematische Gliederung, so wie sie dem vorläufigen Katalog zu Grunde liegt, angeführt werden:

I. Nichtliturgische Fragmente
I.1. Autoren
  2. Vitae
  3. Theologische Abhandlungen
  4. Juristisch–kanonistische Abhandlungen
  5. Deutschsprachige Fragmente
  6. Hebräische Fragmente
  7. Computus Handschriften
  8. Varia

II. Biblia
  1. Vollbibeln
  2. Altes Testament
  3. Neues Testament
  4. Apokryphen
  5. Bibelbearbeitungen
  6. Hilfsmittel, Kommentare

III. Liturgie – Messe
  1. Sakramentare
  2. Lektionare
  3. Evangelistare
  4. Voll-Lektionare mit Notierung
  5. Kyriale
  6. Graduale
  7. Tropare
  8. Sequentiare
  9. Messordinarium
  10. Liber ordinarius missae
  11. Vollmissale

23 Vgl. Karl Josef Benz: Liturgie im spätmittelalterlichen Bistum Regensburg. Handschriftliche Überlieferungen in der Bischöflichen Zentralbibliothek, in: Regensburg im Spätmittelalter, hrsg. v. Peter Schmid, Regensburg 2007 (Forum Mittelalter Studien 2) S. 97–106, hier S. 100f.

12. Missale – Teilausgaben
13. Missale: Vollmissale oder Teilausgabe

IV. Liturgie-Offizium
1. Antiphonale
2. Psalter
3. Kollektare
4. Hymnare
4a. Lektionare – Matutinale
5. Breviere
6. Brevier – Auszüge
7. Diurnale
8. Homiliare

V. Liturgie – sonstige Bücher
1. Pontifikale
2. Rituale
3. Prozessionale
4. Totenagenden
5. Ordinarien
6. Kalendare
7. Sonstige Bücher

Erste Katalogpublikationen mit ausführlichen Beschreibungen und Abbildungen liegen sowohl für einen Teil der liturgischen wie der nichtliturgischen Fragmente vor[24], die durchaus auf der Linie der früheren Publikationen von Klaus Gamber liegen. Die Arbeit wird fortgesetzt.

24 Ausgewählte liturgische Fragmente aus der Bischöflichen Zentralbibliothek Regensburg. Aus Anlass des fünfzigjährigen Bestehens des Liturgiewissenschaftlichen Instituts Regensburg (Institutum Liturgicum Ratisbonense), hrsg. v. Karl Josef Benz, Regensburg 2007 (Bischöfliches Zentralarchiv und Bischöfliche Zentralbibliothek Regensburg, Kataloge und Schriften 23); Fragmente der Bischöflichen Zentralbibliothek Regensburg. I. Nichtliturgische Texte. Theologische Abhandlungen und Varia, hrsg. v. Benedikt Konrad Vollmann, Regensburg 2009 (Bischöfliches Zentralarchiv und Bischöfliche Zentralbibliothek Regensburg, Kataloge und Schriften 27).

KATALOG

von

Stephan Acht, Werner Chrobak, Raymond Dittrich, Josef Gerl, Johann Gruber, Franz von Klimstein, Paul Mai, Ursula Pusch, Camilla Weber, Rosemarie Weinberger

1. Bischöfliche Archive und Bibliotheken vor 1970

Die ersten kirchlichen Archivordnungen in Deutschland gehen bis ins Spätmittelalter zurück. Das 739 gegründete Bistum Regensburg war lange in Personalunion mit dem Kloster St. Emmeram verbunden und hatte daher wohl auch mit diesem ein gemeinsames Archiv. Nach der Ernennung eines eigenen Abtes für St. Emmeram durch Bischof Wolfgang im Jahr 975 kann die allmähliche Entstehung eines eigenständigen Bistumsarchivs angesetzt werden. Zu unterscheiden sind dabei die sowohl institutionell als auch räumlich getrennten Registraturen des *Konsistoriums* (später *Ordinariat*, Verwaltung in geistlichen Angelegenheiten), des *Hochstifts* (Kompetenzen des Bischofs als Reichsfürst und weltliche Güterverwaltung) und des *Domkapitels*.

Der Sitz des *Konsistoriums* befand sich bis zum Beginn des 19. Jahrhunderts in der bischöflichen Residenz, dem Bischofshof. Die Überlieferung der Frühzeit ging vermutlich weitgehend beim Brand des Bischofshofs 1273 verloren. Die Urkunden und ab dem 16. Jahrhundert auch zunehmend Akten wurden in Schränken und Truhen verwahrt – in welchen Räumen, lässt sich nicht ermitteln. Einen eigenen Archivar gab es zu dieser Zeit nicht; das Schriftgut wurde von *Notaren* und *Prokuratoren* verwaltet. Nach dem Dreißigjährigen Krieg befand sich das Archiv in großer Unordnung, so dass zusätzliches Personal angestellt und 1760 eine Kanzleiordnung erlassen wurde. Nach der Säkularisation wurden 1811 Archiv und Registratur aus dem Bischofshof zunächst ins Stadtgericht am Brixner Hof verbracht und 10 Jahre später in die neue bischöfliche Residenz, das ehemalige Damenstift Niedermünster. Dort wurde das Schriftgut bis zur Errichtung des Neubaus in Obermünster in Gewölberäumen des Erdgeschosses untergebracht.

Das Archiv des *Hochstifts*, hatte einen erheblichen Umfang von mehr als 15000 Einheiten. Der Lagerort im Bischofshof bzw. in Niedermünster ist bisher nicht bekannt. Es wurde im Herbst 1812 zum großen Teil nach München verbracht.

Das Archiv des *Domkapitels* wurde ab dem späten Mittelalter teils in Kapellen der Kathedrale und des Domkapitelhauses im Domgarten, später auch oberhalb der Domsakristei aufbewahrt. Auch hier verursachte der Dreißigjährige Krieg große Konfusion. Im Zuge der Säkularisation wurden Teile des Schriftgutes nach München verbracht, die in Regensburg verbliebenen Akten zogen immer wieder zwischen den Domkapitelhaus und den Domkapellen hin und her, bis sie während des Zweiten Weltkriegs teilweise nach Frauenzell ausgelagert wurden. Wohl um 1947 lagerten auch Bestände dann teilweise in der Domdechantei in der Schwarzen-Bären-Straße, der Dompropstei am Frauenbergl und in einem Domkapitelsches Haus unter den Schwibbögen.

Aufgrund der Personalunion des Verwaltungspersonals wurden häufig Schriftstücke der drei bischöflichen Archive nicht strikt nach Provenienz getrennt. Auch bei der Aktenauswahl nach der Säkularisation kam es mehrfach zu Vermischungen. Erst mit der Ernennung Johann Baptist Lehners (1890-1971) zum ersten Diözesanarchivar im Jahr 1930 erhielten die einzelnen Archive des Bistums Regensburg eine einheitliche Betreuung, jedoch zunächst weiterhin an verschiedenen Standorten der Stadt. Das Ordinariatsarchiv und der Teilbestand des Hochstiftsarchivs lagerten in Niedermünster in Gewölberäumen des Erdgeschosses, das Domkapitelsche Archiv mit seinen Teilbeständen war auf mehrere Standorte in der Altstadt verteilt. Johann Baptist Lehner begann zunächst mit der Transferierung wichtiger Akten aus der Registratur im 2. Stock des Ordinariatsgebäudes in Niedermünster ins Erdgeschoß: u.a. Generalien, Klöster, Pfarreien, Ratsprotokolle, Personalakten, Rechnungen und die Nachlässe der Regensburger Bischöfe seit Johann Michael Sailer. 1938 wurde zudem das Archiv des Schottenklosters St. Jakob aus dem Klerikalseminar ins Diözesanarchiv überführt und bis 1940 verzeichnet. Die Bestände des Domkapitels wurden dagegen an ihren Standorten belassen, dort gereinigt und geordnet.

Die Benutzung des Archivs nahm ab 1930 ständig zu. Die Benutzer mit unterschiedlichsten Interessen (Theologen, Historiker, Heimatforscher, Genealogen) stammten vor allem aus der Region, aber auch aus ganz Deutschland und dem Ausland; dazu kamen zahlreiche schriftliche Anfragen. Während des Zweiten Weltkrieges veranlasste Archivar Lehner die Auslagerung wichtiger Bestände in Pfarrhöfe im Bayerischen Wald, so u.a. nach Frauenzell. Als am 20. Oktober 1944 ein Bombentreffer auch am Ordinariatsgebäude Niedermünster Schaden verursachte, waren dennoch keine Verluste an Menschen und Akten zu beklagen.

Die ursprüngliche Dombibliothek, durch die Säkularisation in alle Winde zerstreut, wurde ab 1834 als *Ordinariatsbibliothek* wieder aufgebaut. Da es jedoch keinen Etat für gezielte Ankäufe gab, fand der Aufbau vor allem durch Schenkungen etc. statt. Eine zweite, weitaus wertvollere Spezialbibliothek wurde mit der *Proskeschen Musikbibliothek* bereits 1864 ins Niedermünstergebäude übernommen, zunächst in den zweiten Stock, ab 1910 ins Erdgeschoss. Als dritter Hauptbestand wurde 1972 die bis 1965 im Priesterseminar, dann in Obermünster gelagerte Bibliothek des Schottenklosters St. Jakob eingegliedert.

Lit.: Raymond DITTRICH: „... eine musikhistorische Sammlung ersten Ranges“. Die Proskesche Musikabteilung in der Bischöflichen Zentralbibliothek Regensburg. Zugleich ein Rückblick auf 150 Jahre Proske-Sammlung, s. vorne S. 97–133; Werner CHROBAK: Die Bischöfliche Zentralbibliothek Regensburg. Bau und Entwicklung, s. vorne S. 77–95; Camilla WEBER: Die Archive des Bistums Regensburg vor der Zentralisierung in Obermünster, s. vorne S. 13-44.

Camilla Weber

1.1 Archivtruhe

Regensburg, 17. Jh.
Holz, Metall, Stoff
H 60 x B 87 x T 50 cm
Vorhängeschloss H 12 x B 10 cm

Die Provenienz dieser Archivtruhe ist ungeklärt. Sie könnte aus dem Konsistorialarchiv oder auch aus dem Archiv des Bischöflichen Domkapitels stammen. Die Truhe ist aus Holz, das eng mit übereinanderliegenden Eisenbändern beschlagen ist. An den Seiten befinden sich zwei eiserne Henkel, rechts oben außerdem eines von mindestens zwei vorgesehenen Vorhängeschlössern. In der Mitte der Vorderseite ist ein zusätzliches Schloss mit einem Zierbeschlag angebracht. Im Inneren ist die Truhe mit rotem Stoff ausgeschlagen. Links unten befindet sich ein ca. 15 cm breites und ebenso hohes zusätzliches Geheimfach, das mit einem eigenen Schlüssel zu verschließen ist. Eine besondere Zierde erhielt die Innenseite des Deckels. Zwei spiegelbildlich angeordnete durchbrochene Platten aus ziseliertem Metall zeigen je eine nixenartige Frauenfigur und ein schlangenartiges Ungeheuer, die sich, umgeben von anderen Ornamenten, gegenüberstehen.
Abb. s. S. 18

BZAR

Kat.-Nr. 1.2

Kat.-Nr. 1.3 (Bischof Senestrèy)

Kat.-Nr. 1.3 (Bistumswappen)

1.2 Holzlaften

Regensburg, 18. Jahrhundert
Holz, Metall
H 30 x B 26 x T 33 cm

Im alten Archiv des Domkapitels wurden die Urkunden und Akten in sogenannten *Laften*, also hölzernen Schubläden oder Schachteln, aufbewahrt. Diese Schubläden standen wohl in Schränken oder Holzregalen und konnten mit einem runden Metallgriff herausgenommen werden. Auch die Findbücher für das Schriftgut (z.B. von Johann Lackhner 1585 für Domkapitel und Kollegiatstift zur Alten Kapelle) sind nach Laften geordnet. Die genaue Provenienz des ausgestellten Holzlaften ist nicht bekannt.

BZAR

1.3 Siegelpressen

Regensburg, 19./20. Jahrhundert
Eisen
H 28 x B 24 x T 11 cm, Gewicht ca. 8 kg
H 53 x B 34 x T 16 cm, Gewicht ca. 15 kg

Die kleinere der beiden eisernen Siegelpressen stammt aus dem Besitz des Regensburger Bischofs Ignatius von Senestrèy (1858-1906). Das dunkle Metall ist mit Goldfarbe verziert, der leicht geschwungene Hebel hat eine Länge von 20 cm. Der Prägestempel fehlt.
Die größere Siegelpresse könnte zu Beginn des 20. Jahrhunderts in Betrieb gewesen sein. Die Formen sind schlichter als die der Senestrèy-Presse, die einzige farbige Verzierung ist der goldene Knauf am 30 cm langen Hebel. Der Prägestempel ist hier erhalten und zeigt das Siegel des Domkapitels: den heiligen Petrus in einem kleinen Schiffchen. Am unteren Rand ist ein Wappenschild mit Bischofsstab erkennbar.

BZAR

1.4 Archivdirektor Monsignore Johann Baptist Lehner

Regensburg, um 1960
Originale Schwarzweiß-Fotografie mit Rahmen
H 13 x B 8 cm (Foto ohne Rahmen)
H 18 x B 13 cm (Foto mit Rahmen)

Das Schwarzweiß-Porträt in einem feinen, goldfarbenen Metallrahmen ist eines der wenigen erhaltenen Bilder von Archivdirektor Johann Baptist Lehner. Es zeigt ihn im Alter von ungefähr 70 Jahren; das genaue Aufnahmedatum ist unbekannt.
Abb. s. S. 28

BZAR Nachlass Johann Baptist Lehner

1.5 Holztäfelchen

Regensburg, um 1930
Holz, Papier, Bindfaden
H 21 x B 10,5 cm

Das kleine Holztäfelchen wurde mit Papier beklebt, auf dem in kalligraphischer Schrift verschiedene Ortsangaben zu lesen sind. Am linken Rand ist es mit vierzehn Löchern versehen, in die man ein an einem Bindfaden befestigtes Pflöckchen stecken kann. Archivdirektor Lehner konnte damit anzeigen, wo er sich gerade aufhielt: in einem der Archivräume, in der Bibliothek oder der Registratur, im Domkapitel-Archiv im Domgarten oder ganz außer Haus.
Abb. s. S. 34

BZAR Nachlass Johann Baptist Lehner

Kat.-Nr. 1.6

1.6 Aktentasche

Regensburg, um 1930
Leder
H 19,5 x B 26 cm

Die kleine dunkelbraune Aktentasche aus dem Privatbesitz von Archivdirektor Johann Baptist Lehner zeigt deutliche Gebrauchsspuren.

BZAR Nachlass Johann Baptist Lehner

Kat.-Nr. 1.7 (Michael Buchberger)

Kat. Nr. 1.7 (Antonius von Henle)

1.7 Bischöfe Henle und Buchberger

Regensburg, um 1928
Originale Schwarzweiß-Fotografien auf Karton
H 15 x B 11 cm (Fotos ohne Rahmen)
H 25 x B 20 cm (Fotos mit Rahmen)

Möglicherweise hat Johann Baptist Lehner im Jahr 1928 – beim Wechsel von Bischof Antonius von Henle zu Bischof Michael Buchberger – diese Bilder selbst gemacht. Die beiden Porträts mit Unterschrift sind auf Pappkarton aufgeklebt und mit einem zusätzlichen Rahmen aus schwarzem Karton versehen. Ein Stück goldene Kordel bzw. Geschenkschleife dient als Aufhänger. Es ist zu vermuten, dass die beiden Bilder im Amtszimmer des Diözesanarchivars hingen.

BZAR Nachlass Johann Baptist Lehner

1.8 Plan des Bischöflichen Ordinariats

Regensburg, 10.12.1927
Papier, Buntstift, Bleistift
H 58 x B 62 cm

Der Plan des Königlichen Landbauamtes trägt das Datum vom 10. Dezember 1927 und die Unterschrift *Haug*. Er zeigt die Phase des Umbaus des *Bischöflichen Palais in Regensburg* (Niedermünster) zwischen dem Tod von Bischof Antonius von Henle (11. Oktober 1927) und dem Amtsantritt von Bischof Michael Buchberger (12. März 1928). An der Westseite befindet sich eine kleine Außentreppe mit dem Eingang in den Ordinariatshof, bis heute der Besuchereingang. Die heutige Pforte befindet sich in den Räumen des *Torwartes*. Deutlich zu erkennen sind im Erdgeschoss des Nord-Süd-Flügels die gewölbten Räume für Archiv und Registratur. Im 1. Stock waren Fremdenzimmer und Arbeitsräume wie eine Küche vorgesehen, im 2. Stock die Diensträume des Ordinariates, die Wohnung des Bischofs und die beiden Hauskapellen.
Abb. s. S. 31

BZAR OA 3546

1.9 Leihscheine der Ordinariatsbibliothek

Regensburg, um 1944 bzw. 1966
Papier
H 10 cm x B 16 cm
H 8 cm x B 10,5 cm

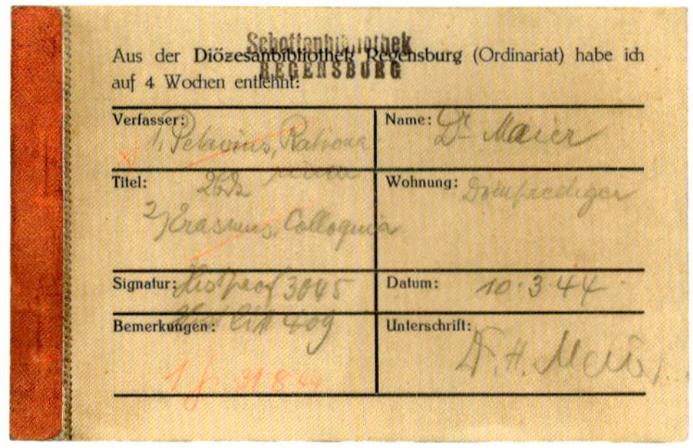
Schottenbibliothek Regensburg
Aus der Diözesanbibliothek Regensburg (Ordinariat) habe ich auf 4 Wochen entlehnt:
Verfasser: 1. Petavius, Rationar... | Name: Dr. Maier
Titel: ... 2. Erasmus, Colloquia | Wohnung: Domprediger
Signatur: ... | Datum: 10.3.44
Bemerkungen: | Unterschrift:

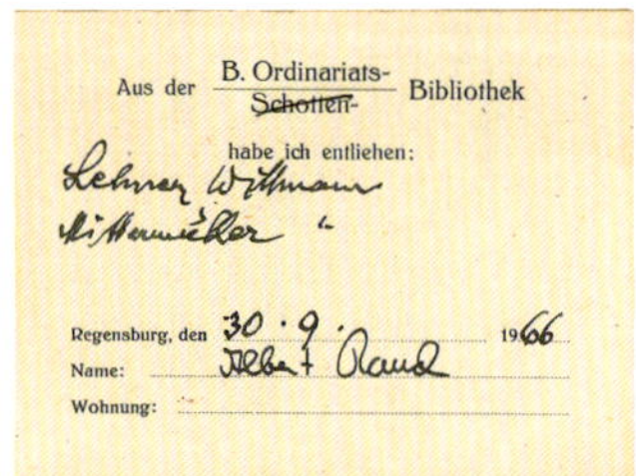
Aus der B. Ordinariats- Schotten- Bibliothek
habe ich entliehen:
Lehner, Wittmann
Mittermüller "
Regensburg, den 30. 9. 1966
Name: Albert Rauch
Wohnung:

Kat.-Nr. 1.9

In einem gewissen Umfang war die alte Ordinariatsbibliothek in Niedermünster auch für die Öffentlichkeit zugänglich, in der Regel für Theologen und Historiker. Der ältere der beiden ausgestellten Scheine wurde von Dr. Johann Maier am 10. März 1944 ausgefüllt, am 31. August 1944 gab er die entliehenen Bücher zurück. Das Feld *Adresse* ist schlicht mit dem Wort *Domprediger* beschrieben. Der neuere Leihschein konnte für Ordinariats- und Schottenbibliothek genutzt werden. Am 30. September 1966 entlieh Dr. Albert Rauch, der heutige Leiter des Ostkirchlichen Instituts in Regensburg, damals Domvikar in Regensburg, zwei Publikationen über Bischof Georg Michael Wittmann.

BZAR Nachlass Johann Baptist Lehner 361

1.10 Spazierstock

Regensburg, um 1940 (?)
Holz mit Metallspitze
Länge 75 cm

Die Provenienz dieses kuriosen „Archivales“ ist unbekannt. Es handelt sich auf den ersten Blick um einen

Kat.-Nr. 1.10

Kat.-Nr. 1.10

gewöhnlichen hölzernen Spazierstock mit eiserner Spitze. Der vordere Teil der Krümme ist jedoch mit einer besonderen Schnitzerei verziert: mit einer halbplastischen, ca. 10 cm hohen Darstellung des Bischofs Georg Michael Wittmann. Ikonographisch ist das beliebte Motiv des Kinderfreundes Wittmann wiedergegeben, wie es auch auf zahllosen Stichen und Andachtsbildchen verbreitet wurde. Möglicherweise kam das Stück durch Archivdirektor Lehner, der ein eifriger Sammler von Wittmann-Devotionalien war, ins Bischöfliche Zentralarchiv.

BZAR Sammlung Wittmann

1.11 Ordinariatsarchiv

Regensburg, 26. Juni 1958
Originale Schwarzweiß-Fotografie
H 14 x B 8 cm

Eines der wenigen Fotos aus dem alten Ordinariatsarchiv zeigt laut Aufschrift auf der Rückseite P. Mark Dilworth OSB aus dem Kloster Fort Augustus, der Nachfolgeabtei des Regensburger Schottenklosters, bei einem Besuch im Regensburger Ordinariatsarchiv am 26. Juni 1958.
Abb. s. S. 32

BZAR Bildersammlung

1.12 Ordinariatsregistratur

Regensburg, um 1950
Originale Schwarzweiß-Fotografie
H 10 x B 6,5 cm

Das Foto aus der Registratur des Bischöflichen Ordinariates zeigt Domvikar und Registrator Karl Böhm (1907-1977) und Hilfsregistrator Ernst Schuh.
Abb. s. S. 33

BZAR Bildersammlung

Kat.-Nr. 1.14

Kat.-Nr. 1.14

1.13 Ordinariatsregistratur

Regensburg, um 1940
Originale Schwarzweiß-Fotografien
H 10 x B 6m5 cm
H 14 x B 8,5 cm

Die beiden Bilder zeigen Domvikar und Registrator Johann Baptist Hecht (1876-1956) bei seiner Tätigkeit. Deutlich erkennbar sind die hölzernen Registraturregale, in denen bis zum Umzug in die Magazine des Bischöflichen Zentralarchivs in Obermünster die Akten aufbewahrt wurden. Zwei dieser Regale haben sich im neuen Zentralarchiv erhalten.
Abb. s. S. 33 und S. 42

BZAR Bildersammlung

1.14 Ordinariatsregistratur

Regensburg, um 1928
Regal, Fichtenholz
H 260 cm x B 146 cm x T 36 cm

Das Regal aus der alten Ordinariatsregistratur (vgl. Kat.-Nr. 1.13) ist aus einfachem Fichtenholz; der einzige Schmuck besteht aus einem Kranz und maserierten Seitenteilen. Es umfasst 30 Fächer, von denen jedes 27 cm breit und 37 cm hoch ist, so dass darin Akten im Folio-Format gelagert werden konnten.

BZAR

2. Die Gründung der Universität Regensburg

Nach dem II. Weltkrieg konnten die drei bayerischen Landesuniversitäten München, Erlangen und Würzburg wegen Mangels an Personal und Räumlichkeiten den Lehrbetrieb nicht umfassend aufrechterhalten. Zur Entlastung bot die Philosophisch-Theologische Hochschule in Regensburg zehn Jahre lang zusätzlich Studiengänge für die ersten Semester an. Schon damals gab es (nach gescheiterten Versuchen im 15. Jahrhundert) Pläne zur Gründung einer Universität in Regensburg, um den ostbayerischen Raum – nach der Errichtung des Eisernen Vorhangs nach Osten eine abgeschiedene Grenzregion – strukturell, wirtschaftlich und kulturell aufzuwerten. Ein 1948 gegründeter Universitätsverein konnte jedoch trotz der Unterstützung durch die Stadt Regensburg keine konkreten Erfolge erzielen.

Erst am 18. Juli 1962 wurde mit dem Gesetz zur Errichtung einer vierten Landesuniversität in Regensburg mit vollem wissenschaftlichem Forschungs- und Lehrbetrieb das lange angestrebte Ziel erreicht. Die angenommene Kapazität für 6000 Studenten vor allem aus Ostbayern, aber auch aus anderen Regionen Bayerns und darüber hinaus, erwies sich bald als zu niedrig angesetzt. Am 20. November 1965 wurde mit der Grundsteinlegung des Sammelgebäudes auf dem 70 ha großen Gelände auf dem Galgenberg im Süden der Stadt mit dem Bau der neuen Campusuniversität begonnen. Als besonders innovativ galt die Universitätsbibliothek durch dezentrale Aufstellung mit großen Präsenzbeständen, großzügigen Lesesälen und intensiver Benutzerbetreuung, aber auch mit einer einheitlichen Verwaltung und EDV-gestützten Katalogisierung aller Teilbereiche. Im Jahr 1978 waren die Baumaßnahmen mit Ausnahme der Medizinischen Fakultät und des Universitätsklinikums beendet.

In der strukturellen Ausrichtung der Universität setzten sich weitgehend konservative Kräfte durch, die den Charakter der Ordinarien-Universität mit Schwerpunkt auf den Geisteswissenschaften betonten. Ab 1966 wurden erste Berufungskommissionen gebildet, am 11. November 1967 fand die offizielle Eröffnung statt. Ab dem Wintersemester 1967/68 konnte mit 35 Professoren und 661 Studenten der Lehrbetrieb aufgenommen werden. Die gesellschaftlichen Veränderungen gegen Ende der 1970er Jahre wirkten sich auch auf die junge Universität aus: akademischer Mittelbau und Studentenschaft konnten eine verstärkte Mitwirkung in den Verwaltungsgremien und zumindest einen teilweisen Abbau des Primats der Professoren durchsetzen, wenn auch deren Mehrheit nicht wirklich gefährdet war.

Die Philosophisch-Theologische Hochschule, 1923 aus dem Lyzeum hervorgegangen und eigentlich die Ausbildungsstätte für den Klerus der Diözese, wurde aufgelöst und als Katholisch-Theologische Fakultät in die neue Universität integriert. Damit tangierte deren Errichtung nicht nur staatliche und kommunale Instanzen, sondern auch kirchliche. Bischof Dr. Rudolf Graber, bis zu seiner Berufung im Jahr 1962 selbst Professor an der kirchlichen Hochschule Eichstätt, war eine treibende und prägende Kraft in diesem Prozess, der wesentlich auch zum Ausbau der wissenschaftlichen Einrichtungen des Bistums Regensburg beitrug.

Lit.: Geplant gebaut: Universität Regensburg 1977. Pläne, Daten, Photos, Texte des Universitätsbauamtes, Regensburg 1977; Hans Jürgen Höller: Eine lange Geschichte. Die Gründung der Universität Regensburg, in: Universität Regensburg (Hrsg.): Gelehrtes Regensburg – Stadt der Wissenschaft. Stätten der Forschung im Wandel der Zeit, Regensburg 1995, S. 212-217; Elisabeth und Hans Jürgen Höller: Vom lang gehegten Wunsch zum Ziel: Gründung, Struktur und Außenwirkung der Universität, in: Peter Schmid (Hrsg.): Geschichte der Stadt Regensburg Bd. 1, Regensburg 2000, S. 533-571; Universität Regensburg (Hrsg.): Ein Campus für Regensburg. Konzeption – Architektur – Kunst. 40 Jahre Universität Regensburg 1967-2007, Regensburg 2007.

Camilla Weber

Kat.-Nr. 2.1

2.1 Universität Regensburg

Regensburg, um 1960
Schwarzweiß-Fotografie (Reproduktion)
H 21 x B 28 cm

Die Fotografie zeigt das südlich von Altstadt und Bahngleisen auf dem sogenannten Galgenberg, der ehemaligen Gerichtsstätte der Stadt Regensburg, gelegene Gelände der zukünftigen Universität Regensburg vor dem Baubeginn im Jahr 1965. Die Ackerflächen werden im Westen von der heutigen Universitätsstraße, im Osten von der heutigen Galgenbergstraße begrenzt. Im Westen des Geländes ist zwischen Universitäts- und Augsburger Straße der Komplex der ehemaligen Karthause St. Vitus in Prüll zu erkennen, heute Teil des Bezirksklinikums. Im Osten liegt das Kasernenviertel der Stadt Regensburg rund um die Hermann-Geib-Straße.

BZAR Bildersammlung

Mittelbayerische Zeitung 03/Ho05 **30 Jahre Universität Re**

9. 11. 97

Legendäres um die „Nummer 1"

Vom AStA-Chef zum Nuntius: Hans Schwemmer und die Anfänge der Uni

Von unserem Redakteur
Karl Birkenseer

Der Papst schätzt ihn als „una colonna", als eine Säule: Erzbischof Hans Schwemmer, 52, seit wenigen Wochen Nuntius in Papua-Neuguinea und auf den Salomon-Inseln. Eine „Säule" war der aus Riggau bei Pressath stammende Oberpfälzer auch für die junge Regensburger Universität. Als erster AStA-Vorsitzender war er über ein Jahr lang der Sprecher aller Studenten – und das gerade im unruhigen Jahr 1968, das einer ganzen Generation den Namen gab.

Gemäßigt, aber nicht ohne Biß, eine solche Beschreibung charakterisierte den Stil des hochgewachsenen und hochbegabten Hans Schwemmer schon damals. Zu einem der „Horrorthemen" konservativer Kreise in jenen Jahren nahm er wie folgt Stellung: „Studentische Demonstrationen sind ein legitimes Mittel der Meinungsäußerung, wichtig ist jedoch die Form, in der sie sich abspielen." Bereits als 2. AStA-Vorsitzender der Philosophisch-Theologischen Hochschule, an der er seit 1964 studierte, hatte der angehende Geistliche erfüllbare Forderungen und nicht ideologische Breitseiten im Sinn gehabt.

Der Theologiestudent Hans Schwemmer (rechts) als AStA-Vorsitzender der neuen Universität, bei einer Besprechung im November 1968 mit Claus Jander (AStA-Chef des Kepler-Polytechnikums, Mitte) und Ludwig Eckinger (AStA PH). **Fotos: Nübler (1)/Archiv (1)**

Am Tag der Weihe zum Erzbischof.

„Legende" ist übrigens die häufig erzählte Geschichte mit der Matrikelnummer 1 – und das im doppelten Wortsinn! Einerseits stimmt es schon, daß Hans Schwemmer als erster Student der Universität Regensburg eingeschrieben wurde. Andererseits hatte das nichts mit Zufall zu tun – oder gar mit „Schicksal", wie die MZ vor etlichen Jahren noch mutmaßte.

In einem Gespräch mit unserer Zeitung erklärte der frisch geweihte Erzbischof vor kurzem, wie er tatsächlich zur Nummer 1 kam: „Ich war seit Frühjahr 1967 Neugründungsbeauftragter des Verbands Deutscher Studentenschaften für die Universität. Dadurch war ich Mitglied im Senat und als solches sehr oft auf der Uni-Baustelle. So war es nicht schwer für mich, auch am Tag der Einschreibung als erster da zu sein . . ."

Seinen legendären Status als „erster Student" kann dem heutigen Karriere-Diplomaten des Heiligen Stuhls also niemand mehr streitig machen. Die Mutmaßung dagegen, eine wunderbare Fügung habe „die Säule" zur Nummer 1 gemacht, gehört ins Reich der Legende. Vorläufig jedenfalls . . .

Kat.-Nr. 2.2

2.2 Nuntius Hans Schwemmer

Regensburg, 9.11.1997
Artikel aus der *Mittelbayerischen Zeitung*
H 22 x B 19 cm

Einer der ersten Studenten der neugegründeten Universität Regensburg war der 1945 in Riggau bei Pressath geborene Hans Schwemmer. Er hatte bereits seit 1964 an der Philosophisch-Theologischen Hochschule studiert und wurde im September 1967 mit der Matrikelnummer 1 an der neuen Universität als Theologiestudent immatrikuliert. Während seines Studiums war Schwemmer auch in den Gremien der Studentenvertretung wie dem Asta aktiv. Nach seiner Priesterweihe 1971 und Kaplansjahren in Sulzbach-Rosenberg und

IN LIBERTATEM VOCATI

Zum Gedenken im Gebet
an den Apostolischen Nuntius
in Papua Neuguinea
und den Salomoneninseln

Mons. Dr. Hans Schwemmer
Titularerzbischof von Ravello

geboren am 11. 9. 1945
in Riggau (Pfarrei Pressath)
zum Priester geweiht am 3. 7. 1971
im Dom zu Regensburg
Kaplan in Sulzbach-Rosenberg und Cham-St. Josef
von 1971–1975
zum Bischof geweiht am 21. 9. 1997
im Dom zu Regensburg
gestorben am 30. 9. 2001 in Cairns (Australien)
beigesetzt in der Pfarrkirche St. Georg in Pressath

Kat.-Nr. 2.3

Cham durchlief Hans Schwemmer die diplomatische Ausbildung im Vatikan und promovierte 1978 in Rom im Fach Kirchenrecht. Nach mehreren Stationen im Ausland wurde er 1997 zum Erzbischof und Apostolischen Nuntius in Papua Neuguinea ernannt. Hans Schwemmer starb 2001 in Australien und wurde in seiner Heimatpfarrei Pressath beigesetzt.

BZAR PA 5902

2.3 Nuntius Hans Schwemmer

Regensburg, September 2001
Sterbebild, Papier
H 13 x B 18 cm

Vgl. Kat.-Nr. 2.2

BZAR PA 5902

3. Dr. Dr. h.c. Rudolf Graber (1903–1992) Bischof von Regensburg (1962-1981)

Rudolf Graber wurde 13. September 1903 in Bayreuth als Sohn eines Justizbeamten geboren und wuchs ab 1904 in Nürnberg auf. 1922 trat er in das Priesterseminar in Eichstätt ein, studierte dort Philosophie und später in Innsbruck Theologie am *Collegium Canisianum*. Nach der Priesterweihe in Plankstetten am 1. August 1926 konnte er seine Studien im Kolleg der deutschen Nationalkirche S. Maria dell'Anima und an der Hochschule der Dominikaner in Rom fortsetzen, wo er 1929 promovierte. Zurückgekehrt nach Bayern, unterrichtete Graber Religion und Latein an der Realschule in Neumarkt/Opf. und engagierte sich in der Jugendseelsorge, v.a. im *Bund Neudeutschland*. In der Ablehnung des Nationalsozialismus eng mit Bischof Konrad von Preysing verbunden, wurde er 1933 von diesem als Expositus für Wasserzell bei Eichstätt und gleichzeitig als Religionslehrer an Gymnasium und Lehrerseminar nach Eichstätt berufen. 1939 wurde Rudolf Graber zum Domprediger ernannt, 1941 zum außerordentlichen Professor für Kirchengeschichte und 1946 schließlich zum Ordinarius für Kirchengeschichte, Patrologie, Fundamentaltheologie sowie Aszetik und Mystik an der kirchlichen Hochschule Eichstätt bestellt. Während seiner akademischen Tätigkeit, die auch eine Vielzahl von Publikationen umfasste (1927-1983 über 1200 Titel), war Rudolf Graber ein gesuchter Redner und Prediger in ganz Europa.

Am 28. März 1962 erfolgte die Berufung des Professors Rudolf Graber auf den Bischofsstuhl des heiligen Wolfgang, am 2. Juni 1962 die Konsekration durch Julius Kardinal Döpfner im Regensburger Dom. Diese Ernennung fiel zusammen mit dem Beginn des Zweiten Vatikanischen Konzils, an dem Graber teilnahm und dessen Reformen er aufgeschlossen gegenüber stand. Die Erneuerung fand in Regensburg u.a. ihren Niederschlag in der Gründung des Seelsorgeamtes zur Koordinierung der pastoralen Impulse des Konzils und des *Institutum Marianum* (1966), das von 1988 bis 1994 das *Marienlexikon* in sechs Bänden publizierte. 1972 nahm außerdem ein Spätberufenenseminar zunächst in Schwaz in Tirol, ab 1975 dann in Heiligenkreuz bei Wien seine Arbeit auf, das seit 2007 als *Studium Rudolphinum* in Regensburg ansässig ist. Die Errichtung der Regensburger Universität fand im Hochschullehrer Graber einen engagierten Förderer, denn die Aufwertung des ostbayerischen Raumes mit seinen vielfältigen historischen Verbindungen nach Osten war dem Bischof mit seinen engen Kontakten zur Ostkirche gerade in Zeiten undurchlässiger Grenzen ein besonderes Anliegen. 1976 fand dies seinen Ausdruck in der Errichtung des *Institutum Orientale* in Regensburg.

Der Aufbau wissenschaftlicher Strukturen durch die Entstehung der Universität gab den Anschub, ähnliche, bereits in der Diözese vorhandene Ansätze auszubauen und zu institutionalisieren. Erhalt, Pflege und Erforschung kirchlichen Kulturgutes sollten nicht mehr nur ein Schattendasein führen, sondern durch autonome Institutionen mit entsprechend geschultem Personal professionalisiert und somit sehr viel effizienter als bisher gemacht werden. Das Bischöfliche Zentralarchiv und die Zentralbibliothek in Obermünster gehen ebenso auf Bischof Grabers Initiative zurück wie die Unterbringung des Diözesanmuseums in den Wirtschaftsgebäuden von Obermünster und in der früheren Dompfarrkirche St. Ulrich sowie des Domschatzmuseums bei der Kathedrale. Auch die Wiederbegründung des *Vereins für Regensburger Bistumsgeschichte* im Jahr 1967 fand in Rudolf Graber einen starken Protektor.

Für seine verschiedensten Tätigkeiten wurde Dr. Rudolf Graber mit zahlreichen Ehrungen ausgezeichnet, darunter am 17. Mai 1963 mit dem Bayerischen Verdienstorden. Die Verleihung des Bundesverdienstkreuzes im Jahr 1973 lehnte er jedoch mit Hinweis auf den damaligen § 218 ab. Zum 14. September 1981 wurde Bischof Graber aus Altersgründen von seinem Amt entbunden, fungierte aber

Kat.-Nr. 3.1

bis zum Amtsantritts seines Nachfolgers Manfred Müller am 17. September 1982 als Administrator des Bistums. Danach zog er sich nach Aufhausen zurück, wo er weiterhin publizistisch tätig war. 1983 verlieh ihm Papst Johannes Paul II. die seltene Würde eines Päpstlichen Thronassistenten. Am 31. Januar 1992 starb Rudolf Graber und wurde am 6. Februar 1992 im Regensburger Dom beigesetzt.

Lit.: Paul Mai *(Hrsg.): Dienen in Liebe. Rudolf Graber, Bischof von Regensburg, München 1981; Emmeram H.* Ritter*: „Dienen in Liebe". Gedenken an Bischof Dr. theol. Dr. h.c. Rudolf Graber zu seinem hundertsten Geburtstag, in: Klerusblatt 83 (2003), S. 203-207; Bruno* Lengenfelder*: Dr. Rudolf Graber als Realschullehrer in Neumarkt in der Oberpfalz, in: Karl* Hausberger */ Werner* Chrobak *(Hrsg.): Kulturarbeit und Kirche. Festschrift Msgr. Dr. Paul Mai zum 70. Geburtstag, Regensburg 2005 (BGBR 39), S. 245-253; Albert* Rauch */ Nikolaus* Wyrwoll*: Das Ostkirchliche Institut. Über 40 Jahre Kontakte zur Orthodoxie, in: Katrin* Boeckh */ Roman P.* Smolorz *(Hrsg.): Osteuropa in Regensburg. Institutionen der Osteuropa-Forschung in Regensburg aus ihrer historischen Perspektive, Regensburg 2008 (Regensburger Studien 13), S. 112-132.*

Camilla Weber

3.1 Porträt

Regensburg, um 1962
Erwin Schöppl
Öl auf Leinwand
H 73 x B 52 cm

Der Kunstmaler Erwin Schöppl wurde 1904 in Wien geboren und lebte lange Jahrzehnte in Regensburg, wo er am 22. November 1980 starb. Seine Gemälde finden sich in zahlreichen Kirchen und Privathäusern des Bistums Regensburg. Das ausgestellte Ölbild, vielleicht entstanden anlässlich der Bischofsernennung, zeigt einen noch jugendlich erscheinenden Dr. Rudolf Graber im Halbporträt in frontaler Ansicht mit leicht nach links gedrehtem Kopf auf dunkelgrünem Hintergrund. Der Bischof ist bekleidet mit dem violetten Ornat. Deutlich erkennbar ist das Brustkreuz, das jedoch nicht ganz dem originalen Pektorale Grabers entspricht (vgl. Kat.-Nr. 3.4).

Privatbesitz

Kat.-Nr. 3.2

3.2 Porträt

Regensburg, um 1962
Originale Schwarzweiß-Fotografie
H 28 x B 22 cm (Fotografie)
H 52 x B 42 cm (Rahmen)

Das Porträtfoto aus dem dienstlichen Nachlass Dr. Rudolf Grabers ist aller Wahrscheinlichkeit nach aus Anlass seiner Ernennung zum Bischof von Regensburg entstanden. Es könnte als Vorbild für das Ölgemälde von Erwin Schöppl (vgl. Kat.-Nr. 3.1) gedient haben.

BZAR Bildersammlung

IOANNES EPISCOPUS · SERVUS SERVORUM DEI

dilectis filiis e Canonicorum Collegio, e clero populoque urbis ac dioecesis Ratisbonensis, salutem et apostolicam benedictionem. Laetum vobis nuntium hae Nostrae litterae procul dubio afferunt, quibus notum facimus vos rursum habere animorum Patrem atque Pastorem, quo carebatis postquam Michaël Buchberger bo. me. ad aeterna praemia est vocatus. Ad vos enim regendos summa Nostra auctoritate, absque Iuris conventi normam, elegimus dilectum filium Rodulfum Graber, ex archidioecesi Bambergensi sacerdotem, eundemque sacrae Theologiae doctorem in Athenaeo philosophico-theologico Eystettensi. Quem ad vos mittimus, dilecti filii, ingenii animique dotibus praeclare ornatum atque religiosarum rerum usu praeditum, sincera exsultatione excipite, eique prompta alacritate oboedite, qui inter vos erit Ecclesiae vestrae angelus, minister Christi atque mysteriorum Dei dispensator - 1 Cor. 4,1 -. Quod si concordes feceritis, dioecesis vestra, tantis antiquitatis clara memoriis, uberes sanctitatis fructus edere perget. Decernimus denique ut hae litterae Nostrae, eo curante qui modo Ratisbonensi Sedi moderatur, in primo legantur Canonicorum coetu, qui post eas acceptas habebitur, atque in cathedrali templo coram clero et populo, cum primum agent diem festum de praecepto. Datum Romae, apud S. Petrum, die duodetricesimo mensis martii, anno Domini millesimo nongentesimo sexagesimo secundo, Pontificatus Nostri quarto. = F. T. =

Iacobus A. Card. Copello
S. R. E. Cancellarius

Expedita die XI Martii, anno Pontif. IV

In Canc. Ap. tab. Vol. CIX N. 24

Kat.-Nr. 3.3

3.3 Ernennungsurkunde

Rom, 12. März 1962
Pergament, Seide, Blei
H 27,5 cm x B 42 cm (ohne Siegel), Umbug 2 cm
L 22 cm (Seidenfäden)
D 3 cm (Siegel)

Mit dieser lateinischen Urkunde ernannte Papst Johannes XXIII. am 12. März 1962 den Priester des Erzbistums Bamberg und Doktor der Theologie an der Philosophisch-Theologischen Hochschule Eichstätt Rudolf Graber zum Bischof von Regensburg. Wie alle päpstlichen Urkunden (und nur diese) verfügt die Ernennungsurkunde aus Pergament über ein Bleisiegel (hier mit der Aufschrift *Ioannes Papa XXIII*) sowie auf der Rückseite den Darstellungen der Apostelfürsten Petrus und Paulus. Ebenso charakteristisch für eine Papsturkunde ist die Befestigung des Bleisiegels an der Urkunde durch gelbe und weiße Seidenfäden.

BZAR Nachlass Rudolf Graber

Kat.-Nr. 3.4

Kat.-Nr. 3.5

3.4 Brustkreuz

Regensburg, 1962
Gold, Emaille, Rubin, Diamant
H 10 x B 8 x T 0,6 cm (Kreuz)
L 67 cm (Kette)

Das von den Professorenkollegen in Eichstätt gestiftete Bischofsbrustkreuz weist eine zeittypische moderne Form mit sich verjüngenden Balken auf, die Oberfläche ist diagonal fein gerillt. In der Kreuzesmitte ist als Zeichen des Blutes Christi ein Rubin gefasst, darunter der Buchstabe *M* für *Maria* als Ausdruck der Marienverehrung Rudolf Grabers. Am Fußende des Längsbalkens steht das emaillierte Bischofswappen Grabers, viergeteilt mit diagonaler Schaufel (Familienwappen *Graber*) mit Kreuzstab im Feld oben links und unten rechts auf grünem Grund. Das Dreifaltigkeitssymbol und der Heilige Geist (oben rechts) und die *mystische Rose* (unten links) finden sich auf rotem Grund. Das Wappen ist Ausdruck eines geistlichen Programms: die Heiligung der dem Bischof anvertrauten Seelen für den dreifaltigen Gott in der Kraft des Heiligen Geistes unter Mitwirkung der Fürsprecherin Maria. Die Schaufel steht für tatkräftiges Arbeiten im Weinberg des Herrn, um den Boden für das Wort Gottes zu bereiten. Der Griff der Schaufel aber ist das Kreuz, weil in der Welt nichts aus menschlichem Vermögen allein geschaffen werden kann. Auf der Rückseite des Brustkreuzes im Dreieck (als Symbol der Dreifaltigkeit oder des Auges Gottes) befindet sich ein Diamant. Die Kette ist in einem Wechsel aus Ringen und Ovalen gebildet. Bischof Graber trug dieses Kreuz während seiner Amtszeit fast täglich und auch im Ruhestand.

Privatbesitz

3.5 Brustkreuz

Konstantinopel, um 1962
Gold, Emaille
H 10 x B 7 x T 0,2 cm (Kreuz)
L 47 cm (Kette)

Dieses Brustkreuz aus massivem Gold mit blauer Emailleeinlage in schmaler Kreuzesform mit geschweiften Enden weist die typische Form des Patriarchalkreuzes von Konstantinopel auf. Auf der Rückseite befindet sich auf einer halbkugelförmigen Erhebung ein Kreuz, neben den Kreuzesbalken die Inschrift *Jesus Christus Sieger* in griechischen Buchstaben*. Bischof Graber erhielt dieses Kreuz persönlich aus der Hand des ökumenischen Patriarchen von Konstantinopel Athenagoras II. bei einem Besuch in Istanbul zu Ostern 1967. Graber war nach dem Zweiten Vatikanischen Konzil von der Deutschen Bischofskonferenz mit der Leitung einer Kontaktstelle zur Orthodoxie beauftragt worden, die mit diesem Besuch ihre Tätigkeit aufnahm. Als Folge erhielt das vorher an verschiedenen Standorten untergebrachte *Institutum Orientale* im Jahr 1976 im ehemaligen Kapuziner- bzw.

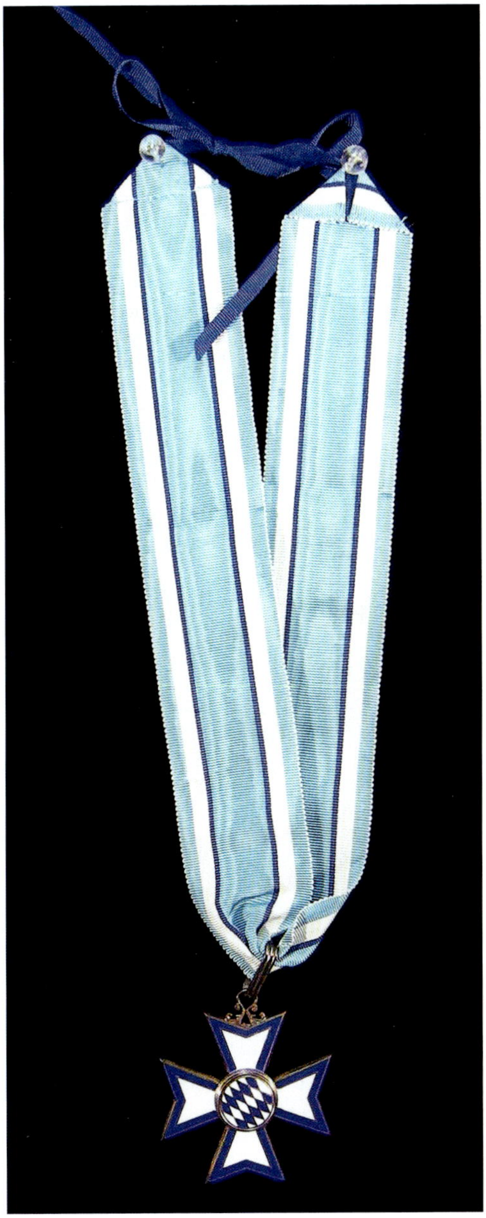

Kat.-Nr. 3.6

Klarissenkloster in der Regensburger Ostengasse seinen festen Sitz und konnte dort in 45 Jahren über 1000 Studenten eine theologische Ausbildung ermöglichen.

Privatbesitz

*Freundlicher Hinweis von Apost. Protonotar Dr. Albert Rauch, Leiter des *Institutum Orientale* Regensburg.

3.6 Bayerischer Verdienstorden

München, Gebr. Hemmerle, um 1963
Messing, Emaille
H 5,5 x B 5,5, cm (Kreuz)
L 25,5 cm (Band)

Der erst im Jahr 1957 gestiftete *Bayerische Verdienstorden*, der höchste Verdienstorden des Freistaates Bayern, wurde Bischof Dr. Rudolf Graber am 17. Mai 1963 in einer Feierstunde im Bayerischen Landtag durch Ministerpräsident Alfons Goppel verliehen. Das Ordenszeichen hat die Form eines Malteserkreuzes, dessen Arme auf Vorder- und Rückseite weiß emailliert und mit einem schmalen blauen Emailrand versehen sind. Das Mittelstück ist ein rundes, golden bordiertes Medaillon, das auf der Vorderseite das Rautenwappen und auf der Rückseite den bayerischen Löwen in Gold auf schwarzem Emailgrund zeigt.

Privatbesitz

Kat.-Nr. 3.7

3.7 Typar und Stempel

Regensburg, um 1962
Eisen, Holz
H 11 x B 3 cm (Typar)
H 2,5 x B 4 x T 2 cm (Stempel)
Der Typar trägt die außen umlaufende Inschrift *Rudolfus Dei Miserat[ione] et Apost[olicae] Sedis Gratia Episcopus Ratisbonen[sis]*. In der Mitte ist das Bischofswappen abgebildet: über dem Wappenschild Bischofsstab und Mitra, auf dem viergeteilten Wappenschild der Spaten als Symbol des Familiennamens Graber, die mystische Rose als Zeichen der Marienverehrung und die Taube als Symbol des Heiligen Geistes. Der kleine Unterschriftenstempel gibt die schwungvolle Handschrift des Bischofs deutlich wieder.

BZAR Nachlass Rudolf Graber

Kat.-Nr. 3.8 a-g

3.8 Bibliothek

Regensburg, um 1990
Papier, Stoff, Leder, Goldschnitt

a) Rosae selectissimarum virtutum quas Dei Mater orbis exhibet […], Antwerpen 1636 (BZBR Gra. 1331.1-2)
b) Tessera Salutis, hoc est Ratio efficax et expedita [...] cultum B.V. Mariae […], Fulda 1673 (BZBR Gra. 1332)
c) Fasti Mariani cum illustrium Divorum imaginibus […], München 1630 (BZBR Gra. 1333.1)
d) Timor Domini quotidiana meditatione […] sodalibus academicis B.B. Virginis […], Molsheim 1713 (BZBR Gra. 1334.1.2)
e) Diarium Cordis Mariani […], Ingolstadt 1670 (BZBR Gra. 1335)
f) Pia sodalis mariani Exercitia […], Breslau 1688 (BZBR Gra. 1336)
g) Defensio cultus mariani contra Monita anti-mariana […], Wien 1713 (BZBR Gra. 1337)

h) Karl Kraus: Die letzten Tage der Menschheit, Zürich 1945 (BZBR Gra. 1853)

Kat.-Nr. 3.8 h-l

i) Hermann Hesse: Narziß und Goldmund, Berlin 1940 (BZBR Gra. 1876)
k) Georges Bernanos: Die Sonne Satans, Hellerau 1927 (BZBR Gra. 1895)
l) Franz Werfel: Stern der Ungeborenen, Salzburg 1949 (BZBR Gra. 1953)

Die umfangreiche Bibliothek Rudolf Grabers wurde gemäß seinem Testament größtenteils durch die Bischöfliche Zentralbibliothek übernommen und als eigener Bestand mit rund 4000 Bänden mit der Signatur *Gra.* katalogisiert und aufgestellt. Hier sind zwei verschiedene Sparten der privaten Bibliothek des Professors und Bischofs Rudolf Graber ausgestellt: zum einen Beispiele aus der umfangreichen mariologische Spezialliteratur, zum anderen einige belletristische Bände.

BZBR Bibliothek Rudolf Graber

3.10 Publikationen

Regensburg, 1936-1992
Papier

a) Die Gaben des Heiligen Geistes, Regensburg 1936
b) Praedicate super tecta. Rundfunkansprachen für Ostern und Pfingsten, Regensburg 1966
c) Am Vorabend des Konzils. Predigten und Aufsätze des ehemaligen Schriftleiters des „Bote von Fatima" Dr. Rudolf Graber aus den Jahren 1957-1962, Regensburg 1973
d) Regensburger Domjubiläum 1276-1976. Rückblick auf die Domfestwoche 800 Jahre gotischer Dom zu Regensburg. Ansprachen, Regensburg 1976
e) Ein Bischof spricht über Europa. Vorträge, Ansprachen und Predigten, Regensburg 1978

f) Verkünde das Wort. Predigten, Ansprachen, Vorträge, Regensburg 1968
g) Liebe läßt nicht schweigen. Predigten, Ansprachen, Vorträge, Regensburg 1973
h) Froher Glaube. Predigten, Ansprachen, Vorträge, Regensburg 1976
i) Stärke deine Brüder. Predigten, Ansprachen, Vorträge, Regensburg 1978
j) Bewahre Jesu Christi heiliges Erbe. Predigten, Ansprachen, Vorträge, Regensburg 1980
k) Erneuerung der Herzen – Erneuerung der Kirche. Die Hirtenworte, Regensburg 1982
l) Dienst am Wort. Predigten, Ansprachen, literarische Beiträge, Furth 1983

m) Johann Auer u.a. (Hrsg.): Gottesherrschaft – Weltherrschaft. Festschrift Dr. Dr. h.c. Rudolf Graber zum Abschied von seiner Diözese Regensburg überreicht von den Professoren der Katholisch-Theologischen Fakultät Regensburg und Priestern der Diözese Regensburg im Hochschuldienst September 1980, Regensburg 1980
n) Paul Mai (Hrsg.): Dienen in Liebe. Rudolf Graber, Bischof von Regensburg, München/Zürich 1981
o) Emmeram H. Ritter: Bibliographie Bischof Dr. Theol. Dr. h.c. Rudolf Graber 1927-1983, Regensburg 1983

Dr. Rudolf Graber war über sechs Jahrzehnte lang wissenschaftlich und publizistisch tätig. Zahllose Texte aus seiner Feder – Monographien Predigten, Ansprachen, Vorträge, Grußworte – wurden gedruckt und stehen bis heute der Rezeption zur Verfügung, wie die 1983 zum 80. Geburtstag erstellte Bibliographie (vgl. Kat.-Nr. 3.10 o) belegt.

BZBR

3.11 Rudolf Graber und die Universität

Regensburg, 5. Juni 1962
Zeitungsartikel, Papier
H 35 x B 19 cm

Unmittelbar nach seiner Ernennung zum Bischof von Regensburg engagierte sich der ehemalige Professor Rudolf Graber für die Errichtung einer vierten bayerischen Landesuniversität in Regensburg. Dies kam schon beim Antrittsbesuch bei den staatlichen und kommunalen Autoritäten, dem Regierungspräsidenten der Oberpfalz Dr. Georg Zizler und dem Regensburger Oberbürgermeister Rudolf Schlichtinger, zum Ausdruck. Die bisherige Philosophisch-Theologische Hochschule, Stätte der Priesterausbildung des Bistums, sollte zur Katholisch-Theologischen Fakultät ausgebaut werden und als solche den Grundstock für die neue Universität bilden. Bischof Graber sagte zu, dass er auch öffentlich für die Universität in Regensburg eintreten werde.

BZAR Nachlass Rudolf Graber

3.12 Einweihung des Neubaus von Archiv und Bibliothek 1972

Regensburg, 27. Oktober 1972
Taschenkalender, Papier
H 14,5 x B 10,5 cm

Dr. Rudolf Graber hatte die Angewohnheit, in kleinen Taschenkalendern die wichtigsten Ereignisse jeden Tages festzuhalten. Am Freitag, dem 27. Oktober 1972, beschreibt er seine Teilnahme an der Einweihung von Archiv und Bibliothek trotz angegriffener Gesundheit: *Ich halte Begrüßung u. Weihe, bin dann noch bei der Einleitungsrede von Grötsch u. dem Vortrag von Prof. Acht, gehe aber dann weg, da wieder Schüttelfrost.*

BZAR Nachlass Rudolf Graber

3.13 Verein für Regensburger Bistumsgeschichte

Regensburg, 12. September 1973
Taschenkalender, Papier
H 21 x B 15 cm

Das Protektorat des Bischofs über die neu geschaffenen Kultur- und Forschungseinrichtungen seiner Diözese zeigte sich auch in der regelmäßigen Teilnahme an den Jahresversammlungen des *Vereins für Regensburger Bistumsgeschichte*. Dies dokumentiert auch ein Eintrag im Kalender des Bischöflichen Sekretärs Karl Höllerzeder vom 12. September 1973.

BZAR Nachlass Karl Höllerzeder

Bischof Rudolf setzt sich für die Universität ein

Besuch bei Regierungspräsident Dr. Georg Zizler und Oberbürgermeister Rudolf Schlichtinger

Bischof Dr. Rudolf Graber stattete gestern Regierungspräsident Dr. Georg Zizler (rechts) und Oberbürgermeister Rudolf Schlichtinger einen Besuch ab. Links trägt sich Bischof Rudolf in das Goldene Buch der Stadt Regensburg ein.

Kat.-Nr. 3.11

4. Der Aufbau von Archiv und Bibliothek in Obermünster

Die Schaffung geeigneter Archivräume konnte Diözesanarchivar Johann Baptist Lehner in der Ära Buchberger (1928-1961) nicht erreichen. Erst unter Bischof Dr. Rudolf Graber wurden nach dem Umzug des Knabenseminars nach Westmünster der Umbau des alten Damenstiftes Obermünster für das Archiv und der Neubau der Bibliothek in Angriff genommen. Diözesanbaurat Gerhard Prell entwarf für die Bibliothek einen funktionalen Betonbau auf dem Grund des ehemaligen Stiftsgartens bis hin zum 1965 errichteten Parkhaus am St. Petersweg, nachdem eine Überbauung des Innenhofs im Altbau verworfen worden war.

Das Erdgeschoss beherbergt die Büros der Mitarbeiter und zwei Bibliothekslesesäle, der markante Magazinturm bietet in vier Stockwerken auf 1300 m² Platz für 350.000 Bände und setzt einen Kontrast zum Turm der Obermünsterkirche. Im Altbau, 1929-1930 für das Knabenseminar errichtet, haben weitere Verwaltungsräume, der Archivlesesaal sowie im Keller Magazinräume mit ca. 10000 lfm Regalanlagen und verschiedene Technik (Fotolabor, Buchbinderei) ihren Platz. Die nach Norden ausgerichteten Fenster der großen Lesesäle binden mit ihrem Ausblick auf die Obermünsterruine diesen historisch bedeutenden Raum in den Gesamtkomplex ein.

Ab Ostern 1970 entstand im Kontext des kirchlichen Dienstleistungszentrums *Diözesanzentrum Obermünster* das modernste und zweckmäßigste kirchliche Archiv- und Bibliotheksgebäude seiner Zeit im deutschen Sprachraum, das als Vorbild für viele weitere Bauten diente.

Am 16. April 1971 konnte Richtfest gefeiert werden. Bereits ab dem 1. Mai 1971 nahm das Archiv seinen Betrieb auf, die Bibliothek folgte Ende Oktober 1972. Die Gesamtkosten betrugen rund 3 Millionen DM, überwiegend finanziert aus Kirchensteuermitteln. Bei den Bauarbeiten traten auch bedeutende archäologische Funde zutage, so etwa ein mittelalterlicher Brunnen, die Grundmauern von Gebäuden des 12. Jahrhunderts und ein Mauerstück des römischen Legionslagers – willkommene Funde zur Regensburger Stadtgeschichte.

Das Projekt *Archiv und Bibliothek des Bistums Regensburg* wurde von zahlreichen Zeitgenossen (Klerikern wie Laien) als in jeder Hinsicht überdimensioniert angesehen. Bischof Dr. Rudolf Graber und vor allem auch Hermann Grötsch (1900-1977), seit 1963 Domdekan, setzten es in langfristiger Voraussicht gegen alle Widerstände und trotz einer angespannten finanziellen Situation der Diözese durch. Archivdirektor Lehner erlebte die Fertigstellung seines Wunschtraumes nicht mehr, er starb am 9. Februar 1971 kurz vor dem Richtfest.

Lit.: Paul Mai (Hrsg.): Dienen in Liebe. Rudolf Graber, Bischof von Regensburg, München 1981; Werner Chrobak: Die Bischöfliche Zentralbibliothek Regensburg. Bau und Entwicklung, s. vorne S. 77–95.

Camilla Weber

Archiv und Bibliothek, Herbst 1972

Archivlesesaal, Herbst 1972

5. Einweihung von Zentralarchiv und Zentralbibliothek 1972

Zwei Tage vor der offiziellen Eröffnung – tausend Jahre nach der Bischofsernennung des heiligen Wolfgang und zehn Jahre nach seinem eigenen Amtsantritt als Bischof von Regensburg – lud Dr. Rudolf Graber die Presse zu einer Besichtigung des neuen Gebäudes und seiner Einrichtungen ein. Die Frage nach der Notwendigkeit einer solchen zentralen Kulturinstitution beantwortete der Bischof erneut mit der Verpflichtung der Kirche, auf kulturellem und wissenschaftlichem Gebiet auf dem neuesten Stand zu sein. Gerade die Grenzlanddiözese Regensburg hatte sich mit diesem Projekt an die Spitze der bayerischen Bistümer gestellt. Der gesamte Komplex sollte die im kirchlichen Besitz befindlichen, bisher weit zerstreuten Archivalien und Bücher einerseits konservatorisch sichern und andererseits der Wissenschaft und Forschung, gerade auch an der neugegründeten Universität, zugänglich machen, als wertvolle Ergänzung, nicht aber als Konkurrenz zur Alma Mater.

Am Samstag, den 27. Oktober 1972, wurde ab 10.00 Uhr die feierliche Einweihung des neuen kirchlichen Kultur- und Wissenschaftszentrums in Obermünster begangen. An die Weihe des Hauses durch Bischof Rudolf Graber schloss sich ein Festakt mit der Schlüsselübergabe durch den Architekten Gerhard Prell an. Professor Peter Acht (München) hielt einen Festvortrag zum Thema *Kirchliche Archive in Regensburg*, Professor Bernhard Bischoff steuerte einen zweiten über *Die mittelalterlichen Bibliotheken Regensburgs* bei. Domdekan Hermann Grötsch begrüßte die Festgäste von Seiten des Domkapitels. Die musikalische Gestaltung übernahmen der Chor des Knabenseminars Westmünster (vormals Obermünster) unter der Leitung des Präfekten Weiß und das Bläserquartett Rossmanith.

Die Gästeliste der Einweihung versammelte die kulturelle und gesellschaftliche Prominenz der Stadt Regensburg und darüber hinaus: angefangen von der Geistlichkeit (die Weihbischöfe Hiltl, Guggenberger und Flügel, die Benediktineräbte von Rohr und Metten, Mitglieder des Domkapitels, der Kollegiatstifte und der Priesterschaft), über die Politik (Mitglieder des Bundestags und des Landtags, des Senats und der Bezirkstage von Oberpfalz und Niederbayern sowie die Regierungspräsidenten beider Bezirke), die Stadt Regensburg (u.a. Oberbürgermeister Schlichtinger) und das Fürstliche Haus Thurn und Taxis (P. Emmeram und Fürst Karl August) bis hin zu den Fachkollegen aus kirchlichen und staatlichen Archiven, Bibliotheken und Museen und der Universität. Der bayerische Ministerpräsident Alfons Goppel (1905-1991), ein gebürtiger Regensburger und ehemaliger Zögling des Knabenseminars Obermünster, schickte ein Telegramm mit Grüßen zur Eröffnung.

Insgesamt waren über 200 Personen anwesend, die nach der Eröffnung bei einem Rundgang durch das Haus dessen Infrastrukturen und Bestände (wie bereits 3000 eingelagerte Meter Akten) kennenlernen konnten.

Camilla Weber

Ansprache des Bischofs Dr. Rudolf Graber zur Einweihung von Bischöflichem Zentralarchiv und Bischöflicher Zentralbibliothek

am 27. Oktober 1972

Ich könnte mir für meine kurzen Worte keine schönere Einleitung denken, als jenen kurzen Vers, den St. Wolfgang selbst verfasste und den er über den von ihm erbauten Bibliothekssaal setzen ließ: „Struxerat aediculam mandrita Lupambulus istam, diesen Saal hat ein Bischof namens Wolf-wandelnd erbaut". Nebenbei bemerkt, so hat unser Diözesanpatron seinen Namen gedeutet lupus=Wolf und ambulare wandeln, gehen. Ich glaube fast, es müsste dieser Vers irgendwo im jetzigen Archiv oder in der Bibliothek angebracht werden, zum Zeichen, dass wir weiterführen, was St. Wolfgang begonnen hat. Über 300 Werke umfasste diese erste Bibliothek, für die damalige Zeit immerhin eine ansehnliche Anzahl. Das Verzeichnis dieser Bücher ist uns heute noch erhalten.

Begreiflicherweise war vor allem die Theologie vertreten in allen ihren Zweigen: die Kirchenväter Hieronymus, Augustinus, Ambrosius, Gregor der Große, Leo der Große, Isidor, Ephrem, Origenes, ferner viele liturgische Bücher für Chor und Altar (19 Messbücher, 8 Graduale und 8 Antiphonarien). Die weltliche Wissenschaft fehlte jedoch keineswegs. Wir finden zehn Bücher über die Heilkunst, sodann Schriften über Mathematik, Musik und Geschichte, weiter Gesetzessammlungen des bayerischen und ripuarischen Volksrechtes. Dabei verlegte man sich eifrig auf das Sammeln und Abschreiben von Büchern, um die Bücherei möglichst zu vergrößern, zeigte sich andererseits auch nicht engherzig, die vorhandenen Bücher andern zum Abschreiben auszuleihen.

Unser Diözesanpatron zählt nicht zu den Leuchten der Wissenschaft, die durch schriftstellerische Tätigkeit glänzten und die Kirche mit wertvollen Werken bereicherten. Die Tradition von St. Emmeram schreibt ihm einen Kommentar zum Psalm 50 zu. Weil wir jedoch dieses Büchlein aus einer Handschrift des 14. Jahrhunderts kennen, bestehen Zweifel über die Autorschaft des Heiligen. Indessen, um in der wissenschaftlichen Welt Anerkennung zu finden, ist es nicht immer notwendig, selbst eine Reihe von Werken veröffentlicht zu haben, es genügt, Impulse gegeben zu haben. Und darin war Wolfgang groß. Ihm ist es zu verdanken, dass St. Emmeram sich zum deutschen Athen entwickelte. Als Bibliothekar wurde ein geeigneter Mann gewonnen, Reginbald, von dem der gelehrte Froumund von Tegernsee mit Anspielung auf dessen Namen (Reginbald – gewaltiger Regen) mit Recht sagen konnte, dass er von „überströmender Gelehrsamkeit triefe". Reginbald wurde ein Mittelpunkt der Wissenschaft, der seine leuchtenden Strahlen weit über die Grenzen Bayerns hinaussandte; der Einfluss Reginbalds auf Böhmen beispielweise ist bis ins 13. Jahrhundert nachzuweisen. Berühmte Zöglinge sind aus der Schule von St. Emmeram hervorgegangen, welche die Bischofsstühle Deutschlands zierten. Gar manches wäre zu sagen über die pädagogische Tätigkeit des Heiligen, die sich in Trier herausgebildet hatte und die er als Bischof fortsetzte. Er versäumte nicht, sich am Unterricht in der Domschule zu beteiligen, er sah selbst die Schreibtafeln der Schüler nach und korrigierte die Fehler mit eigener Hand. Seine Lehrmethode vermied Weichlichkeit und Härte. „Er lobte und belohnte die Fleißigen, die Müßigen und Nachlässigen tadelte er", schreibt Othlo. Von einer Disputation sub auspiciis vor Otto II. wird uns berichtet, wie treffend er seinen Gegner widerlegt. Jedenfalls teilt die Geschichte ihm einen Ehrenplatz im Erziehungswesen zu und Wolfgang steht in vorderster Linie unter denen, denen der Aufstieg in der Ottonenzeit zu verdanken ist. Auch evangelische Gelehrte geben dies rühmend zu. Dümmler gesteht in seinen Jahrbüchern der deutschen Geschichte unter Otto dem Großen, dass sich „Wolfgang als Lehrer hervorgetan und als erster in Deutschland von dem damaligen Umschwung Gebrauch gemacht habe".

So stehen wir mit dem Bau dieser Bibliothek und dieses Archivs ganz in der Gedankenwelt Wolfgangs. Man kann natürlich angesichts dieses Baues die vorwurfsvolle Frage von Bethanien aufwerfen, die bis zum Ende der Welt nicht verstummen wird „Wozu diese Verschwendung“ (Mt 26,8). Aber abgesehen davon, dass sich manche Teilbestände dieser Bibliothek in wirklich unwürdigem Zustand befanden und kaum für die Allgemeinheit zugänglich waren, so müsste die Kirche, wo der Staat unser Regensburg durch die vierte bayerische Universität ausgezeichnet hatte, ihrerseits einen Beitrag leisten zur wissenschaftlichen Forschung, die ja nicht zuletzt auch unseren Priestern wieder zugute kommt. In einer Zeit, wo Fortbildung auf allen Gebieten groß geschrieben wird, muss auch die Kirche Schritt halten mit der Zeit nicht im Sinn einer kritiklosen Angleichung, sondern in einem lebendigen Dialog, der sich orientiert an jenem Prophetenwort: „Conticuit populus meus, eo quod non habuerit scientiam, quia tu scientiam repulisti, repellam te, ne sacerdotio fungaris mihi – Verstummt ist mein Volk, weil es keine Erkenntnis hatte: weil du die Wissenschaft verschmäht hast, will auch ich dich verschähen, dass du mir nicht mehr als Priester dienst“ (Os 4,6).

In dieser Einstellung nehmen wir die Weihe vor. Möge diese Stätte des Wissens zu einer sedes sapientiae werden, einer Weisheit, die nicht das Ergebnis des Studiums ist, sondern Gabe von oben von dem, in dem Weisheit und Liebe eine Einheit bilden.

BZAR, Registratur, Ordner „Einweihung 1972“
Gedruckt in: Rudolf Graber: St. Wolfgang heute 972-1972.
Predigten und Ansprachen, Regensburg 1972, S. 25-28

Bischof Dr. Rudolf Graber bei seiner Eröffnungsrede am 27. Oktober 1972

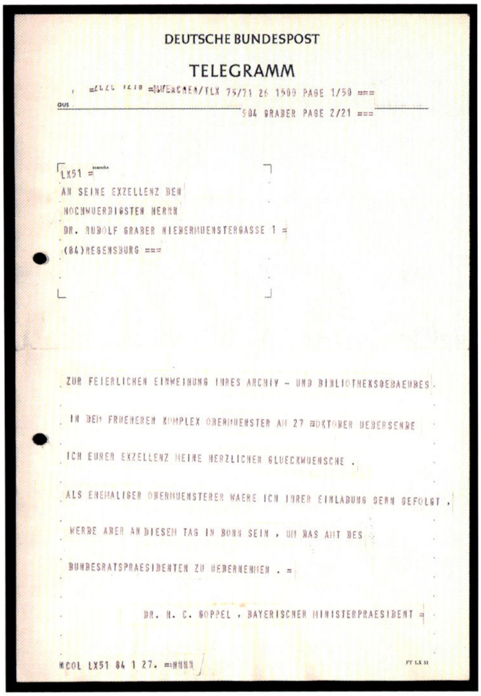
DEUTSCHE BUNDESPOST

TELEGRAMM

=MUENCHEN/TLX 75/71 26 1500 PAGE 1/50 ===

aus

904 GRABER PAGE 2/21 ===

LX51 =

AN SEINE EXZELLENZ DEN
HOCHWUERDIGSTEN HERRN
DR. RUDOLF GRABER NIEDERMUENSTERGASSE 1 =
(84)REGENSBURG ===

ZUR FEIERLICHEN EINWEIHUNG IHRES ARCHIV - UND BIBLIOTHEKSGEBAEUDES

IN DEM FRUEHEREN KOMPLEX OBERMUENSTER AM 27 OKTOBER UEBERSENDE

ICH EURER EXZELLENZ MEINE HERZLICHEN GLUECKWUENSCHE .

ALS EHEMALIGER OBERMUENSTERER WAERE ICH IHRER EINLADUNG GERN GEFOLGT ,

WERDE ABER AN DIESEM TAG IN BONN SEIN , UM DAS AMT DES

BUNDESRATSPRAESIDENTEN ZU UEBERNEHMEN . =

DR. H. C. GOPPEL , BAYERISCHER MINISTERPRAESIDENT =

COL LX51 84 1 27. =NNNN

FT LX 51

Kat.-Nr. 5.1

5.1 Einweihung

München, 1972
Telegramm, Papier
H 30 x B 21 cm

Der bayerische Ministerpräsident Dr. h.c. Alfons Goppel (1905-1991), ein gebürtiger Regensburger, übersandte zur Einweihung von Zentralarchiv und Zentrabibliothek ein Telegramm an Bischof Dr. Rudolf Graber, in dem er seine Verhinderung bedauerte: *Als ehemaliger Obermünsterer wäre ich Ihrer Einladung gerne gefolgt, werde aber an diesem Tag in Bonn sein, um das Amt des Bundesratspräsidenten zu übernehmen.*

BZAR Registratur, Ordner *Einweihung 1972*

Kat.-Nr. 5.2 (1)

5.2 Einweihungsfeier am 27. Oktober 1972

Regensburg, 27. Oktober 1972
14 Originale Schwarzweiß-Fotografien

1) Blick von der Galerie des großen Bibliothekslesesaales auf das Auditorium während der Einleitungsansprache von Apostolischem Protonotar Domdekan Hermann Grötsch (H 17,5 x B 13 cm, Foto: Wilkin Spitta)
2) Blick vom Fenster des großen Bibliothekslesesaales auf das Auditorium während der Einleitungsansprache von Domdekan Grötsch (H 12 x B 23,5 cm)
3) Bischof Dr. Rudolf Graber überreicht an Dr. August Scharnagl, den langjährigen Kustos der Proskeschen Musikbibliothek, den Orden *Pro Ecclesia et Pontifice* (H 15 x B 11 cm)
4) Blick von der Galerie des großen Bibliothekslesesaales auf das Auditorium (H 18 x B 23,5 cm)
5) Bischof Dr. Rudolf Graber bei seiner Eröffnungsansprache im Foyer (H 17,5 x B 12,5 cm, Foto: Wilkin Spitta)
   Abb s. S. XX
6) Die drei Regensburger Weihbischöfe Karl Flügel, Josef Hiltl und Vinzenz Guggenberger (v.l., H 12 x B 18 cm, Foto: Wilkin Spitta)
7) Der Regensburger Episkopat vollständig versammelt (v.l.): Bischof Dr. Rudolf Graber, Weihbischof Josef Hiltl, Weihbischof Karl Flügel und Weihbi-

Kat.-Nr. 5.2 (2)

schof Vinzenz Guggenberger (H 12,5 x B 17,5 cm, Foto: Wilkin Spitta)

8) Bischof Dr. Rudolf Graber bei seiner Eröffnungsansprache im Foyer (H 12,5 x B 17,5 cm, Foto: Wilkin Spitta)
9) Der Chor des Studienseminars Westmünster und das Bläserquartett Rossmanith unter Leitung des Studienpräfekten Weiß (H 12,5 cm x B 18 cm, Foto: Wilkin Spitta)
10) Vgl. Nr. 7.
11) Der Direktor des neuen Komplexes von Archiv und Bibliothek, Dr. Paul Mai, und Bischof Dr. Rudolf Graber (H 13 cm x B 17,5 cm, Foto: Wilkin Spitta)
12) Der Chor des Studienseminars Westmünster unter Leitung des Studienpräfekten Weiß (H 12,5 cm x B 17,5 cm, Foto: Wilkin Spitta)
13) Bischof Dr. Rudolf Graber (vorne) und Generalvikar Fritz Morgenschweis auf dem Weg in die Obermünster-Ruine, im Hintergrund der Magazinturm der Bibliothek (H 20 cm x B 12,5 cm, Foto: Dieter Nübler)
14) Der letzte Obermünsterer überreicht im Namen der Ehemaligen des Studienseminars die Ehrennadel in Silber an den Dr. Paul Mai, ehemaliger Präfekt in Obermünster (H 18 c, x B 12,5 cm)

Kat.-Nr. 5.2 (3)

Kat.-Nr. 5.2 (4)

Kat.-Nr. 5.2 (7)

Kat.-Nr. 5.2 (11)

Kat.-Nr. 5.2 (12)

Kat.-Nr. 5.2 (13)

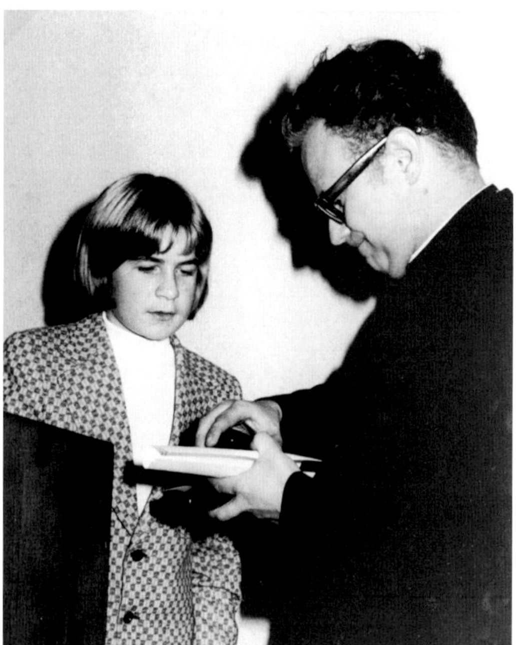

Kat.-Nr. 5.2 (14)

Kat.-Nr. 5.2 (15)

Regensburg, 27. Oktober 1972
Schwarzweiß-Fotografie (Reproduktion)
H 21 cm x B 30 cm

15) Bischof Dr. Rudolf Graber überreicht den Schlüssel des neuen Gebäudes an Archivdirektor Dr. Paul Mai.

BZAR Bildersammlung

6. Zuständigkeit und Aufgaben des Bischöflichen Zentralarchivs

Die Diözesanarchive sind zentrale Orte des Gedächtnisses der Kirche und gleichzeitig wesentlicher Teil des kulturellen Erbes der Gesellschaft. Die Vergangenheit zu bewahren und gleichzeitig historische Identität zu vermitteln sind Kernaufgaben eines Archivs.

Das Bischöfliche Zentralarchiv Regensburg ist als kirchliche Behörde gemäß can. 486 § 2 CIC zuständig für die Sicherung und Nutzung der amtlichen Überlieferung aller Dienststellen und Einrichtungen der Diözese Regensburg. Das Archiv ist die zentrale Fachbehörde für Fragen des kirchlichen Archivwesens im Bereich der Diözese. Es übernimmt Schrift- und Sammlungsgut, bewertet, erschließt und bewahrt vor allem Urkunden, Akten, Amtsbücher, Bild-, Ton- und Filmdokumente sowie sonstige Informationsträger und Hilfsmittel zu ihrer Benutzung.

Das Zentralarchiv sammelt und bewahrt auch Schrift- und Dokumentationsgut fremder Herkunft, soweit diese für die Geschichte der Diözese Regensburg, die allgemeine kirchengeschichtliche Forschung oder für genealogische Recherchen von Bedeutung sind, darunter Nachlässe von Persönlichkeiten des kirchlichen Lebens. Es übt die Fachaufsicht über sämtliche kirchlichen Archive seines Sprengels aus und ist Ansprechpartner für alle das kirchliche Archivwesen betreffenden Fragen. Ein besonderer Schwerpunkt liegt dabei auf der Pfarrarchivpflege.

Die Katholische Kirche regelt weltweit ihr Archivwesen eigenständig. Rechtsgrundlage für das Archivwesen in Deutschland ist die *„Anordnung über die Sicherung und Nutzung der Archive der Katholischen Kirche"*. Für die Diözese Regensburg wurde sie gleichlautend 1988 erlassen und im Amtsblatt der Diözese veröffentlicht. Weitere Richtlinien für die Diözesanarchive finden sich im Schreiben der Päpstlichen Kommission für die Kulturgüter der Kirche vom 2. Februar 1997 über *„Die pastorale Funktion der kirchlichen Archive"*.

Es wird im Schreiben eindeutig definiert, dass im Bewusstsein der Kirche die Archive Erinnerungsstätten der christlichen Gemeinden und Kulturfaktoren für die Neuevangelisierung sind. Die Archive bewahren die Quellen der geschichtlichen Entwicklung der kirchlichen Gemeinschaft und die Quellen, die sich auf die liturgische und sakramentale, erzieherische und karitative Tätigkeit beziehen.

Eine zentrale Zuständigkeit des Bischöflichen Zentralarchivs ist die Fachaufsicht. Das Archiv ist für die Sicherung und Verwaltung des Archivgutes der Organe, Dienststellen und Einrichtungen der Diözese Regensburg zuständig. Im Rahmen dieser Aufsicht ist das Zentralarchiv verantwortlich für die Sicherung des amtlichen Schrift- und Dokumentationsgutes aller Dienststellen und Einrichtungen des Bischöflichen Ordinariats und des Domkapitels sowie für die Aufsicht über die Pfarrarchive und die sonstigen der Leitung oder Aufsicht des Diözesanbischofs unterstehenden Archive.

Die räumliche Zuständigkeit des Bischöflichen Zentralarchivs erstreckt sich auf den Amts- und Aufsichtsbezirk des Ortsbischofs von Regensburg, also auf die Diözese Regensburg.

Lit.: Bundeskonferenz der kirchlichen Archive in Deutschland (Hrsg.): Führer durch die Bistumsarchive der katholischen Kirche in Deutschland, 2., überarb. und erweit. Aufl. Siegburg 1991, S. 163-171; CODEX IURIS CANONICI, Codex des kanonischen Rechtes, Lateinisch-deutsche Ausgabe, Rom 1983, Can. 486 § 1, Can. 486 § 2, Can. 491 § 2, Can. 491 § 3

Franz von Klimstein

7. Gebäude und Personal des Bischöflichen Zentralarchivs

Der Bau von Archiv und Bibliothek war ein groß angelegtes Projekt, das ohne das persönliche Engagement des damaligen Domdekans Hermann Grötsch und des seinerzeitigen Finanzdirektors, Domkapitular Georg Häglsperger, nicht hätte durchgezogen werden können. Nachdem 1964 der Beschluss gefasst worden war, für das Knabenseminar St. Wolfgang einen Neubau im Stadtwesten zu errichten, bot es sich an, die bisher für das Knabenseminar genutzten Gebäude des ehemaligen Kanonissinnenstiftes Obermünster in ein katholisches, kulturelles Zentrum der Bischofsstadt umzuwandeln.

Der erste Bauabschnitt begann im Frühjahr 1968 unter der Planung des Architekturbüros Prell mit den Architekten Hohenthanner und Ferstl. Innerhalb von nur drei Jahren entstand das zu seiner Zeit modernste und zweckmäßigste Archivgebäude in der bayerischen Archivlandschaft. Im Erdgeschoss des Altbaus wurden die Verwaltungsräume und der Lesesaal des Archivs mit 14 Arbeitsplätzen, davon zwei in abgetrennten Kabinen, integriert, im Kellergeschoss wurden 3 Magazinräume, das Fotolabor und eine Buchbinderwerkstatt geschaffen. Auf dem östlich an den Altbau anschließenden Gelände des ehemaligen Stiftsgartens entstand der Neubautrakt des Bibliotheksgebäudes, in dessen Kellergeschoß sich weitere drei Archiv-Magazinräume befinden. Im Frühsommer des Jahres 1971 war das Archiv bezugsfertig.

Mit den neuen Räumen war es auch endlich möglich, den Personalstand aufzustocken. Seit 1930 war das Archiv jahrzehntelang mit nur einem Archivar besetzt gewesen, erst 1970 wurde eine zweite Archivratsstelle geschaffen. Ein undatierter Stellenplan, entworfen vermutlich kurz vor dem Umzug in Frühjahr 1971, sieht neben dem Direktor die Stelle eines Archivrates, eines Inspektors, eines Angestellten für das Matrikelamt, eine Halbtagsschreibkraft und einen Magazinangestellten vor. Im Vergleich zu den Jahrzehnten davor, in denen das Archiv räumlich und personell stiefmütterlich behandelt worden war, wirkte diese Ausstattung manchen Zeitgenossen übertrieben. Doch der in der Folge zu verzeichnende Arbeitsanfall und die ständige Zunahme an Anfragen, wissenschaftlichen und genealogischen Benutzern, gaben der Vision von Msgr. Johann Baptist Lehner und seinem Nachfolger Msgr. Dr. Paul Mai recht. Die Auslastung der Archivkapazitäten erforderte eine Aufstockung zur Bewältigung des stetig steigenden Arbeitsanfalls. So weist der aktuelle Schematismus für das Bistum Regensburg neben einer Direktorenstelle zwei Archivare und eine Archivarin des höheren Dienstes, einen Archivreferendar, einen Archivinspektor, einen Magazinmeister, zwei Verwaltungsangestellte im Archiv und zwei Angestellte im Matrikelamt aus.

Zu den bestehenden Magazinräumen, deren Kapazitäten in jüngerer Zeit durch umfangreiche Abgaben aus der Administration inzwischen bereits ausgeschöpft sind, ist im Jahr 2012 im Kellergeschoss des Altbaus ein provisorisches Magazin hinzugekommen, zwei weitere Räume werden 2013 folgen.

Lit.: Marianne Popp*: Das Bischöfliche Zentralarchiv und der Verein für Bistumsgeschichte, in: Dienen in Liebe. Rudolf Graber, Bischof von Regensburg, hrsg. v. Paul* Mai*, München, Zürich 1981, S. 301–320; Camilla* Weber*: Archivare und Registratoren des Bistums Regensburg, in: Kulturarbeit und Kirche. Festschrift Msgr. Dr. Paul Mai zum 70. Geburtstag, hrsg. von Werner* Chrobak *und Karl* Hausberger*, BGBR 39, (2005) S. 745–757; Schematismus des Bistums Regensburg 2011, Regensburg 2011.*

Josef Gerl

Kat.-Nr. 7.1 Das Personal von Archiv und Bibliothek im Sommer 2012

7.1 Das Personal von Archiv und Bibliothek im Sommer 2012

Regensburg, 29. Juni 2012
Abzug von digitaler Aufnahme
Tobias Weber

Anläßlich des 40jährigen Priesterjubiläums von Archivdirektor Msgr. Dr. Paul Mai entstand an Peter und Paul, dem 29. Juni 2012, diese Aufnahme. Sie zeigt in der vordersten Reihe den Jubelpriester inmitten ehemaliger und derzeitiger Mitarbeiter des Bischöflichen Zentralarchivs und der Bischöflichen Zentralbibliothek. Vordere Reihe (jeweils v. l. n. r.): Editha Zirngibl, Sabine Ebeling, Msgr. Dr. Paul Mai, Heide Gabler, Brigitte Schmidbauer; mittlere Reihe: Josef Mayerhofer, Waltraud Glück, Heidi Schmalhofer, Dr. Camilla Weber, Dr. Werner Chrobak, Rosemarie Weinberger; hintere Reihe: Dr. Johann Gruber, Dr. Franz von Klimstein, Josef Gerl, Dr. Stephan Acht, Beate Schweiger; dahinter: Dr. Raymond Dittrich, Dr. Dieter Haberl, Sieglinde Hain, Gerhard Unglaub, Erwin Hopfensberger, Norbert Reitzner.

BZAR Bildersammlung

8. Bestand Ordinariat / Konsistorium des Bischöflichen Zentralarchivs

Erster Kernbestand des Bischöflichen Zentralarchivs ist naturgemäß das Archiv des Ordinariats. Es umfasst aus der Zeit vor der Säkularisation vornehmlich die Archivalien des Bischöflichen Konsistoriums, der geistlichen Oberbehörde des Bistums, welche diesem vom Staat belassen wurden, danach alles beim Ordinariat erwachsene Schriftgut. Das gesamte Schriftgut teilt sich in mehrere zeitliche Schichten. Der 1930 als hauptamtlicher Archivar des Bistums angestellte Domvikar Johann Baptist Lehner teilte die damaligen Archivbestände, die zeitlich in der Hauptsache vom 15. bis in die zweite Hälfte des 19. Jahrhunderts reichten, in verschiedene Betreffe auf, nämlich Pfarrakten (Sigle *OA-Pfa*), Dekanatsakten (Sigle *OA-Deka*), Klosterakten (Sigle *OA-Kl*), Verlassenschaftsakten (Akten, die bei der Abwicklung des Nachlasses von Priestern entstanden; Sigle *OA-VA*), Personalakten (Sigle *OA-PA*) und Ehegerichtsakten (Sigle *OA-Eheakten* und *OA-Neuere Eheakten*). Die wohl von Anfang an gesondert gelagerten Pastoralberichte legte er nicht bei den betreffenden Pfarreien ab, sondern beließ sie als eigenen Teilbestand (Sigle *OA-Pastoralberichte*). Ebenso bildete er Teilbestände aus den Archivalien zu dem 1817/21 von der Diözese Regensburg abgespaltenen Distrikt Eger (Sigle *OA-Egrana*) sowie den aufgrund der Französischen Revolution bzw. des Kulturkampfes zeitweise im Bistum lebenden und wirkenden Emigrantenpriestern (Siglen *OA-Emigranten* bzw. *OA-Kulturkampf*). Die Reihen der Protokolle von den Sitzungen des Bischöflichen Konsistoriums (Sigle *OA-Konsistorialprotokolle*) und des Ordinariats (Sigle *OA-Sitzungsprotokolle*) sowie der Journale des Ordinariats (Sigle *OA-Journale*) wurden separat aufgestellt, da es sich dabei durchweg um Bände handelt. Ebenso erfolgte aus konservatorischen Gründen eine gesonderte Aufbewahrung der Urkunden, die größtenteils von der Präsentation auf Pfarreien handeln. Der Rest des Schriftguts, der nicht eindeutig einem dieser Betreffe zugeordnet werden konnte, verblieb als Teilbestand unter der Bezeichnung *Generalia*, obwohl es sich dabei meist nicht um eigentliche Generalien (Akten allgemeinen Betreffs) handelt (Sigle *OA-Gen*).

Nachdem dann die Überführung des späteren, bis einschließlich 1945 erwachsenen Schriftguts von der Registratur ins Archiv erfolgt war, ordneten der Archivar und eventuelle Hilfskräfte auch dieses den genannten Sachgebieten zu. Lediglich die Akten allgemeinen Betreffs verblieben als eigener Teilbestand, der zunächst als *Reponierte Registratur*, später einfach als *Ordinariatsarchiv* (Sigle *OA*) bezeichnet wurde. Aus diesem Teilbestand wurden die Akten, die im weitesten Sinne etwas mit dem Nationalsozialismus zu tun hatten, ausgegliedert (Sigle *OA-NS*), ebenso diejenigen, die den 1938-1945 von der Diözese Regensburg betreuten Administraturbezirk in Böhmen (Sigle *OA-Adm. Böhmen*) betrafen. Die Personalakten gab die Registratur einzeln nach dem Tod des betreffenden Priesters an das Archiv ab, welches sie dem einschlägigen Bestand zuordnete.

In neuerer Zeit gelangte auch das zwischen 1946 und 2002 beim Ordinariat entstandene Schriftgut ins Archiv. Es war in der Registratur in *Generalia, Pfarrakten* und *Klosterakten* sowie in zwei bzw. drei zeitliche Schichten unterteilt und nach einem Aktenplan geordnet worden. Diese Ordnung wurde im Archiv vorläufig beibehalten. Die Siglen sind hier durch den entsprechenden zeitlichen Zusatz ergänzt (z. B. *OA-Gen 1982-2002, Nr. ...*).

Johann Gruber

8.1 Präsentation auf die Pfarrei Floß

Waldsassen 1503 August 4
Original, Pergament, lateinisch, H 18,5 x B 24,8, Umbug 3,4 cm, an Pergamentstreifen anhängendes spitzovales, rotes (jetzt geschwärztes) Siegel des ausstellenden Abtes

Georg, Abt des Zisterzienserklosters Waldsassen, präsentiert Bischof Rupert (II.) für die durch freie Resignation des *Petrus Kreusner* vakante Pfarrei St. Johannes Baptist in *Floss* (Floß, Landkreis Neustadt a. d. Waldnaab) *Petrus Turschedl*, Professor *humanarum artium* (der Humanwissenschaften).

Die Abtei Waldsassen besaß seit dem 14. Jahrhundert das Präsentationsrecht für die Pfarrei Floß, konnte also bei Vakanz der Pfarrei dem Bischof einen neuen Pfarrer vorschlagen. Der Bischof war an den Vorschlag gebunden, wenn der Kandidat die kanonischen Voraussetzungen für das Amt erfüllte.

BZAR OA Präsentationsurkunden Floß 1503 VIII 4

8.2 Prozessionsordnung für die Fronleichnamsprozession in Regensburg

1610
Papier, beschädigt, H 32,2 x B 21,7 cm

Verzaichnus wie die Procession corporis Christ deß laufendten 1610 Jar inn nachvolgender Ordnung solle angestelt werden.

1
Drey Persohnen, so Platz machen, nemblich ... inn iren feyertagihen Claidern, samt iren Seitewehren.

2
Ain Prüester, so mit ainer Fackhel forgehet unnd die Procession führet, Herr Thobias frueambter im Thumb
...

3
Die zwelf alte Männer mit irn Crucifixen inn iren neuen Claidern.
...

13
Die Religiosi, Augustiner, Franciscaner, Prediger unnd die von St. Manng.

14
Die rotter Fahnen mit einem weissen Creuz bey den Franciscaner, welcher der Music vorgetragen wirdt ...

15
Die Music im Thumbstifft.

16
Zwen der Pruesterbruderschafft weisse Fahnen, welche zwo Pershonen inn goltfarben Rökhen von ermelter Bruederschafft bestelt werden.

17
Alsdann volgt die Prüesterschafft inn iren Rauchmändtlen, sambt iren Fackhlen.

18
Volgt hierauf der große Hauptfahnen mit nachvolgenten 7 Pershonen ...
...

23
Volgen die Prelaten in iren Pontifikalien, alwegen ainer nach dem andern, doch soll auß iren bey sich habendten Caplänen ainer den Stab vortragen ...
...

32
Drey mit weissen Fackhlen, vor dem Himel, inn iren Claidern und Seitewehren, nemblich Barbierer, Johannes Cancelist unnd Dafeldeckher.

33
Darauf volget Venerabile Sacramentum.

34
Volgen die Hoffcaplän, sambt dem Capeldiener.
...

39
Hierauf volgen die f(ü)r(stlichen) Herrn Räth, unnd Frembde vom Adel, sambt andern Mannßpershonen
...

40
Zwen ganz rote Fahnen auß dem Parfueser Closter, sollen tragen der Peckh inn der Rosen unnd Hannß Schneider, Burger zue Statt am Hoff inn rotten Rökhen von Schetter, weisse Binden, Ermeln unnd Strimpfen, umb(en) rote Stifeln.

41
Hierauf volgen etliche Levithen auß dem Thumb, so den Frawen-Pershonen vorsingen, inn iren gewohnlichen Chorrekhen.

42
Darauf volgen die adelichen f(ü)rstl(ichen) Raths- und andere Frawen-Pershonen ...

43
Werden drey Mannßpershonen, so die Procession beschliessen, bestelt, alß nemblich Castner bey St. Clara, Pawhoffmaister, Michel Peitlhause(r).

BZAR OA–Gen 1991

Lit.: Johann GÜNTNER: *Die Fronleichnamsprozession in Regensburg, München-Zürich 1992 (BZAR/BZBR: Kataloge 8) S. 18*

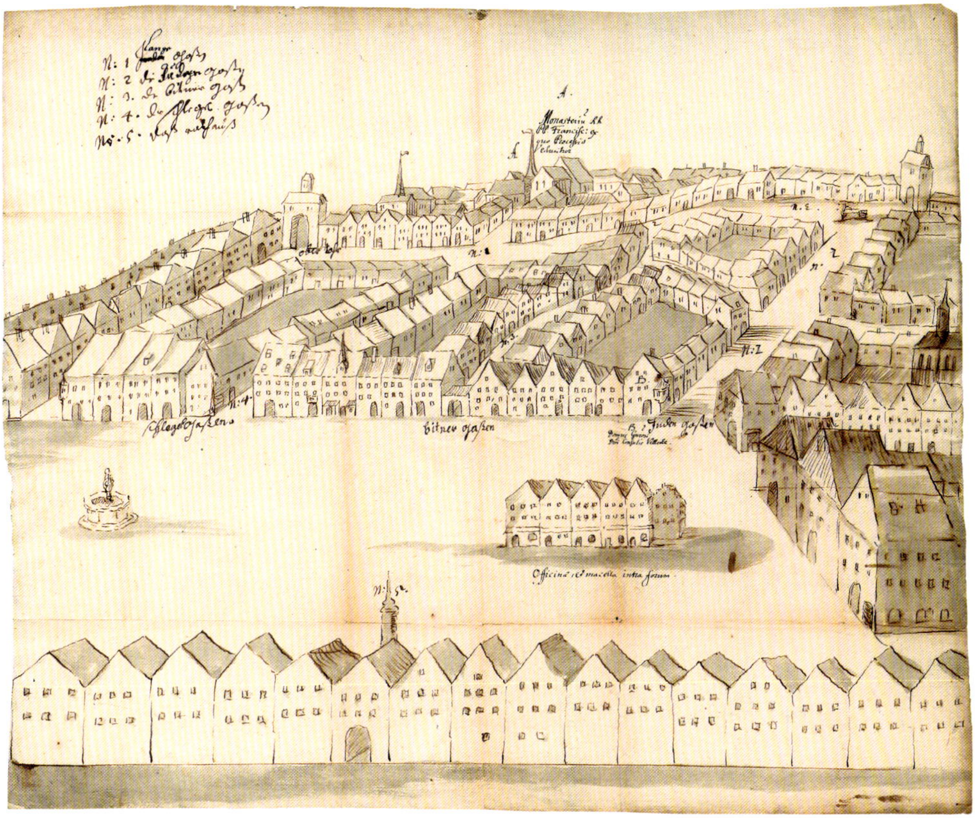

Kat.-Nr. 8.3

8.3 Ansicht des größeren Teils der Stadt Eger

1679
Zeichnung
anonym
Papier, H 32,5 x B 40 cm

Die Zeichnung lag einem Schreiben vom 17. Februar 1679 bei, mit dem der Rektor des Jesuitenkollegs Eger Georg Hiller dem Bischöflichen Konsistorium in Regensburg einen bestimmten Prozessionsweg für die jährlich von der Skapulierbruderschaft (*Confraternität des schwartzen Scapulirs*) veranstaltete Prozession vorschlug, deren Ausgangs- und Endpunkt das Franziskanerkloster in Eger war. Die Jesuiten, welche die Pfarrei Eger betreuten, wollten verhindern, dass die Prozession der an der Franziskanerkirche errichteten Bruderschaft einen Weg nehme, bei dem ihre pfarrlichen Rechte beeinträchtigt würden. Ob Hiller die Zeichnung selbst anfertigte, ist unklar. Er spricht nur davon, dass er diesen *Entwurff des größeren Theils* von Eger als Anlage übersende.

Ganz oben ist das Franziskanerkloster zu sehen, mit der Beschriftung: *Monasterium RR. PP. Francisc(orum), ex quo processio educitur* (Kloster der hochwürdigen Franziskanerpatres, von dem die Prozession ausgeht). Fünf weitere Örtlichkeiten bzw. Gebäude sind nummeriert und links oben aufgeführt, nämlich: *N: 1 Lange Gaßen, N: 2 die Judengaßen, N: 3 die Bitnergaßen, N: 4 die Schlegelgaßen, N: 5 daß Rathauß*. Ansonsten sind noch beschriftet das Obertor (im Bild links oben), die Zugänge der Schlegelgasse, der Bittnergasse und der Judengasse vom Stadtplatz her, das Haus des Konsuls Vetterle an der Ecke Stadtplatz/Judengasse und die *Officinæ et macella intra forum* (Werkstätten und Fleischbänke am Marktplatz).

BZAR OA-Egrana 113

Feller
Feller
Felle
Feller
Feller
Feller
Wißen
Wißen
35 Altenmaiß

Kat.-Nr. 8.4

8.4 Panoramakarte der Pfarrei Geiersthal (heute Teisnach, Landkreis Regen)

1697
Kolorierte Zeichnung
anonym
Papier, H 62 x B 45 cm

Die Zeichnung lag einem Salbuch der Pfarrei von 1697 bei, das in den Ordinariatsakten zur Pfarrei Geiersthal überliefert ist. Dargestellt ist das Gebiet der Pfarrei mit Kirchen und anderen Gebäuden, Wegen, Gewässern, Feldern, Wiesen und Vegetation. Von den Gebäuden sind neben der Pfarrkirche (Nr. 1), dem Pfarrhof (Nr. 4) und den Filialkirchen Patersdorf (Nr. 26) und Drachselsried (Nr. 38 – beide heute eigene Pfarreien) insbesondere das Schulhaus (Nr. 14), das Glashaus (Nr. 19) und die Kapelle in Linden (Nr. 25 – heute Pfarrei Patersdorf) von Interesse. Unklar ist die Funktion eines stattlichen Gebäudes, das nur als *das Neue Hauß* bezeichnet wird (Nr. 16). Der jetzige Pfarrsitz Teisnach, heute ein Markt mit weit über 1000 Einwohnern, war damals noch ein völlig unbedeutender Weiler ohne Kirche (Nr. 29).

BZAR OA Pfa Geiersthal 12

Lit.: Michael FEDERER [u. a.]: 800 Jahre Geiersthal, eine christliche Urzelle im Bayerischen Wald. 700 Jahre Pfarrei Geiersthal. 100 Jahre Pfarrei Geiersthal-Teisnach, Geiersthal 2009, S. 148-151

8.5 Pastoralbericht des Pfarrers Franz Sales Handwercher aus der Pfarrei Oberschneiding für 1848/49

Oberschneiding, 4. Juni 1849
Papier, 8 Seiten, H 33,5 x B 21,5 cm

Der als eifriger Seelsorger und durch sein heiligmäßiges Leben bekannte Franz Sales Handwercher berichtet unter anderem über Strömungen im Revolutionsjahr 1848/49, in denen er eine Gefahr für Religion, Kirche, Staat und Gesellschaft sieht.

I. Durch den oftmaligen Wechsel der Dienstboten aus entfernten Gegenden, besonders aus dem Festungsbau Ingolstadt, Canalbau etc. etc. wird auch hier besonders in den jungen Herzen die gute Gesinnung gegen die Glaubenswahrheiten der hl. Kath. Kirche geschwächt. Übrigens sind aber die Hausväter, bey weitem die Mehrzahl, in der Anhänglichkeit an die Wahrheiten der k(atholischen) Kirche sehr befestigt. Man brachte von dorther sogar verführerische Büchlein, die aber bald wieder verpönt worden. ...Die enge Vereinigung der Männer und Hausväter durch die Gründung des Pius-Vereines in Schneiding gewährt einen nie geahnten unberechenbaren Vortheil und wirkt wohlthätig auch auf die Umgebung. Um den unangenehmen Eindruck, den sowohl die Communication mit den benachbarten Städten Straubing und Landau, wo nicht selten glaubens- und sittenlose, halbgebildete, communistisch gesinnte Individuen absichtlich vor Landleuten ihren Haß gegen Gott, Religion, Priester u. Könige ausdrückten u. hämisch beysezten „die Linken sind die rechten Männer, die das Wohl des Volkes suchen ...“ und um der noch anderweitigen teuflischen Verführungswuth, womit man fast auf allen Wegen das Volk in seinem guthmütigen Glauben irrezuleiten suchte, Einhalt zu thun, wurde in Schneiding am Pfingstdienstag den 29. May 1849 eine öffentliche Volksversammlung abgehalten, wozu aus den bestehenden Vereinen von München, Regensburg u. Landshut tüchtige Redner eingeladen worden. Der Eindruck war tief eingreifend.

Weiter berichtet Handwerker davon, dass 6000 bis 7000 Gläubige an dieser eindrucksvollen religiösen und politischen Kundgebung teilgenommen und Gegner, letztendlich ohne Erfolg, versucht hätten, sie zu stören oder sogar Anschläge zu planen.
Danach folgen verschiedene andere Berichtspunkte.
...
V. *Der größte Theil der Männer u. Weiber der Pfarrei haben Liebe zur Ordnung, Hochachtung vor Priester u. Religion. In der Nähe von Münchshöfen sieht es schlimmer aus. Dort gibt es radikale Gesinnungen, radikale Einwirkungen. Daher auch die Moralität darunter leidet. Großenpinning scheint sich etwas zu bessern. ...*

BZAR OA Pastoralberichte 358

Lit. zu Handwercher: Alois WINKLHOFER: Franz Sales Handwercher, ein heiligmäßiger niederbayerischer Pfarrer (1792-1853), in: Ostbairische Grenzmarken 5 (1961), S. 172-194; Alfons M WEIGL: Franz Sales Handwercher, ein eucharistischer Segenspriester, Altötting [12]1984; August LEIDL: Franz von Sales Handwercher (1792-1853), der Segenspfarrer von Oberschneiding, in: BGBR 23/24 (1989/90), S. 603-610

9. Bestand Domkapitel des Bischöflichen Zentralarchivs

Das Archiv des Domkapitels ist der zweite Kernbestand des Bischöflichen Zentralarchivs. Es ist seit den Zeiten der Säkularisation geteilt in Archivalien, bei denen das Bistum Regensburg alleiniger Eigentümer ist (Sigle *BDK*), und solche, bei denen der bayerische Staat ein Miteigentumsrecht geltend macht (Sigle *ADK*). Auch die Letzteren liegen im Bischöflichen Zentralarchiv (s. oben den Text zu dessen Geschichte), müssen aber aus den erwähnten rechtlichen Gründen von den Ersteren getrennt gehalten werden.

Aus konservatorischen Gründen wurden die Urkunden aus beiden Beständen entnommen und werden gesondert aufbewahrt, wiederum getrennt voneinander (Siglen *BDK Urk.* bzw. *ADK Urk.*). Vor einigen Jahrzehnten erwarb das Bischöfliche Zentralarchiv vom Germanischen Nationalmuseum in Nürnberg Urkunden, die sich ursprünglich im Archiv des Regensburger Domkapitels befunden hatten, im 19. Jahrhundert jedoch von dort entfernt worden und mittlerweile im genannten Museum gelandet waren. Sie sind bisher als eigener Teilbestand belassen worden (Sigle *BDK G. N.*). Die älteste Urkunde davon ist 1220 ausgestellt. Auch die beiden anderen Urkundenbestände aus dem Archiv des Domstifts reichen bis ins 13. Jahrhundert zurück. Insgesamt sind über 1300 Originalurkunden in den Beständen des Domkapitels überliefert. Ansonsten enthält ADK Archivalien vom 14. Jahrhundert bis in die zwanziger Jahre des 19. Jahrhunderts, BDK vom 14. bis ins 20. Jahrhundert. Es handelt sich um den größten bzw. einen der größten Teilbestände des Bischöflichen Zentralarchivs mit 13568 (BDK) bzw. 5337 (ADK) Verzeichnungseinheiten (ohne Urkunden). Zu den wichtigsten Archivalien des Bestandes *BDK* gehören neben den Urkunden die Sitzungsprotokolle des Domkapitels, die Protokolle von den Aufschwörungen der Domkapitulare und ein im 18. Jahrhundert angelegtes Verzeichnis von Domkapitularen mit zahlreichen farbigen Familienwappen.

Ebenfalls außerordentlich wertvoll sind die Pläne zum Bau des Doms St. Peter in Regensburg. Sie werden wegen ihres Formats gesondert aufbewahrt (Sigle *BDK Dompläne).* Eigene Teilbestände bilden auch Archivalien, die bis vor einigen Jahrzehnten noch nicht im Archiv, sondern in der Registratur des Domkapitels lagen. Bei Gelegenheit einer Verzeichnung 1941 erhielt der ältere, nicht mehr für den laufenden Geschäftsgang benötigte Teil davon die Bezeichnung *Alte Registratur*, während das übrige Schriftgut *Neue Registratur* genannt wurde. Die Entstehungszeit der *Alten Registratur* liegt hauptsächlich zwischen ca. 1820 und 1925, die der *Neuen Registratur* zwischen ca. 1920 und 1970. Erstere umfasst 220, letztere 47 Verzeichnungseinheiten. Nach Übernahme dieser beiden Teilbestände in das neu errichtete Bischöfliche Zentralarchiv 1972 bekamen sie die Siglen *BDK Alte Registratur* bzw. *BDK Neue Registratur*.

Johann Gruber

Kat.-Nr. 9.1

9.1 Testament des Dompropstes Dietrich von Au

1362 Januar 7
Original, Pergament, deutsch, H 26 x B 39, Umbug 1,6 cm, 5 an Pergamentstreifen anhängende Siegel: 1. Dietrich von Au, 2. Andreas custos, 3. Eberwin von Sattelbogen, 4. Wernt der Auer, 5. Ott der Woller

Dietrich von *Aw*, Dompropst zu Regensburg, macht, nachdem er *Andre den Guster* und *Eberwein von Satelpogen* (Sattelbogen, Gemeinde Traitsching, Landkreis Cham), Chorherren (Domherren) zu Regensburg, *Wernten den Awer von Truchtelwing* (Triftlfing, Gemeinde Aufhausen, Landkreis Regensburg) und *Otten den Wollær*, Bürger zu Regensburg, zu seinen *geschafftherrn* (Testamtensvollstreckern) bestellt hat, sein Testament. Er vermacht dabei unter anderem verschiedenen Verwandten zusammen sowie der Zwölfbotenkapelle in Regensburg (diese befand sich etwa an der heutigen Einmündung der Ludwigstraße in den Arnulfplatz) je ein Haus, stiftet einen Jahrtag für sich beim Dom und schenkt zum Katharinenaltar im Dom, bei dem er seine letzte Ruhestätte haben will, einen Weingarten zu *Chruchenperg* (Kruckenberg, Gemeinde Wiesent, Landkreis Regensburg). Weitere Legate, teilweise verbunden mit Gottesdienststiftungen, gehen beispielsweise an die Klöster bzw. Stifte Mallersdorf, St. Magn in Stadtamhof (heute Stadt Regensburg), St. Johann, Alte Kapelle, Obermünster, Niedermünster. St. Paul, St. Emmeram und St. Jakob sowie das Katharinenspital und die Dombauhütte (alle in Regensburg). Seine guten Teppiche überlässt der Dompropst der Domküsterei.

Ungedruckt
Lit.: Johann Gruber*: Das Regensburger Domkapitel zur Zeit des Domherrn Konrad von Megenberg (1348-1374), in: Konrad von Megenberg. Regensburger Domherr, Dompfarrer und Gelehrter (1309-1374). Zum 700. Geburtstag (BZAR/BZBR: Kataloge 26) S. 11-50, hier 17*

9.2 Registraturbuch (Repertorium) zu den Urkunden des Regensburger Domkapitels

1585
Papier, foliiert, 553 beschriebene Blätter, H 30,5 x B 21 cm, Holzdeckel, mit ornamentiertem Leder überzogen, zwei Messingschließen; auf dem oberen Deckel eingravierter Titel: *Registratur / Eines Erwirdigen / Domb Capituls / In Regenspurg / Brieffliche r/ Vrkhundten / 1585*

In dem 1585 von dem hofstiftischen Rat und Sekretär *Johann Lackhner* erstellten Repertorium ist der gesamte damals vorhandene Urkundenbestand des Domkapitels, insgesamt 4754 Stück, erfasst. Sie waren in 83 so genannten *Lafften* gelagert, von denen jeder Urkunden zu einem bestimmten Betreff enthielt.

Aufgeschlagen fol. 37: *Sechste Lafften. VI. Concordata et obligationes electorum erga capitulum et cætera ad electionis negocium pertinencia.*

In Lafften VI lagen also diejenigen Urkunden, die von der Wahl der Bischöfe handelten und von deren Verpflichtungen gegenüber dem Domkapitel. Größtenteils waren dies so genannte Wahlkapitulationen, in denen Kandidaten für das Bischofsamt sich dem Domkapitel gegenüber zur Einhaltung der Bedingungen verpflichteten, die es für ihre Wahl zum Bischof gestellt hatte.

Abb. S. 26

BZAR BDK 30

Lit. Norbert FUCHS: *Die Wahlkapitulationen der Fürstbischöfe von Regensburg (1437-1802), in: VHVO 101 (1961) S. 5-108; Camilla* WEBER: *Die Archive des Bistums Regensburg vor der Zentralisierung in Obermünster, im vorliegenden Bd. S. 13–33, hier S. 26; Stephan Acht: Die urkundliche Überlieferung im Bischöflichen Zentralarchiv in Regensburg, im vorliegenden Band S. 53–63, hier S. 59*

9.3 Durchschnitt-Plan zu einem neuen Dachstuhl für den Südturm des Doms zu Regensburg

[1680]
anonym
Papier, H 33,3 x B 22,1 cm

Beschriftung: *Durch=Schnit zu dem neu erbauten Thurm am Thum.*
Darann zu ersehen die Breiten undt Dikhen des Holzwerckhs, auch wievil Werkh=Schuch auff die von Quater Stuckh (erbaute Mauer) eine neue Mauer mit Ziegelsteinen gemauert wordten, mit rother Farb ilominiert etc. Ist auch zu ersehen, wie der neue Thurm verbundten.

Der Plan wurde anlässlich einer Renovierung und eines Umbaus des baufälligen Abschlusses des gegenüber der damaligen Dompropstei gelegenen Südturms um 1680 erstellt. Bei dieser Gelegenheit erfolgte, wie

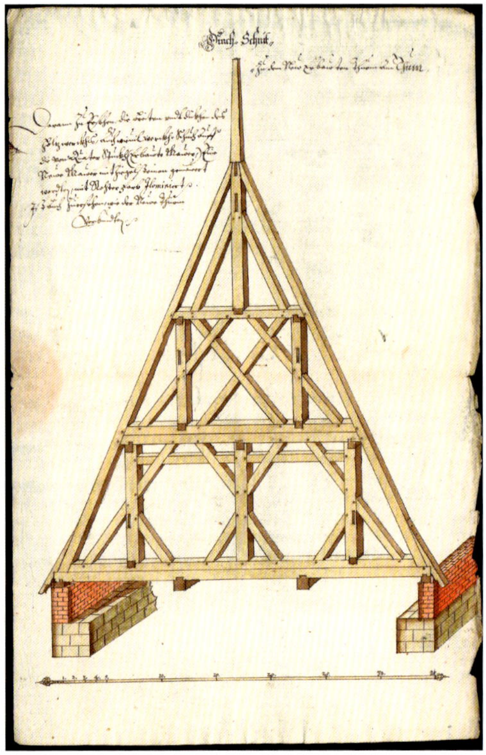

Kat.-Nr. 9.3

aus im gleichen Akt liegenden Rechnungen ersichtlich, eine Erhöhung dieses Turms um vier Schuh (ca. 117 cm), damit er die gleiche Höhe wie der Nordturm erreichte. In dieser, den Dachgiebel des Langhauses nur wenig überragenden, Höhe verblieben die beiden Türme bis zu ihrem Ausbau im 19. Jahrhundert.

BZAR BDK 9835

9.4 Wappen-Ahnentafel des neu aufgeschworenen Domkapitulars Albert Ernst Joseph Bernclo (Bernclau) von Schönreuth

1756 April 23
Kolorierte Zeichnung, Pergament, H 50,6 x B 49,6 cm
[Adam Ernst Joseph Bernclau von Schönreuth]

Für die Aufnahme ins Regensburger Domkapitel war entweder die Promotion erforderlich oder aber die Kandidaten mussten in einer Ahnenprobe acht adelige Vorfahren vorweisen. Der am 23. April 1756 aufgeschworene, in Schönreuth bei Kemnath Stadt (Landkreis Tirschenreuth) geborene Adam Ernst Joseph Bernclo (Bernclau) legte deswegen das vorliegende genealogische Schema vor, auf dem die farbigen Wap-

Kat.-Nr. 9.4

pen von insgesamt 14 adeligen Vorfahren abgebildet sind. Sein eigenes Wappen, bestehend aus einem Schild, auf dem ein nach rechts aufspringender Biber in silbernem Feld dargestellt ist, und einem gekrönten Bügelhelm (mit Helmzier), aus dem drei grüne Zweige wachsen, befindet sich ganz unten, darüber die beiden Wappen seiner Eltern, in den beiden oberen Reihen die seiner Großeltern und Urgroßeltern, wobei die Wappen in der männlichen Stammlinie jeweils identisch mit seinem eigenen sind. Bernclau, der es einige Jahre später zum Weihbischof von Regensburg brachte, erstellte selbst ein Wappenbuch mit den Wappen zahlreicher Regensburger Domkapitulare, weshalb denkbar ist, dass er auch die vorliegende Wappentafel selbst zeichnete.

BZAR BDK 9473

Lit. zu Bernclau: Andreas Ulrich MAYER: *Thesaurvs novvs ivris ecclesiastici potissimvm Germaniae, sev codex statvtorvm ineditorvm ecclesiarvm cathedralivm et collegiatarvm in Germania …., Bd. 3, Regensburg 1793, S. 75 f.; Karl* HAUSBERGER: *Die Weihbischöfe im Bistum Regensburg vom Mittelalter bis zur Säkularisation, in: BGBR 29 (1995) S. 33-70, hier 66 f.; Felix* SCHAMBERGER: *Biographie des Weihbischofs Adam Ernst von Bernclau (1712-1779). Zur Geschichte des Bistums Regensburg in der zweiten Hälfte des 18. Jahrhunderts (Magisterarbeit Univ. Regensburg [2007])*

10. Archive von Klöstern und Stiften im Bischöflichen Zentralarchiv

Das Bischöfliche Zentralarchiv verwahrt auch einige Kloster- und Stiftsarchive. Zu nennen ist hier zunächst das Archiv des Schottenklosters St. Jakob. Da dieses Kloster den Status eines britischen Nationaleigentums besaß, wurde es weder 1803 bei der Säkularisation noch nach 1810, als Regensburg an Bayern überging, aufgelöst. Erst auf Betreiben von Bischof Ignatius von Senestréy wurde das Schottenkloster in Regensburg durch ein Breve Papst Pius IX. vom 2.9.1862 aufgehoben. Der Besitz und mit ihm fast das gesamte Archiv des Klosters ging an das Bistum Regensburg bzw. an dessen Klerikalseminar über. Ein kleiner, aber besonders wertvoller Teil des Archivs kam zunächst in das Kloster Fort Augustus in Schottland und wird heute im Archiv der katholischen Kirche Schottlands in Edinburgh aufbewahrt. Vereinzelte Archivalien wurden noch im 19. Jahrhundert nach München gebracht und lagern heute im Bayerischen Hauptstaatsarchiv. Der größte Teil des Archivs verblieb aber in Regensburg und wurde lange Zeit im dortigen Klerikalseminar am Bismarckplatz verwahrt, bis er 1938 unter dem Archivdirektor Johann Baptist Lehner dem Ordinariatsarchiv Regensburg angegliedert worden ist.

Umfangreiche Teile des ehemaligen Stiftsarchivs Obermünster, die nicht Anfang des 19. Jahrhunderts nach München in das damalige Königliche Bayerische Allgemeine Reichsarchiv gebracht worden sind, verblieben in Regensburg und wurden in den Speichern der Stiftsgebäude von Obermünster aufbewahrt. Anfang der siebziger Jahre des 20. Jahrhunderts wurden die Urkunden, Akten und vor allem die vielen Rechnungsserien, die den Zeitraum 1367 bis 1803 umfassen, den Beständen des Bischöflichen Zentralarchivs einverleibt.

Einige Kloster- und Stiftsarchive sind als Dauerleihgaben (Deposita) im Bischöflichen Zentralarchiv untergebracht. Zu nennen sind hier die schon immer in Regensburg lagernden Archive der Kollegiatstifte St. Johann und der Alten Kapelle sowie das Archiv des Klosters St. Klara. Alle drei Einrichtungen wurden niemals säkularisiert und besitzen bis heute Archivalien, die bis in das 12. bzw. 13. Jahrhundert zurückreichen.

Das gesamte Archiv des Stifts St. Johann wurde Mitte des Jahres 1971 durch das Bischöfliche Zentralarchiv Regensburg übernommen. Der Übernahmevertrag wurde am 5. Januar 1972 unterzeichnet.

Zum 1.4.1973 wurde das Archiv des seit dem 13. Jahrhundert bestehenden Klarissenklosters St. Klara in Regensburg dem Zentralarchiv leihweise übergeben.

Die zahlreichen bis in das 12. Jahrhundert zurückreichenden Urkunden, Akten und Amtsbücher des Archivs des Kollegiatstifts bei der Alten Kapelle wurden 1981 dem Diözesanarchiv als Depositum anvertraut.

Auch das Archiv des Klosters der Magdalenerinnen zu Lauban in Schlesien, die zwischen 1952 und 2004 in Seyboldsdorf (Gde. Vilsbiburg) in Niederbayern untergebracht waren, wird heute im Bischöflichen Zentralarchiv verwahrt. Die Archivalien haben eine Laufzeit von 1320 – 2000.

Aus dem Archiv des Kapuzinerklosters in Vilsbiburg ist im Diözesanarchiv ein kleiner Teil mit Archivalien aus dem 19./20. Jahrhundert untergebracht.

Als Depositum sind im Zentralarchiv seit 1986 bzw. 1991 auch die Akten der Eremitenverbrüderung der Diözese Regensburg für den Zeitraum von 1794 bzw. von 1844 bis 1948 hinterlegt.

Stephan Acht

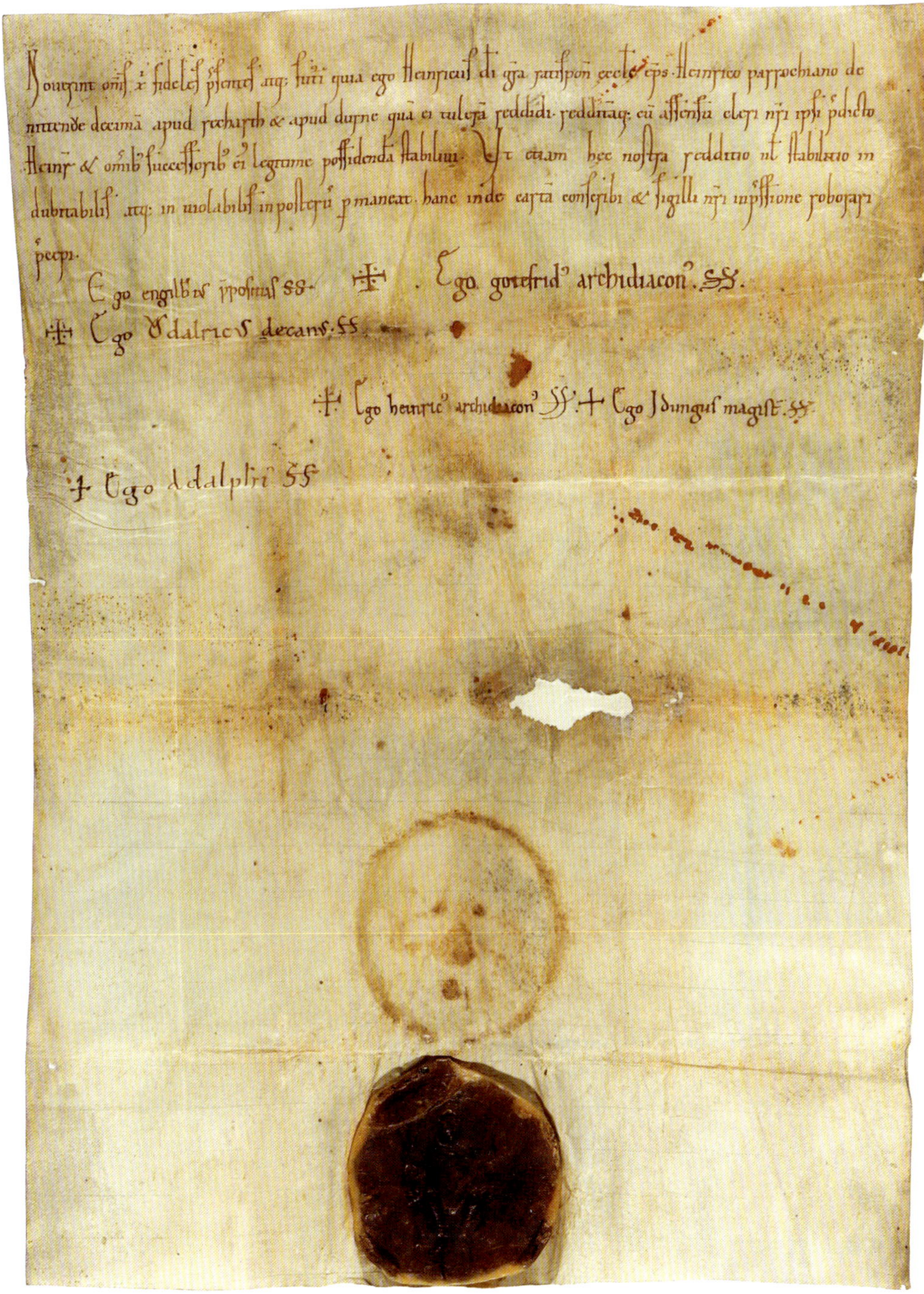

Bischof Heinrich I. von Regensburg gibt dem Pfarrer Heinrich von Nittenau den ihm früher entzogenen Zehnten in Recharth und Durne zurück (Kat.-Nr. 10.1)

10.1 Bischof Heinrich I. von Regensburg gibt dem Pfarrer Heinrich von Nittenau den ihm früher entzogenen Zehnten in Recharth und Durne zurück.

[Regensburg], [1135 – 1138]
Foto des Originals, lateinisch, H 45,7 x B 33 cm, aufgedrücktes rundes, beschädigtes Siegel des Bischofs, sechs eigenhändige Unterschriften Regensburger Domkanoniker.

Aus dem Archiv der Alten Kapelle sind noch fünf originale Siegelurkunden des 12. Jahrhunderts erhalten. Die älteren Kaiserurkunden aus dem 9.–11. Jahrhundert gelangten noch im 11. Jahrhundert in das Archiv der Bamberger Bischöfe, nachdem die Alte Kapelle 1009 von Kaiser Heinrich II. dem Hochstift Bamberg als Eigenstift unterstellt worden war. Aus Bamberg gelangten sie zu Beginn des 19. Jahrhunderts in das Bayerische Hauptstaatsarchiv in München, aus dem sie erst vor einigen Jahren an das zuständige Staatsarchiv in Bamberg zurückgeführt wurden. Mit vorliegender Urkunde, der ältesten im BZAR, gibt Bischof Heinrich I. von Regensburg dem Pfarrer Heinrich von Nittenau den ihm früher entzogenen Zehnten in Recharth und Durne (Waldgebiete im Nittenauer Forst) zurück. Das Stift Alte Kapelle wird im Text nicht angesprochen. Doch wird die Pfarrkirche Nittenau dem Stift bereits 1185 von Papst Luzius III. bestätigt. Nittenau gehörte im 13. Jahrhundert zum Propsteigut des Stiftes. Damit dürfte sich die Kirche wohl schon zur Zeit des Bischofs Heinrich I. im Besitz des Stiftes befunden haben, womit sich auch die Überlieferung der Urkunde im Stiftsarchiv erklärt. Auffällig ist an der Bischofsurkunde, dass sie nicht nur mit dem aufgedrückten Siegel des Bischofs Heinrich I. bekräftigt wurde, sondern sie enthält auch sechs eigenhändige Unterschriften Regensburger Domkanoniker. Alle Unterschriften unterscheiden sich deutlich durch andere Tinte, Duktus und die jeweils anderen Buchstabenformen für Namen und *ss* für subscripsi.

Abb. S. 193

BZAR Alte Kapelle Urk. I,1

Druck: Ried 1 S.196 Nr.209
Regest: Schmid: Alte Kapelle Urk. I,1
Lit.: Acht: Urkundenwesen S.67

10.2 Bischof Siegfried von Regensburg bestätigt dem Schottenkloster St. Jakob die Schenkung einer Hofstätte innerhalb der Westenvorstadt neben der St. Jakobsbreite durch die Bürgerschaft von Regensburg.

[Regensburg], 1238 V 1
Original, Pergament, lateinisch, H 19,6 x B 17,1 cm, Umbug 2,2 cm, 2 mit rötlichen Seidenfäden angehängte Siegel abgegangen: 1. Bischof Siegfried, 2. Stadt Regensburg

Um 1070 bildete sich an der bereits bestehenden Kirche Weih St. Peter eine irische Mönchsgemeinschaft. Kaiser Heinrich IV. verlieh diesen Iren 1089 den Königsschutz. Mit Hilfe der Regensburger Burggrafen und des Bischofs sowie mit Unterstützung der Bürgerschaft konnte die irische Mönchsgemeinschaft ein Grundstück vor dem Westtor der Stadt für einen Neubau erwerben. Dort entstand das neue Kloster St. Jakob. 1112 nimmt Kaiser Heinrich V. die irische Gemeinschaft an der Kirche St. Jakob in seinen Schutz. Anfang des 16. Jahrhunderts wird der letzte irische Abt des Klosters St. Jakob durch Papst Leo X. abgesetzt und 1515 der Schotte John Thomson zum neuen Abt von St. Jakob bestimmt. Bis in die zweite Hälfte des 19. Jahrhunderts bestand dieses Schottenkloster St. Jakob und wurde erst durch ein Breve Papst Pius IX. vom 2.9.1862 aufgehoben. Der größte Teil des Archivs mit seinem umfangreichen Urkundenbestand, der bis in das 13. Jahrhundert zurückreicht, verblieb in Regensburg und wurde lange Zeit im dortigen Klerikalseminar am Bismarckplatz verwahrt, bis er unter dem Archivdirektor Johann Baptist Lehner 1938 dem Ordinariatsarchiv Regensburg angegliedert wurde. Mit der Urkunde vom 1. Mai 1238 bestätigt Bischof Siegfried von Regensburg dem Schottenkloster die Schenkung einer Hofstätte innerhalb der Mauern der Westenvorstadt neben der St. Jakobbreite durch die Bürgerschaft von Regensburg, die sich bereits bei der Erbauung der Kirche von St. Jakob finanziell beteiligt hatte.

BZAR Schottenkloster Urk. 2

Druck: Ried 1 S. 383 Nr. 398
Regest: Renz S. 424 Nr. 46
Lit.:Flachenecker: Schottenklöster; Flachenecker: Irische Stützpunkte S.13 ff.; Hammermayer: Schottische Benediktiner S.25 ff.

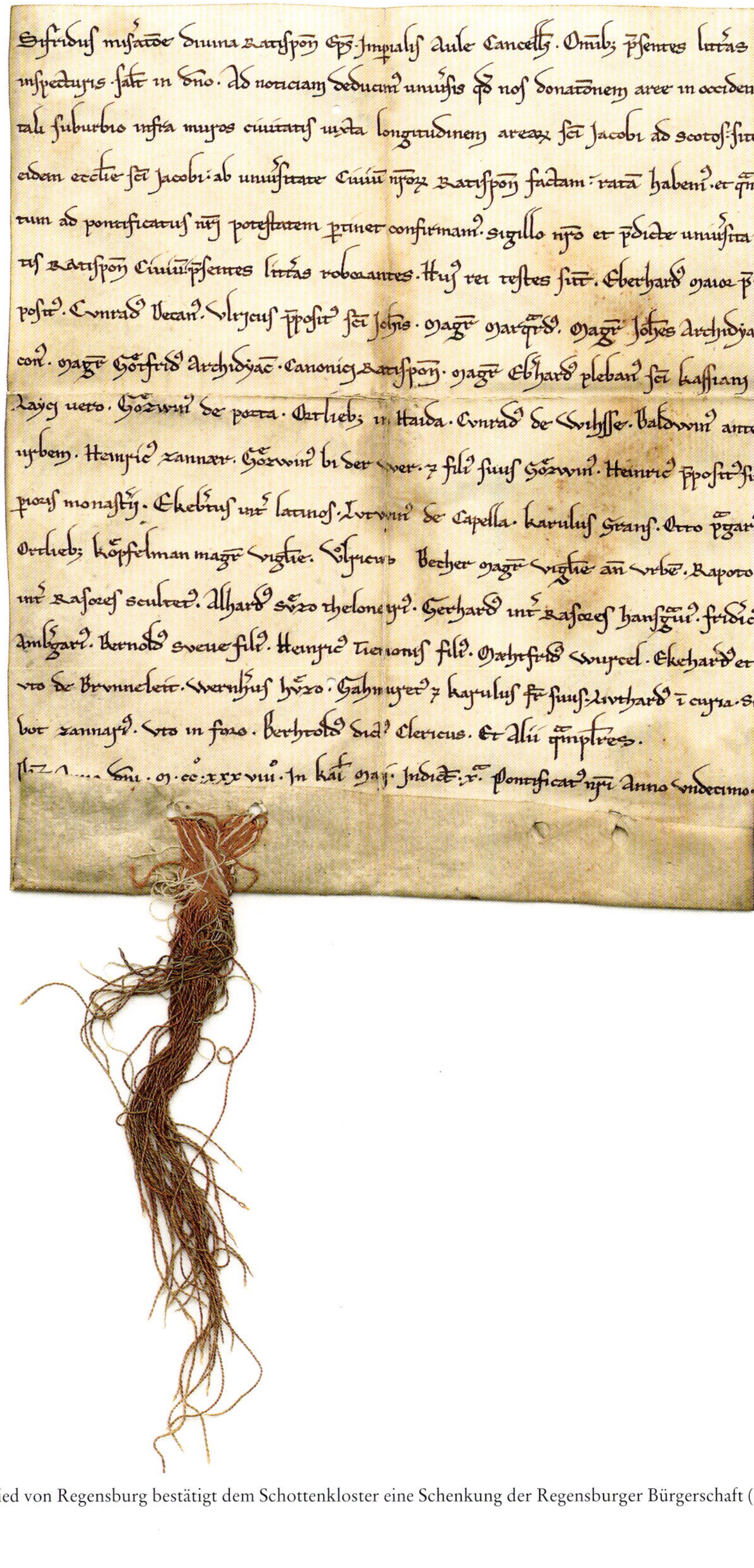

Bischof Siegfried von Regensburg bestätigt dem Schottenkloster eine Schenkung der Regensburger Bürgerschaft (Kat.-Nr. 10.2)

10.3 Rechnung des Stiftes Obermünster von 1394

Regensburg Stift Obermünster, 1394
Papier, deutsch, 54 Seiten, H 31,2 x B 11 cm, gotische Kursive

Umfangreiche Teile des ehemaligen Stiftsarchivs Obermünster, die nicht Anfang des 19. Jahrhunderts nach München in das damalige Königliche Bayerische Allgemeine Reichsarchiv gebracht worden sind, verblieben in Regensburg und wurden in den Speichern der Stiftsgebäude von Obermünster aufbewahrt. Anfang der siebziger Jahre des 20. Jahrhunderts wurden die Urkunden, Akten und vor allem die vielen Rechnungsserien, die den Zeitraum 1367 bis 1803 umfassen, den Beständen des Bischöflichen Zentralarchivs einverleibt. Nach vorliegender Rechnung, die unter der Äbtissin Elyzabeth von Murach im Jahre 1394 angefertigt wurde, erhielt das Stift die Einkünfte aus seinen vielen Besitzungen. Auch die Geldausgaben des Stifts sind in dieser Quelle aufgeführt. So hat das Stift unter anderem Ausgaben für Gerichtsangelegenheiten und Bauleistungen sowie außerordentliche Ausgaben.

Aufgeschlagen S. 46 Ausgaben für Gerichtsangelegenheiten und für Bauleistungen und S. 47 außerordentliche Ausgaben.

Transkription

S. 46
Distributa iudicialia
Item super iudicia spiritualia et secularia in civitate und umb latprief und umb paubrief III solidos X denarios
Distributa edificiorum
Item zu der mawrer XXXIII schaf chalichs daz macht VI solidos XX denarios
Item zu füren von dem kalich und von dem santt und von dem stainn VI solidos XII denarios
Item umb schindel auf die patstüb und auf daz prewhaws und umb holcz zu pessern ½ libra XXIIII denarios
Item den mawrern zu lon VI solidos XXVIII denarios

S. 47
Item den chnechten di daz tagwerch habent gearbeitt VIII solidos XIIII denarios
Item den allen fur chost I libram XVI denarios.
Summa huius V libras LXXXIIII denarios
Item Albrecht dem glaser hat man geben von den glasen XVII ½ libras Amberger und den chnecht zu trinkchgelt LXXII Amberger
Summa VIII libras VII solidos VI denarios
Distributa extraordinaria
Item dem Hüntermairer zu Strawbing V solidos X denarios daz gancz jar.
Item und I libram do man mit dem Lengvelder tedingt von dez Rüderbeins wegen.
Item zu dem Hünnermairer zu Geyselhering VII ½ solidos denariorum

BZAR Obermünster 2

Lit.: Gruber: Besitz von Obermünster S. 31- 33

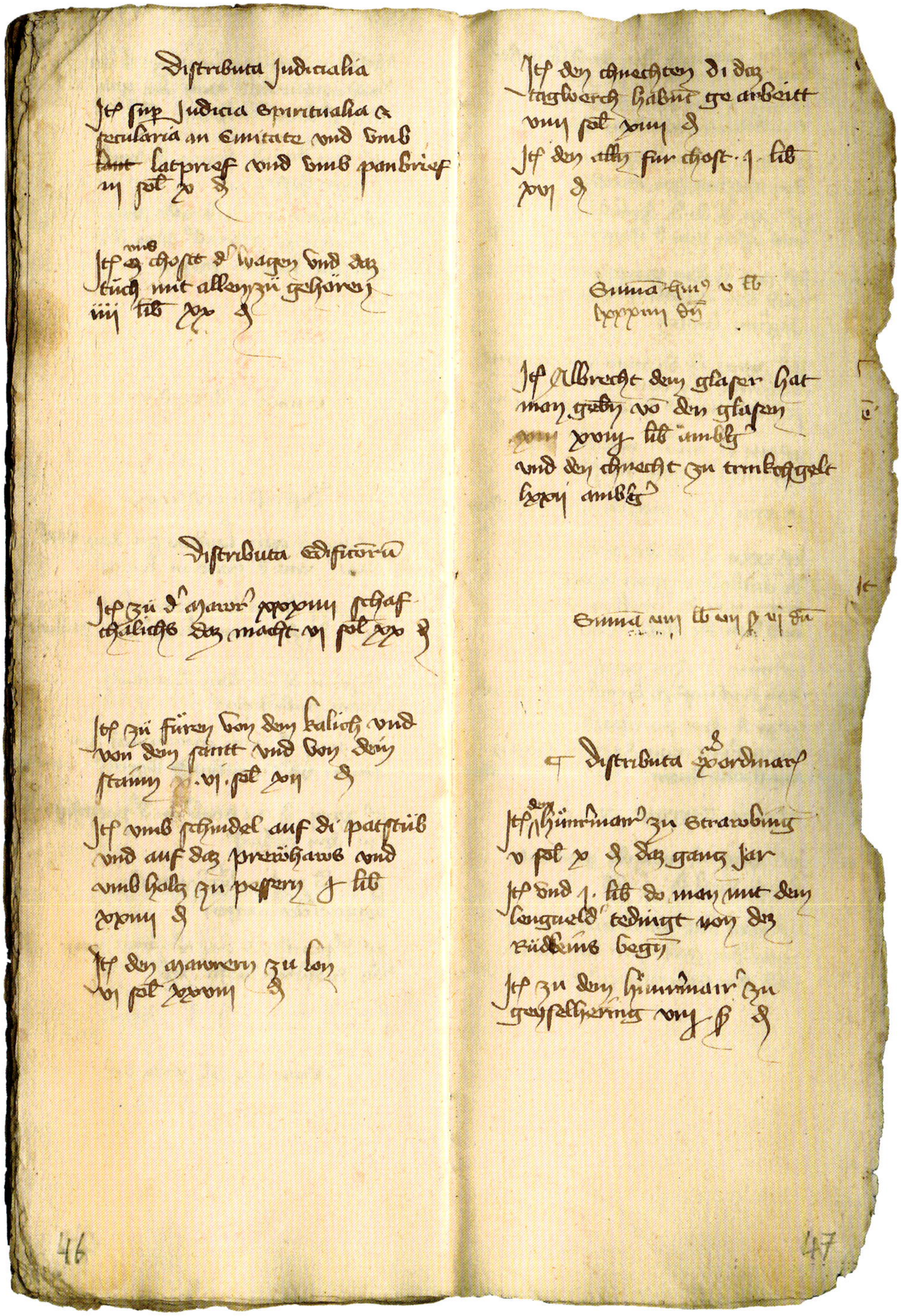

Distributa iudicialia
Itm sup Judicia spiritualia et secularia in Ciuitate vnd vmb ~~lant~~ latprief vnd vmb panbrief iij sol x d

Itm vmb chost der wagen vnd der tuch mit allen zu gehören iiij lib xx d

Distributa edificiorum
Itm zu der mawr xxxiij schaf chalichs der macht vj sol xx d

Itm zu füren von dem kalich vnd von dem santt vnd von dem stainn [illegible] vj sol xij d

Itm vmb schindel auf di pattstub vnd auf daz prewhaws vnd vmb holcz zu pessern j lib xxiij d

Itm den mawrern zu lon vj sol xxviij d

Itm den chnechten di daz tagwerch habnt ge arbeitt viij sol xiiij d

Itm den alten fur chost j lib xvj d

Summa [illegible] v lib [illegible] d

Itm Albrecht dem glaser hat man geben vo den glasen xvij lib ambers
vnd den chnecht zu trinkgelt [illegible] ambers

Summa [illegible] lib [illegible] d

Distributa extraordinarie
Itm dem hünrmair zu Strawbing v sol x d daz gantz jar

Itm vnd j lib do man mit dem langueld tedingt von der [illegible]

Itm zu dem hünrmair zu Geysselhering viij ß d

46 47

Rechnung des Stiftes Obermünster von 1394 (Kat.-Nr. 10.3)

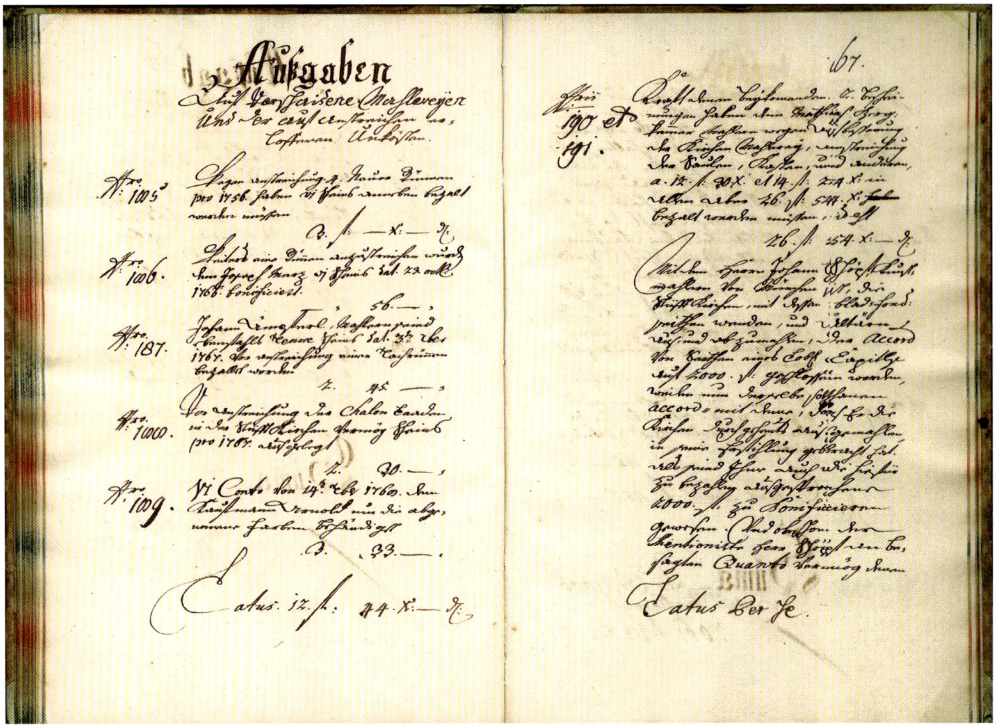

Baurechnung des Kollegiatstifts von St. Johann für 1755 – 1769 (Kat.-Nr. 10.4)

10.4 Baurechnung des Kollegiatstifts St. Johann für die Jahre 1755 – 1769

Regensburg, 1769
Rechnungsband, Papier, deutsch, 79 fol. H 34,3 x B 23,2 cm, Einband aus Pappe, Rücken mit Leder verstärkt.

Ab 1766 wurde die Stiftskirche des Kollegiatstifts St. Johann modernisiert. Damals entstand ein einschiffiger Saalraum mit Flachdecke, Westempore und polygonalem Chorschluss. Für die Ausschmückung des neuen Kirchenraumes mit Wand- und Deckenfresken verpflichtete man den Münchner Hofmaler und kurfürstlichen Kammerdiener Johann Nepomuk Schöpf. Die Ausmalung erfolgte im Sommer 1768. Für Schöpfs Arbeiten schloss das Kapitel mit dem Maler einen Vertrag über 2000 Gulden ab. Dieser Vertrag ist in der Baurechnung für die Jahre 1755 – 1769 belegt, wo er unter anderem auf folio 67 recto unter dem Kapitel Ausgaben für verschiedene Malereien und Anstreichungen aufgeführt ist.

Aufgeschlagen fol. 66 v und fol. 67 r

Transkription:

Fol. 66 v
Ausgaben auf verschaidene mahlereyen und der auf anstreichen erloffenen unkosten.

Nro. 185. Wegen anstreichung 4 neuer rünnen / pro 1756 haben vi scheins anneben / bezalt werden müssen 3 fl. - Kr – d.
Nro. 186. Weiters eine rünnen anzustreichen wurden dem Josef Merz vi scheins dat. 23. Oktober 1766 bonificiert. – fl 56 Kr – d.
Nro. 187 Johann Ämpferl mahlern seind ebenfahls tenore scheins dat. 3.ten September 1767 vor anstreichung einer tachrünnen bezallet worden. 2 [fl.] 45 Kr. – d.
Nr. 188 Vor anstreichung der chalon laaden in der stüfftkirchen vermög scheins pro 1767 ausgelegt. 2 [fl] 30 Kr. – d.
Nr. 189. 17 conto von 14 september 1768 dem kaufmann Arnold nur die abgenomene farben behändiget. 3 [fl.] 33 Kr. – d.
Latus. 12 fl. 44 Kr. – d.

Fol. 67 r
Nro. 190 et 191. Kraft denen beykomenden 2 beschei-/ nungen haben den Mathias Bergkammer mahlern wegen ausbesserung / der kirchen mahlerey, anstreichung / der säulen, kasten und anderen a 12 fl. 30 Kr. et 14 fl. 24 Kr. in allen aber 26 fl. 54 Kr. bezalt werden müssen, id est 26 fl. 54 Kr. – d.

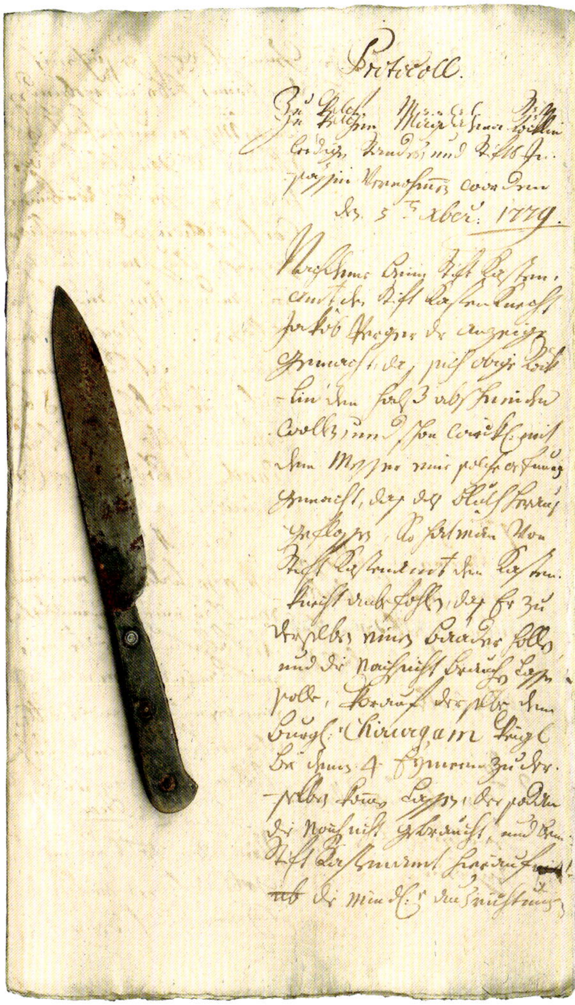

Protokoll über die Vernehmung der Magdalena Röckl mit Tatmesser (Kat.-Nr. 10.5)

Mit dem herrn Johann Schöpf, kunst-/ mahlern von München ist, die / stüfftkirchen, mit dessen bladsfond-/ seithen wenden, und altären / aus- und zumahlen, den accord / von seithen eines lobl(ichen) capitls / auf 2000 f. geschlossen worden, weilen nun derselbe sothanen / accord mit deme, doch er die kirchen / durchgehents ausgemahlen / in seine erfihlung gebracht hat, / als seind ihme auch die hiefür / zu bezahlen ausgesprochenen 2000 fl. zu bonificieren / gewesen. Und obschon der mentionirte herr Schöpf an besagten quanto vermög denen beygehenten 7 bescheinungen ....

BZAR St. Johann 356

Lit.: Riedl: Freskendekoration S. 247

10.5 Protokoll über die Vernehmung der Magdalena Röckl mit Tatmesser

Regensburg, 5.12.1779
Protokoll, Papier, deutsch, 8 S., H 36 x B 21 cm
Messer mit Holzgriff, L 20 x B 2 cm

Ein interessantes Beispiel einer Verzweiflungstat enthält der Akt 3219 aus dem Bestand der Alten Kapelle im BZAR. Es ist nicht nur das Protokoll, das über die Tat berichtet, vorhanden, sondern auch das Tatmesser. Der Stiftskastenknecht der Alten Kapelle Jakob Perger machte beim Stiftskastenamt die Anzeige, dass sich die ledige und blinde Stiftsinsassin Magdalena Röckl den Hals abschneiden wollte und sich deshalb eine Öffnung in den Hals gemacht hatte. Dem Kastenknecht wurde nun befohlen, einen Bader zu holen. Der Chirurg Weigl aus der Viereimergasse untersuchte die Röckl und berichtete dann dem Stiftskastenamt mündlich, dass der Hals unterhalb des Schlunds zwar verletzt sei, aber von dieser Verletzung keine weitere Gefahr ausgehen würde. Darauf begab man sich vom Stiftskastenamt in die Wohnung der Röckl und vernahm sie dort. In dieser Vernehmung bekannte sie, dass sie in eine *Kleinmütigkeit* verfallen sei und sich deshalb mit einem langen Messer eine Öffnung in den Hals gemacht habe. Sie bittet nun untertänigst um Verzeihung. Sie berichtet weiter, dass ihr niemand zu der Tat geraten hat und dass ihr die Mitbewohner der Stube kein Leid angetan hätten. Sie habe auch ihr Brot und ihren Lebensunterhalt in den letzten Wochen gehabt, sie sei halt in *Kleinmütigkeit* verfallen, was sie nun bereue und bestimmt nicht mehr tun werde. Als Zeugen benennt sie die beiden Stiftsinsassen und Tagwerker Adam Lauser und Erhard Meylinger, die beide des Schreibens unkundig sind.

Transkription

Protocoll
Zu welchen Magdalena Röcklin, leedign Standes und Stifts Insassin vernohmmen worden den 5.ten Dezember 1779.

Nachdeme beim Stiftkastenamt der Stift Kastenknecht Jakob Perger die Anzeige gemacht, das sich obige Röcklin den Halß abschneiden wollen, und schon wirckl(ich) mit dem Messer eine solche Oefnung gemacht, das das Bluth heraus geflossen, so hat man von Stift Kastenamt den Kastenknecht anbefohlen, das er zu derselben einen Baader hollen und die Nachsicht brauchen lassen solle, worauf derselbe dem bürg(er) l(ichen) Chirurgam Weigl bei denn 4 Eymern zu derselben kommen lassen, der sodan die Nachsicht gebraucht und dem Stift Kastenamt hierauf die mindl(iche) Auzrichtung respec(tive) Anzeige gemacht, das sye sich mit dem hiemit habe ubergebenden langen Messer unterhalb des Schlunds des Griebels ledirt jedoch seye dieser Stich von keiner Consideration oder dermalligen Gefahr, ausser es durfte sich ein anderer Umstand hirzu schlagen. Nach welchen man vom Stift Kastenamt sich in ihr Röcklin Logie begeben, und selbe über nachstehende Puncte ad Protocollum constituiret als
1mo Warume und aus wessen Veranlassung sye Constitutin ihr selbst einen Schnid oder Stich in den Halß versetzen wolle?
Ad 1mum:
Sye seye halt alß ein armmer Mensch in eine Kleinmüthigkeit verfallen, und habe ihr mit einem langen Messer in den Halß eine Oefnung gemacht, bittet aber unterthänig und fusfällig um Verzeyhung.
2do Ob ihr hierzu niemand gerathen oder Anlaß gegeben?
Ad 2dum Nein. Wem Gott, sye müste Gott anligen indem ihr die Tagwerchs Leuth, bei welchen / sye sich auf der Stuben befindet, alles Gutes und das mindeste Leid nit gethan haben
3tio Ob sye dir noch oder was anders hierzu veranlasset?
Ad 3tium Nein, gar nichts, in dem sye ihr Brod und Lebensunterhalt bis dato noch alle Wochen richtig (geniessen) zu geniessen gehabt hat. Sye seye halt aus Kleinmüthigkeit in solche Gedancken verfallen, welches sye aber herzlich bereue und mit der Gnad Gottes gewis nit mehr thun wolle, mit welchen sye ihre (ausser) beschlossen im Beisein nachstehenden Gezeugen alß
Adam Lauser und Erhard Meylinger beide Stifts Insassen und Tagwerchern beide des Schreibens unkundig.

Abb. S. 199

BZAR Alte Kapelle 3219

11. Siegel- und Typarsammlung des Bischöflichen Zentralarchivs

Wie viele andere Archive besitzt auch das Bischöfliche Zentralarchiv in Regensburg eine Siegel- und Typarsammlung. Im Jahre 1994 wurde damit begonnen die im Archiv aufbewahrten Siegelstempel (Typare), Siegelabgüsse und Siegelabdrücke systematisch zu ordnen und zu verzeichnen.

Neben einem erhaltenen Typar aus dem 13. Jahrhundert aus dem Archiv des Kollegiatstifts St. Johann stammen die ältesten erhaltenen Siegeltypare aus dem 18. und 19. Jahrhundert. Es sind dies vor allem Typare für die Siegel der Bischöfe sowie für die Siegel des Bistums, des Generalvikariats, des Konsistoriums, der Kanzlei, des Hofmarschallamts, des Domkapitels und der beiden Regensburger Kollegiatstifte zur Alten Kapelle und von St. Johann.

Außerdem werden in der Typarsammlung insgesamt 81 Typare und Stempel für Siegel der Pfarreien und der Dekanate aufbewahrt, da abgenutzte oder beschädigte Kirchensiegel nach der Siegelordnung des Bistums Regensburg von 1995 vom Siegelberechtigten außer Gebrauch zu nehmen und dem Diözesanarchiv zu übergeben sind.

Anlässlich von Ausstellungen wurden auch Abgüsse von Siegeln im Diözesanarchiv gesammelt. Wachsabgüsse gewährleisten eine bis in die feinsten Einzelheiten getreue Wiedergabe des Originals. Im Bischöflichen Zentralarchiv werden die Siegelabgüsse der Bischöfe des Bistums Regensburg seit Anfang des 12. Jahrhunderts gesammelt.

Für Ausstellungen wurden die Abgüsse von Siegeln des Benediktinerinnenklosters St. Paul (Mittelmünster) und des Kollegiatstifts St. Johann in Regensburg angefertigt.

Das älteste Originalsiegel, das in der Siegelsammlung aufbewahrt wird, ist ein von einer Urkunde abgefallenes rundes Wachssiegel des Stiftkapitels zur Alten Kapelle in Regensburg aus dem 12. bzw. 13. Jahrhundert.

Auch von den übrigen Klöstern, Stiften, und Spitälern, die in der Diözese Regensburg liegen, werden Siegelabgüsse gesammelt. Außerdem verwahrt die Siegelsammlung die Abgüsse der Siegel des Regensburger Domkapitels und der deutschen Kaiser und Könige seit Karl dem Großen (768 – 814). Darüber hinaus werden in der Siegelabgusssammlung Siegel der bayerischen Herzöge und von Städten aufbewahrt.

Aus einem Nachlass erhielt die Siegelsammlung des Diözesanarchivs eine große Anzahl von Abgüssen von Siegeln der Erzbischöfe von Köln, von Klöstern und Stiften innerhalb und außerhalb der Stadt Köln sowie von Städten Norddeutschlands.

Neben dem Sammeln von Siegelstempeln und Siegelabgüssen ist das Bischöfliche Zentralarchiv Regensburg ferner bestrebt eine Sammlung von Siegelabdrücken aller ehemaligen und aller im Bistum in Gebrauch befindlichen Kirchensiegel aufzubauen.

Stephan Acht

Kat.-Nr. 11.1

Kat.-Nr. 11.2

11.1 Siegelabguss vom Siegel des Regensburger Bischofs Konrad I. (1126 – 1132) von 1129

Regensburg, 12. Jh.
Runder, hellbrauner Siegelabguss aus Wachs, D 7,7 cm

Bild: Auf einem Faldistorium sitzend ein thronender Bischof. In der Rechten hält er einen nach auswärts gekehrten Bischofsstab. In der linken Hand, an der ein schmaler, gefranster Manipel schräg nach außen hängt, hält der Bischof ein kleines, geschlossenes Evangeliar, dessen Einbanddeckel ein durchgehendes Andreaskreuz trägt.
Legende: + GRA(TIA) D(E)I CHVONO RATISPONENSIS EP(IS)C(OPUS)

BZAR Siegel und Typarsammlung

Lit.: Steiner: Bischofssiegel S. 15 f.

11.2 Siegelabguss vom Siegel des Regensburger Bischofs Albert II. des Großen (1260 – 1262)

Regensburg, 13. Jh.
Spitzovaler, bräunlicher Siegelabguss aus Wachs, H 9 x B 6 cm;

Bild: Thronender Bischof, in der Linken das Evangelienbuch, in der Rechten den Krummstab - Krümme nach Innen - haltend
Legende: + SIGILLVM FRATRIS ALBERTI DEI GRACIA RATISPONEnSIS EPISCOPI

BZAR Siegel- und Typarsammlung

Lit.: Paul Mai: Urkunden Bischof Alberts II. von Regensburg (1260 – 1262), in: VHVO 107 (1967) S. 11.

Kat.-Nr. 11.3

11.3 Siegel des Kapitels des Kollegiatstifts der Alten Kapelle zu Regensburg

Regensburg, 12. Jh.
Rundes, dunkelbraunes Originalsiegel aus Wachs, D 6 cm

Bild: Maria, ein langes kleidartiges Gewand tragend, sitzt auf einer Thronbank, ihre Füße stehen auf einem Fußschemel. Auf dem Kopf, der von einem Nimbus umgeben ist, trägt sie eine Krone. Die rechte Hand hält sie vor ihrer Brust, mit der ausgestreckten, leicht abgewinkelten linken Hand umgreift sie ein Lilienzepter.
Legende: + SIGILLVM S(AN)C(T)E MARIE VETERIS CAPELLE
Dieses Siegel ist für die Jahre 1187 – 1336 nachweisbar.

BZAR Siegel- und Typarsammlung

Lit.: Acht: Siegel der Alten Kapelle S. 145 und 168

11.4 Typar und Siegelabguss vom Siegel des Kapitels des Kollegiatstifts St. Johann in Regensburg aus dem 13. Jahrhundert

Regensburg, 13. Jh.
Spitzovaler Typar und roter Siegelabguss, H 7,5 x B 5 cm, Typar: Messing, nach Gravur feuervergoldet, hinten ein Höcker als Griff. Siegelabguss aus rotem Wachs.

Bild spiegelverkehrt: Hl. Johannes der Täufer, leicht nach links gewendet, auf blumenbesätem Rasenstück stehend, in der linken Armbeuge Scheibe mit dem Osterlamm, auf das er mit der Rechten weist, über die linke Schulter herabhängendes Schriftband: ECCE. AGNUS. DEI, rechts aus dem Rasenstück herauswachsende Ranke mit runden, dreigliedrigen Blättern, linke Ranke mit runden, dreigliedrigen Blättern.

Kat.-Nr. 11.4

Kat.-Nr. 11.5

Kat.-Nr. 11.6

Legende: + S(IGILLVM) CAPITULI SANCTI IOHANNIS BAPTISTE RATISPONE
Dieser Typar wurde mindestens zwischen den Jahren 1295 und 1529 verwendet.

BZAR Siegel- und Typarsammlung

Lit.: Gruber: Siegel von St. Johann S. 208 u. 283

11.5 Siegelabguss vom Siegel des Regensburger Domkapitels von 1399

Regensburg, 14. Jh.
Brauner Handabguss, rund, D 8 cm

Bild: Halbbild des hl. Petrus frontal mit Nimbus und einer Kasula, in der Rechten einen Schlüssel mit einander abgekehrten Bärten, in der Linken ein Evangelienbuch haltend; zu beiden Seiten des Kopfes ein fünfstrahliger Stern.
Im Feld und auf dem Buch lateinischer Text: CLA / VIS PET(RI) LI / GAT ET SOL / VIT (Der Schlüssel Petri verbindet und trennt)
Legende: + SIGILLVM CAPITVLI ECCLESIE RATISPONENSIS

BZAR Siegel und Typarsammlung

Lit.: Endres: Siegel S. 208

11.6 Typar des Regensburger Bischofs Max Prokop, Graf von Törring – Jettenbach (1787 – 1789)

Regensburg, 1787
Runder Typar, D 5,5 cm, Silber

Bild: spiegelverkehrtes Wappen des Bischofs vor einem Wappenmantel, darüber Fürstenhut mit einem Kreuz; hinter dem Wappenmantel ragen rechts und links ein Krummstab und ein Schwertgriff hervor. In der Mitte runder Schild, der von der Hubertus-Ordenskette umgeben ist, gespalten. Vorne silberner Schrägrechtsbalken in Rot (Hochstift Regensburg); hinten geviert mit aufgelegtem Mittelschild: In Rot eine schräg gelegte silberne Zange (Mödling). Feld 1 und 4: In Silber drei (2 : 1) rote, golden besamte heraldische Rosen (Törring); Feld 2 und 3: In Gold drei schräg gelegte schwarze Rauten (Seefeld).
Legende: MAX: PROCOP: D: G: EPISC: RATISB: S: R: I: PRINC: C: DE TOERRING-IETTENBACH (Maximilianus Procopius Dei Gratia Episcopus Ratisbonensis Sacri Romani Princeps Comes De Toerring-Iettenbach)

BZAR Siegel- und Typarsammlung

Kat.-Nr. 11.7

Kat.-Nr. 11.8

11.7 Typar des Regensburger Bischofs Ignatius von Senestréy (1858 – 1906)

Regensburg, 1858
Runder Typar, D 5 cm, Messing

Bild: unter einem Pontifikalhut mit beiderseits 10 Quasten spiegelverkehrtes Wappen des Bischofs besteckt mit Mitra, Kreuz und Krummstab. Gevierter Wappenschild mit aufgelegtem Mittelschild. Feld 1 und 4: In Rot ein silberner Greif, in der rechten Pranke ein silbernes Schwert haltend; Feld 2 und 3: In Blau eine aufrecht gestellte silberne Hand, beseitet und unten begleitet von je einem silbernen Stern. Mittelschild auf Wellen ein Boot, daraus wachsend ein nimbierter bärtiger Mann (Petrus), in der rechten Hand einen Schlüssel, in der linken einen Fisch vor die Brust haltend.
Legende: + IGNATIUS DEI MISERATIONE ET APOSTOL(ICAE) SEDIS GRAT(IA) EPISCOPUS RATISBONENSIS

BZAR Siegel- und Typarsammlung

11.8 Typar des Weihbischofs für München und Freising Michael Buchberger (1923 – 1927)

München, 1923
Runder Typar, D 4 cm, Messing

Bild: Unterhalb eines Pontifikalhuts, an dem beiderseits sechs Quasten hängen, ein Wappenschild, der mit Mitra und Krummstab besteckt ist. Das spiegelverkehrte Wappen lautet: In Gold auf grünem Dreiberg ein silbernes Baumkreuz mit grünen Ästen und grünen Blättern, begleitet rechts oben von einem silbernen Stern, links oben von einem abnehmenden silbernen Halbmond. Unter dem Wappen Schriftband mit der Devise: Crux fidelis, arbor nobilis (Kreuz des Glaubens – Baum der Ehre)
Legende: + MICHAEL DEI MISERAT(IONE) ET APOST(OLICAE) SEDIS GRATIA EPISCOP(US) TIT(ULI) ATHRIBITEN(SIS)

BZAR Siegel- und Typarsammlung

Kat.-Nr. 11.9

11.9 Typar der Pfarrei St. Michael in Tännesberg

19. Jh.
Runder Typar, D 2,8 cm, Messing

Bild: Auf einem Drachen stehender Erzengel Michael mit einer Lanze, die in einem Kreuz endet
Legende: SIGILLUM PAROCHIAE CATHOLICAE TAENNESBERG

BZAR Siegel- und Typarsammlung

11.10 Abdruck der Pfarramtssiegel der Pfarreien Binabiburg, Aich und Treidlkofen aus dem Jahre 2008

Abdruck des Pfarramtssiegels der Pfarrei Johannes der Täufer in Binabiburg von 2008
Rundovaler Siegelabdruck, H 3,5 x B 3 cm
Bild: Johannes der Täufer spendet dem im Wasser stehenden Jesus Christus das Sakrament der Taufe, mit der linken Hand hält er vor den Körper einen Stab mit einem Kreuz, über der ausgestreckten rechten Hand emporschwebende Taube
Legende: SIGILLUM PAROCH(IAE) * BINABIBURG *

Abdruck des Pfarramtssiegels der Pfarrei St. Ulrich in Aich von 2008
Runder Siegelabdruck, D 3,5 cm
Bild: Hüftbild des hl. Ulrich mit Mitra und Heiligenschein von vorne, mit der rechten Hand vor der Hüfte einen Fisch haltend, mit der linken den Krummstab
Legende: SIGILLUM PAROCHIAE * AICH *

Abdruck des Pfarramtsiegels der Pfarrei St. Ulrich in Treidlkofen von 2008
Runder Siegelabdruck, D 3,5 cm
Bild: Hüftbild des hl. Ulrich mit Mitra und Heiligenschein von vorne, mit der rechten Hand vor der Hüfte einen Fisch haltend, mit der linken den Krummstab
Legende: SIGILLUM PAROCHIAE * TREIDLKOFEN *

BZAR Siegel- und Typarsammlung

Kat.-Nr. 11.10

BZAR, Nachlass des Regensburger Kunstmalers Guntram Lautenbacher (1895-1973)

12. Nachlässe im Bischöflichen Zentralarchiv

Nachlässe verschiedener Provenienzen wurden bereits vor 1970 ins Archiv übernommen, so etwa der vor allem aus Glasplattennegativen bestehende Nachlass des Priesters Dr. Friedrich Holzer (1890-1966), der Nachlass des Landtagsabgeordneten, Landesökonomierates und Heimatforschers Wolfgang Bauernfeind (1859-1938), der wohl mit Archivdirektor Lehner persönlich bekannt war, oder der Nachlass des 1927 verstorbenen Bischofs Antonius von Henle. Dieses Material zeigt sich jedoch sehr heterogen. Übernahmen wurden nicht protokolliert, so dass der Eingang des älteren Materials in der Regel erschlossen werden muss. Mancher Nachlass stellt sich bei genauerem Hinsehen auch als Sammlung heraus, die Archivdirektor Lehner im Laufe der Jahre aus anderen Beständen zusammentrug oder vermehrte, so z.B. die *Sammlung Wittmann*, die *Sammlung Therese Neumann* oder die *Sammlung Anna Schäffer*.

Hervorzuheben sind von Umfang und Inhalt die Materialien der Bischöfe Johann Michael Sailer, Ignatius von Senestrey, Antonius von Henle, Michael Buchberger und Rudolf Graber, des Leiters des *Institutum Liturgicum* Klaus Gamber, des Pfarrers und Mühlenforschers Wilhelm Kraus, des Theologieprofessors Johann Auer oder des Münchner Kunsthistorikers und Prälaten Michael Hartig, dessen *Sammlung* einen wertvollen Bestandteil der Bildersammlung des BZAR ausmacht. Es finden auch aber auch „Exoten“ wie der argentinische Diplomat und Flugzeugbauer Hermann von Fremery, dessen Nachlass über seinen Wohnort Schloss Spindlhof bei Regenstauf ins BZAR gelangte, oder der Regensburger Kunstmaler Guntram Lautenbacher (1895-1973), der in zahlreichen Kirchengebäuden des Bistums Spuren hinterlassen hat. Für die Dokumentation der Geschichte des Bistums Regensburg sind neben den Bischofs- auch die zahlreichen Priesternachlässe von großer Bedeutung. So geben z.B. Predigtmanuskripte – eine Quelle, die ansonsten kaum überliefert ist – Aufschluss über die tägliche Pastoral zu verschiedensten Anlässen und Zeiten. Ältere Fotografien aus Pfarreien sind oft nur in den Nachlässen der jeweiligen Pfarrer erhalten.

Nachlässe enthalten in vielen Fällen nicht nur Schriftgut, sondern auch persönliche Gegenstände und Erinnerungsstücke des Nachlassgebers: in erster Linie Fotografien, aber auch Realien wie Stempel, Mappen oder Kleidungsstücke. Nachlässe unterliegen als Deposita mit sehr persönlichen, oftmals auf Dritte bezogenen Inhalten strengen Zugangsregeln; die Schutzfristen für die Benutzung können auch vom Nachlassgeber bzw. dessen Erben festgelegt werden. Die Nachlässe von Bischöfen werden in der Regel erst 60 Jahre nach deren Tod für die Forschung freigegeben, sofern dem nicht anderweitige Schutzfristen entgegenstehen.

Camilla Weber

13. Die numismatische Sammlung des Bischöflichen Zentralarchivs

Eine früher vorhandene Münz- und Medaillensammlung des Ordinariats ging in den Wirren der Endphase des Zweiten Weltkriegs verloren. Schon in den Anfangszeiten des 1971 errichteten Bischöflichen Zentralarchivs war indes wieder ein kleiner Bestand an numismatischen Objekten vorhanden. 1983 wurde die Entscheidung zum systematischen Aufbau einer Münz- und Medaillensammlung im Archiv getroffen. Die Sammlung soll allein wissenschaftlichen und dokumentarischen Interessen dienen und mit den sonstigen Aufgaben des Bischöflichen Zentralarchivs korrespondieren. Hauptsammelgebiet sind die von den Bischöfen bzw. dem Domkapitel von Regensburg herausgegebenen Münzen und Medaillen. Das Bistum Regensburg kam erst relativ spät zur Münzprägung, fast als letztes der bayerischen Hochstifte. Eine förmliche Münzrechtsverleihung ist nicht bekannt. 1047 erhielten die Bischöfe aber das zuvor dem bayerischen Herzog zustehende Prägekontingent. Sie machten danach, mit einer längeren Unterbrechung zwischen 1409 und 1523, bis in die 70er Jahre des 16. Jahrhunderts in größerem Umfang, danach nur noch sporadisch von ihrem Münzrecht Gebrauch, zuletzt 1809 unter Erzbischof Karl Theodor von Dalberg. Mit dem Übergang des Fürstentums Regensburg an Bayern 1810 erlosch das Münzrecht des Bistums. Medaillen emittierten die Regensburger Bischöfe hingegen vom Ausgang des 16. Jahrhunderts bis zur Gegenwart. Münzen und Medaillen sind äußerlich sehr ähnlich. Der wesentliche Unterschied besteht darin, dass die Letzteren nicht als Zahlungsmittel, sondern überwiegend dem Zweck dienen, an bestimmte Personen oder Ereignisse zu erinnern, weswegen auch die Bezeichnung *Denkmünze* gebräuchlich ist. Einige Medaillen sind zur Auszeichnung bestimmt, etwa Verdienstmedaillen. Plaketten sind im Unterschied zu den Medaillen einseitig geprägt und haben meist keine runde, sondern eine viereckige Form.

Des Weiteren sammelt das Bischöfliche Zentralarchiv, meist anlässlich von Baumaßnahmen, Kirchweihen oder Jubiläen herausgegebene Medaillen von bzw. zu Pfarreien, Kirchen, Wallfahrtsstätten, kirchlichen Vereinen und Institutionen der Diözese, ferner alle sonstigen numismatischen Erzeugnisse, die einen Bezug zur Diözese Regensburg und ihrer Geschichte haben, zum Beispiel Münzen, Medaillen und Plaketten, auf denen die Bistumspatrone Wolfgang, Emmeram, Erhard, Dionysius und Albertus Magnus oder aber sonstige in enger Beziehung zum Bistum stehende Persönlichkeiten abgebildet sind. Zu einem anderen großen Sammelgebiet sind die Münzen und Medaillen des Heiligen Stuhls geworden, vorrangig zu Heiligen Jahren emittierte Stücke. Neben käuflichem Erwerb trugen zum Anwachsen der Bestände viele Schenkungen und Nachlässe bei, in erster Linie von hohen Würdenträgern des Bistums.

Zu den Aufgaben des bischöflichen Zentralarchivs gehört im Prinzip nicht das Sammeln von Geldscheinen, da solche vom Bistum nicht herausgegeben werden und Geldscheine mit kirchlichen oder in weiterem Sinne christlichen Motiven selten sind. Nachdem dem Archiv aber in einem Nachlass eine Geldscheinsammlung, die namentlich Inflationsgeld, Notgeld und Juxgeld enthielt, zufloss und außerdem in den Archivalien oft alte Banknoten auftauchen, empfahl es sich, eine eigene Geldscheinkollektion anzulegen. Sie umfasst derzeit mehrere Tausend Stücke.

Bereits in mehreren Ausstellungen in der Bischöflichen Zentralbibliothek oder im – Bischöflichen Zentralarchiv wurden zahlreiche Stücke aus der Sammlung präsentiert, vor allem bei Gelegenheit des 1250. Bistumsjubiläums 1989, anlässlich des 1000. Todestages des hl. Wolfgang, des Hauptpatrons des Bistums, 1994 und in der Ausstellung *Das Papsttum im Spiegel von Münzen und Medaillen*, die 2006 anlässlich des Besuchs Papst Benedikt XVI. in Regensburg gezeigt wurde. Auch für diverse Vorträge, insbesondere beim *Regensburger Münzenverein*, wurden die vorhandenen Bestände herangezogen. Insgesamt umfasst die Sammlung derzeit nahezu 1000 Münzen und rund 1260 Medaillen, dazu über 50 Plaketten. Auch ein paar Stempel oder Modelle von Münzen und Medaillen sind vorhanden.

Die numismatische Kompetenz des Archivs wurde auch für die Herausgabe verschiedener Medaillen durch die Diözese genutzt, beispielsweise der *St. Wolfgang-Verdienstmedaille* von 1973, einer Gedenkmedaille anlässlich 150. Todestages von Bischof Johann Michael Sailer 1982 und der Jubiläumsmedaille zum 1250. Bestehen des Bistums Regensburg 1989.

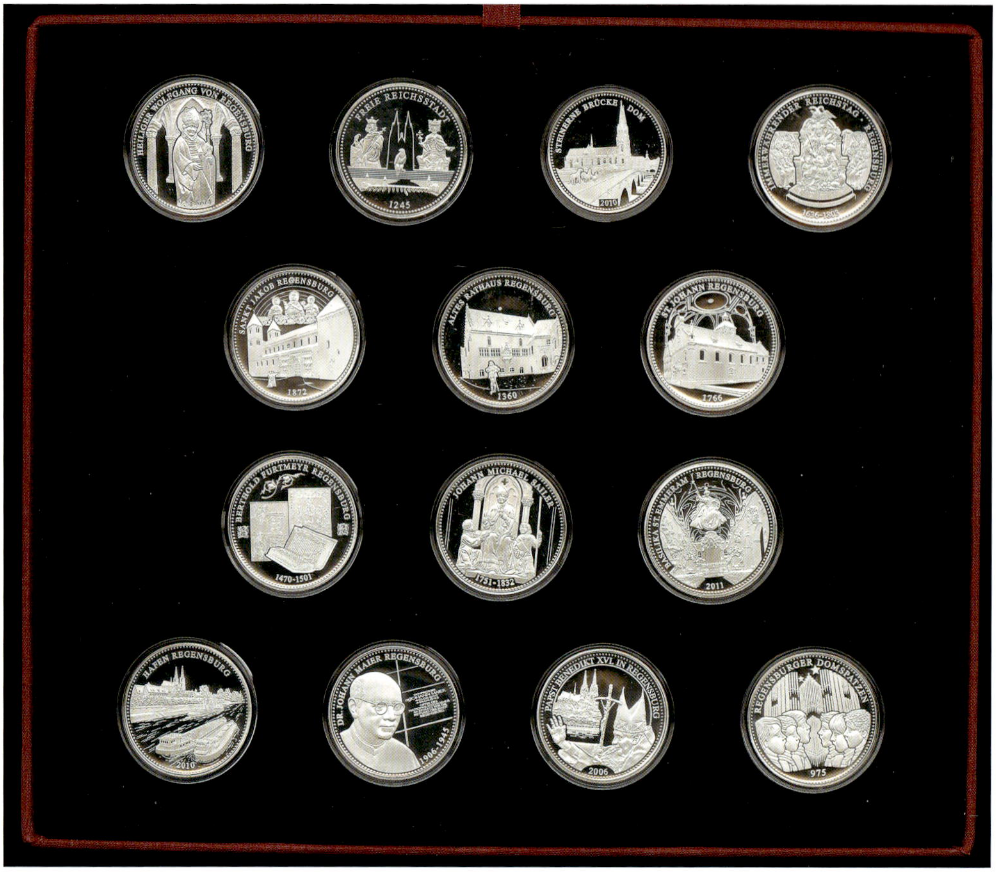

Kat.-Nr. 13.1

Lit.: Paul Mai: Die St. Wolfgang-Verdienstmedaille, in: Almanach des Bistums Regensburg, 2. Auflage, Regensburg 1973, S. 298; Paul Mai (Hrsg.): Das Bistum Regensburg im Spiegel von Münzen und Medaillen, München, Zürich 1989 (BZAR/BZBR: Kataloge 2); Paul Mai (Hrsg.): Liturgie zur Zeit des hl. Wolfgang. Der hl. Wolfgang in der Kleinkunst, Regensburg 1994 (BZAR/BZBR: Kataloge 10); Paul Mai (Hrsg.): Das Papsttum im Spiegel von Münzen und Medaillen, Regensburg 2006 (BZAR/BZBR: Kataloge 22); Johann Gruber: Ausstellungen von Archiv, Bibliothek und Kunstsammlungen des Bistums Regensburg anlässlich des Besuchs von Papst Benedikt XVI., in: BGBR 41 (2007) S. 233-249, hier 242-249

Johann Gruber / Franz von Klimstein

13.1 Sammlung Silber-Gedenkprägungen *1850 JAHRE REGENSBURG (2010-2012)*

Kassette mit 14 Silber-Gedenkprägungen, Ø 36 mm, Bayerisches Hauptmünzamt

1. Reihe:
Vs.: HEILIGER WOLFGANG VON REGENSBURG; Darstellungen des Heiligen Wolfgang mit Mitra. In der linken Hand Beil und Bischofsstab, in der Rechten ein Kirchenmodell. 2011

Vs.: FREIE REICHSSTADT 1245; Falke vor den Regensburger Domtürmen, zu deren Seiten links König Philipp von Schwaben (1177-1208), rechts Kaiser Friedrich II. (1212-1250). 2010

Vs.: STEINERNE BRÜCKE, DOM, 2010; Vor dem Regensburger Dom die Steinerne Brücke, die gerade von einem Hund, einem Hahn und einer Henne überquert wird (Anspielung auf eine Sage zur Errichtung des Bauwerks). 2010

Vs.: IMMERWÄHRENDER REICHSTAG REGENSBURG 1636-1803; Immerwährender Reichstag mit thronendem Kaiser Leopold I. 2011

2. Reihe:
Vs.: SANKT JAKOB REGENSBURG 1872; Schottenkirche St. Jakob, über der Eingangstür Christus mit den Aposteln Johannes und Jakobus dem Älteren. 2012

Vs.: ALTES RATHAUS REGENSBURG 1360; Darstellung des Alten Rathauses in Regensburg. 2011

Vs.: ST. JOHANN REGENSBURG 1766; Darstellung der Stiftskirche St. Johann, Deckengestaltung im Inneren. 2011

3. Reihe:
Vs.: BERTHOLD FURTMEYER REGENSBURG 1470-1501; Drei unterschiedliche Illustrationen von Furtmeyer (Missale von Erzbischof Bernhard von Rohr). 2011

Vs.: JOHANN MICHAEL SAILER 1751-1832; Lehrender Bischof Johann Michael Sailer mit je einer Figur zur Rechten und zur Linken. 2011

Vs.: BASILIKA ST. EMMERAM REGENSBURG 2011; Innenansicht der Basilika St. Emmeram; Thronende Mutter Gottes. 2011

4. Reihe:
Vs.: HAFEN REGENSBURG 2010; Schiffe auf der Donau, im Hintergrund Silhouette der Stadt Regensburg mit Dom. 2010

Vs.: DR. JOHANN MAIER REGENSBURG Domprediger Dr. Johann Maier, * 23.06.1906 + 24.04.1945, Opfer des Nationalsozialismus im Einsatz für die Rettung der Stadt Regensburg 1906-1945; Lebensechtes Porträt von Domprediger Dr. Johann Maier. 2012

Vs.: PAPST BENEDIKT XVI. IN REGENSBURG 2006; Papst Benedikt XVI., mit Papststab, die rechte Hand segnend erhoben. Dahinter Abbildung des Regensburger Doms. 2011

Vs.: REGENSBURGER DOMSPATZEN 975; Abbildung von sechs singenden Domspatzen. Im Hintergrund die Hauptorgel des Doms St. Peter. 2012

BZAR Sammlung Numis. 1850 Jahre Regensburg

Kat.-Nr. 13.2

13.2 Wolfgang II. von Hausen, Bischof von Regensburg (1600-1613)

Neusilber, Ø 33 mm, Bistum Regensburg Wolfgang II.

Vs.: Brustbild Bischof Wolfgang II., in geistlichem Gewand, mit Birett. 1.6--0.5

Rs.: Quadrierter Schild mit Herzschild (Hochstiftswappen); in den vier Feldern 2 x Mitra, 2 x Steinbock. WOLFGANGI. D. G. EPI .RATISB. PRAEP. ET. DNI. ELVACENSIS

Wolfgang von Hausen (* 1553; † 13. September 1613) war von 1584 bis 1603 Fürstpropst von Ellwangen und von 1600/1602 bis zu seinem Tod 1613 Bischof von Regensburg.
Er entstammte dem schwäbischen Adelsgeschlecht der Herren von Hausen, studierte an der Universität Ingolstadt.

Von 1600 bis zu seinem Tod war er Bischof von Regensburg. Mit der Wahl Wolfgang von Hausens, der bereit war, sich den Forderungen des Konzils von Trient zu stellen, zeigte das Regensburger Domkapitel Reformbereitschaft. Wolfgang führte die geistlichen Aufgaben eines Fürstbischofs wie Priesterweihe oder Firmung selbst aus. Er warb daneben für die Gründung der Katholischen Liga unter Herzog Maximilian I. von Bayern.

BZAR Sammlung Numis. 832, 833

Lit.: Tobias Appl: Wolfgang II. von Hausen (1600–1613). Ein Regensburger Reformbischof des 17. Jahrhunderts, in: BGBR 36 (2002) S. 137–271; Karl Hausberger: Geschichte des Bistums Regensburg. Bd. 1: Mittelalter und frühe Neuzeit Regensburg 1989, S. 330–332

Kat.-Nr. 13.3

13.3 Firmungsmedaille aus dem 19. Jahrhundert

Silber, Ø 42 mm, Prägestätte unbekannt, um 1850

Vs.: Heilig-Geist-Taube in Strahlen, das Ganze in Schmuckrahmen; * DURCH DIE AUFLEGUNG IHRER HÄNDE EMPFINGEN SIE DEN HEILIGEN GEIST

Rs.: Firmszene
BZAR Sammlung Numis. 723

Kat.-Nr. 13.4

13.4 50. Bischofsjubiläum von Papst Leo XIII. (1893)

Silber, Ø 43 mm, Auftraggeber: Hl. Stuhl, Leo XIII., Hersteller: F. Bianchi

Vs.: Brustbild Leo XIII. nach links mit Mozzetta und Stola; LEO.XIII.PONT. MAX.AN.XVI; unten klein: BIANCHI

Rs.: Handauflegung bei Leos Bischofsweihe, darüber hl. Geist in Gestalt einer Taube; QVINQVAGENNALIBVS * EPISCOPALIS * CONSECRATIONIS; im Abschnitt XIX. FEBR. / MDCCCXCIII

Papst Leo XIII. (*Vincenzo Gioacchino Pecci*; * 2. März 1810 in Carpineto Romano; † 20. Juli 1903 in Rom) war von 1878 bis 1903 Papst der römisch-katholischen Kirche.
Papst Leo XIII. ist als politischer Papst in die Geschichte eingegangen. Man kann ihn den ersten Enzyklikenpapst nennen, verfasste er doch immerhin 86 dieser päpstlichen Rundschreiben. Sein Ziel war es, die Kirche aus ihrer Isolierung gegenüber den neuzeitlichen gesellschaftlichen und politischen Entwicklungen herauszuführen. Wegen seiner Anteilnahme an sozialen Fragen wurde er auch mit dem Attribut *Arbeiterpapst* und dem Beinamen *der Soziale* bekannt. Er verfasste die erste explizite Sozialenzyklika der römisch-katholischen Kirche und wertete damit die Katholische Soziallehre auf.

BZAR Sammlung Numis. 719

Lit.: Rene Fülöp-Miller: Leo XIII. und unsere Zeit. Macht der Kirche - Gewalten der Welt, Zürich, Leipzig 1935; Anton de Waal: Unseres heiligen Vaters Papst Leo XIII-Leben, Münster 1881

13.5 1250. Jubiläum des Bistums (1989)

Silber, Ø 40 mm, Auftraggeber: Bistum Regensburg; Hersteller: Helmut Friedl/Pfreimd, Medaillenkunst Fürth

Vs.: Westfassade des Regensburger Doms vor der Platzanlage des Petersdoms in Rom mit seitlichen Säulenhallen. * ROMA CAPUT MUNDI PER CHRISTUM JESUM D. N. ECCLESIA RATISPON FIDELIS FILIA JUBILANS; unter dem Dom: MCMLXXXIX

Kat.-Nr. 13.5

BZAR Sammlung Numis. 95

Lit.: BZAR/BZBR: Kataloge 2, Nr. 215; Emmerig/Kozinowski, Nr. 147

Kat.-Nr. 13.6

13.6 Gipsmodell 1250. Jubiläum des Bistums (1989)

Gips, Ø 168 mm, Auftraggeber: Bistum Regensburg; Hersteller: Helmut Friedl/Pfreimd, Medaillenkunst Fürth

Vs.: Westfassade des Regensburger Doms vor der Platzanlage des Petersdoms in Rom mit seitlichen Säulenhallen. * ROMA CAPUT MUNDI PER CHRISTUM JESUM D. N. ECCLESIA RATISPON FIDELIS FILIA JUBILANS; unter dem Dom: MCMLXXXIX

Rs.: Papst Gregor III. mit Kreuzstab und der hl. Bonifatius mit Krummstab, Schwert und Buch stehen nebeneinander; Bonifatius übergibt Gregor ein Modell des Regensburger Doms; unten Wappenschild des Bistums. 1250 JAHRE BISTUM REGENSBURG; unten gegenläufig: 739 - 1989; auf der Standleiste: GREGOR III -- BONIFATIUS; links am Rand klein: H. FRIEDL F.

Für die Anfertigung der Münzstempel werden heute moderne Fertigungsverfahren angewendet. Nach der vom Künstler erstellten Zeichnung wird ein vergrößertes Gipsmodell angefertigt, das mit Computertechnik abgetastet und in einer Gravier-Fräsmaschine auf die vorgegebene Größe übertragen wird. Die so erzeugte Matrize wird von Graveuren noch nachgearbeitet.

BZAR Sammlung Numis. Gipsmodell 1250. Jubiläum 1989

Kat.-Nr. 13.7

13.7 1100. Jubiläum des Bistums Regensburg (1840)

Bronze, Ø 37 mm, Auftraggeber: Bistum Regensburg, F.X.Schwäbl; Hersteller: Johann Jakob Neuss (Augsburg)

Rs.: Vorderfront des Regensburger Doms, mit noch nicht ausgebauten Türmen. ECCLESIAE CATHEDRALIS; Im Abschnitt: RATISBONENSIS; unten klein: NEVSS
BZAR Sammlung Numis. 83

Lit.: Emmerig/Kozinowski, Nr. 129.3

Kat.-Nr. 13.8

13.8 900. Todestag des hl. Wolfgang (1894)

Messing, Ø 24 mm, Auftraggeber: Bistum Regensburg, I. Senestrey; Georg Dengler (Domvikar, Regensburg); Hersteller: Alois Börsch (München) Kgl. Hauptmünzamt (München)

Vs.: Halbbild des hl. Wolfgang, die Rechte segnend erhoben, in der Linken Krummstab und Beil haltend. WOLFGANGVS ORA PRO NOBIS; links neben dem Arm des Heiligen Signatur: A. B.

Rs.: Unten Hochstiftswappen. ANDENKEN /AN DAS /900 JAEHR: /S: WOLFGANGS /JUBILAE-UM /1894.
BZAR Sammlung Numis. 87

Lit.: Emmerig/Kozinowski, Nr. 138

Kat.-Nr. 13.9

13.9 Verkündung des Dogmas von der Unbefleckten Empfängnis Mariens (1855)

Silber, Ø 44 mm, Auftraggeber: Hl. Stuhl, Pius XI.; Hersteller: Bianchi

Vs.: Brustbild Pius IX. nach links. PIVS IX. PONT. MAX. ANNO XI.

Rs.: Der Papst verkündet im Petersdom das Dogma vor zahlreichen geistlichen Würdenträgern. Im Abschnitt: VI. ID. DEC. AN. CHR. MDCCCLIV / SINE LABE CONCEPTA.

BZAR Sammlung Numis. 720

Kat.-Nr. 13.10

13.10 700. Jubiläum des Regensburger Doms (1976)

Silber, Ø 42 mm, Auftraggeber: Regensburg-Domkapitel; Hersteller: Hubert Klinkel (Würzburg), Medaillenkunst Fürth.

Rs.: Westfassade des Domes. IUBILAEUM DEDICATIONIS ECCLESIAE MAIORIS RATISPONENSIS 1276-1976
BZAR Sammlung Numis. 94

Lit.: Emmerig/Kozinowski, Nr. 146

Kat.-Nr. 13.11

13.11 Gedenken an die selige Anna Schäffer (1999)

Silber, oval Ø 20:17 mm, Auftraggeber: Abteilung für Selig- und Heiligsprechungsprozesse für das Bistum Regensburg; Hersteller: Domino Colombo (Mailand).

Vs.: Brustbild Anna Schäffers, sitzend. SELIGE ANNA SCHÄFFER BITTE FÜR UNS; 1882-1925.

BZAR Sammlung Numis. 688

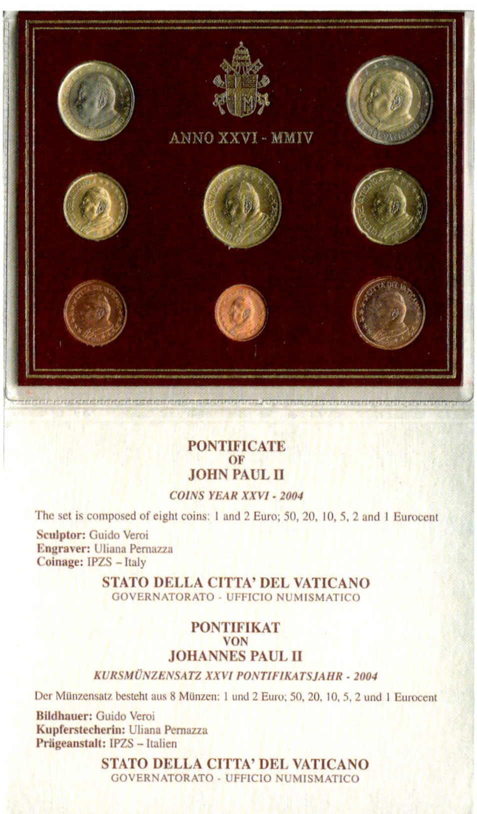

ANNO XXVI - MMIV
PONTIFICATE
OF
JOHN PAUL II
COINS YEAR XXVI - 2004
The set is composed of eight coins: 1 and 2 Euro; 50, 20, 10, 5, 2 and 1 Eurocent
Sculptor: Guido Veroi
Engraver: Uliana Pernazza
Coinage: IPZS – Italy
STATO DELLA CITTA' DEL VATICANO
GOVERNATORATO - UFFICIO NUMISMATICO
PONTIFIKAT
VON
JOHANNES PAUL II
KURSMÜNZENSATZ XXVI PONTIFIKATSJAHR - 2004
Der Münzensatz besteht aus 8 Münzen: 1 und 2 Euro; 50, 20, 10, 5, 2 und 1 Eurocent
Bildhauer: Guido Veroi
Kupferstecherin: Uliana Pernazza
Prägeanstalt: IPZS – Italien
STATO DELLA CITTA' DEL VATICANO
GOVERNATORATO - UFFICIO NUMISMATICO

Kat.-Nr. 13.12

13.12 Pontifikat von Johannes Paul II. Kursmünzensatz XXVI Pontifikatsjahr (2004) 1, 2, 5, 10, 20 und 50 Eurocent sowie 1 und 2 Euro

Stahl-Kupfer, Nordisches Gold, rund Ø 16-26 mm, Auftraggeber: Vatikan, Johannes Paul II.; Münzstätte: IPZS Italien

Vs: Wertangabe (wie alle Euromünzen)

Rs.: in Sternchenkreis Kopfbild Papst Johannes Paul II. nach links. CITTA DEL VATICANO ******(******); unter dem Porträt: R/2004; seitlich klein: GV UP. INC.

Die Euromünzen sind die in derzeit 17 Ländern der Europäischen Union sowie den Nicht-EU-Staaten Monaco, San Marino und Vatikanstadt in Umlauf gebrachten Münzen der gemeinsamen europäischen Währung Euro.

BZAR Sammlung Numis. Ü8

MMVIII - 2008
PONTIFICATE
OF
BENEDICT XVI
EURO COINS - YEAR 2008
The set is composed of eight coins: 1 and 2 Euro; 50, 20, 10, 5, 2 and 1 Eurocent
Sculptor: Daniela Longo
Engravers: 1 and 2 Eurocent: Luciana De Simoni
20 and 50 Eurocent: Maria Angela Cassol
5 Eurocent and 1 Euro: Ettore Lorenzo Frapiccini
10 Eurocent and 2 Euro: Maria Carmela Colaneri
Coinage: IPZS – Italy
PONTIFIKAT
VON
BENEDIKT XVI.
EURO KURSMÜNZENSATZ - JAHR 2008
Der Satz besteht aus acht Münzen: 1 und 2 Euro; 50, 20, 10, 5, 2 und 1 Eurocent
Bildhauer: Daniela Longo
Kupferstecher: 1 und 2 Eurocent: Luciana De Simoni
20 und 50 Eurocent: Maria Angela Cassol
5 Eurocent und 1 Euro: Ettore Lorenzo Frapiccini
10 Eurocent und 2 Euro: Maria Carmela Colaneri
Prägeanstalt: IPZS – Italien
STATO DELLA CITTA' DEL VATICANO
GOVERNATORATO - UFFICIO NUMISMATICO

Kat.-Nr. 13.13

13.13 Pontifikat von Benedikt XVI. Kursmünzensatz III Pontifikatsjahr (2008)
1, 2, 5, 10, 20 und 50 Eurocent sowie 1 und 2 Euro

Stahl-Kupfer, Nordisches Gold, rund Ø 16-26 mm, Auftraggeber: Vatikan, Johannes Paul II.; Münzstätte: IPZS Italien

Vs: Wertangabe (wie alle Euromünzen)

Rs.: in Sternchenkreis Brustbild Benedikt XVI. nach rechts. CITTA DEL VATICANO 2008.

Die Euromünzen sind die in derzeit 17 Ländern der Europäischen Union sowie den Nicht-EU-Staaten Monaco, San Marino und Vatikanstadt in Umlauf gebrachten Münzen der gemeinsamen europäischen Währung Euro.

BZAR Sammlung Numis. Ü9

13.14 Abschied und Nachfolge von Papst Johannes Paul II. im Spiegel Gedenkprägungen und Ersttagsbriefe (2005)

Messing (Rand), Kupfer/Nickel (innen), rund Ø 34,5 mm, Auftraggeber: Münzversandhaus Reppa (Pirmasens) mit Ersttagsbriefen der Vatikanischen Post

Faltkarte über Tod und Nachfolge von Papst Johannes Paul II., Serie von sechs Medaillen (a. Tod des Papstes, b. Beisetzung, c. Sedisvakanz, d. Konklave, e. Papstwahl, f. der neue Papst Benedikt XVI.) sowie sechs Ersttagsbriefen.

Bild Vs: Tod des Papstes
a) in einem Medaillon Brustbild Johannes Paul II. von vorne. Im Feld auf einer Schrifttafel: 1978-2005; zwischen den Jahreszahlen Christus-Monogramm / IOANNES PAVLVS II; PONTIFEX MAXIMVS;
Bild Vs: Beisetzung des Papstes
b) Altar über der Confessio im Petersdom mit Baldachin. BASILICA DI SAN PIETRO ALTARE MAGGIORE;
Bild Vs: Sedisvakanz
c) Brustbilder der Apostel Petrus und Paulus. SAN PIETRO E SAN PAOLO;

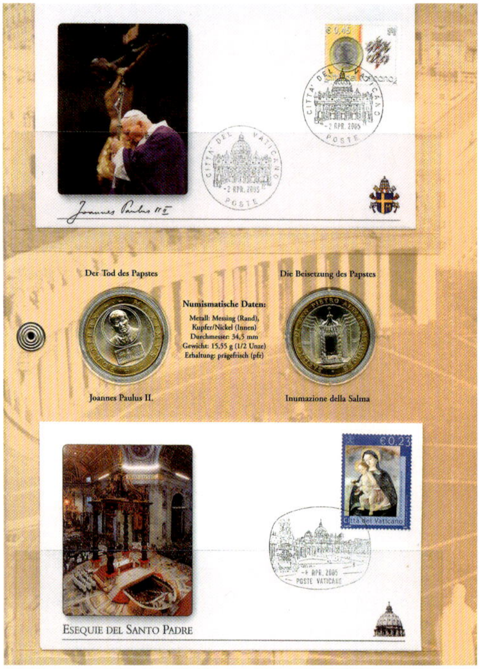

Kat.-Nr. 13.14

Kat.-Nr. 13.14

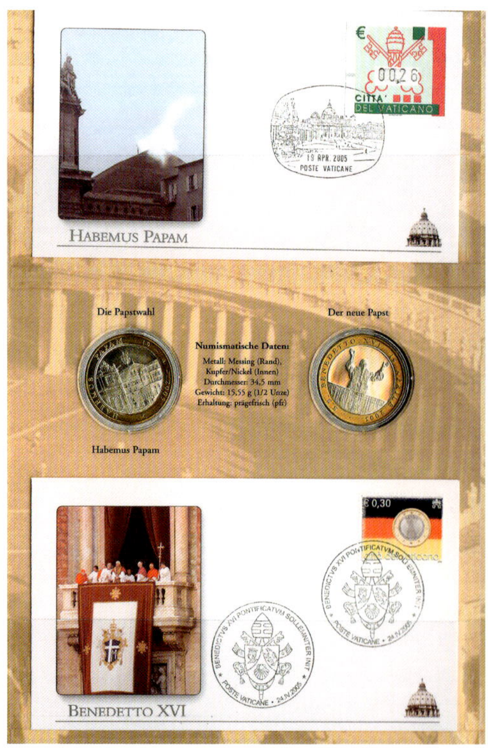

Kat.-Nr. 13.14

Kat.-Nr. 13.15

Bild Vs: Das Konklave
d) Vorderfront des Petersdoms. PATRIARCALIS BASILICA PRINCIPIS APOSTOLORVM;
Bild Vs: Die Papstwahl
e) Vatikanische Gebäude mit dem Kamin, aus dem (weißer) Rauch aufsteigt. HABEMVS PAPAM 19 – 4 – 2005;
Bild Vs: Der neue Papst
f) Hüftbild Benedikt XVI. v. v. über einer Mauerbrüstung, mit ausgebreiteten, erhobenen Armen. S. S. BENEDETTO XVI 19 APRILE 2005

Besonderheiten: mit sechs illustrierten Ersttagsbriefen der Vatikanischen Post mit entsprechenden Ersttagsstempeln. Der ausdrucksstarke Bilderzyklus reicht vom Tod Johannes Pauls II. über die Versammlung der Kardinäle bis zur Präsentation des neuen Pontifex.

BZAR Sammlung Numis. Ü10

Lit.: BZAR/BZBR: Kataloge 2, S. 231-233

13.15 Numisbrief Ostern / Papst Benedikt XVI. (2009)

Messing (Rand), Kupfer/Nickel (Kern), rund Ø 34,5 mm, Auftraggeber: Vatikan

Vs: Auferstehung Jesu Christi. PASQUA 2009 – LA RESUREZZIONE DI CRISTO

Besonderheiten: auf einem Kuvert, zusammen mit einer vatikanischen Briefmarke von 2008 zum Besuch des Papstes in Österreich vom 7.-9.September 2007; Nr. *1722*

BZAR Sammlung Numis. Ü23

Kat.-Nr. 13.16

13.16 Dünnpfennig Regensburg (1180/85)

Silber, rund Ø 23 mm, Auftraggeber: Regensburg-Bistum, Münzstätte: Regensburg

Vs: Brustbild mit Krummstab

Rs: Kämpfer mit Schwert und Schild

Dünnpfennig ist eine numismatische Bezeichnung für sehr dünne, zweiseitig geprägte Pfennige vom Beginn des 12. Jahrhunderts aus Bayern, Hessen und Niedersachsen. Wegen der dünnen Schrötlinge drückten sich die prägenden Partien auf der jeweils anderen Seite durch.

BZAR Sammlung Numis. 623

Lit.: Emmerig: Regensburger Pfennig Nr. 61

Kat.-Nr. 13.17

13.17 Dünnpfennig Regensburg (1120/30)

Silber, rund Ø 25 mm, Auftraggeber: Regensburg-Bistum, Münzstätte: Regensburg

Vs: Brustbild eines behelmten Weltlichen v. v. mit Schwert und Fahne

Rs: Kirchenfassade mit zwei Seitentürmen, im Giebelfeld ein Kopf nach rechts, im Unterbau des Gebäudes ein weiterer Kopf.

Dünnpfennig ist eine numismatische Bezeichnung für sehr dünne, zweiseitig geprägte Pfennige vom Beginn des 12. Jahrhunderts aus Bayern, Hessen und Niedersachsen. Wegen der dünnen Schrötlinge drückten sich die prägenden Partien auf der jeweils anderen Seite durch.

BZAR Sammlung Numis. 627

Lit.: Emmerig: Regensburger Pfennig Nr. 40 d

Kat.-Nr. 13.18

13.18 Geldscheine aus der Zeit 1904-1920

Diverse Reichsbanknoten und Darlehenskassenscheine des Deutschen Reiches aus der Zeit 1904-1920, Auftraggeber: Reichsbank Berlin, Reichsschuldenverwaltung Berlin

Eine Banknote ist ein meist rechteckiges, beidseitig bedrucktes Papier, das von der nach dem Währungsgesetz des jeweiligen Staates berechtigten Bank ausgegeben worden ist und auf einen runden Betrag von Währungseinheiten lautet. Die Banknote ist ein Zahlungsmittel.

Jede Nation hat ihre eigenen Banknoten, die von einer meist nationalen Zentralbank herausgegeben werden. Ab dem 19. Jahrhundert wurde die Banknote allgemein in Deutschland als Zahlungsmittel neben der Münze akzeptiert.

BZAR Sammlung Numis.

Lit.: Albert Pick: Papiergeld – Ein Handbuch für Sammler und Liebhaber, Braunschweig 1967

Kat.-Nr. 13.19

13.19 Geldscheine aus der Zeit der Inflation 1922-1923

Diverse Reichsbanknoten des Deutschen Reiches aus der Zeit 1922-1923, Auftraggeber: Reichsbank Berlin

Die deutsche Inflation von 1922 bis 1923 war eine der radikalsten Geldentwertungen, die eine der großen Industrienationen erlebt hat. Die Vorgeschichte dieser Hyperinflation findet sich in der Finanzierung des Ersten Weltkrieges. Mit dem Ende des Krieges 1918 hatte die Mark bereits offiziell mehr als die Hälfte ihres Wertes (genauer: ihrer Kaufkraft im Innen- und Außenverhältnis) verloren, wobei auf dem Schwarzmarkt der Inflationsindex noch wesentlich höher lag. Eigentliche Ursache der ab 1919 schon beginnenden Hyperinflation war der Umgang mit der Geldpresse in den Anfangsjahren der Weimarer Republik, um die Staatsschulden zu beseitigen.

BZAR Sammlung Numis.

Lit.: Albert Pick: Papiergeld – Ein Handbuch für Sammler und Liebhaber. Braunschweig 1967

14. Die Foto- und Bildersammlung im Bischöflichen Zentralarchiv

Die analoge Bildersammlung (Stiche, Drucke, Fotografien, Dias, Negative, Postkarten, Andachtsbildchen etc.) ist ursprünglich ein eher zufällig erwachsener Sammlungsbestand des Archivs mit zahlreichen Teilbeständen. Zunächst waren nur Bilder vorhanden, die den Akten beilagen oder auf sonstigen Wegen ins Archiv und die Registratur gelangten, z.B. durch Nachlässe oder Schenkungen, wobei der Herkunftsnachweis heute nur selten zu führen ist. Eine Ausnahme stellt z.B. die Sammlung von Glasplattennegativen des Regensburger Diözesanpriesters Dr. Friedrich Holzer (1890-1966) dar, die vor allem Darstellungen des heiligen Wolfgang im deutschen Sprachraum, aber auch Ansichten von Kirchen des Bistums Regensburg enthält. Ein systematischer Aufbau der Sammlung z.B. zu Orten und Personen der Diözese fand zunächst nicht statt, wenn auch eine kleine Sammlung von Graphiken angelegt wurde. Inzwischen wurde die Inventarisierung der Bildersammlung vorangetrieben, schwerpunktmäßig zu den Orten (derzeit über 550 Einzelorte) und den Klerikern (derzeit über 350 Namen) des Bistums Regensburg. Die Sammlung wird in diesen und anderen Bereichen (Päpste, Klerus anderer Diözesen, Heilige, kirchengeschichtlich bedeutsame Orte u.a.) ständig erweitert.

Zur Bildersammlung hinzuzurechnen sind die zahlreichen gerahmten Bilder, Stiche und Gemälde, die an den Wänden von Archiv und Bibliothek hängen. Neben Werken des Regensburger Künstlers Walter Zacharias, der des öfteren Aussonderungsmaterial des Archivs wie leere Akten-Umschläge verwendete, handelt es sich dabei u.a. um Ölgemälde des 19. Jahrhunderts (z.B. Carl Proske von Barbara Popp) und Porträts Regensburger Bischöfe. Als Sondersammlungen verdienen die sehr umfangreiche *Sammlung Hartig* (Heilige, Orte, biblische Motive u.a.) und die *Collectio Imaginum* besondere Erwähnung. Erstere geht auf den Kunsthistoriker Prälat Michael Hartig (1878-1960) aus München zurück und kam über dessen Vermächtnis an die Prämonstratenserabtei Speinshart ins Bischöfliche Zentralarchiv. Die *Collectio Imaginum* stellt eine kurz vor 1800 durch den Konsistorialrat Andreas Mayer angelegte mehrbändige Sammlung von Kupferstichen zum Bistum Regensburg dar.

Neben den Bildern auf den traditionellen Trägermaterialien (Papierabzüge, Negative, Dias, Glasplatten) ist seit einigen Jahren eine digitale Fotosammlung im Aufbau begriffen. Diese umfasst neben den Aufnahmen, die für Ausstellungen und Publikationen angefertigt werden, vor allem Bilder aus Orten des Bistums Regensburg, die langfristig zu einer Dokumentation der Seelsorgestellen des Bistums ausgebaut werden sollen.

Camilla Weber

Kat.-Nr. 14.1

14.1 Stich

[Anfang 19. Jh.]
J.C. Kempter
Kolorierter Stich
H 15 x B 9 cm

Der kleine handkolorierte Stich zeigt deutliche Gebrauchsspuren. Möglicherweise war er als Einmerkzettel in einem Gebetbuch in Verwendung. Er zeigt den heiligen Bischof Martin mit flottem schwarzem Federhut, petrolblauem Wams und ockerfarbenen Strümpfen, wie er gerade einen Teil seines langen roten Mantels an einen nur halb abgebildeten Bettler reicht. Die Aufschrift S. Martinus Episco[pus] macht die Ikonographie noch deutlicher.

BZAR Bildersammlung

14.2 Andachtsbildchen

19. Jh.
Anonym
Papier, Goldfarbe

a) Stich (H 13 x B 8 cm), schwarzweiß mit unterlegter Goldfarbe
Das kleine Stück besteht aus zwei zusammengeklebten Blättern. Aus dem oberen Blatt, das *Christus den Gekreizigten* darstellt, sind Teile wie der Heiligenschein und das Lendentuch Christi ausgeschnitten, so daß die goldfarbenen Blättchen, die zwischen die beiden Papierblätter geklebt wurden, zum Vorschein kommen.

b) Einladungskarte (H 8,5 x B 12 cm), buntes Papier
Der Neupriester Johann Nepomuk Reindl verschickte zu seiner Primiz am 29. Juli 1860 in der Pfarr- und Wallfahrtskirche Bettbrunn diese Einladungskarte.

Kat.-Nr. 14.2

c) Erinnerungskärtchen (H 6 x B 8,5 cm), Papier
Auf der Karte ist mit Prägedruck vor dem Hintergrund eines Sternenmusters ein geflügelter Putto abgebildet, der sich auf eine Grabplatte stützt. Diese wird von Blumen und einem Kranz geschmückt, oben steht eine brennende Grablaterne. Provenienz und genauer Zweck des Kärtchens sind unbekannt.

d) Spitzenbildchen (H 11 x B 7 cm), Papier
Mit durchbrochener Spitze verzierte Andachtsbildchen waren um die Mitte des 19. Jahrhunderts sehr beliebt. Sie wurden oft nach Motiven berühmter Maler gestaltet, wie hier nach einer Kreuzigungsdarstellung des flämischen Malers Anton van Dyck (1599-1641).

e) Spitzenbildchen (H 9 x B 6 cm), Papier (vgl. 14.3 d)
Spitzenbildchen wie dieses waren vor allem als Belohnungsbildchen für Kinder sehr beliebt; sie haben sich oft als Lesezeichen in Gebetbüchern erhalten.

BZAR Bildersammlung

14.3 Erinnerungsbildchen

München 1977
Regensburg 2001
Papier
H 13 x B 18 cm
H 11 x B 7 cm

Erinnerungsbildchen an feierliche Ereignisse wie Priester- und Bischofsweihen oder Weihejubiläen werden auch heute noch gerne hergestellt und gesammelt. Als Beispiele sind hier zwei Bilder der Brüder Ratzinger ausgestellt: zum einen zur Bischofsweihe Joseph Ratzingers, heute Papst Benedikt XVI., im Münchner Dom am 28. Mai 1977, zum anderen zum goldenen Priesterjubiläum Georg Ratzingers, des ehemaligen Domkapellmeisters von Regensburg, im Jahr 2001.

BZA Bildersammlung

Kat.-Nr. 14.4b-c

14.4 Verschiedene Trägermaterialen für Fotografien

a) Glasplattennegativ (H 9 x B 12 cm)
Die Glasplatte ist eines der ältesten Trägermaterialien der Fotografie. Sie wurde ab der Mitte des 19. Jahrhunderts bis in die 1930er Jahre verwendet, bevor die Filmrolle auf Zelluloid ihren Siegeszug antrat. Bei der Glasplatte hatte das Negativ immer die gleiche Größe wie der herzustellende Abzug; ein großer Vorteil war daher die gestochen scharfe Qualität der Bilder gerade bei großen Formaten. Das ausgestellte Negativ stammt aus dem Nachlaß des Regensburger Priesters Friedrich Holzer (1890-1966).

b) 12 Kleinbildfotografien, Papier (H 10 x B 6 cm)
Die sieben in der oberen Reihe ausgestellten Fotografien stammen aus der zweiten Hälfte des 19. Jahrhunderts; die Namen der abgebildeten Priester und die genaue Provenienz der Bilder sind unbekannt. Sie bieten zum einen eine anschauliche Illustration für die Geschichte der Fotografie, und zum anderen geben sie Einblick in das Standesbewusstsein und die Kleidung des Klerus im späten 19. Jahrhundert. Die fünf in der zweiten Reihe ausgestellten Fotografien dürften nach der Jahrhundertwende entstanden sein und zeigen bereits eine gewisse Veränderung im klerikalen Habit.

c) 3 Erinnerungsbildchen, Papier (H 11 x B 6 cm, H 8 x B 4,5 cm)
Erinnerungs- und Sterbebilder von Priestern wurden bis weit in die Mitte des 20. Jahrhunderts in der Regel ohne Foto der jeweiligen Person angefertigt, wie man an den beiden Primizbildchen des Karmeliters Ludwig Achatz (1905) und des Neupriesters Dominikus Lindner (1913) sehen kann. Insofern stellt das Erinnerungsbild des Obertraublinger Pfarrers Georg Weiß zu seinem silbernen Priesterjubiläum 1915 eine Ausnahme dar.

Kat.-Nr. 14.4e

d) Negativstreifen (H 3,5 x B 8 cm)
e) Diapositive (H 5 x B 5 cm, H 6 x B 6 cm, H 7 x B 6 cm)

f) Filmrollen (D 7 cm, D 4 cm, D 2,5 cm)
Zur Sicherung häufig benutzter Archivalien oder zur Ergänzung eigener Archiv- und Bibliotheksbestände mit Materialien anderer Bibliotheken wurden in der Anfangszeit von Zentralarchiv und Zentralbibliothek Verfilmungen angefertigt, so z.B. wie ausgestellt vom Archivalien des Domkapitelschen Archivs, von Niedermünster oder aus der Schottenbibliothek.

g) Foto-CDs (D 12 cm)
Nach Glasplatten, Papier, Filmrollen und Dias ist inzwischen die Daten-CD das bevorzugte Speichermedium für die nunmehr digital angefertigten Fotos geworden.

BZAR Bildersammlung

Kat.-Nr. 14.4f

15. Pfarrarchive und Matrikel

Im Zentralarchiv sind derzeit 202 Pfarrarchive aus dem Bistum Regensburg als Deposita eingelagert. Verglichen mit einem Bestand von 63 Pfarrarchiven zu Ende 1976, ist ein deutlicher Zuwachs zu verzeichnen, der sich aus der neueren Geschichte des Bistums erklärt. Durch die Reform der Dekanate und die Zusammenlegung von Seelsorgestellen sind etliche Pfarrhöfe verwaist, vermietet oder veräußert worden, eine sichere Aufbewahrung vor Ort ist dann meist nicht mehr gegeben. Dies macht es immer wieder notwendig, Archive aus den Pfarreien trotz der zunehmend engen räumlichen Verhältnisse ins Zentralarchiv zu übernehmen. Das Archiv bietet auch eine Beratung in den Pfarreien vor Ort an, zum sachgemäßen Umgang mit den Archivalien, zur Kassation von nicht archivwürdigem Aktenmaterial und zur Aufbewahrung von Archivgut.

Von den im Archiv eingelagerten Pfarrarchiven sind mittlerweile 107 durch eine Verzeichnung erschlossen und dadurch für die Benutzung zugänglich. Sie stellen eine wichtige Quelle für die wissenschaftliche und heimatkundliche Forschung dar.

Zum Pfarrarchiv gehören auch die Kirchenbücher, die sog. Pfarrmatrikel. Die Führung von Kirchenbüchern wurde auf dem Konzil von Trient (1546-1563) vorgeschrieben. Aus dem Bistum Regensburg ist eine entsprechende Anordnung aus den Diözesan-Konstitutionen von 1588 bekannt, die vorschreibt, dass Tauf-, Firmungs- und Trauungsbücher zu führen und ein Familienbuch anzulegen sind. Das älteste im Bistum Regensburg erhaltene Kirchenbuch reicht noch weiter, bis ins Jahr 1554 zurück und stammt aus der Pfarrei Vilseck. Der Großteil der erhaltenen Kirchenbücher setzt jedoch erst nach dem Dreißigjährigen Krieg ein.

Eine vordringliche Aufgabe des Archivs ist es, die Kirchenbücher vor dem Verlust durch eine unsachgemäße Lagerung oder Benutzung zu schützen, da es sich um unersetzliche Originale handelt. In den Jahren 1971 und 1972 erfolgte deshalb nach einer Anordnung des Bischofs von Regensburg die Zentralisierung der älteren Pfarrmatrikel sämtlicher Pfarreien des Bistums Regensburg aus der Zeit vor der Einführung der Standesämter in Bayern 1876. Alle Pfarrämter wurden damals persönlich aufgesucht und die betreffenden Kirchenbücher ins Archiv nach Regensburg verbracht. Ein Vergleich mit der zwischen 1935 und 1942 durch die Generaldirektion der staatlichen Archive Bayerns erstellten Aufnahme aller Pfarrmatrikel zeigt, dass im Bistum seit dieser Bestandsaufnahme immerhin 252 Kirchenbücher abhanden gekommen waren (in der Reihe der Bayerischen Pfarrbücherverzeichnisse für das Bistum Regensburg 1949 als Heft 4 erschienen). Derzeit verwahrt das Bischöfliche Zentralarchiv Regensburg aus 537 Seelsorgestellen 6752 Kirchenbücher und ist bemüht, auch weiterhin alle Matrikel, die abgeschlossen sind und in den Pfarreien nicht mehr benötigt werden, im Archiv einer Sicherheitsverfilmung zu unterziehen und sie damit auch für die Benutzung zu erschließen, soweit dies die Sperrfristen des Datenschutzes zulassen.

Die Kirchenbücher sind nicht nur als Beleg für die Spendung der Sakramente in vergangenen Zeiten und als Gedächtnis der jeweiligen Pfarrgemeinde zu sehen. Sie geben Auskunft über die damaligen Lebensumstände und stellen so eine einmalige Quelle für die genealogische und volkskundliche Forschung dar.

Lit.: Bayerische Archivverwaltung (Hrsg): Bayerische Pfarrbücherverzeichnisse, Heft 4, Bistum Regensburg, Regensburg 1949; Paul Mai: Familienforschung im Bischöflichen Zentralarchiv, in: Regensburger Almanach 1974, Regensburg 1973, S. 122–130; Paul Mai: Die Matrikelführung im Bistum Regensburg bis 1875, in: Pfarrbücherverzeichnis für das Bistum Regensburg, Regensburg 1985, S. 5–34; Josef Ammer: Die Verordnungen des Bistums Regensburg zur Führung der Pfarrmatrikeln von 1777 bis in heutige Zeit, in: Kulturarbeit und Kirche. Festschrift Msgr. Dr. Paul Mai zum 70. Geburtstag, hrsg. von Werner Chrobak und Karl Hausberger, BGBR 39, Regensburg 2005, S. 395–412; Josef Mayerhofer: Matrikelarbeit im Bischöflichen Zentralarchiv Regensburg, in: Kulturarbeit und Kirche. Festschrift Msgr. Dr. Paul Mai zum 70. Geburtstag, hrsg. von Werner Chrobak und Karl Hausberger, BGBR 39, Regensburg 2005, S. 777–782

Josef Gerl

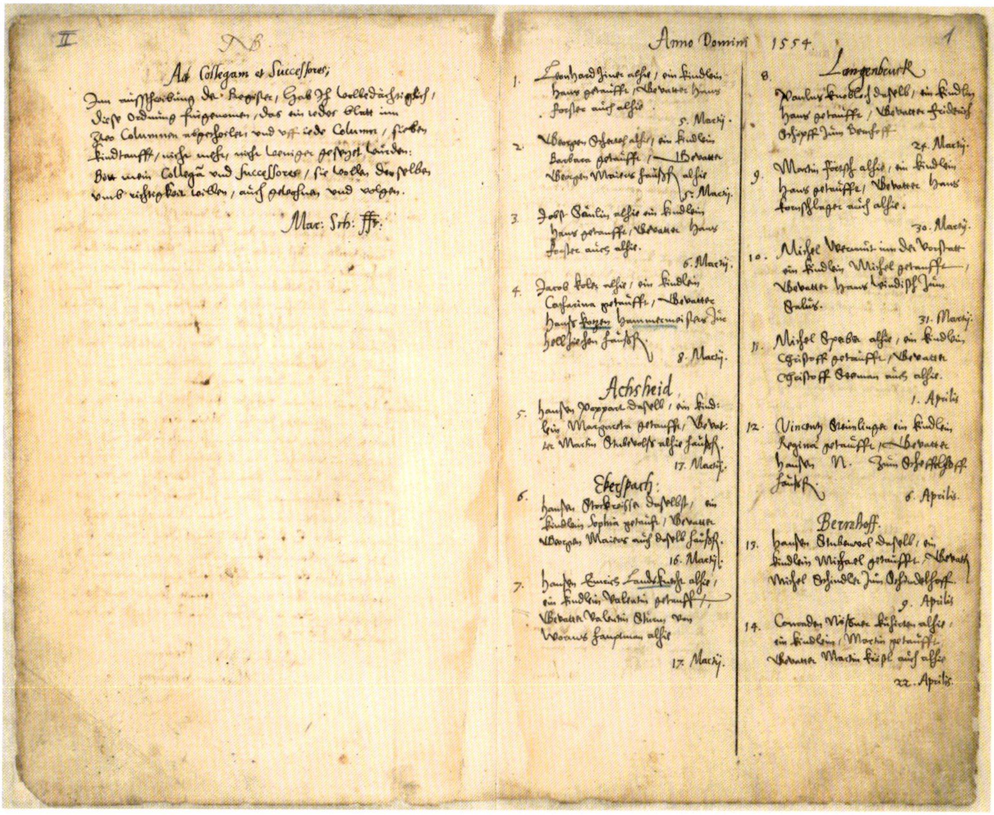

Kat.-Nr. 15.1

15.1 Matrikel Vilseck, Band 1

Vilseck, 1544-1615
Handschrift, Leder, Papier, lateinisch / deutsch, [2] Bl., 560 S., [1] Bl., H 34,8 x B 21,6 cm, Blattmaß H 32 x 20 cm
–
Kanzleischrift von verschiedenen Händen, zweispaltig.
Halblederband, neu gebunden mit dunkelbraunem Lederrücken und Ecken. Gemusterter Vorsatz neu, handgeschöpftes Bütten, restauriert durch Einbetten in säurefreies Japanpapier.

Aufgeschlagen Bl. II/S. 1

Die älteste noch erhaltene Pfarrmatrikel des Bistums Regensburg wurde durch einen evangelisch-lutherischen Pfarrer angelegt und beinhaltet die Taufeinträge von 1554 bis 1615 und die Einträge über die Beerdigungen von 1589 bis 1615, dem Jahr, in dem von Bamberg aus wieder ein katholischer Pfarrer in Vilseck eingesetzt wurde.

BZAR Matrikel Vilseck 1

Lit.: Paul Mai: Die Matrikelführung im Bistum Regensburg bis 1875, in: Pfarrbücherverzeichnis für das Bistum Regensburg, Regensburg 1985 (Pfarrbücherverzeichnisse, hrsg. v. der Evangelisch-Lutherischen Landeskirche und den Katholischen Bistümern in Bayern, Bd. 1) S. 10

LIBER CALENDARIVS
QVO
BAPTIZATORVM, PARENTVM, PA:
TRINORVM, LOCORVMQVE NO:
MINA CONTINENTVR.
INCOEPTVS
A: R: F: P: GREGORIO KYRCHMAIR CE:
leberrimi Monast: Windberg: Professo,
Sacri & Cand: Ord: Præmonstrat: Canonico,
& Pastore in Hunderdorff, Neukirchen Meritissimo. &c.

Kat.-Nr. 15.2

15.2 Matrikel Neukirchen bei Haggn, Band 1

Neukirchen bei Haggn, 1655
Handschrift, Deckfarbenmalerei, Leder, Papier, lateinisch / deutsch, [1] Bl., 62 S., [1] Bl., 146 S., [12] Bl., 39 S., [2] Bl., H 31,3 x B 20 cm, Blattmaß H 30,1 x B 19,7 cm. –
Zeitgenössischer Holzdeckelband mit ehemals schwarzem, fein geprägtem Lederüberzug, mit Ansätzen von zwei Schließen. Dreiseitiger Farbschnitt.

Aufgeschlagen S. 62/Titelblatt des Taufbuches

Der erste Band der Kirchenbücher von Neukirchen bei Haggn enthält Einträge über die Trauungen von 1656 bis 1704, dann folgen die Taufen von 1655 bis 1699. Den Abschluss bilden die Beerdigungseinträge von 1648 bis 1704. Einer der damaligen Seelsorger, Pater Gregor Kirchmair, hat den einzelnen Abteilungen jeweils ein Titelblatt vorangestellt, das die Spendung des jeweiligen Sakraments zeigt. Die Gestaltung dieser Titelblätter zeugt von einer hohen künstlerischen Begabung des Paters, der die Pfarreien Hunderdorf und Neukirchen bei Haggn betreute und sich im Titel unter dem Bild selbstbewusst aufgeführt hat. Die Kirchenbucheinträge selbst stammen von verschiedenen Patres der Prämonstratenserabtei Windberg. Von 1648 bis 1704 wechselten sich dort zehn Patres in der Seelsorge ab.

BZAR Matrikel Neukirchen bei Haggn 1

Lit.: Thomas Ries: Entwurf zu einem Generalschematismus aller Geistlichen des Bistums Regensburg, Maschinenschriftliches Manuskript, Regensburg um 1930

Kat.-Nr. 15.3

15.3 Matrikel Martinsbuch, Band 36

Martinsbuch, um 1793
Handschrift, Aquarell und Deckfarbenmalerei, Leder, Papier, deutsch, 270 S., H 32 x B 21 cm, Blattmaß H 31,6 x B 20,7 cm. –
Zeitgenössischer Halblederband, Pappe, mit Leder und Kleisterpapier überzogen, dreiseitiger Farbschnitt.

Aufgeschlagen S. 88/89, *Nro 13. Tafern oder Wirthshauß*

Der Martinsbucher Pfarrer Franz Xaver Prechtl (1741-1803) legte zwischen 1785 und 1796 ein *Hausbuch* seiner Pfarrei in 15 Bänden an. Er führt darin sämtliche Anwesen seiner Pfarrei einzeln auf, mit den Besitzern und dem Zeitpunkt der Hofübergabe, dazu kommen Angaben zur Familie, die er aus den Pfarrmatrikeln zusammengestellt hat. Jeder Beschreibung hat er zudem eine naturgetreue und kolorierte Zeichnung des Anwesens mit einer Legende vorangestellt. Spätere Pfarrer von Martinsbuch haben Angaben zu folgenden Besitzern der Anwesen aus den Pfarrmatrikeln bis in die zweite Hälfte des 19. Jahrhunderts ergänzt. Der in Wiesensteig in Württemberg geborene Franz Xaver Prechtl entstammte einer Beamtenfamilie, sein Vater war Gerichtsschreiber und wurde dann als kurbayerischer Beamter nach Straubing versetzt. Dort war er für die Einrichtung der Registratur zuständig. Vermutlich rührt daher, neben der künstlerischen Begabung Prechtls, der Sinn für die genaue Bestandserhebung aller Gebäude, Grundstücke und Einwohner seines Zuständigkeitsbereichs. Die aufgeschlagene Seite zeigt das Wirthaus in Martinsbuch, dazu eine Legende, die die einzelnen Teile des Anwesens beschreibt:

N XIII. Martinsbuch
1. *Die Tafern oder das Wirthshauß von holz gezimmert.*
2. *Der Getreydt Stadel nebst einer Stallung*
3. *Das Fleisch oder Schlacht hauß nebst Schaaf und Schwein Stall.*
4. *Das Wurz oder Kräutl gartl und Imbenstand*
5. *Der Weyher*
6. *Das laufende Röhr - wasser*
7. *Der Dorffbach und Graßgarten worinnen das bachhauß ist*
8 *Die Gemeind weeg und Strasse.*
9. *Des Hofbaurs Hoff und Grundt.*

BZAR Matrikel Martinsbuch 36

Lit.: Fritz Markmiller *und Bernhard* Müller-Wirthmann*: Bayern nach dem Dreißigjährigen Krieg. Dorfgemeinde und Herrschaft, in: Bauern in Bayern. Katalog zur Ausstellung im Herzogsschloß Straubing 1992, hrsg. von Michael* Henker *u. a., Straubing 1992, S. 126–131*

16. Sonstige Bestände im Bischöflichen Zentralarchiv

Neben den archivalischen Unterlagen des Ordinariates, des Domkapitels und von einigen Klöstern und Stiften verwahrt das BZAR das Schriftgut der Bischöflichen Administration. Dieser Einrichtung, die 1846 unter Bischof Valentin von Riedel geschaffen worden ist, obliegt die Verwaltung des Vermögens des Bischöflichen Stuhles, des Vermögens von sämtlichen Bischöflichen Stiftungen sowie der aus Schenkungen, Erbschaften und Vermächtnissen stammenden Vermögen.

Auch das Archivgut einiger Seminare verwahrt das Diözesanarchiv, so unter anderem das des Bischöflichen Klerikal- bzw. Priesterseminars in Regensburg sowie das der Bischöflichen Knabenseminare bzw. Studienseminare in Obermünster/Westmünster und in Straubing.

Von vielen kirchlichen Verbänden, Vereinigungen und Institutionen liegen im Bischöflichen Zentralarchiv archivwürdige Unterlagen vor. Zu nennen sind hier die der Archive des Bundes der Deutschen Katholischen Jugend Ortsgruppe Straubing (BDKJ Sr.), der Christlichen Arbeiterjugend Diözesanstelle Regensburg (CAJ Rgbg.) und der Katholischen Landjugendbewegung (KLJB).

Auch die Akten der katholischen Arbeitnehmerbewegung (KAB) sowie der Diözesanstelle für katholische Erwachsenenbildung (KEB) werden im Zentralarchiv in Regensburg verwahrt.

Folgende Vereinigungen haben bereits Archivalien an das Bistumsarchiv abgegeben: das Generalsekretariat des katholischen Burschenvereins für Bayern in Regensburg, der Bund Neudeutschland Gruppe Straubing, die Marianische Studentenkongregation Regensburg, die Christopherus-Gemeinschaft katholischer Studierender und Akademiker, der katholische Männerverein Casino in Regensburg und der Deutsche Orden und das Deutschordenshaus St. Ägid. Auch der St. Vinzentius-Verein in Regensburg hat Akten dem Zentralarchiv anvertraut.

Das Werkvolkheim Ramspau und das Priestererholungsheim bzw. die Bildungsstätte Spindlhof haben ebenfalls ihre archivwürdigen Unterlagen an das Archiv in Regensburg abgegeben.

Als Deposita liegen im Bischöflichen Zentralarchiv die Archive des Caritasverbandes der Diözese Regensburg sowie des Cartellverbandes (CV), eines Zusammenschlusses von katholischen deutschen Studentenverbindungen.

Ebenfalls als Dauerleihgabe werden im Diözesanarchiv Unterlagen aus dem Archiv der Brauerei Bischofshof in Regensburg aufbewahrt.

Umfangreich sind die im Archiv des Bistums verwahrten archivalischen Unterlagen des Verlages Schnell & Steiner. Dieser war vor seinem Verkauf an eine Privatperson zeitweilig in kirchlichem Besitz.

An sonstigen Beständen des Bischöflichen Zentralarchivs sind noch erwähnenswert: Das Archiv der Hofmark Hornstein, das Archiv des Musikvereins Regensburg sowie ein Teil des Archivs des Regensburger Liederkranzes, der andere Teil befindet sich im Stadtarchiv Regensburg.

Stephan Acht

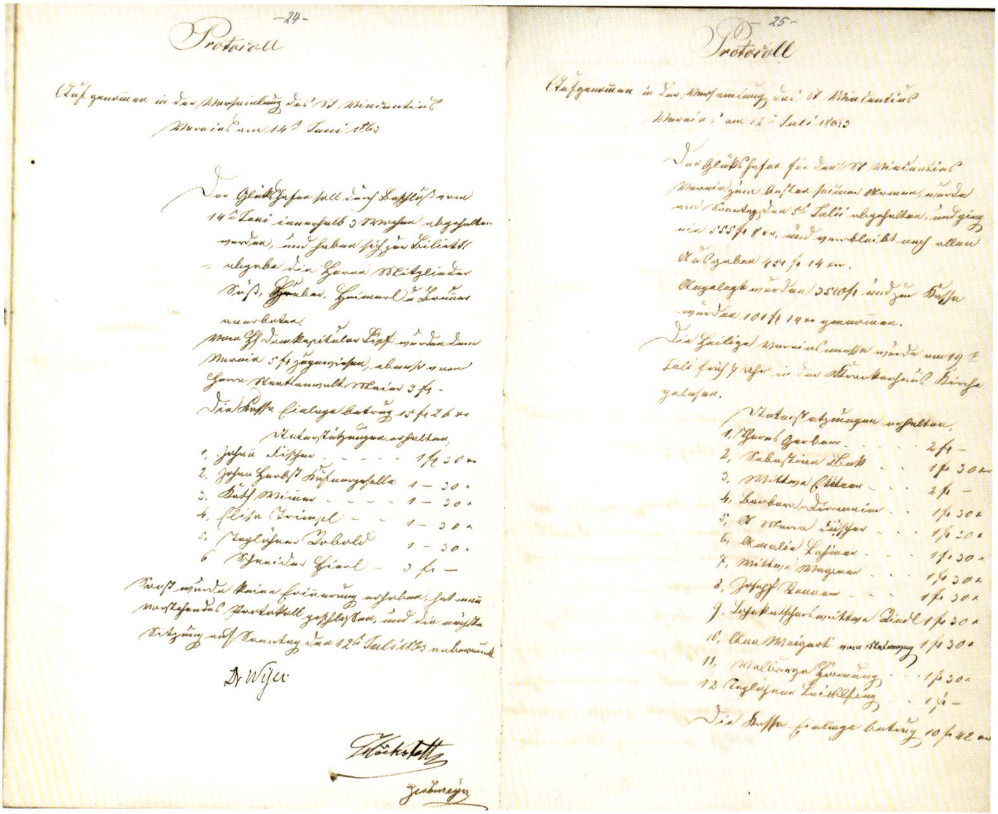

Kat.-Nr. 16.1

16.1 Protokoll des St. Vinzentiusvereins Regensburg vom 4.6.1863 und 12.7.1863

Regensburg 4.6.1863 und 12.7.1863
Protokollband, Papier, deutsch, H 33,5 x B 21 cm, 213 S.
Papier-Einband auf Pappe, Rücken mit Leder verstärkt

Der 1848/49 gegründete St. Vinzentiusverein in Regensburg war ein Verein *tätiger Nächstenliebe nach dem Gebote unseres Heilandes Jesu Christi und nach dem Vorbild des heiligen Vincenz vom Paul, [um] den Armen und Notleidenden geistige und leibliche Hilfe zu gewähren.* Nach seiner Satzung von 1849 unterstützte der Verein im Prinzip alle Armen, bevorzugt aber doch diejenigen, die der katholischen Kirche angehörten und nicht bereits anderweitige Hilfe erhielten. Der Vinzentiusverein hielt auch sogenannte Glückshäfen (Tombolas) ab, deren Gewinn zur Unterstützung der Armen verwendet wurde. Über seine Versammlungen führte der Verein Protokoll. Das vorliegende Archivale ist der älteste Protokollband aus dem Archivbestand Vinzentiusverein im BZAR.

Aufgeschlagen S. 24/25

Transkription:

Protocoll
Aufgenommen in der Versammlung des St. Vincentius Vereins am 14.ten Juni 1863

Der Glückshafen soll durch Beschluß vom / 14.ten Juni innerhalb 3 Wochen abgehalten / werden und haben sich zur Billiets/abgabe die Herrn Mitglieder / Süß, Gruber, Heimerl und Brunner anerboten./
Vom HH. Domkapitular Lipf wurden dem / Verein 5 fl. zugewiesen, ebenso vom / Herrn Staatsanwalt Meier 3 fl.
Die Kassa Einlage betrug 15 fl. 26 Kr.

Unterstützungen erhalten:

1. Johann Fischer	*1 fl 30 Kr.*
2. Johann Herbst Küfnergeselle	*1 fl. 30 Kr.*
3. Kath. Wimmer	*1 fl. 30 Kr.*
4. Elisa Trimpl	*1 fl. 30 Kr.*
5. Taglöhner Robold	*1 fl. 30 Kr.*
6. Schneider Hierl	*3 fl.*

Sonst wurde keine Erinnerung erhoben, hat man / vorstehendes Protokoll geschlossen, und die nächste / Sitzung auf Sonntag den 12.ten Juli 1863 anberaumt./

Dr. Wiser, Höchstetter, Zeitlmeyer

Protocoll
Aufgenommen in der Versammlung des St. Vincentius / Vereins am 12. Juli 1863

Der Glückshafen für den St. Vincentius / Verein zum besten seiner Armen wurde / am Sonntag, den 5.ten Juli abgehalten und ging / ein 555 fl 8 Kr. und verbleibt nach allen / Ausgaben 451 fl. 14 Kr.
Angelegt wurden 350 fl. und zur Kassa / wurden 100 fl. 14 Kr. genommen. /
Die heilige Vereinsmesse wurde am 18.ten Juli früh 7 Uhr in der Krankenhaus Kirche / gelesen.

Unterstützungen erhalten:

1. Theres Gerber	*2 fl.*
2. Sebastian Bek	*1 fl. 30 Kr.*
3. Wittwe Ettner	*2 fl.*
4. Barbara Dirmeier	*1 fl. 30 Kr.*
5. A. Maria Fischer	*1 fl. 30 Kr.*
6. Amalie Lehner	*1 fl 30 Kr.*
7. Witwe Wagner	*1 fl. 30 Kr.*
8. Joseph Renner	*1 fl. 30 Kr.*
9. Lohnkutscherswitwe Riedl	*1 fl. 30 Kr.*
10. Ana Weigert vom Steinweg	*1 fl. 30 Kr.*
11. Walburga Hornung	*1 fl. 30 Kr.*
12. Taglöhner Leiblfing	*1 fl.*
Die Kassa Einlage betrug	*10 fl. 42 Kr.*

Sonst wurde keine Erinnerung / erhoben, hat mann vorstehendes / Protocoll geschlossen, und die / nächste Sitzung auf Samstag den / 2.ten August anberaumt.

Dr. Wiser, J. Gamber, Höchstetter, Zeitlmeyer

Abb. S. 233

BZAR Vinzentiusverein 1

Lit. Gruber: *St. Vinzentius-Verein S. 270;* Möckershoff: *Der Vinzentius-Verein S. 243ff.*

16.2 Konzept des Schreibens von Bischof Ignatius von Senestréy an König Ludwig II. von Bayern mit Bitte um landesherrliche Genehmigung eines Bischöflichen Knabenseminars in Regensburg

Regensburg, 4.7.1881
Konzept, Papier, deutsch, H 33,5 x B 20,6 cm

Am 22.10.1844 wurde das erste Knabenseminar der Diözese Regensburg in Metten eröffnet. Im Laufe der Zeit war eine Erweiterung des Knabenseminars in der Bischofsstadt Regensburg geplant. In Regensburg befand sich zunächst nur ein Gymnasium. Die Situation besserte sich erst, als dort 1880 das sog. *Neue Gymnasium* errichtet wurde, das zur Aufnahme von Knabenseminaristen bereit war. Zunächst wurde eine gewisse Anzahl von Zöglingen in den Räumen des Priesterseminars aufgenommen. Der 25.9.1880 muss als das eigentliche Eröffnungsdatum des Regensburger Knabenseminars angesehen werden. Erst im darauf folgenden Jahr zeigte Bischof Senestréy dem König die Erweiterung des Seminars an. Da es sich um eine Neugründung des Seminars handelte, musste sie von allerhöchster Stelle genehmigt werden. Unter dem 4.7.1881 bittet der Bischof um landesherrliche Genehmigung für das zweite Knabenseminar in der Diözese Regensburg, die schließlich am 22.7.1881 erteilt wurde.

Abb. S. 235

BZAR Administration 341

Lit. Vieracker: *Studienseminar St. Wolfgang S. 23 ff.*

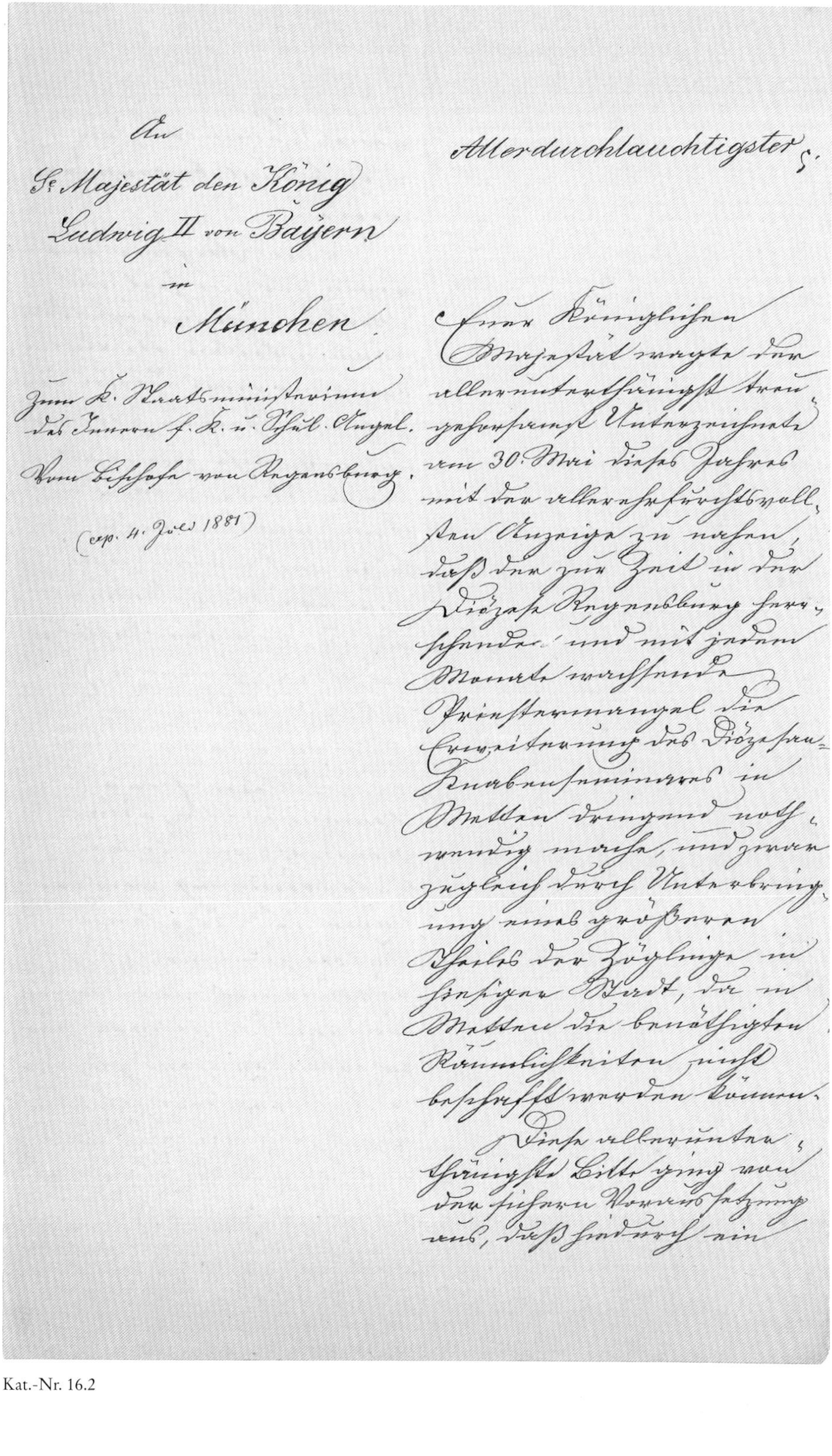
An

Se. Majestät den König
Ludwig II von Bayern
in
München

zum K. Staatsministerium des Innern f. K. u. Schul-Angel.
vom Bischofe von Regensburg.

(exp. 4. Juli 1881)

Allerdurchlauchtigster!

Euer Königlichen Majestät wagte der allerunterthänigst treugehorsamst Unterzeichnete am 30. Mai dieses Jahres mit der allerehrfurchtsvollsten Anzeige zu nahen, daß der zur Zeit in der Diözese Regensburg herrschende und mit jedem Monate wachsende Priestermangel die Erweiterung des Diözesan-Knabenseminars in Metten dringend nothwendig mache, und zwar zugleich durch Unterbringung eines größeren Theiles der Zöglinge in hiesiger Stadt, da in Metten die benöthigten Räumlichkeiten nicht beschafft werden können.

Diese allerunterthänigste Bitte ging von der sicheren Voraussetzung aus, daß hiedurch ein

Kat.-Nr. 16.2

Kat.-Nr. 16.3

16.3 Darstellung des Bischöflichen Knabenseminars Obermünster in Regensburg

Regensburg, nach 1890
Fotoabzug auf Pappe, nach einer von Johann Graf gezeichneten Lithographie, H 17,3 x B 21,6 cm

In den Gebäuden des ehemaligen Reichsstifts Obermünster war seit 1823 das Klerikalseminar untergebracht, ab 1872 das Institut der Armen Schulschwestern und ab 1882 das Bischöfliche Knabenseminar St. Wolfgang. Das vorliegende Foto einer wohl ursprünglich großformatigen Lithographie von Johann Graf, die vermutlich in der Absicht zur Vervielfältigung für die Absolventen des Bischöflichen Knabenseminars Obermünster in Regensburg angefertigt wurde, zeigt in exakten Zeichnungen den Zustand des Knabenseminars und der Kirche von Obermünster im Status von 1890. Die Hauptbeschriftung *Zur Erinnerung an das Bischöfliche Knaben Seminar St. Wolfgang zu Obermünster in Regensburg*, die Bibelzitate *Sanite pueros venire ad me* (*Lasset die Knaben (Kinder) zu mir kommen*) Luc. 18,16 und *Memores beneficiorum publice et privatim* (*Seid der Wohltäter eingedenk in der Öffentlichkeit wie privat*) II Mach. 9,26 sowie der Vermerke *Vervielfältigung vorbehalten* und *Nachahmung verboten* stehen unterhalb der Zeichnungen in einer Randleiste. Das Blatt enthält insgesamt neun durch erstaunlich hohe Detailgenauigkeit gekennzeichnete Darstellungen. Neben dem Seminarpatron St. Wolfgang (in der Oberseite Mitte) findet sich links eine *Östliche Ansicht*, rechts eine *Südliche Ansicht*, darunter zentral in der Mittelreihe eine *Nordwestliche Total-Ansicht* der Gebäude des Knabenseminars mit der Kirche von Obermünster. Die *Total-Ansicht* wird links und rechts gerahmt von zwei Innenansichten des Knabenseminars, dem *Museum* (Studiersaal) und dem *Sterbezimmer des seligen Bischof Wittmanns*. Die Unterseite zeigt links die nördliche Ansicht der Gebäude, rechts das Atrium, dazwischen eine Innenansicht der Stiftskirche von Obermünster mit Blick zum Hochaltar.

BZAR Administration 341

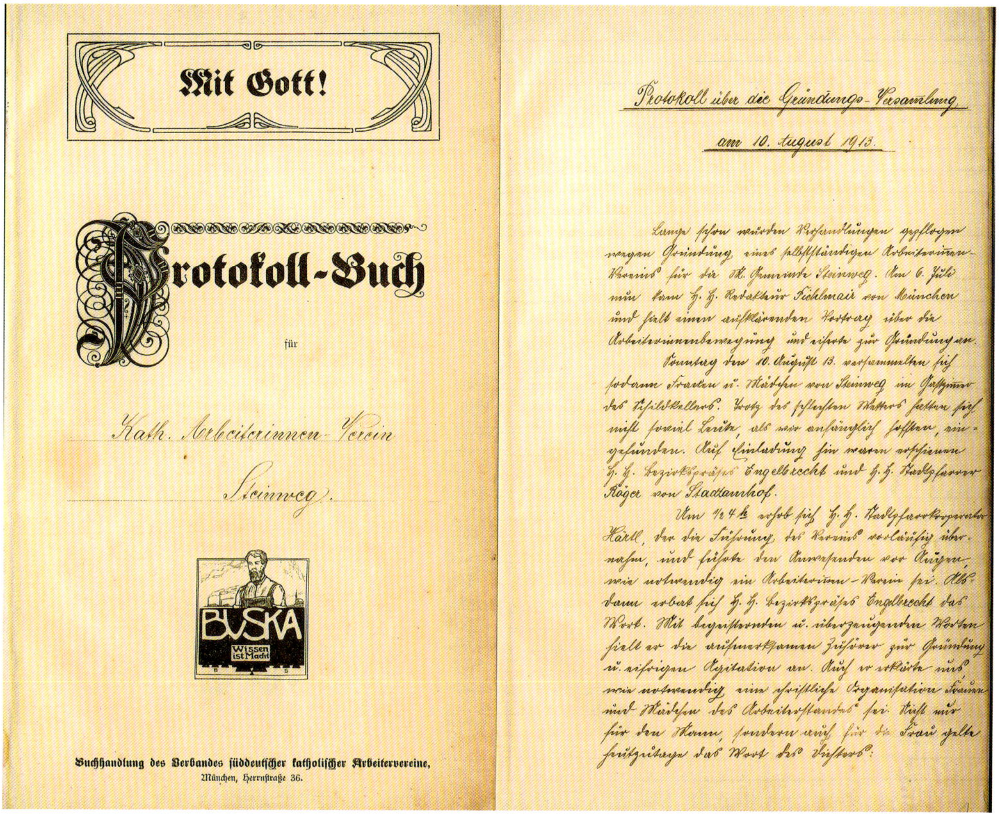

Kat.-Nr. 16.4

16.4 Protokollbuch des katholischen Arbeiterinnen-Vereins in der Gemeinde Steinweg

Regensburg 1913–1928
Protokollbuch, Papier, deutsch, 120 S., H 33 x B 21,5 cm
Papier-Einband auf Pappe

Foto des Titelblatts u. aufgeschlagen S. 1

Bereits auf dem Katholikentag 1884 in Amberg rief der Sozialpolitiker Dr. Hitze zur Gründung katholischer Arbeitervereine eindringlich auf. In der Folge wurden ab 1890 bzw. 1891 vermehrt solche Vereine gegründet, vor allem nachdem am 15.5.1891 Papst Leo XIII. eine Enzyklika für die Arbeiterschaft veröffentlicht hatte, worin er nicht nur die Mitarbeit von Staat und Kirche zur Lösung der Arbeiterfrage gefordert hatte, sondern auch auf das Koalitionsrecht der Arbeiter und die Bedeutung der katholischen Arbeitervereine hinwies. Am 6. Juni 1913 kam der Redakteur Pichlmair aus München nach Steinweg und hielt einen aufklärenden Vortrag über die Arbeiterinnenbewegung und forderte zur Gründung eines Vereins auf. Am 10. August 1913 versammelten sich Frauen und Mädchen von Steinweg im Gastzimmer des Schildkellers und hielten die Gründungsversammlung für den katholischen Arbeiterinnen-Verein Steinweg im Beisein von Bezirkspräses Engelbrecht und Stadtpfarrer Röger von Stadtamhof ab. Im vorliegenden Band protokollierte der Verein seine Versammlungen zwischen 1913 und 1928.

BZAR KAB Protokollbuch Regensburg-Steinweg 1913 - 1928

17. Benutzung und Service im Bischöflichen Zentralarchiv

Das Bischöfliche Zentralarchiv ist eine kirchliche Institution, die verschiedene Dienstleistungen anbietet und damit eine große, manchmal unterschätzte Wirkung nach Außen hat. Seit das Archiv der Öffentlichkeit zur Verfügung steht, werden seine umfangreichen Bestände von Wissenschaftlern, aber auch von Heimatkundlern und Familienforschern stark frequentiert. Lag die Zahl 1971 noch bei 430 Benutzern, so stieg sie im Jahr darauf rasant auf 1353 an und nahm dann weiter stetig zu. 1988 waren es sogar 3105 Besucher, die das Archiv und seine Bestände in Anspruch nahmen. Von 2000 bis 2010 waren im Durchschnitt jährlich 454 wissenschaftliche und 1932 familienkundliche Forscher im Archivlesesaal mit 14 Arbeitsplätzen zu verzeichnen.

Das Archivpersonal bearbeitet nicht nur schriftliche Anfragen wissenschaftlicher, genealogischer und rechtlicher Art. Es betreut auch die Archivbesucher bei ihren Forschungsvorhaben, ob es sich nun um ein Habilitationsverfahren, eine Heimat- oder Pfarrchronik oder die Magisterarbeit eines Studenten handelt.

Im Lauf der letzten Jahrzehnte hat insbesondere das Interesse an der Familienforschung stetig zugenommen, nachdem der aus der Zeit des Dritten Reichs und der sogenannten Ariernachweise herrührende negative Ruf der Ahnenforschung überwunden wurde. Viele Buchveröffentlichungen und Beiträge in den Medien haben das Interesse an der Vergangenheit und der eigenen Herkunft gefördert. Das Archiv bietet Familien- und Heimatforschern die Möglichkeit, persönlich gegen eine geringe Gebühr in derzeit 6797 auf Mikrofiche verfilmten Kirchenbüchern des Bistums Regensburg nach den eigenen Wurzeln zu suchen. Neben den Kirchenbüchern der Diözese Regensburg verwahrt das Archiv auch die Mikrofiche von 3361 katholischen Kirchenbüchern aus der ehemaligen Ostdeutschen Kirchenprovinz östlich der Oder und Neiße und dem Bistum Danzig.

Neben der Möglichkeit der persönlichen Einsichtnahme in die Matrikel an 12 Mikrofichelesegeräten im Archivlesesaal bietet das Archiv auch einen gebührenpflichtigen, genealogischen Suchservice an, der so stark in Anspruch genommen wird, dass Bearbeitungszeiten von bis zu drei Monaten keine Seltenheit sind.

Die Nutzung der umfangreichen Archivbestände ist für Forschungsvorhaben wissenschaftlicher und heimatkundlicher Art kostenlos. Vorraussetzung sind die Volljährigkeit des Antragstellers und ein Benutzungsantrag mit dem Thema des Forschungsvorhabens und der Anerkennung der Benutzungsordnung. Nach Voranmeldung steht das Archiv zu den Öffnungszeiten, Mo/Di/Mi jeweils von 9 bis 12 und 13 bis 17 Uhr, Donnerstag durchgehend von 9 bis 18 Uhr, zur Verfügung. Anmeldungen und Reservierungen nimmt das Archiv telefonisch oder per E-Mail entgegen.

Lit.: Josef Mayerhofer, Matrikelarbeit im Bischöflichen Zentralarchiv Regensburg, in: Kulturarbeit und Kirche. Festschrift Msgr. Dr. Paul Mai zum 70. Geburtstag, hrsg. von Werner Chrobak und Karl Hausberger, BGBR 39, Regensburg 2005, S. 777–782; Josef Mayerhofer, Das Bischöfliche Zentralarchiv und das Matrikelamt in den Mauern von Obermünster, in: Reichsstift Obermünster in Regensburg, hrsg. von Paul Mai und Karl Hausberger, BGBR 42, Regensburg 2008, S. 535–544

Josef Gerl

17.1 Antrag auf Benutzung von Archivalien und Büchern

Regensburg, 2012
Papier
DIN A 4

Der Benutzungsantrag ist von jedem Benutzer des Archivs und der im Archivlesesaal aufgestellten Präsenzbibliothek auszufüllen. Im Antragsformular werden neben den Angaben zur Person auch der Gegenstand und Zweck der Forschung und ein eventueller Auftraggeber nachgefragt.

BZAR

17.2 Benutzungsordnung des Bischöflichen Zentralarchivs Regensburg

Regensburg, 2012
Papier
DIN A 4

Die aktuell gültige Version der Benutzungsordnung des Bischöflichen Zentralarchivs Regensburg stammt vom 17.12.2009. Diese Neufassung wurde notwendig durch eine Änderung der Öffnungszeiten des Bischöflichen Zentralarchivs und der Bischöflichen Zentralbibliothek ab 01.01.2010. Dabei wurde erstmals auch zum Gebrauch neuer elektronischer Medien wie Handys und Netbooks im Archiv Stellung bezogen.

BZAR

Lit.: Amtsblatt für die Diözese Regensburg, hrsg. vom Bischöflichen Ordinariat Regensburg, Nr. 11 vom 11. Dezember 2009, Regensburg 2009, S. 133

17.3 Gebührenordnung des Bischöflichen Zentralarchivs Regensburg

Regensburg, 2012
Papier
DIN A 4

Nach gemeinsamem Beschluss der bayerischen Bistumsarchivare vom 17.10.2006 und nach Bestätigung durch die bayerische Generalvikarekonferenz wurde aufgrund § 6 (5) der Anordnung über die Sicherung und Nutzung der Archive der Katholischen Kirche zum 01.01.2007 eine neue Archivgebührenordnung erlassen, die die bisher gültige Gebührenordnung vom 01.01.2001, die wegen der Umstellung auf den Euro erforderlich gewesen war, aufhob.

BZAR

Lit.: Amtsblatt für die Diözese Regensburg, hrsg. vom Bischöflichen Ordinariat Regensburg, Nr. 1 vom 01. Februar 2007, Regensburg 2007, S. 12–13

18. Die Abkürzungen und Siglen des Bischöflichen Zentralarchivs

Siglen sind Kürzel für Texte. Sie finden Verwendung, wenn häufig zitiert wird. *Sigle* oder *Siglen* ist ein Kunstwort (vom lateinischen *singulae litterae*, d.h. einzelne Buchstaben), das die Abkürzung von einem oder mehreren Wörtern durch Buchstaben oder Buchstaben-Ziffern-Kombinationen bezeichnet.

Wissenschaftliches Arbeiten erfordert, Aussagen durch Zitate aus *Primärquellen* und *Sekundärliteratur* zu belegen. Primärquellen sind Originaltexte, im Gegensatz dazu bezeichnet Sekundärliteratur wissenschaftliche, kritische Forschungsschriften über die Originaltexte.

Bei wissenschaftlichen Arbeiten muss die Quelle immer angegeben werden. Es ist darauf zu achten, dass ein einheitliches System für Quellenangaben benutzt wird. Archive verwenden Siglen, um die entsprechende Quelle zu identifizieren. Die Quellen müssen korrekt angegeben werden, um Nachvollziehbarkeit zu gewährleisten.

Im Folgenden werden die wichtigsten **Siglen** des Bischöflichen Zentralarchivs dargestellt.

Bischöfliches Zentralarchiv Regensburg **BZAR**

Ordinariat-Konsistorium / Ordinariatsarchiv (OA)

Bestand	Kurzbezeichnung	Sigle
Teilbestand des Ordinariats	Ordinariat-Generalia	OA-Gen
Akten allgemeinen Betreffs	Ordinariat 19. – 20. Jh.	OA
Teilbestand des Ordinariats (Akten allg. Betreffs)	Ordinariat-Generalia	OA-Gen 1946 bis 1961 OA-Gen 1962 bis 1982 OA-Gen 1982 bis 2002
Akten des Generalvikariats	Generalvikariat	OA-GV
Akten über die religiösen Gemeinschaften sowie Klöster auf dem Gebiet der Diözese Regensburg	Klosterakten	OA-Kl bis 1946 OA-Kl 1946 bis 1982 OA-Kl 1983 bis 2002
Akten der Ordinariatsregistratur aus der Zeit des Nationalsozialismus	Nationalsozialismus	OA-NS
Akten über das ehemals zum Bistum Regensburg gehörige Egerland	Egrana	OA-Egrana
Akten, die bei der Abwicklung des Nachlasses von Priestern entstanden	Verlassenschaftsakten	OA-VA
Personalakten von Geistlichen und Laien	Personalakten	OA-PA
Akten zu dem beim Ordinariat erwachsenen Schriftgut über die einzelnen Pfarreien	Pfarrakten A-Z	OA-Pfa bis 1946 OA-Pfa 1946-1982 OA-Pfa 1982-2002

Klöster und Stifte (KuS)

Teilarchiv des Schottenklosters	Schottenkloster	Sch
Archiv der Alten Kapelle	Stift Alte Kapelle	AK
Archiv St. Johann	Stift St. Johann	St. Johann

Domkapitel (DK)

Archivalien des Domkapitels vom 14. Jh. bis ins 19. Jh.	Altes Domkapitelsches Archiv	ADK
Archivalien des Domkapitels vom 14. Jh. bis ins 20. Jh.	Bischöflich Domkapitelsches Archiv	BDK
Aus den Akten des Domkapitels entnommene Urkunden	Urkunden ADK Urkunden BDK	ADK Urk. BDK Urk.

Administration (Admin)

Schriftgut der Bischöflichen Administration	Administration	Admin.
Brauerei Bischofshof Regensburg (Schriftgut, Akten und Pläne)	Bischofshof	Admin. Bischofshof

Seminare (Sem)

Archivalien aus dem Regensburger Klerikalseminar (18./19. Jh.) Archivalien des Priesterseminars Regensburg (19. /20. Jh.)	Klerikalseminar Priesterseminar	Klerikalseminar Priesterseminar

Pfarrarchive (PfAr)

In den einzelnen Pfarreien entstandene Archive	Pfarrarchive A-Z	PfAr

Dekanatsarchive (DekAr)

Archivalien der einzelnen Dekanate	Dekanatsarchive A-Z	DekAr

Kirchliche Verbände, Vereinigungen und Institutionen (KVVuI)

Bildungsstätten	Ramspau Spindlhof	Bildungshaus Ramspau Bildungshaus Spindlhof
Caritasverband Regensburg	Caritas	Caritas
Deutscher Orden und Deutschordenshaus in Regensburg	Deutschordenshaus St. Ägid	DOH St. Ägid

Nachlässe (NL)

Nachlässe diverser Personen in alphabetischer Reihenfolge	Nachlässe A-Z	NL

Sammlungen (S)

Typar- und Siegelsammlung	Siegelsammlung	Sammlung Ty.Si.
Collectio Imaginum	Sammlung alter Stiche	Collectio Imaginum
Numismatische Sammlung	Numismatik	Sammlung Numis.
Sammlung Hartig	Hartig	Sammlung Hartig
Sammlung Wittmann	Wittmann	Sammlung Wittmann

Unternehmen im Kirchenbesitz (UiK)

Dauerleihgabe Brauerei Bischofshof Regensburg	Bischofshof	Bischofshof
Archiv Schnell & Steiner	Schnell & Steiner	Schnell & Steiner

Sonstige Bestände (SB)

Hofmarksarchiv Hornstein	Hornstein	Hofmark Hornstein
Regensburger Liederkranz	Liederkranz	Liederkranz Rgbg.

Franz von Klimstein

Ordentliche Mitgliederversammlung des Vereins für Regensburger Bistumsgeschichte am 15. Juli 2009, von links nach rechts: Prof. Dr. Konrad Baumgartner, Prof. Dr. Karl Hausberger, Bischof Prof. Dr. Gerhard Ludwig Müller, Msgr. Dr. Paul Mai

19. Katholisches Matrikelamt Regensburg und Verein für Regensburger Bistumsgeschichte

Katholisches Matrikelamt Regensburg

Zur Entlastung der Seelsorger von der Verwaltungsarbeit und zur einfacheren Beschaffung kirchlicher Urkunden wurde mit Wirkung vom 1. Mai 1972 für die Pfarreien des Stadtdekanates Regensburg sowie für Lappersdorf und Burgweinting das *Katholische Matrikelamt Regensburg* eingerichtet, das seitdem die Matrikelführung nach can. 470 des Codex Iuris Canonici für diese Pfarreien wahrnimmt und die entsprechenden Urkunden ausstellt. Heute umfaßt der Zuständigkeitsbereich des Matrikelamtes die 26 Pfarreien der Stadt Regensburg sowie Kareth und Lappersdorf. Seit 1990 erleichtert eine Datenbank das Auffinden von Einträgen; die Kirchenbücher werden aber weiterhin auch schriftlich geführt.

Verein für Regensburger Bistumsgeschichte

Der *Verein für Regensburger Bistumsgeschichte* hatte seine Vorläuferinstitution in dem am 1. Dezember 1925 gegründeten *Verein zur Erforschung der Regensburger Diözesangeschichte* unter dem 1. Vorsitzenden P. Wilhelm Fink, Bibliothekar und Studienrat in Metten. Zweck des Vereins war die Pflege der Diözesangeschichte, ausgehend von der quellenbasierten Erforschung der Geschichte der einzelnen Pfarreien. Bis 1940 konnte der Verein regelmäßige *Jahresberichte* mit wissenschaftlichen Abhandlungen publizieren, bevor er seine Tätigkeit kriegsbedingt einstellen musste. Immerhin konnte man im Jahr 1930 die schon lange geforderte Anstellung eines eigenen Diözesanarchivars durchsetzen.

Erst unter Bischof Dr. Rudolf Graber konnte der Verein schließlich am 10. Februar 1967 als *Verein für Regensburger Bistumsgeschichte* wiederbelebt werden. Die Forschungsergebnisse werden in einer eigenen Publikationsreihe, den jährlich erscheinenden *Beiträgen zur Geschichte des Bistums Regensburg* (bisher 46) und ihren *Beibänden* (bisher 21), der Öffentlichkeit zugänglich gemacht. Die wissenschaftliche Beschäftigung mit der Bistumsgeschichte durch ganz unterschiedliche Nutzerkreise (Historiker, Theologen, Musikwissenschaftler, Architekten, Restauratoren, Heimatforscher) konnte im Laufe der Jahre durch die Arbeit von Zentralarchiv und Zentralbibliothek quantitativ und qualitativ stark gesteigert werden. Durch das Angebot moderner Arbeitsräume und eines umfangreichen Services durch qualifiziertes Personal wurden die hauptsächlichen Desiderate der Diözesangeschichtsforschung erfüllt.

Camilla Weber

Kat.-Nr. 19.1

19.1 P. Wilhelm Fink OSB

Fotodruck, um 1930 (?)
H 30 x B 20 cm

Rupert Fink wurde am 9. Mai 1889 in Rottenburg an der Laaber geboren und legte 1909 am Gymnasium in Metten sein Abitur ab. Nach seinem Eintritt ins Kloster (1910) und der Annahme des Ordensnamens *Wilhelm* studierte er in Innsbruck Theologie, 1913 wurde er in Metten zum Priester geweiht. In München und Würzburg setzte er sein Studium mit den Fächern Latein, Griechisch, Deutsch und Geschichte fort, um dann ab 1918 bis 1954 als Lehrer am Mettener Gymnasium zu arbeiten. Neben dieser Lehrtätigkeit war Wilhelm Fink Archivar und Bibliothekar seiner Abtei, ein unermüdlicher Forscher in anderen Archiven und Bibliotheken und ein produktiver Historiker und Heimatforscher, dazu Kreisheimatpfleger, Museumsleiter und Naturschutzbeauftragter in Deggendorf. Für seine Leistungen wurde er mit dem Bundesverdienstkreuz ausgezeichnet, das auch auf dem vorliegenden Porträt zu sehen ist. Auf P. Wilhelm Fink geht maßgeblich die Initiative der Diözesansynode 1928 zur Einrichtung eines eigenständigen Diözesanarchivs in Regensburg zurück. Er starb am 13. Februar 1965.

BZAR Bildersammlung

19.2 Diözesansynode 1928

Metten, 10. Mai 1928
Brief, Handschrift, Papier
H 33 x B 21 cm

In seiner Eigenschaft als Vorsitzender des *Vereins zur Erforschung der Regensburger Diözesangeschichte* schrieb P. Wilhelm Fink am 10. Mai 1928 aus Metten einen Brief an einen Prälaten des Bischöflichen Ordinariates, um die Frage des Diözesanarchivs anzusprechen:

Die gestern, Mittwoch den 9. Mai, stattgefundene Vorstandssitzung des Vereins für Erforschung der Regensburger Diözesangeschichte nahm begeistert Kenntnis von dem Plane unseres Hochwürdigsten Herrn Bischofs ein Diözesanmuseum und eine Diözesanbibliothek zu errichten. Sie dankt S. Bischöflichen Gnaden für diesen Entschluß und verspricht ihrerseits alles zu tun, daß dieser Plan Wirklichkeit werde. Sie hegt den Wunsch, daß damit auch die Stelle eines Diözesanarchivars verbunden wird und bittet Sie, Hochwürdigster Herr Präalt, diesen Wunsch der Vorstandschaft S. Bischöflichen Gnaden unterbreiten zu wollen. Sie geht von der Überzeugung aus, daß damit der Forschung ein großer Dienst erwiesen würde. Zugleich könnten auch materielle Belange des Bistums, wohlerworbene Rechte, besser geschützt und verteidigt werden.

BZAR OA 179

19.3 Diözesansynode 1928

Regensburg, 3. Juli 1928
Maschinenschriftliches Manuskript, Papier, 3 S.
H 33 x B 21 cm

REFERAT über Diözesanbibliothek und Diözesanarchiv, Pfarr- und Volksbibliothek.
Gehalten auf der Regensburger Diözesansynode 3. Juli 1928.
Von P. Wilhelm Fink OSB Abtei Metten.

1) Es soll an erster Stelle ein Diözesanarchiv geschaffen werden.
2) Mit der Verwaltung dieses Archivs soll hauptamtlich ein Geistlicher betraut werden, der eine gewisse Vorbildung für diesen Posten mitbringt.
3) Es soll ihm, wenn er noch keine archivalische Ausbildung genossen, Gelegenheit geboten werden, am bayer[ischen] Hauptstaatsarchiv München als Volontär einen halbjährigen Kurs mitzumachen.
4) Es sollen dem Vorstand des D[iözesan-] Archivs in der Stadt Regensburg sämtliche geistlichen Archive, abgesehen von den Stadtpfarrarchiven, unterstellt werden, nämlich das Ordinariatsarchiv, das Domkapitelsche Archiv, das Archiv der alten Kapelle, das des Stiftes St. Johann usw. Es soll damit nicht ausgedrückt werden, daß diese Archive unter einem Dache vereinigt werden wollen.

5) Der Diözesanarchivar hat die Aufgabe, diese Archive zu ordnen, sachgemäß aufzustellen, zu registrieren und so der Öffentlichkeit zugänglich zu machen.
6) Dem Diözesanarchivar soll auch eine gewisse Aufsicht über die Pfarrarchive der Diözese, ihre Unterbringung, Ordnung und Erhaltung zustehen. Hier soll aber dem Zentralismus nicht in dem Sinne das Wort geredet werden, daß wie z.B. im Fürstbistum Breslau sämtliche in Pfarrhöfen sich befindliche Urkunden und Archivalien, einschließlich der Matrikelbücher im Ordinariat hinterlegt werden müßten. Gleichwohl möge berücksichtigt werden, daß der Staat von seinen sämtlichen Ämtern alle älteren Registraturteile einfordert.
7) Dem D[iözesan-] Archivar soll jederzeit der Zutritt zu den Pfarrarchiven offenstehen. Zu diesem Zwecke soll ein genaues Verzeichnis der in einem Pfarrhof sich befindlichen Aktenstücke im D[iözesan-] Archiv aufbewahrt werden. Anfragen an den Pfarrer in archivalischen Angelegenheiten müssen amtlich genau so erledigt werden wie Schreiben des Ordinariates. Sieht ein Pfarrer sich außerstande, Nachforschungen in seinem Archiv durchzuführen, so kann er an das D[iözesan-] Archiv sich wenden, muß aber für entstehende Unkosten aufkommen. Archivalien und Urkunden, die von einem Pfarrarchiv eingefordert werden, müssen jederzeit unverweigerlich an das D[iözesan-] Archiv eingesandt werden. Umgekehrt leiht auch das D[iözesan-] Archiv Urkunden und Archivalien an Pfarrämter aus.
8) Zu Arbeiten im D[iözesan-] Archiv sollen namentlich in den Ferien Theologiestudierende des Lyzeums herangezogen werden. Sie sollen auf diese Weise praktisch in die Aufgaben des Archivars eingeführt werden.
9) Der Archivar soll imstande sein, Forschern mit Rat und Tat an die Hand zu gehen. Zu diesem Zwecke soll er sich einen Überblick über die in anderen, namentlich staatlichen Archiven aufbewahrten Aktenstücke zur Geschichte unseres Bistums verschaffen.
10) Der Archivar soll auch die Befähigung besitzen, selbständig Nachforschungen über kirchenrechtliche Fragen anzustellen und so den kirchlichen Behörden Material für die Verteidigung kirchlicher Rechte liefern.
11) Mit dem Archiv soll eine Bibliothek verbunden sein. In ihr sollen vor allem größere Quellen- und Nachschlagewerke aus den verschiedenen Gebieten der Theologie Aufstellung finden.
12) In dieser Bibliothek soll alles Schrifttum über unsere Diözese vereinigt werden.
13) Es soll jeder Geistliche unserer Diözese verpflichtet werden, ein Exemplar seiner im Druck erschienenen Arbeiten der Bibliothek zu vermachen.
14) Es soll jeder Geistliche in seinem Testament auch seines literarischen Nachlasses gedenken und ihn dem Diözesanarchiv als Grundstock für weitere Arbeiten übergeben.
15) Es soll auf eine Bestimmung des Bischöflichen Ordinariates v[om] Jahre 1749 zurückgegriffen werden, daß in jeder Pfarrei über wichtigere Ereignisse Chronik geführt wird. Zu diesem Zwecke sollen vor allem Notizen in Lokalblättern gesammelt werden.
16) Die Pfarrgeistlichkeit soll allen Bestrebungen ihr Augenmerk zuwenden, die dem Volke eine Fortbildung nach und außerhalb der Schule vermitteln wollen. Sie soll sich aktiv daran beteiligen und vor allem auch Vorträge übernehmen. Auf diese Weise wird sie großen Einfluß ausüben können.
17) In jeder Pfarrei soll eine Volksbibliothek errichtet werden. An größeren Orten wird der Preßverein herangezogen werden müssen. An kleineren Orten kann der Pfarrer selber die Leitung und Aufbewahrung der Bibliothek in die Hand nehmen. Es wird das ein vorzügliches Mittel sein, die Pfarrkinder durch Lektüre in christlichem Geiste zu beeinflußen.

BZAR OA 179

19.4 Jahresberichte des Vereins zur Erforschung der Regensburger Diözesangeschichte

Regensburg, 1926-1929
Druckschrift, 32 S.
H 23 x B 16 cm

Der am 1. Dezember 1925 gegründete Verein zur Erforschung der Regensburger Diözesangeschichte entschloß sich bereits im Jahr 1926 zur Herausgabe eines

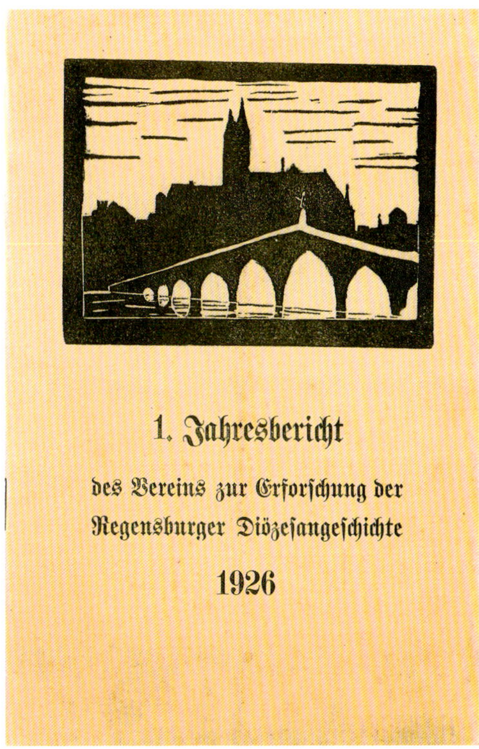

Kat.-Nr. 19.4

ersten Jahresberichts, obwohl die Zahl der Mitglieder noch klein und die Finanzen des Vereins noch recht bescheiden waren, wie der Vorsitzende P. Wilhelm Fink OSB in seiner Einleitung schrieb. Der Ende Oktober 1926 erschienene Jahresbericht wollte in allen Kreisen und Gesellschaftsschichten, bei Laien und Geistlichen, Liebe und Verständnis für die Geschichte unseres Bistums wecken. Er enthielt neben einer kurzen Darstellung der Geschichte und der Zielsetzungen des Vereins u.a. einen Entwurf der Vereinssatzungen und ein Mitgliederverzeichnis, das neben Bischof Antonius von Henle, Weihbischof Johann Hierl und Generalvikar Alfons Scheglmann auch den späteren Diözesanarchivar Johann Baptist Lehner (damals Pfarrer in Krummennaab) und den Registrator Domvikar Johann Baptist Hecht als Schriftführer nennt. Unter den Mitgliedern finden sich neben zahlreichen Priestern der Landesökonomierat Wolfgang Bauernfeind (Naabdemenreuth), der fürstliche Oberarchivrat Rudolf Freytag (Regensburg) und der Oberarchivrat Hans Oberseider (München). Letzterer erklärte sich bereit, denjenigen Priestern, die ihre Pfarrarchive neu ordnen wollten, als Anlauf- und Beratungsstelle zu dienen.

BZBR

19.5 Beiträge zur Geschichte des Bistums Regensburg Band 1

Regensburg, 1967
Druckschrift, 408 S.
H 24,5 x B 16,5 cm

Am 10. Februar 1967 wurde der Verein für Regensburger Bistumsgeschichte als Nachfolgeorganisation des 1925 errichteten Vereins zur Erforschung der Regensburger Diözesangeschichte aus der Taufe gehoben. Noch im gleichen Jahr 1967 wurde der erste Band einer neuen Publikationsreihe unter dem Titel Beiträge zur Geschichte des Bistums Regensburg gedruckt. Bis 2012 konnte jährlich ein solcher Band veröffentlicht werden, dazu kamen im Laufe der Jahre 21 Beibände.

BZBR

Bischöfliche Zentralbibliothek, Blick von Süden, Herbst 1972

20. Die Bischöfliche Zentralbibliothek I

Anläufe und wegweisende Realisierung

Im Oktober 1972 wurde im Rahmen der Wolfgangswoche auf dem Areal des ehemaligen Damenstifts Obermünster nach dreieinhalbjähriger Bauzeit das neue Bibliotheksgebäude der Bischöflichen Zentralbibliothek Regensburg eröffnet. Die Forderung nach Errichtung einer Diözesanbibliothek – wie auch eines Diözesanarchivs – war erstmals auf der Regensburger Diözesansynode 1928 durch den Mettener Benediktinerpater Wilhelm Fink erhoben worden. Auch der 1967 gegründete Verein für Regensburger Bistumsgeschichte nahm die Förderung der Bischöflichen Zentralbibliothek als eines seiner Ziele in die Satzung auf. Verwirklicht aber wurde der Neubau der Bibliothek durch den Regensburger Bischof Dr. Rudolf Graber (1962–1982). Impulse hierzu waren der Wille zur Hebung der kirchlichen Erwachsenenbildung sowie der theologischen Fortbildung für Kleriker und Laien, ferner der Wunsch zur Förderung der Forschung mit den kirchlichen Bücher- und Handschriftenschätzen nach Gründung der Universität Regensburg in den 1960er Jahren.

Mit dem Bau der Zentralbibliothek wie auch ihrer späteren Leitung wurde Dr. Paul Mai von Bischof Graber beauftragt. Verwirklicht wurde unter Dr. Mai's Ägide der damals modernste und größte kirchliche Bibliotheksbau in der Bundesrepublik Deutschland, ein wegweisendes Pilotprojekt für die Bistümer Deutschlands.

Bibliothekstypus und Architekturform

Vom Bibliothekstypus her wurde die Bischöfliche Zentralbibliothek als wissenschaftlich-theologische Bibliothek konzipiert, als Magazinbibliothek mit der Dreiteilung in Benutzungs-, Magazin- und Verwaltungsbereich. Die Pläne für den Neubau lieferte das Architekturbüro Gerhard Prell unter Mitwirkung des Architekten Rudolf Hohenthanner. Ziel war es, den modernen Zweckbau architektonisch akzeptabel in das Ensemble der historischen Obermünster-Gebäude einzufügen. Realisiert wurde nach der Maxime der kürzesten Wege eine Baugruppe aus eingeschossigen Flachbauten mit einem zentralen viergeschossigen sogenannten Bücherturm als Magazinbereich, einem Kleinen Lesesaal (für Zeitschriften) im Nordosten, einem Großen Lesesaal im Nordwesten, einem südlich angrenzenden Sonderlesesaal für das Liturgiewissenschaftliche Institut und einem großzügigen Eingangsfoyer als Benutzungs- und Ausstellungsbereich. Ein Flachbau mit Büroräumen für die Bibliotheksverwaltung bildete die Verbindung zum Obermünsterbau der 1930er Jahre nach Westen. Die Bauten wurden betonsichtig in schalungsrauher Optik ausgeführt. Als zeitgenössische Materialien bestimmten neben Beton Aluminium und Glas das äußere Erscheinungsbild. Der würfelförmige Turm besitzt balkenförmig eingetiefte Andreaskreuze zwischen den vergleichsweise kleinen, blau verspiegelten Fenstern, die einen Schutz gegen UV-Licht bieten.

Kapazität und Bestand

Die Gesamtkapazität der Bibliothek war auf 264 000 Bände ausgelegt, davon 250 000 Bände im Magazinturm, 10 000 Bände im Großen Lesesaal und 4000 Bände im Raum des angegliederten Liturgiewissenschaftlichen Instituts. Die Gesamtkosten für den Neubau beliefen sich auf 3 600 000 DM. Nach Ausschöpfung der Magazinkapazität wurden unter dem Großen und Kleinen Lesesaal und ihrem Verbindungsgang 1982/83 und 1997/98 neue Kellermagazine geschaffen. Gegenwärtig besitzt die Bibliothek rund 315 000 Bände Monographien und Zeitschriften, dazu über 260 Inkunabeln, zirka 15 000 Musikhandschriften, 150 sonstige Handschriften und zirka 350 Handschriftenfragmente.

Bibliotheksturm von Süden 2012

Bibliothek von Norden 2012

Bischöfliche Zentralbibliothek II

Zielsetzung der Bibliothek und geschichtliche Einordnung

Die Bischöfliche Zentralbibliothek war dem Gründungsgedanken nach dafür konzipiert, Buchbestände noch existierender oder auch schon aufgelöster kirchlicher Institutionen des Bistums Regensburg am Bistumssitz in Regensburg zentral aufzunehmen, katalogmäßig zu erschließen und für die Zukunft zu bewahren.

Bibliotheken gelten seit alters her an Bischofssitzen und in Klöstern als *Armarien* (*Rüstkammern des Geistes*). Der Überlieferung nach hat Bischof Wolfgang (972-994) einen Bibliothekssaal im Kloster St. Emmeram erbauen lassen. Zu Beginn des 12. Jahrhunderts ist eine Dombibliothek und Mitte des 15. Jahrhunderts eine Bibliothek der Dompfarrei in Regensburg bezeugt. Das kirchliche Bibliothekswesen besitzt in Regensburg alte Wurzeln. Die Bischöfliche Zentralbibliothek führt diese Linie der kirchlichen Bibliotheken in die Gegenwart fort. Auch heute will die Bischöfliche Zentralbibliothek zum einen für das Geistesleben der katholischen Kirche – für Kleriker und Laien – eine „Rüstkammer“ sein, zum anderen ist sie als wissenschaftliche Bibliothek für jedermann zugänglich.

Gründungsbestände und Sammelschwerpunkte

Als Gründungsbestände wurden in die Bischöfliche Zentralbibliothek die Bibliothek des ehemaligen Schottenklosters St. Jakob (mehr als 25 000 Bände), die wertvolle Proskesche Musikbibliothek und die sog. Alte Ordinariatsbibliothek (rund 1000 Bände) überführt. Bereits bei der Bibliothekseröffnung 1972 wurde auch die damalige Privatbibliothek von Msgr. Dr. Klaus Gamber, gleichzeitig die Bibliothek des 1957 gegründeten Liturgiewissenschaftlichen Instituts, in einem eigenen Lesesaal der Bischöflichen Zentralbibliothek angegliedert.

Sammelschwerpunkte waren nach der Vorgabe von Bischof Dr. Rudolf Graber folgende theologische Disziplinen: 1. Praktische Theologie: Pastoral, Homiletik, Katechetik, Religionspsychologie, Liturgik, 2. Aszetik und Mystik, 3. Mariologie und Hagiographie, 4. Liturgiewissenschaft und Musikwissenschaft, 5. Kirchengeschichte, insbesondere Diözesangeschichte und 6. Kunstgeschichte. In der Erwerbungspraxis haben sich in den letzten Jahrzehnten – infolge beschränkter finanzieller Mittel – die Akzente mehr und mehr auf die Punkte 4 bis 6 verschoben. Profangeschichte wird in Ergänzung zur Kirchengeschichte nach Möglichkeit gepflegt.

Innerhalb der Regensburger Bibliothekslandschaft ist die Bischöfliche Zentralbibliothek größenmäßig in etwa mit der Staatlichen Bibliothek und der Fürst Thurn und Taxis Hofbibliothek vergleichbar. Sie besitzt aber durch die so genannte Schottenbibliothek als nicht säkularisierte Benediktiner-Klosterbibliothek und insbesondere durch die Proskesche Musikabteilung als eine der größten Musiksammlungen in Deutschland ein ganz eigenständiges Profil, das ihr Benutzer aus der ganzen Welt einbringt.

Großer Lesesaal 2012

Kleiner Lesesaal (Zeitschriften-Lesesaal) 2012

Bischöfliche Zentralbibliothek III

Benützung und Service

Zur Benützung der Bischöflichen Zentralbibliothek sind laut Benützungsordnung vom 1. Mai 1976 – aktualisiert im Mai 2008 – *Personen berechtigt, welche im Bistum Regensburg ihren Wohnsitz haben*. Personen ohne Wohnsitz im Bistum Regensburg werden nur zur Lesesaalbenützung zugelassen. Auf Antrag erhält jeder Benützer nach Vorlage eines amtlichen Personalausweises eine Benutzerkarte.

Die Benutzung der Bibliothek ist kostenlos. Die Anfertigung von Kopien und Fotos erfolgt im Zuge der rationellen Erstellung in einer gemeinsamen Fotokopier- und Fotostelle im Bischöflichen Zentralarchiv. Hierfür gelten die Gebühren entsprechend der Gebührenordnung der bayerischen kirchlichen Archive (Stand vom 1.1.2007). Für das Lesen von Microfiche stehen im Großen Bibliothekslesesaal sieben Microfiche-Lesegeräte, für das Lesen und Reproduzieren von Mikrofilmen ein Reader-Printer zur Verfügung.

Die Bibliothek hat gegenwärtig – wie auch das Bischöfliche Zentralarchiv – Öffnungszeiten von Montag bis Mittwoch 9–12 und 13–17 Uhr, Donnerstag 9–18 Uhr. Die Öffnungszeit am Freitag musste wegen Streichung von Personalstellen seit 2010 eingestellt werden. Seit Eröffnung 1972 ist die Bibliothek – wie auch das Archiv in der Karwoche, der letzten Juliwoche und in der Zeit von Heiligabend (24. Dezember) bis Heilig Dreikönig (6. Januar) geschlossen.

Bücher mit Erscheinungsjahr nach 1900 können in der Regel vier Wochen ausgeliehen werden, gebundene Zeitschriften 14 Tage. Verlängerung ist möglich. Bücher mit Erscheinungsjahr vor 1900, insbesondere auch Handschriften und Inkunabeln, können nur in den Lesesälen benutzt werden. Die Ausleihe von Büchern ist aus dem Magazin nach Vorlage des ausgefüllten Leihscheins in der Regel innerhalb von zehn Minuten möglich, ein im Vergleich mit anderen Bibliotheken kaum zu überbietender Service. Zutritt zu den Magazinen ist für Benutzer grundsätzlich nicht gestattet.

Der Große Lesesaal mit freistehenden Tischen bietet 28, der Kleine Lesesaal mit Tischen in U-Form-Anordnung 48 Arbeitsplätze. Im Großen Lesesaal ermöglichen vier gesonderte Arbeitskabinen die Möglichkeit zum separaten, ungestörten Arbeiten. Der Kleine Lesesaal mit verdunkelbaren Fenstern und Leinwand ist auch als Vortrags- und Konferenzraum konzipiert.

Die Bibliothek ist gegenwärtig mit der Magazinkapazität faktisch an ihrer Grenze angelangt. Der Magazinturm besitzt im Inneren jedoch vom ersten bis vierten Geschoss ein durchgängiges, selbsttragendes Pohlschröder-Stahl-Regalsystem, das statisch um zwei weitere Geschosse aufgestockt werden könnte. Baurechtlich genehmigte Pläne liegen seit den 1990er Jahren vor. Die Verwirklichung hängt an der Frage der Finanzgenehmigung seitens der Bistumsleitung.

Lit.: Diözesansynode für die Diözese Regensburg, abgehalten 1927 am 11. Oktober (I. Teil), 1928 am 2. und 3. Juli (II. Teil), Bericht, Beschlüsse und oberhirtliche Verordnungen, Regensburg 1929, S. 88f.; Mai: Almanach S. 269-273; Mai: Zentralbibliothek und Büchereiwesen S. 321-338; Mai: Gruß S. 3-17; Mai: Wissenschaftliche Bibliotheken S. 105-129; Mai: Bibliothek des Schottenklosters S. 65-80; Gabler: Zentralbibliothek S. 236-247; Biblotheksneubauten S. 293-297; Schönartz: Bischöfliche Zentralbibliothek S. 74-79; Chrobak: Neubau Zentralbibliothek und Diözesanstelle S. 545-563; Chrobak: Bibliothek der Alten Kapelle S. 425-434; Chrobak: Alte Kapelle Bibliothekslandschaft S. 81-93; vgl. auch den Beitrag Chrobak in diesem Katalog S. 79-99

Werner Chrobak

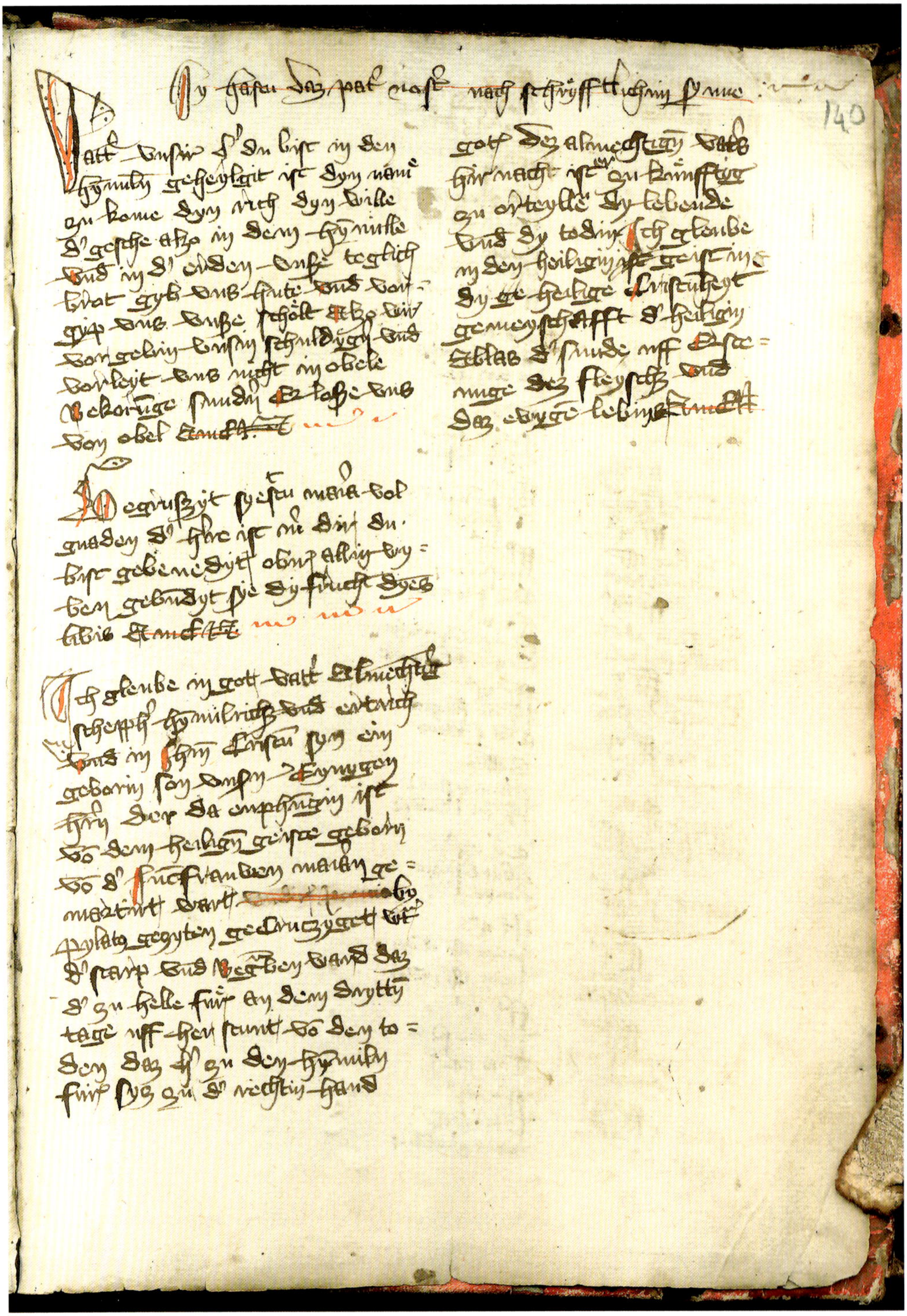

Kat.-Nr. 20.1

20.1 Jacobus de Voragine. Officium corporis Christi. Primizpredigt. Paternoster auf deutsch

Isenburg, 1402
Handschrift, Papier, lateinisch / deutsch, 141 Bl., neue Foliierung, H 19 x B 21 cm. – Gotische Buchkursive von einer Hand (außer Bl. 140v), zweispaltig, Schriftraum H 22,4 x 15,2 cm, Schreiber Conrad von Isenburg (Bl. 141v). Rubriziert, einfache zwei- bis dreizeilige rote Initialen (Lombarden), gelbe Füllung.
Zeitgenössischer Holzdeckelband, glatter roter Lederüberzug, Befestigungslöcher von fünf Beschlägen, Ansätze von zwei Schließen (Teil eines Lederschließbandes unten erhalten).
Rückenschild *Conciones quadragesimales / circa annum / MCCCCX.*

Aufgeschlagen Bl. 140r

Die Sammelhandschrift, geschrieben von einem Conradus in Isenburg im Jahr 1402, umfasst in der Hauptsache Predigten (*Sermones quadragesimales*) des Dominikaners Jakobus de Voragine (1228/29-1298), daneben ein *Officium corporis Christi*, eine Auflistung der Kommunionhindernisse und eine Primizpredigt. Am Schlusse ist ein Blatt mit dem *Vaterunser*, dem *Gegrüßet seist du Maria* und dem *Glaubensbekenntnis* in Deutsch angefügt, die im Folgenden im Wortlaut wiedergegeben werden:.

Vatt[er] unsir, d[er] du bist in den /
Hym(m)il(e)n, geheyligit ist dyn name, /
zu [uns] kome dyn rich, dyn wille /
der gesche alzo in dem hy(m)mille /
und in der erden, – unße teglich /
brot gyb uns hute und ver-/
gyp uns unße schölt, alze wir /
vorgebin unsin schuldügern und /
verleyt uns nicht in obele /
bekoru(n)ge, sundern erloße uns /
von obel amen (etc) /

Gegrußyt syestu Maria vol /
Gnaden, der herre ist m(it) dir, du /
bist gebenedyt obir allin wy-/
ben, geb(e)n(e)dyt sye dy frucht dy(n)es /
libis amen (etc.) /

Ich glaube in got vatter almichtiger /
scheppher hymilrchz und ertrich /
und in h(e)rn Cristum syn ein-/
geborin son unsern eynygen /
h(er)rn, der da enph(a)ngin ist /
vo(n) dem heilig(e)n geiste, gebor(e)n /
vo(n) der ju(n)cfrauben Ma(r)ian ge-/
martirt[1] wart by /
Pylatus geczyten gecruczygett wa(r)t /
der starp und begraben ward daz /
der zu helle für an dem drytt(e)n /
tage uffherstunt vo(n) den to-/
den, daz her zu den hy(m)miln /
fur(e), syz zu der rechtin hand /
got(es) dez almechtig(e)n vaters /
hirnacht ist er künfftyg /
zu ortteyllen dy lebende /
und dy todin. Ich glaube
in den heiligin[2] geist, in /
dy[3] heilige crist(e)nheyt /
gemey[n]schafft der heiligin /
ablas der sunde, ufferste-/
unge dez fleyschz und /
daz ebyge(n) lebin amen

BZBR SWS Hs 2

Lit.: Bernasconi Reusser: Handschriften Schottenbibliothek Hs 2; Konrad Kunze: Jacobus a (de) Voragine, in: Die deutsche Literatur des Mittelalters. Verfasserlexikon, 2. völlig neu bearb. Aufl., hrsg. v. Kurt Ruh [u.a.], Bd. 4, Berlin, New York 1983, Sp. 448-466; Bernd Adam: Vaterunserauslegungen in der Volkssprache, in: Die deutsche Literatur des Mittelalters. Verfasserlexikon, 2. völlig neu bearb. Aufl., hrsg. v. Kurt Ruh [u.a.], Bd. 10, Berlin, New York 1999, Sp.170-182; Gottfried Bitter und Guido Hunze: Vaterunser, in: LThK 3. Aufl., Bd. 10, 2010, Sp. 548f.

---

1 Danach Rasur von zwei Wörtern
2 Danach durchgestrichen: ist
3 Danach durchgestrichen: ge

Kat.-Nr. 20.2

20.2 Corpus iuris civilis. Justinianus: Institutiones, pars 1.
Mit der Glossa ordinaria des Accursius Florentinus [Straßburg: Heinrich Eggestein, nicht nach 15. September 1472] 2°

Inkunabel, 113 Bl., Großfolio, Blattmaße H 42 x B 30 cm, Schriftraum H 32,5 x B 22 cm, 2 Spalten, Bl. 1r Schmuckinitiale mit Goldgrund, Text rubriziert, zahlreiche rote und blaue einfache Initialen (Lombarden), vereinzelt handschriftliche Glossen. – Spätgotischer Holzdeckelband, stark wurmzerfressen, Reste Schweinsleder dunkelbraun, mit blaugrauem und braunem Packpapier (19. Jh.) beklebt, 2 Schließen (fehlen)

Aufgeschlagen Bl. 1r

Dieses 1472 zu Straßburg von Heinrich Eggestein gedruckte juristische Werk ist die älteste Inkunabel der Bischöflichen Zentralbibliothek Regensburg aus dem Bestand des ehemaligen Schottenklosters St. Jakob zu Regensburg. Die Gesetzbücher des Kaisers Justinianus I. (527–565), eine Kodifikation des römischen Rechts, wurden unter dem Titel *Corpus iuris civilis* für das abendländische Recht bestimmend. Im Mittelalter wurden sie als Teildrucke unter dem Titel *Institutiones*, *Digesta*, *Codex* und *Novellae* verbreitet. Dem hier vorliegenden Druck der *Institutiones* des Heinrich Eggestein in Straßburg ging nur ein Druck des Peter Schöffer in Mainz vom 24. Mai 1468 voraus.

Bl. 1r weist über dem gedruckten Text den handschriftlichen Besitzvermerk *Ex libris Monasterii St. Jacobi Scotorum Ratisbonae* auf. Im Spiegel des Vorderdeckels findet sich die handschriftliche Signatur *SWS J. civ. 2* (19. Jh.) und der auf braunem Papier eingeklebte Besitzstempel *Schottenbibliothek REGENSBURG*. Der Haupttext auf Bl. 1 im quadratischen Mittelfeld wird von einem zweispaltigen ausführlichen Kommentar eingerahmt. Die zwei Spalten des Haupttextes beginnen jeweils mit einer handgemalten Schmuckinitiale "I" mit Laubwerksverzierung in Pastellfarben, wobei die linke Spalte für den Textanfang *In no[m]i[n]e d[o]m[in]i n[ost]ri ih[es]u Chr[ist]i Imp[e]r[ator] cesar flauus iustinian[u]s …* einen roten Wappenschild in quadratischem Rahmen mit gekreuzten Hämmern auf Goldblattgrund mit Strahlen zeigt und der Text dieser Spalte in Rot, der Text der zweiten Spalte dagegen in Schwarz gedruckt ist.

BZBR SWS Ink 1

Lit.: Hain 9491;GW 7581; BSB Inkunabelkatalog Bd. 2, C–628 (zum Vergleich C–627)

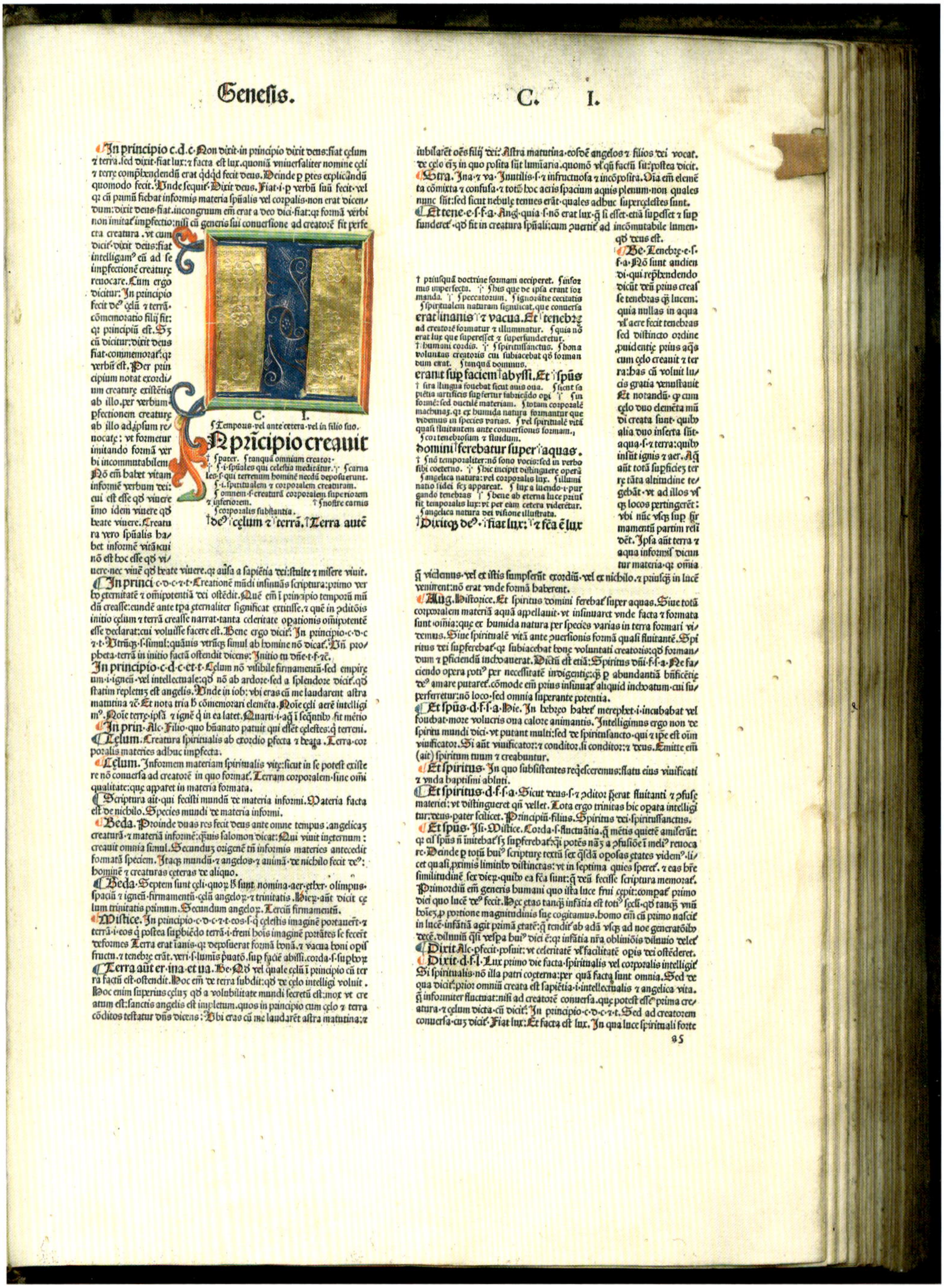
Genesis. C. I.

C. I.

Temporis vel ante cetera vel in filio suo.

In principio creauit

pater. tanquam omnium creator. i. spūales qui celestia meditantur. carnales s. qui terrenum hominem necdum deposuerunt. i. spiritualem et corporalem creaturam. omnem s. creaturam corporalem superiorem et inferiorem. nostre carnis corporalis substantia.

deus celum et terram. Terra autem

erat inanis et vacua. Et tenebre

ad creatorem formatur et illuminatur. quia non erat lux que superesset et superfunderetur. humani cordis. spiritussanctus. bona voluntas creatoris cui subiacebat quod formandum erat. tanquam dominus.

erant sup faciem abyssi. Et spūs

sira lingua fouebat sicut auis oua. sicut sapientia artificis superfertur fabricando opi. sin formem: sed ductilem materiam. totam corporalem machinam. quia ex humida natura formantur que videmus in species varias. vel spiritualem vitam quasi fluitantem ante conuersionis formam. cor tenebrosum et fluidum.

domini ferebatur super aquas.

non temporaliter: non sono vocis: sed in verbo sibi coeterno. hic incipit distinguere opera angelica natura: vel corporalis lux. illuminatio fidei scilicet appareat. lux a luendo i. purgando tenebras. bene ab eterna luce prius fit temporalis lux: vt per eam cetera viderentur. angelica natura dei visione illustrata.

Dixitque deus. fiat lux: et facta est lux

Kat.-Nr. 20.3

20.3 Biblia. Cum glossa ordinaria Walafridi Strabonis aliorumque et interlineari Anselmi Laudunensis.
Vol. 1
[Straßburg: Adolf Rusch für Anton Koberger, kurz nach 23. September 1481] 2°.

Inkunabel, Vol. 1 254 Bl., Großfolio, Blattmaße H 47 x B 32,5 cm, Schriftraum H 33,8 x B 24 cm, Schmuckinitialen mit Goldblattgrund auf Bl. 1r und 5r, Text rubriziert, einfache handgemalte Initialen in Blau und Rot (Lombarden), handschriftliche Glossen. – Schweinslederband auf Holz, datiert auf Vorderdeckel durch Prägezahl *1490*, Rückendeckel am Rand stark wurmstichig, Streicheisenlinien, Blütenrollenstempel, Einzelstempel *maria hilf*, Messingecken, Messing-Mittelbuckel mit erhabenen Blatt- und Eichelmotiven, 2 Schließen

Aufgeschlagen Bl. 5r
Beginn des Buches Genesis mit Schmuckinitiale "I"

In der Schottenbibliothek findet sich diese großformatige Wiegendruck-Bibelausgabe in lateinischer Sprache mit Kommentar in vier Bänden mit einem Gesamtumfang von 1211 Blättern, erschienen – laut Gesamtkatalog der Wiegendrucke –in Straßburg kurz nach dem 23. September 1481; der Inkunabelkatalog der Bayerischen Staatsbibliothek datiert allerdings etwas früher *nicht nach 1480*. Hier wird Vol. 1 mit dem Beginn des Buches Genesis vorgestellt. Prunkvoll ist die handgemalte Initiale "I" bei Textbeginn *In principio creavit deus coelum et terram …* auf Goldblattgrund mit punzierten Blüten in Rechteckfeldern.

Die *Glossa ordinaria,* ein exegetischer Kommentar zur Bibel, entstanden im 12. Jahrhundert, wurden lange – so auch hier – Walafried Strabo (808/809–849), einem Abt der Reichenau, zugeschrieben. Tatsächlich stammten die *Glossa ordinaria* von dem auch hier genannten *Anselmus Laudunensis,* d.h. Anselm von Laon (um 1050–1117).

Der vorliegende Band enthält außer der Genesis die Bücher Exodus, Leviticus, Numeri, Josue, Richter und Ruth. Im Spiegel des Vorderdeckels eingeklebt ein spätmittelalterliches handschriftliches Inhaltsverzeichnis der eben genannten biblischen Bücher (ohne Ruth) und ein Exlibris *THE REFEREND Mr. HORN*, darauf der Bibliotheksstempel *Schottenbibliothek REGENSBURG*. Ovaler Bibliotheksstempel *AD BIBLIOTHECAM SEM. CLERIC. EPISCOP. RATISBONAE auf Vorsatzblatt-Vorderseite und Bl. 1r (zweifach).* P. Maurus Horn war Mönch des Schottenklosters, dessen hochangesehener Bibliothekar, zeitweise Handschriften-, Inkunabel- und Buchhändler auf eigene Rechnung und zwischen 1790 und 1810 von Bayern und Frankreich argwöhnisch beobachteter diplomatischer Agent der britischen Regierung auf dem Kontinent. Auf der Vorsatzblatt-Rückseite findet sich der Vermerk: *Sicut stellas celi non extinguit nox ita mentes fidelium inherentes firmamento sancte scripture non obscurat mundana iniquitas di XXXVIII decretorum et sicut.* (*Wie die Nacht die Sterne des Himmels nicht auslöscht, so verdunkelt die Ungleichheit (Ungunst) der Welt nicht die Gesinnungen der auf das Firmament der Heiligen Schrift gerichteten Gläubigen; vom 38. der Dekrete, nämlich …* [keine Fortsetzung]).

BZBR SWS Ink 132

Lit.: Hain 3173, GW 4282; BSB Inkunabelkatalog B-442; Hermann TÜCHLE:*Wala(h)frid Strabo, in: LThK 2. Aufl., Bd. 10, 1965, Sp. 925-927; Helmut* MEINHARDT*: Anselm v. Laon, in: LThK 3. Aufl., Bd. 1, 1993, Sp. 713f.; Ludwig Hammermayer: Die europäischen Mächte und die Bewahrung von Abtei und Seminar der Schotten in Regensburg (1802/03), in: VHVO 106 (1966) S. 291-306, hier 293-295*

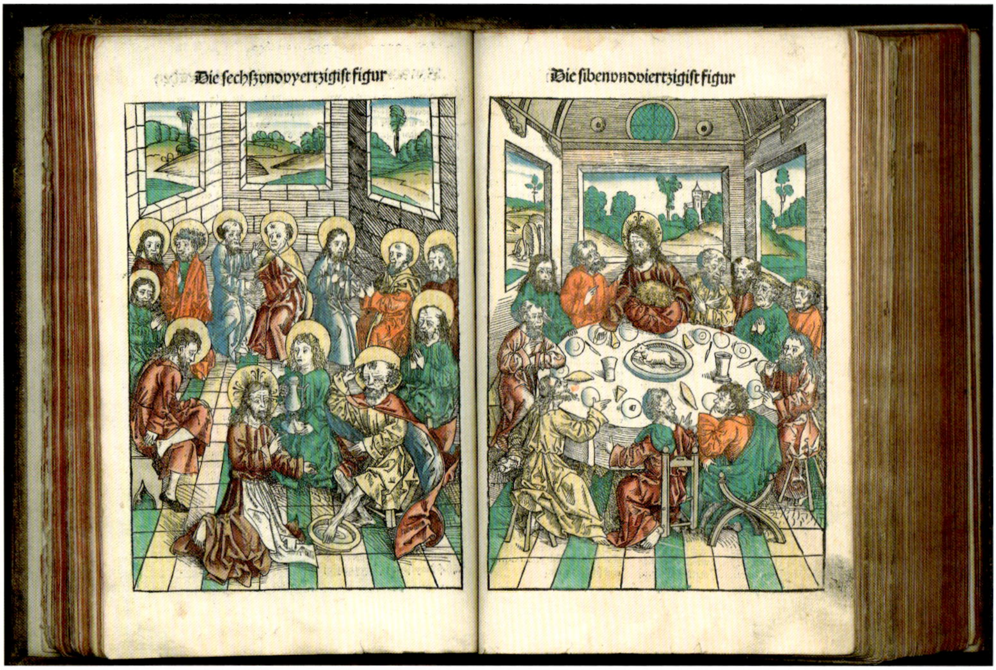

Kat.-Nr. 20.4

20.4 Fridolin, Stephan:
Schatzbehalter
Nürnberg: Anton Koberger, 8. November 1491. 2°

Inkunabel, Folioformat, 354 Bl., Blattgröße H 32 x B 22 cm, Schriftraum H 26 x B 16 cm, zweispaltig, 91 ganzseitige Holzschnitte, koloriert, zum Teil einige Holzschnitte durch handgezeichnete Tafeln ersetzt, so *Die ainundsybenzigest figur.* Text rubriziert, einfache handgemalte Initialen in Blau und Rot (Lombarden), auf Bl. 1 Ausriss einer Schmuckinitiale (Loch mit Papier ausgeflickt), auf Bl. 3v handgemalte Schmuckinitiale *D* in Pastellfarben auf Blattgoldhintergrund, punziert mit Blüten (leichte Abriebe). – Heller Schweinslederband auf Holz, Streicheisenlinien, Palmettenrollenstempel, Einzelstempel König David mit Harfe, Apostel Paulus, Johannes der Täufer (jeweils halbfigürlich), Porträts in Rundmedaillons, Messingecken mit kleinen Buckeln, 2 Schließen (fehlen)

Aufgeschlagen [Doppelseite ohne Zählung]:
Die sechsundvyertzigiste figur [Fußwaschung]
Die sibenundviertzigist figur [Letztes Abendmahl]

Stephan Fridolin (um 1430-1498), ein deutscher Franziskaner, stand als Lektor des Nürnberger Franziskanerklosters in Verbindung mit Caritas Pirckheimer, der Äbtissin des Nürnberger Klarissenklosters. 1491 ließ er bei Anton Koberger in Nürnberg die Erbauungsschrift zum Leben und Leiden Christi *Schatzbehalter oder Schrein der waren reichtümer des heils und ewyger seligkeit genannt* erscheinen. Mit mehr als neunzig aufwändigen, ganzseitigen Holzschnitten aus der Werkstatt des Michael Wohlgemuth und Wilhelm Pleydenwurff darf dieses Werk zu den schönsten Drucken der Inkunabelzeit gerechnet werden.

Auf der aufgeschlagenen Doppelseite mit kolorierten Holzschnitten werden die Fußwaschung und das Letzte Abendmahl dargestellt. Ein vielsagendes Detail bei der Fußwaschung: Petrus zeigt mit dem Zeigefinger der rechten Hand auf seinen Kopf, wohl eine Anspielung auf die Schriftstelle Joh. 13,6–9, dass er nicht nur die Füße, sondern auch das Haupt von Jesus gewaschen haben will.

BZBR SWS Ink. 128 (Provenienz Proske Musikbibliothek)

Lit.: Hain 14507; GW 10329; BSB Inkunabelkatalog F-263; Richard Bellm: Friedolin, Stephan, Der Schatzbehalter […] Text und Bildbeschreibungen , 2 Bde., Wiesbaden 1962; Dietrich Schmidtke: Fridolin, Stephan, in: Die Deutsche Literatur des Mittelalters. Verfasserlexikon, 2. Aufl., Bd. 2, Berlin, New York 1980, Sp. 918-922; Petra Seegets: Passionstheologie und Passionsfrömmigkeit im ausgehenden Mittelalter. Der Nürnberger Franziskaner Stephan Fridolin (+1498) zwischen Kloster und Stadt, Tübingen 1998 (Spätmittelalter und Reformation, Neue Reihe 10); Dominik Bartl: Der Schatzbehalter. Optionen der Bildrezeption, Diss., Heidelberg 2010

20.5 Biblia, deutsch
1. Teil
Augsburg: Johann Schönsperger, Dienstag vor Martini [9. November] 1490. 2°

Inkunabel, 1. Teil, 502 Bl., kleines Folioformat, Blattgröße H 25,8 x B 18,4 cm, Schriftraum H 21,4 x B 13,2 cm, zweispaltig, mit 88 kleinformatigen Holzschnitte (zirka H 8,5 x B 13,5 cm), über die Textbreite der zwei Spalten hinausragend, koloriert, Text mit Holzschnitt-Initialen in der Höhe von vier Zeilen, meist in quadratischem Rahmen mit Blattwerksverzierung auf schwarzem Grund. Bl. 3 unten Eckausriss (Textverlust in der zweiten Spalte). – Heller Schweinslederband auf Holz, Streicheisenlinien, Palmetten- und Blütenrollenstempel, Einzelstempel, Renaissance-Gelehrtenporträts in ovalen Medaillons, Pflug unter zwei Wappen, Doppeladler unter Krone, Jesusknabe mit Kreuz, Knaben- und Männergestalten, 2 Schließen

Aufgeschlagen Bl. CCLXIIIv [263v] / XXLXIIIIr [264r]
Das Urteil des Salomon

Teil 1 (*Das erst teyl der Bibel*) dieser Bibel in Deutsch umfasst das Buch Genesis bis einschließlich Psalmen. Gedruckt wurde diese Inkunabel in kleinem Folio-Format (H 26 x B 18,2 cm) bei Johann Schönsperger d. Ä. in Augsburg am 9. November 1490. Es war dies die 12. gedruckte deutsche Bibel. Eine erste Bibel in Deutsch war 1466 in Straßburg von Mentelin gedruckt worden, jedoch noch ohne Illustrationen. Für die Ausstattung mit Holzschnitten waren die sogenannten Kölner Bibeln von 1478 mit 123 Holzschnitten wegweisend, die über die Koberger-Bibel (Nürnberg 1483) auch Einfluss auf die Schönsperger-Bibel hatte. Schönsperger ließ eine erste deutsche Bibel in seiner Augsburger Druckerei bereits 1487 erscheinen. Diese stattete er insgesamt mit 109 Holzschnitten (Teil I mit 88 Holzschnitten) aus der Koberger-Bibel aus, die er in verkleinertem Maßstab nachschneiden ließ. Als Beispiel ist hier der Holzschnitt mit Darstellung des Urteils des Königs Salomon beim Streit zweier Frauen um ein Kind (Abbildung linke Seite oben, Text rechte Seite ab Mitte der 1. Spalte) zu sehen.

Johannes Schönsperger d. Ä., um 1455 in Augsburg geboren, von Hause aus Mitglied der Salzfertigerzunft, war als Wein- und Viehhändler tätig, bis er 1481 mit dem Goldschmied Thomas Rieger zusammen eine Druckerei gründete. Nach Riegers frühem Tod (+1482) erwarb er von dessen Witwe die Druckerei 1484 in Alleinbesitz. Von 1481 bis 1502 gingen rund 260 Werke aus seiner Druckerei hervor, vielfach oft Nachdrucke der Werke anderer Drucker in kleinerem Format und auf schlechterem Papier. 1507 erlitt er einen Teilkonkurs, doch ernannte ihn Kaiser Maximilian 1508 zu seinem geheimen Buchdrucker. In dieser Funktion ließ er 1513 das *Gebetbuch Maximilians* und 1517 den *Theuerdank* (2. Auflage 1519) erscheinen. Er starb nach dem 25. Februar 1521 in Augsburg.

Das dritt büch

he vnd branñte den thimian· Darumb gieng er hÿn in gabaon daz er do opffert· Vnd das was dÿe gröffest höhe· Vñ salomon opferet auff den altare in gabaon ein opffer zů einem ganczen opffer· Vnd der herre erschÿne salomoni durch den traum in der nacht sagend· Heÿsche was du wilt das ich dir gebe· Vnd salomon sprach Du hast geton grosse erbärmbde mit deinem knecht dauid meinez vater· als er gieng in deinem angesicht in der warheÿt vnd in der gerechtigkeit· vnd mit einem rechten herczē mit dir· Du hast im behalten dein grosse erbärmde· vñ du hast jn gegeben einen sune zů siczen auff seinem throne· als es heüt ist· Vnnd nun herre got du hast gemachet regiern deinē knecht für dauid meinen vater· vnd ich bÿn ein kleines kind· vnd ich waiß nit meinen außgang· vnd meinen eingang· vñ dein knecht ist in mitte des volcks das du erwölet hast· eines vnenndtberen volckes das do nitt mag werden gezelet noch geachtet vor der menig· Darumb du gibe deinem knechte ein gelertes herez· das er müge vrteÿlen dem volck· vnd vnderscheÿden zwÿschen dem gůten vñ dem übel· wañ wer mag vrteylē dises volck dises dein so vil volckes· darūb daz wort gefiele vor dem herren das salomon het geeÿschet das ding· Vnd der herre sprach zů salomon· Darumb dz du hast geeyschet das wort· vnd du hast dir nit gebeten vil tage· noch die reÿchtum oder die selen deiner feÿnde· Aber du hast dir begeret die weyßheÿt zů vnderscheÿden die vrteÿl· siehe ich hab geton nach deinē wortē· Vñ ich hab dir gegeben ein weÿses hercze vñ ein verständigs also vil dz keiner ist gewest vor dir dein geleich noch wirt aufffsteē nach dir· sund auch

Kat.-Nr. 20.5

Von der Besitzgeschichte her fällt diese Inkunabel etwas aus dem Rahmen: Laut Besitzvermerk auf dem Titelblatt *Ex bibliothec. Carol. Ziegler. Ratisbon. 1864 Nr. 277* war die Inkunabel zunächst in Regensburger Privatbesitz, ging dann – so ein Eintrag im Spiegel des Vorderdeckels – als *Geschenk v. Frl. Ziegler, Rgsbg, Orleanstr. 5/II* am 18.12.1939 an die Bischöfliche Ordinariatsbibliothek Regensburg (Signatur Bibl. 12), bis sie 1972 mit der Ordinariatsbibliothek an die Bischöfliche Zentralbibliothek Regensburg überging.

BZBR SWS Ink. 71

Lit.: GW 4306; BSB Inkunabelkatalog B-493; Hans-Jörg KÜNAST: Schönspergter, Johann d.Ä., in: Augsburger Stadtlexikon, 2. völlig neu bearb. Aufl., hrsg. v. Günther Grünsteudel [u.a.], Augsburg 1998, S. 797; Hans Georg KÜNAST:Schönsperger, Johann (Hans) d. Ä., in: Neue Deutsche Biographie, Bd. 23, Berlin 2007, S. 421f.; Walter EICHENBERGER und Henning WENDLAND: Deutsche Bibeln vor Luther. Die Buchkunst der achtzehn deutschen Bibeln zwischen 1466 und 1522, Hamburg 1977; Michael LANDGRAF und Henning WENDLAND: Biblia deutsch. Bibel und Bibelillustration in der Frühzeit des Buchdrucks, Speyer 2005

Kat.-Nr. 20.6

20.6 Wilhelm, Johann:
Architectura civilis.
Oder Beschreibung und Vorreissung vieler vornehmer Dachwerck / als hoher Helmen / Creutzdächer / Wiederkehrungen / Welscher Hauben / auch Kelter / Fallbrücken: Item / allerley Pressen / Schnecken oder Windelstiegen und andern dergleichen Mechanischen Fabrichen: Alles Mit hoechstem Fleiß zusammen getragen / und der lieben Jugend / sonderlich aber allen Kunstliebhabern der Architectur zu Nutz und Dienst an Tag gegeben, 2 Teile,
Nürnberg [1668]. – nicht paginiert, 44 und 30 Tafeln

Aufgeschlagen Titelblatt und Frontispiz

Dieser Band über die *Architectura civilis* des Autors Johann Wilhelm eines Werkmeisters in der Reichsstadt Frankfurt am Main, steht als Beispiel dafür, dass in der ehemaligen Bibliothek des Benediktinerklosters St. Jakob nicht nur Bücher zur Theologie und Philosophie gesammelt wurden, sondern entsprechend dem universalen Bildungsbestreben der Mönche auch Werke der profanen Wissenschaften, wie Architektur.

Auf dem Titelblatt oben rechts findet sich der handschriftliche Erwerbungsvermerk *Monast: S. Jacobi Scotorum Ratisbonae procuravit Bern: Baillie abbas 1721,* d.h. der Abt des Schottenklosters St. Jakob Bernhard Baillie (1721-1743), der bekannt war für die großzügige Vermehrung der Bestände der Klosterbibliothek, hat dieses Buch im ersten Jahr seiner Abtszeit erworben.

BZBR 2° SWS Techn. 22 – 1/2

Lit.: BZAR/BZBR: Kataloge 21, S .256f.

21. Die Bestände der Bischöflichen Zentralbibliothek

1972 wurden die bis dahin verstreut lagernden kirchlichen Buchbestände der Diözese Regensburg zusammengefasst und zentral in der neu gegründeten Bischöflichen Zentralbibliothek aufgestellt. Zu den Gründungsbeständen gehörten die Bibliothek des ehemaligen Schottenklosters St. Jakob *(Schottenbibliothek)*, die so genannte *Alte Ordinariatsbibliothek*, die ehemals als Handbibliothek für die Dienststellen des Ordinariates diente, die Bibliothek des Kollegiatstifts St. Johann und die Proskesche Musiksammlung.

Hinzu kamen die Kapitels- und Klosterbibliotheken von Ainau, Eichelberg, Geisenfeld, Haindling und Waldsassen.

In den Folgejahren wuchs die Bibliothek rasch durch weitere Bestände, die teils als Geschenk, teils als Dauerleihgaben (Deposita) überlassen wurden:

1973 die Sammlung des Regensburger Liederkranzes
1976 die kunsthistorische Sammlung Michael Hartig (Depositum)
1977 die Ferdinand-Fromann-Bibliothek des Konstantinordens (Depositum)
1979 die Bibliothek des Instituts für ostdeutsche Kirchen- und Kulturgeschichte (Depositum)
1981 die Bibliothek des Katholischen Kirchenbuchamtes für Heimatvertriebene
die Bibliothek des Stiftskapitels der Alten Kapelle (Depositum)
1985 die Bibliothek des Musikwissenschaftlers Dr. Ferdinand Haberl
1992 die Bibliothek von Bischof Dr. Rudolf Graber
die Kapitelsbibliothek Regenstauf
2000 die Bibliothek des Schlesienforschers Heinrich Grüger
2003 die Kapitelsbibliothek Amberg

Zahlreiche Bücherabgaben und Nachlässe von Geistlichen des Bistums Regensburg kamen dazu. Besonders erwähnenswert auf Grund ihres Umfangs sind die Nachlassbibliotheken von Domdekan Prälat Hermann Grötsch (1977), Pfarrer Alois Plötz (1979), Professor für alttestamentliche Exegese Rudolf Mayer (1980), Pfarrer Georg Wolker und Pfarrer Josef Kraus (1981), Prälat Lorenz Rosner (1989), Pfarrer Georg Necker (1990), Bischof Manfred Müller (2002), Professor für Liturgiewissenschaft Bruno Kleinheyer (2003) sowie des Münzensammlers Hans Beer (2011). Außerdem wurden die Bibliotheken aufgelöster Institutionen im Bistum Regensburg eingearbeitet: 1991 Kapuzinerkloster St. Fidelis, 1994 Studienseminar Straubing, 2004 Kloster Seyboldsdorf. 2010 wurde der Nachlass des Lehrers Peter Kammerer mit Sammelschwerpunkt Philosophie, Kunstgeschichte und Geschichte übernommen.

In Anlehnung an die bereits existierende Fachgruppenaufstellung der Schottenbibliothek, die erhalten bleiben sollte, entschloss man sich, auch die neueren Bestände in Fachgruppen zu gliedern. Neuzugänge, die vor 1900 erschienen sind, wurden den Gruppen der Schottenbibliothek hinzugefügt, denen zur Unterscheidung von der Neuaufstellung ein „**SWS**" = **S**ancti **W**olfgangi **S**eminarium vorangestellt wurde. Die *Alte Ordinariatsbibliothek* – ebenfalls in Fachgruppen eingeteilt wurde unverändert aufgestellt. Fortlaufende Reihen und Zeitschriften stellte man separat auf, um dem erhöhten Platzbedarf Rechnung zu tragen. Später hinzukommende Sammlungen und Nachlässe wurden dementsprechend auf die jeweiligen Gruppen verteilt, soweit sie nicht geschlossen aufgestellt werden mussten – als Dauerleihgabe oder um die Provenienz zu erhalten.

Die Katalogisierung erfolgte zunächst in konventioneller Weise auf Kärtchen im IFK-Format (Katalog im Internationalen Format). Es wurde ein alphabetischer Verfasser- und Anonymakatalog sowie ein Schlagwortkatalog erstellt. Mit dem Stichjahr 2000 wurde umgestellt auf Online-Katalogisierung im Rahmen des Bayerischen Verbundkataloges.

Die retrospektive Katalogisierung für die Altbestände erfolgte grundsätzlich per Autopsie. Mittlerweile sind vom Gesamtbestand der über 300 000 Bände ca. 230 000 Bände online erfasst, darunter ein Großteil der nach 1900 erschienenen Literatur, ebenso die Schottenbibliothek bis auf einige Restgruppen. Zur Konvertierung stehen noch an die Bestände des Institutum Liturgicum, die Bibliothek des Instituts für ostdeutsche Kirchen- und Kulturgeschichte, ein Großteil der gedruckten Musikalien, die audiovisuellen Materialien sowie der komplette Zeitschriftenbestand.

Rosemarie Weinberger

Stele von Dombaumeister Richard Triebe vor dem Eingang der Bischöflichen Zentralbibliothek, Foto 2012

22. Die Fachgruppen der Bischöflichen Zentralbibliothek

Bestände ab Erscheinungsjahr 1900

Art.	= Artes (Kunst)
Bav.	= Bavarica
Bibl.A	= Biblia (Bibelausgaben)
Bibl.B	= Biblia (Exegese)
Dogm.	= Dogmatik (auch Theologie allgemein)
Faks.	= Faksimileausgaben
fol.	= Folio (Höhe 28–40 cm)
gr.-fol.	= Groß-Folio (ab Höhe 40 cm)
Gen.	= Generalia (Lexika, Archiv- und Bibliothekskunde)
Hist.e	= Historia ecclesiastica (Kirchengeschichte)
Hist.p.A	= Historia profana (Geschichte)
Hist.p.B	= Historia profana (historische Biographien)
ius	= Recht
Kat.	= Katechetik
Ling.A	= Linguistik (Belletristik, Literaturgeschichte)
Ling.B	= Linguistik (Sprachwissenschaft, Wörterbücher)
Lit.A	= Liturgie (Quellen)
Lit.B	= Liturgie (Sekundärliteratur)
Mor.	= Moraltheologie, Gesellschaftswissenschaft
Past.	= Pastoraltheologie
Patr.	= Patristik (Kirchenväter u. -lehrer)
Phil.A	= Philosophie, Pädagogik, Psychologie
Phil.B	= Naturwissenschaften
Rat.	= Ratisbonensia
Spir.A	= Spiritualität, Aszetik
Spir.B	= Religiöse Biographien
Spir.C	= Heiligenleben (Sammlungen)
Vk	= Volkskunde, Geographie

Zeitschriften und Reihen

Ser.	= Serien
Per.	= Periodika (Zeitschriften)
Off.	= Officialia (Amtsblätter)
Schem.	= Schematismen

Audiovisuelle Materialien

Mf (= Microfiche)
CD-ROM
DVD

Lesesäle (Präsenzbestand)

Arch.	= Archiv-Lesesaal
ILR	= Institutum Liturgicum Ratisbonense
LS	= Hauptlesesaal Bibliothek (Systematisierung durch Buchstaben und springende Nummerierung)

Bestände bis Erscheinungsjahr 1899

SWS Ant.	= Antike Klassiker
SWS Art.	= Artes (Kunst)
SWS Bell.	= Belletristik
SWS Bibl.	= Biblia (Bibelausgaben, Exegese)
SWS Cat.	= Catechesis (Katechetik)
SWS Cl.m.	= Classici moderni (Moderne Klassiker)
SWS Concil.	= Concilia (Konzilsgeschichte)
SWS Conc.	= Conciones (Predigten)
SWS Dogm.	= Theologia dogmatica (Theologie allgemein)
SWS Enc.	= Encyclopaedia (Lexika)
SWS Geogr.	= Geographia (Geographie)
SWS H.e.	= Historia ecclesiastica (Kirchengeschichte)
SWS H.lit.	= Historia litteraria (Literaturgeschichte)
SWS H.nat.	= Historia naturalis (Naturkunde)
SWS H.p.	= Historia profana (Geschichte)
SWS J.can.	= Ius canonicum (Kirchenrecht)
SWS J.civ.	= Ius civile (Zivilrecht)
SWS Ling.	= Linguistik (Sprachwissenschaft, Wörterbücher)
SWS Lit.	= Liturgia (Liturgie)
SWS Math.	= Mathesis (Mathematik)
SWS Med.	= Medicina (Medizin)
SWS Mor.	= Theologia moralis (Moraltheologie)
SWS Patr.	= Patres (Kirchenväter)
SWS Phil.	= Philosophia (Philosophie)
SWS Techn.	= Technologia (Technik)
SWS Var.	= Varia (Verschiedenes)
SWS VSs	= Vitae Sanctorum (Heiligenleben)

Geschlossen aufgestellte Bestände

Or.	= Alte Ordinariatsbibliothek (in Fachgruppen aufgeteilt)
Gra.	= Bibliothek Bischof Rudolf Graber
Sai.	= Literatur von und über Bischof Johann Michael von Sailer
KB Rst	= Kapitelsbibliothek Regenstauf

Deposita

A.Kap.	= Bibliothek der Alten Kapelle
Hart.	= Sammlung Hartig
OCM	= Bibliothek des Konstantinordens
BIOK	= Bibliothek des Instituts für ostdeutsche Kirchen- und Kulturgeschichte
KB Amb.	= Kapitelsbibliothek Amberg

Rosemarie Weinberger

Lederband mit Untergoldschnittmalerei (Kat.-Nr. 22.1)

22.1 Rupprecht, Theodor Maria:
Notae Historicae In Universum Jus Canonicum.
Rationibus consentaneis adsertae, Quaestionibus Historico-Critico-Dogmatico-Scholasticis illustratae, munitae. Atque In usum cupidae Legum Sacratiorum Juventutis praecipue directae
Prag: Hraba
T. 1/2. – 1751–1753.
T. 3/4. – 1754–1755.

Lederband mit Untergoldschnittmalerei: Die drei sichtbaren Seiten des Buchblocks sind erst nach dem Bemalen (hier mit blauer Ornamentik) mit einem ziselierten Goldschnitt versehen worden. Der Rücken mit Titelschild wurde ebenfalls vergoldet.

BZBR SWS J. can. 515 und SWS J. can. 516

Buchdeckel, Innenspiegel und Vorsatz dieses Buches sind mit schwarzem Marmorpapier mit rot gefärbtem Flammenmuster verarbeitet (Kat.-Nr. 22.2)

22.2 Schneider, Philipp:
Die neuen Büchergesetze der Kirche.
Ein Kommentar zur Bulle Officiorum ac munerum und zu den decreta generalia de prohibitione et censura librorum
Mainz: Kirchheim, 1900. – XVI, 198 S.

Halblederband (Rücken und Ecken mit Leder verstärkt). Buchdeckel, Innenspiegel und Vorsatz aus schwarzem Marmorpapier mit rot gefärbtem Flammenmuster. Dreiseitiger Farbschnitt. Rückentitel in Gold mit Verzierungen (Lilien).

BZBR SWS J. can. Sen. 106

Lederband mit geschwungenen verzierten Buchkanten (Kat.-Nr. 22.3)

Roter Papierband mit goldenem Blumenmuster (Kat.-Nr. 22.4)

22.3 Missel romain ou paroissien romain en latin et en français.
Limoges: Dalpayrat et Depelley, [ca. 1880]. – 534 S.: Ill.

Lederband mit geschwungenen verzierten Buchkanten. Innenkantenvergoldung mit Bordüren. Dreiseitiger Goldschnitt. Vorsatz und Spiegel mit goldener Ornamentik. Die Buchseiten sind mit graphischen Blüten- und Blumenbordüren geschmückt, in denen Heiligendarstellungen und Kirchenansichten eingearbeitet sind.

BZBR SWS Lit. 750

22.4 Bellarmino, Roberto:
Fontes Lachrymarum.
Ex Reverendissimo [...] Roberto Bellarmino Sac. Rom. Eccles. Cardinali A Congregatione Majori Academica Salisburgensi Sub Titulo Beatissimae Virginis Matris Dei Mariae Gloriose In Coelos Assumptae Partheniis DD. Sodalibus In Xenium oblati [...]
Salisburgi: Mayr, 1750. – [14] Bl., 142 S., [7] Bl.: Ill.

Roter Papierband mit goldenem Blumenmuster. Dreiseitiger Goldschnitt.
Das florale Einbandpapier ist am unteren Rand signiert mit *AUG. BEY. SIMON.*

BZBR SWS Asc. 2164

Lederband mit großer Metallschließe in Herzform (Kat.-Nr. 22.5)

Roter Samteinband mit aufwändiger Vergoldung (Kat.-Nr. 22.6)

22.5 Himmlischer Blumē-Strauß.
Das ist: Catholisches Gebett-Buch, In welchem Die alleraußerleßneste Morgen- und Abends-Gebetter […] zu finden
Regenspurg: Lang, 1718. – [8] Bl., 286 S., [2] Bl.: Titelkupfer

Lederband. Vorder- und Rückendeckel mit Blinddruck. An den Rändern Blätterornamentik. Mittig Ornamentik in Einzeldruck. Dreiseitiger Goldschnitt. Große Metallschließe in Herzform.

BZBR SWS Asc. 720

22.6 Jesus Christ der gute Hirt.
Erbauungsbuch für katholische Christen
Frankfurt a.M: Naumann, [1840]. – XV, 431 S.: Ill.

Roter Samteinband mit aufwändiger Vergoldung. Metallschließe. Dreiseitiger Goldschnitt. Spiegel und erstes Blatt des Vorsatzes aus Moiré-Leinen. Auf dem Vorsatz Goldornamentik mit Besitzernamen.

BZBR SWS Asc. 3010

Blauer Samteinband. Eckenbeschläge im Form von Engelsköpfen. Mittig mit Christus-Monogramm IHS (Kat.-Nr. 22.7)

Brauner Lederband zur Hälfte mit in Metallbeschläge eingefasstem Samt besetzt. In der Fassung der Schließe zwei Anhänger mit Initialen (Kat.-Nr. 22.8)

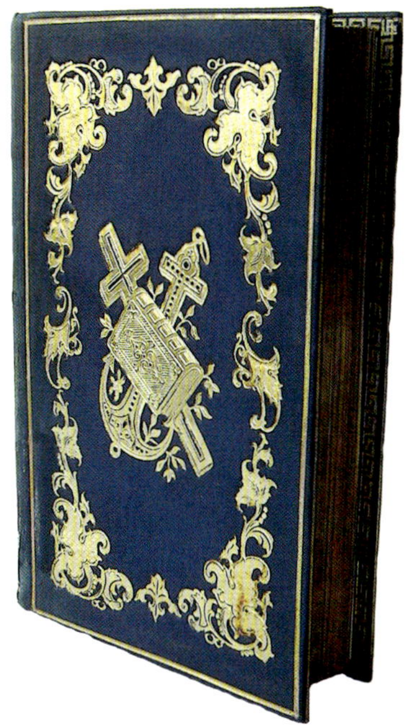

Blauer Lederband mit den Glaubenssymbolen Kreuz, Buch und Anker (Kat.-Nr. 22.9)

22.7 Seelen-Gärtlein.
Vollständiges Gebetbuch für katholische Christen aus vielen der schönsten deutschen Gebete des Mittelalters zusammengestellt
Augsburg, München: Huttler, 1877. – XXXVIII, 540 S.: Ill.

Blauer Samteinband. Spiegel und Vorsatz aus Moiré-Leinen. Eckenbeschläge in Form von Engelsköpfen. Mittig mit Christus-Monogramm *IHS*. 2 Metallschließen. Dreiseitiger Goldschnitt.

BZBR SWS Asc. 2962

22.8 Sibour, Marie-Dominique-Auguste: Das Paradies der christlichen Seele.
Ein Gebet- und Erbauungsbuch für gebildete Katholiken
4. Aufl.
Wien: Wallner, [ca. 1885]. – 727 S.: Ill.

Brauner Lederband mit Rautenmuster. Vorderdeckel zur Hälfte mit in Metallbeschläge eingefasstem Samt besetzt. Kanten mit Metallschienen. Metallschließe mit eingearbeitetem Kreuz. In der Fassung der Schließe zwei Anhänger mit den Initialen M und S, ein drittes Band ohne Anhänger. Lederrücken mit Leinenauflage. Dreiseitiger Goldschnitt. Spiegel und Vorsatz aus Moiré-Leinen.

BZBR SWS Asc. 2963

22.9 Gebet- und Erbauungs-Buch.
Für die Mitglieder der am 8. April 1646 errichteten hochlöblichen Congregation Mariä Verkündigung in der Stadt Straubing / verb. v. Johann Baptist Reisinger
Straubing: Attenkofer, 1865. – 456 S.: Ill.

Blauer Lederband mit aufwändiger Goldornamentik. Auf dem Vorderdeckel mittig die Glaubenssymbole Kreuz, Buch und Anker in ornamentalem Goldrahmen. Innenkanten mit Mäandermuster verziert. Stehkante mit Goldlinien verziert. Dreiseitiger Handgoldschnitt.

BZBR SWS Asc. Sen. 88

Violetter Samteinband. Auf dem Vorderdeckel Metallbeschlag in Kreuzform (Kat.-Nr. 22.10)

Roter Samteinband. Auf dem Vorderdeckel als Metallbeschlag die Glaubenssymbole Kreuz (Glaube), Anker (Hoffnung) und Herz (Liebe) (Kat.-Nr. 22.11)

22.10 Perlen der Andacht.
Vollständiges Gebet- und Erbauungsbuch für katholische Christen. Größtenteils entnommen den Schriften des hl. Bernard […]
Neue, verb. und verm. Aufl., Ausg. Nr. 1.
Einsiedeln [u.a.]: Benziger, 1885. – 397 S.: Ill.

Violetter Samteinband. Auf dem Vorderdeckel Metallbeschlag in Kreuzform. Metallrahmen mit vier Lilien. Dreiseitiger Goldschnitt. Buchschließe.

BZBR SWS Asc. 3008

22.11 Biggel, Joseph Anton:
Des Christen Wandel im Erdenthale und seine Sehnsucht nach der himmlischen Heimat.
Ein Gebet- und Erbauungsbuch für katholische Christen aller Stände
18. Orig.-Aufl.
Stuttgart: Balz, 1862. – X, 419 S.: Ill.

Roter Samteinband. Metallbeschläge. Auf dem Vorderdeckel mittig die Glaubenssymbole Kreuz (Glaube), Anker (Hoffnung) und Herz (Liebe). Buchschließe mit denselben Symbolen. Dreiseitiger ziselierter Goldschnitt.

BZBR SWS Asc. 3011

Violetter Samteinband mit großer verzierter Buchschließe mit Blüten- und Blumenarrangement (Kat.-Nr. 22.12)

Miniaturbuch im Format H 10 x B 5 cm (Kat.-Nr. 22.13)

Feinleinenband mit blauer und goldener Dekorationsprägung auf Vorderdeckel und Rücken (Kat.-Nr. 22.14)

22.12 Duex, Johann Martin:
Das ewige Versöhnungsopfer.
Katholisches Gebetbuch
4. verb. und verm. Aufl.
Leipzig: Liebeskind, [1861]. – XXVI, 562 S.: Ill.

Violetter Samteinband. Metallbeschläge mit Blütenornamentik an allen vier Ecken. Große verzierte Buchschließe mit Blüten- und Blumenarrangement. Dreiseitiger Goldschnitt.

BZBR SWS Asc. 2986

22.13 Drexel, Jeremias:
Orbis Phaëthon sive De universis vitiis linguae, Bd. 3
Monachii: Leysser, 1637. – [5] Bl., 570 S., [1] Bl.: Ill.

Miniaturbuch (H 10 x B 5 cm). Einband aus hellem Schweinsleder. Verzierungen in Blinddruck.

BZBR SWS Asc. 1492-3

22.14 Ringseis, Emilie:
Der Königin Lied.
Dichtung in drei Büchern. Erstes Buch: Magnificat
Freiburg im Breisgau: Herder, 1890. – XVII, 239 S.

Feinleinenband. Blaue und goldene Dekorationsprägung auf Vorderdeckel und Rücken. Dreiseitiger Goldschnitt. Geblümtes Vorsatzpapier.

BZBR SWS Asc. 2923

Blick in das Magazin mit Aufstellung der Liturgika im Folioformat der Signaturengruppe 2°SWS. Im Vordergrund die Prachtausgabe eines *Missale Romanum* aus dem Regensburger Verlag Friedrich Pustet (Kat.-Nr. 22.15).

22.15 Missale Romanum.
Ex decreto Sacrosancti Concilii Tridentini restitutum S. Pii V Pont. Max. iussu ed., Clementis VIII. et Urbani VIII. auctoritate recognitum
Accuratissima ed. cum additamentis novissimis.
Ratisbonae: Pustet, 1863. – 33, 548, 179, XLVIII, 12 S.: Ill., Noten

Prachteinband mit farbigen Illustrationen, Messingbeschlägen und -zierbändern auf rotem Samt. Glasperlen-Eckpunkte. Dreiseitiger Goldschnitt. Zwei Metallschließen.
Auf den Farbdrucken Szenen aus dem Leben Jesu:
Vorderdeckel: Geburt, Flucht nach Ägypten, Berufung der Jünger, Taufe.
Hinterer Deckel: Szenen aus der Passion: im Garten Gethsemane, Geißelung, Veronika reicht Jesus das Schweißtuch, Jesus am Kreuz.
Auf den Randleisten des vorderen und hinteren Deckels: Gottvater, die Opferung Isaaks, alttestamentliche Patriarchen und Propheten sowie Kirchenväter. In den Ecken des Vorderdeckels die Symbole der vier Evangelisten.

Provenienz: Regensburg, Kollegiatstift St. Johann.
Vermerk mit Bleistift auf dem Vorsatz: *Am 10. August 1899 lt. Schenkungsurkunde von H.H. Kanonikus Michael Helmberger* [1820–1900] *zum Heile seiner Seele gestiftet.*
N.B. Zum Jubiläum Papst Pius [IX. (1792–1878; amtierend 1846–1878; 1871 25-jähriges Pontifikatsjubiläum)] *wurden nur 2 Exemplare v. d. Fa. Pustet angefertigt, Wert: 200.– M.*

BZBR 2°SWS Lit. 110

23. Die Proskesche Musikabteilung

Mit der Eröffnung der Bischöflichen Zentralbibliothek im Jahr 1972 gelangte auch die zuvor im Niedermünsterstiftsgebäude aufgestellte Musiksammlung des Kanonikus Dr. Carl Proske (1794–1861) in die neuen Räume am St. Petersweg.

Historische Voraussetzungen

Den Grundstock zur heutigen Proskeschen Musikabteilung legte Carl Proske mit einer über drei Jahrzehnte seines Lebens zusammengetragenen Sammlung. 1826 in Regensburg zum Priester geweiht und 1830 zum Kanonikus am Kollegiatstift Unserer Lieben Frau zur Alten Kapelle ernannt, verfolgte Proske das Ziel einer grundlegenden Reform der Regensburger katholischen Kirchenmusik im Sinne einer Rückführung auf die liturgischen Grundlagen der Gregorianik und der altklassischen Vokalpolyphonie. Der Umfang seiner teils antiquarisch erworbenen, teils auf Forschungsreisen durch Italien eigenhändig kopierten Musikalien ging jedoch weit über dieses erklärte Ziel hinaus. Mit mehr als 2000 sowohl handschriftlichen wie gedruckten Stimm- und Chorbüchern des 15. bis 19. Jahrhunderts, darunter zahlreiche Unika, über 1000 Theoretika und Choralia sowie rund 3000 Partitursparten wuchs eine Sammlung von singulärer historischer Bedeutung.

Am 20. Dezember 1861 verstarb Carl Proske. In seinem Testament vermachte er seinen musikalischen Nachlass als *Legat dem hochw. Herrn Bischof Valentin* [von Riedel] *zum lebenslänglichen Gebrauch und nach dessen Ableben dem hochw. Domkapitel.*

Aus Proskes Wohnung in der heutigen Kapellengasse 6 wurde seine Musikbibliothek zunächst in ein Zimmer im Obergeschoß des Klerikalseminars im Obermünstergebäude transferiert. Die Aufstellung der Bestände erfolgte durch den musikalisch hochgebildeten Ordinariatsassessor Dr. Georg Jacob. Mit dessen Berufung in das Domkapitel gelangte die Bibliothek 1864 in das 2. Stockwerk des Nordflügels im bischöflichen Ordinariat (Niedermünster). Die Raumverhältnisse waren sehr beengt, zumal die Musiknachlässe der Brüder Johann Georg und Dominicus Mettenleiter (1868) sowie Franz Xaver Witts (1888) in die Sammlung integriert wurden.

Aufgrund eines Gutachtens des Direktors der Münchener Hof- und Staatsbibliothek stellte 1910 die Königliche Regierung 2600 Mark bereit zum Umzug der Bibliothek in die feuerfesten Gewölberäume im Parterre des Niedermünsterstiftsgebäudes. Der damalige Bibliothekar, Dr. Karl Eduard Weinmann, leitete die Neuaufstellung der Sammlung. Zur Verfügung standen jetzt ein größerer Raum als Magazin und ein kleines heizbares Zimmer für den Bibliothekar und die Benutzer. Von hieraus zog die Sammlung 1929 in die ehemalige Holzlege desselben Gebäudes um.

1930 wurde die Stelle des Bibliothekars Domvikar Joseph Poll übertragen und die rund 10 000 Bände umfassende Musikbibliothek des 1910 verstorbenen Musikforschers Franz Xaver Haberl übernommen. Es ist der Umsicht des 1935 zum Kanoniker an der Alten Kapelle ernannten Msgr. Poll zu verdanken, dass zu Beginn des Zweiten Weltkriegs die wertvollen Bestände an verschiedene Orte ausgelagert wurden und vor Kriegsverlusten bewahrt werden konnten.

Nach Polls Tod am 7. Februar 1955 führte der Musikforscher und Studienrat Dr. August Scharnagl die Bibliotheksarbeit bis 1989 nebenamtlich weiter und verfasste zahlreiche Artikel über die Musiksammlung und ihre Bestände.

Die Proskesche Musikabteilung seit 1972

Mit dem Umzug in den St. Petersweg wurden die bis dahin unter dem Namen *Proskesche Musik-Bibliothek* geführten Bestände als *Proskesche Musikabteilung* in die Bischöfliche Zentralbibliothek übernommen. Als vorrangige Aufgabe stellte sich die wissenschaftliche Neukatalogisierung. Denn die handschriftlichen Altkataloge konnten den modernen Standards nicht genügen. Aus diesem Grund fiel bereits Mitte der 50er Jahre des 20. Jahrhunderts die Entscheidung für eine Beteiligung an dem bibliographischen Quellenlexikon *Répertoire International des Sources Musicales* (RISM). Seit

Mai 1954 begann die Deutsche Arbeitsgruppe des RISM mit der Erfassung zunächst der gedruckten Sammelwerke (*Recueils imprimés XVIe–XVIIe siècles*) unter dem Bibliothekssigel *D-Rp*, denen bis in die 80er Jahre hinein die *Einzeldrucke vor 1800* folgten.

Für die Katalogisierung der mehreren Tausend historischen wie modernen Musikhandschriften öffnete sich eine weitere Option durch die 1971 ins Leben gerufene und heute von der Bayerischen Staatsbibliothek München herausgegebene Reihe *Kataloge Bayerischer Musiksammlungen* (KBM). In diesem Katalogprojekt unterhält die Bischöfliche Zentralbibliothek Regensburg eine eigene Unterreihe mit bislang 15 Bänden.

Als August Scharnagl, der mehr als 30 Jahre lang die Proske-Sammlung nebenamtlich betreute, 1988 in den Ruhestand trat, wurde zum 1. Januar 1989 eine eigene Musikbibliothekarsstelle geschaffen und damit die Pflege dieses Spezialbestandes auf eine personell gesicherte Basis gestellt. Zur heutigen Musikabteilung gehören neben der ursprünglichen Proske-Bibliothek weitere Nachlässe zeitgenössischer Komponisten, die dem Bistum in besonderer Weise verbunden waren, sowie bestandsbezogene Neuausgaben, wissenschaftliche Sekundärliteratur und Spezialsammlungen (Audiovisuelle Medien, Bilder, Archive).

Als gegenwärtige Aufgaben der Musikabteilung stellen sich die Bestandserschließung (neuere Nachlässe), Bestandserweiterung (Ergänzung Altbestand, Neuerwerbung Forschungsliteratur), Bestandserhaltung (Sicherheitsverfilmung, Digitalisierung, Restaurierungsmaßnahmen), Betreuung einer internationalen Benutzerklientel, Verwaltung von Reproduktionsaufträgen für Forschung und Praxis, Öffentlichkeitsarbeit (Ausstellungen, Veröffentlichungen über den Bestand), das Einwerben neuer Nachlässe sowie die Kooperation mit den lokalen akademischen Einrichtungen (Kirchenmusikhochschule; Cäcilienverein; Musikwissenschaftliches Institut).

Aufgrund des qualitativ hochwertigen Quellenmaterials und des internationalen Renommees der Sammlung fanden die Erschließungsarbeiten im Rahmen der *Kataloge Bayerischer Musiksammlungen* bereits mehrfach mehrjährige Förderungen durch die *Deutsche Forschungsgemeinschaft* (DFG).

Die Bestandsgruppen der Proskeschen Musikabteilung:

Die Sammlung Proske:

A. R. (Antiquitates Ratisbonenses): Drucke und Handschriften des 16. und 17. Jhs.
B (Butsch): Drucke und Handschriften des 16. und 17. Jhs.
C (Continuatio): Drucke und Handschriften des 16. bis 19. Jhs.
Pr-M (Proske Mappenbibliothek): Abschriften von vokalpolyphonen Werken, die Proske auf seinen Forschungsreisen durch Italien (1834–1838) vorgenommen hat
Ch (Choralia): liturgische Handschriften und Drucke des 14. bis 19. Jhs.
Th, Th A und Th A II: Theoretika des 15. bis 19. Jhs.
G (Geschichte): Musikgeschichtliche Drucke des 18. und 19. Jhs.
Kk (Kirchenlied katholisch): kath. Gesangbücher des 16. bis 19. Jhs.
Kp (Kirchenlied protestantisch): evang. Gesangbücher des 16. bis 19. Jhs.
AN (Antiquitates Novae): In die Sammlung Proske integrierte ältere Drucke und Handschriften aus den Sammlungen Mettenleiter und Witt

Die Sammlung Mettenleiter (SM): Spartierungen älterer Kirchenmusik von der Hand Johann Georg Mettenleiters, Handschriften und Drucke des 18. und 19. Jhs., eine Regensburger Opernsammlung aus dem Besitz Dominicus Mettenleiters, Musikzeitschriften sowie Kirchenmusikdrucke des 18. Jhs. aus dem Schottenkloster St. Jacob Regensburg

Die Sammlung Franz Xaver Witt:
1655 Kirchenmusikdrucke des 19. Jhs. (Besprechungsexemplare für den Cäcilienvereinskatalog), Musikerkorrespondenz (10 000 Briefe), Musikzeitschriften, Kompositionsautographen eigener und fremder Werke

Die Bibliothek Franz Xaver Haberl (BH): Chorbücher und Stimmbücher des 16. und 17. Jhs., Choralia, Sammlung Julius Joseph Maier, Sammlung Peter Heinrich Thielen, Druckvorlagen, Theoretika

Weitere Bestände:

D Ms: Musikhandschriften aus dem Dom St. Peter

AK Ms: Musikhandschriften aus dem Kollegiatstift U. L. Frau zur Alten Kapelle

S JaS: Musikhandschriften aus der Stadtpfarrkirche St. Jakob Straubing

S Jo: Musikhandschriften aus dem Kollegiatstift zu den Heiligen Johann Baptist und Johann Evangelist Regensburg

Mus. ms. (Musica manuscripta): Musikhandschriften unterschiedlicher Provenienzen

K.u.V. (Kirchen- und Volkslied): Liederbücher des 19. und 20. Jhs.

Mus. pr. (Musica practica): neuere Musikdrucke (Einzel- und Gesamtausgaben)

Mus. th. (Musica theoretica): wissenschaftliche Sekundärliteratur

Mus. tx. (Textbücher): Sammlung von Libretti seit dem 18. Jh.

Die Musikernachlässe der Proskeschen Musikabteilung (Auswahl) (chronologisch nach Geburtsjahr):

Johann Jakob Samberger (1819–1879)
Kirchenmusiker und Komponist in Ingolstadt

Franz Bieger (1833–1907)
Pfarrer in Genderkingen (Donauwörth); Komponist

Michael Haller (1840–1915)
Kanoniker, Komponist

Adalbert Hämel (1860–1932)
Lehrer, Komponist

Karl Eduard Weinmann (1873–1929)
Priester; Direktor der Regensburger Kirchenmusikschule; Bibliothekar der Proske-Sammlung

Joseph Poll (1873–1955)
Priester; Bibliothekar der Proske-Sammlung

Bruno Steinhauer (1908–1978)
Pater, Komponist

Gertraud Kaltenecker (1915–2004)
Komponistin, Sängerin

Felix Hörburger (1916–1997)
Musikethnologe, Komponist

Alfons Stier (1877–1952)
Komponist, Chorleiter, Organist, Musikpädagoge, Musikredakteur

Wenzeslaus Bicherl (1885–1966)
Chorregent an St. Mang, Stadtamhof

Karl Wimmer (1889–1971)
Musikpädagoge, Komponist

Heinrich Lemacher (1891–1966)
Professor für Komposition, Musiktheorie und Musikgeschichte an der Staatlichen Hochschule für Musik in Köln; Komponist

Theobald Schrems (1893–1963)
Priester; Domkapellmeister
Teilnachlass, übernommen aus dem Archiv der Regensburger Domspatzen

Rudolf Eisenmann (1894–1954)
Lehrer, Komponist

Ernst Kutzer (1918–2008)
Lehrer, Komponist

Karl Norbert Schmid (1929–1995)
Kirchenmusiker, Komponist

Raimund Walter Sterl (1936–2010)
Organist, Komponist, Archivar

Die Sondersammlungen der Proskeschen Musikabteilung (Auswahl):

Sammlung Rasp: Musikhandschriften überwiegend mit Instrumentalmusik des 18. und 19. Jh. aus Nürnberger Privatbesitz

Sammlung Buschmann: Spezialliteratur zur Orgelkunde

Sammlung Hartmann: Ikonographie-Sammlung zu Ludwig van Beethoven

Sammlung Regensburger Liederkranz: Musikdrucke und Handschriften

Verlagsarchiv Pustet: Archivalien und Drucke zum Cäcilianismus, zum Regensburger Choralstreit und zur Verlagsgeschichte

Sammlung *Eckiger Kreis*: Archiv der Regensburg Künstlervereinigung *Eckiger Kreis* (1971–1981)

Tonträgersammlung

Lit.: August SCHARNAGL: Die Proskesche Musiksammlung 1989; Paul MAI: Die Proske'sche Musiksammlung in der Bischöflichen Zentralbibliothek Regensburg, in: Bibliotheksforum Bayern 20 (1992) S. 255–262. Weitere Literaturangaben im Aufsatz über die Proskesche Musikabteilung im vorliegenden Katalog

Raymond Dittrich

Nordfassade des Großen Lesesaals, Foto 2012

Türschild der Proskeschen Musikbibliothek aus dem Anfang des 20. Jahrhunderts (Kat.-Nr. 23.1).

23.1 Türschild *Proskesche Musikbibliothek*

Anfang 20. Jh.
Metall. Emaillearbeit in Schwarz und Weiß, vier Schraubenlöcher in den Ecken.
H 11 x B 28 cm.

Das Schild stammt aus der Zeit der Unterbringung der Proskeschen Sammlung im Niedermünsterstiftsgebäude (Bischöfliches Palais).

BZBR (D-Rp) ohne Signatur.

23.2 Clemens non Papa: Quintus liber modulorum

QVINTVS | LIBER MODVLORUM, QVINQVE | VOCVM, (QVOS VVLGVS MOTETA VOCAT) ab excellentissimo musico Clemente non Papa nunc pri- | mum omni studio ac diligentia in lucem ædita | Ex Officina Simonis à Bosco | 1556.
[Paris]: Simon du Bosc, 1556
4 Miniatur-Stimmbücher Superius, Contratenor, Bassus, Quinta pars im Querformat: H ca. 6 x B ca. 8,5 cm. – Einband aus Leder, ornamentale Einzelstempel in Blinddruck an den Rändern, mittig Stimmbuchbezeichnung ursprünglich in Gold.

Aufgeschlagen:
Bassus-Stimmbuch: Titelseite
Beginn der Motette *Misit me vivens pater* in der Quinta pars (S. 25)
Einbände der Superius- und der Contratenor-Stimme

1556 wurden in der Pariser Offizin von Simon du Bosc diese Miniatur-Stimmbücher mit fünfstimmigen Motetten von Clemens non Papa (ca. 1510–ca. 1556) gedruckt. Carl Proske erwarb die Bände vom Augsburger Antiquar Fidelis Butsch (1805–1879) nach 1840.

BZBR (D-Rp) B 170–172

Bibliographischer Nachweis: RISM A/I C 2685; CC 2685

Miniatur-Stimmbücher des *Quintus liber modulorum* von Clemens non Papa, Paris 1556 (s. Kat.-Nr. 23.2).

Frottola *Se non poi hor ristorarmi* aus dem Petrucci-Druck Frottole libro secondo, Venezia 1507 (Kat.-Nr. 23.3).

23.3 Frottole libro secondo
Frottole libro secondo [Bl. 1]
Impressum Venetiis per Octauianum Pe- | trutium Forosempronie(n)sem. M.D.vii. Die XXIX | Ianuarii Cu(m) priuilegio […] [Kolophon]
Venezia: Petrucci, 20. Jan. 1507. – 55, [1] Bl.

Aufgeschlagen: Bl. 55ᵛ/56ʳ:
Links die Frottola *Se non poi hor ristorarmi* mit den Stimmen Sopran, Tenor, Alt und Bass.
Rechts das Kolophon mit der Druckermarke Petruccis: *O(ttaviano) P(etrucci) F(orosemproniensem)*. Petrucci wurde in Fossombrone bei Urbino geboren.

Seltene Ausgabe der von Ottaviano Petrucci (1466–1539) in Venedig gedruckten Ausgabe des zweiten Buches der Sammlung von Frottolen (vierstimmige Liedform der italienischen Renaissance) verschiedener Komponisten. Weltweit sind von der vorliegenden Ausgabe nur zwei Exemplare erhalten: in der Österreichischen Nationalbibliothek Wien und in der Bischöflichen Zentralbibliothek Regensburg.
Petrucci gilt als Erfinder des Notendrucks mit beweglichen Metallnotentypen. Durch einen zweiteiligen Druckvorgang – zuerst die Notensysteme, darauf die Noten – entsteht ein sehr sauberes und präzises Notenbild.

BZBR (D-Rp) B 33–35.

Bibliographischer Nachweis: RISM B/I 1508/2 (novi styli)

Prachteinband und erste Notenseite (Tenor) der vierstimmigen Lamentationen von Palestrina, Rom 1588 (Kat.-Nr. 23.4).

23.4 Palestrina, Giovanni Pierluigi da: Lamentationum Hieremiae Prophetae
IOAN. PETRI ALOYSII | PRAENESTINI | LAMENTATIONVM | HIEREMIAE PROPHETAE. | LIBER PRIMVS | Cum priuilegio summi Pontificis. | SVPERIORVM PERMISSV. | ROMAE | Apud Alexandrum Gardanum. | M.D.LXXXVIII.
Roma: Gardano, 1588
4 Stimmbücher: Cantus, Altus, Tenor, Bassus.

Aufgeschlagen: Einbände der Stimmbücher Cantus, Altus, Bassus und Beginn der Lamentationen im Tenor-Stimmbuch.

Bei den vier Stimmbüchern handelt es sich um eine für die Päpstliche Kapelle hergestellte Prachtausgabe. Die zeitgenössischen Einbände aus rot gefärbtem Leder tragen auf Vorder- und Rückseite in Goldprägung das Wappen von Papst Sixtus V. (1585–1590).

Die vorliegende Ausgabe des ersten Buches der vierstimmigen Lamentationen Palestrinas ist vollständig mit allen vier Stimmbüchern nur in der Bischöflichen Zentralbibliothek Regensburg vorhanden. Im Unterschied zu den aufwendigen Drucken Petruccis handelt es sich hier um einen einteiligen Druckvorgang, bei dem Notenlinien und Notenzeichen in einer Type vereinigt worden sind. Da aus einzelnen Typen zusammengesetzt, ergibt der Notensatz ein unruhiges, von kleinen Lücken unterbrochenes Bild.

BZBR (D-Rp) AN 23a

Bibliographischer Nachweis: RISM A/I P 742

Dudelsack blasender Hirte und Gedicht *Laus Musicae* aus dem Vagans-Stimmbuch der Küffer-Handschrift (Kat.-Nr. 23.5).

23.5 Küffer-Handschrift

Wittenberg, Regensburg 1557–1559.
Notenhandschrift, Papier, Text lateinisch, deutsch, französisch, italienisch, H 15,5 x B 20,5 cm, Hauptschreiber: Wolfgang Küffer (ca. 1520–1566).
5 Stimmbücher: Discantus, Altus, Tenor, Bassus, Vagans.
Einband aus Pappe mit Schweinsleder überzogen. Jeweils auf dem Vorderdeckel in Blinddruck die Stimmbuchbezeichnungen, die Jahreszahl *1557* und die Initialen des Besitzers und Schreibers: *W(olfgang) K(üffer) R(atisbonensis).*

Aufgeschlagen:
Vagans-Stimmbuch:
Links (ohne Paginierung): Dudelsack blasender Hirte.
Rechts (ohne Paginierung): Stammbucheintrag *Laus Musicae*. 25 Distichen von Conradus Schop aus Nürnberg 1557.

Tenor-Stimmbuch:
Links: Schluss der Motette *Suum in vita* von Ludwig Senfl (um 1486–1542/43).
Rechts: Tenorlied *Was ist die Welt* von Ludwig Senfl. Alle Stimmen sind in Kreisform notiert.

Der Regensburger Bürger Wolfgang Küffer schrieb das Manuskript in den Jahren 1557–1559 an seinem Studienort Wittenberg und in seiner mutmaßlichen Geburtsstadt Regensburg, wo er von 1560 bis 1565 Konrektor am *Gymnasium Poeticum* war. Nach seinem Tod verblieben die Bände im Gymnasium, aus dessen Bestand sie Carl Proske um 1829 erwarb.
Die Sammelhandschrift enthält 1 Messe, 136 Motetten, 65 Lieder, 67 Chansons, 31 Madrigale und 15 Instrumentalstücke. Besondere Aufmerksamkeit beansprucht der Vagansband, in dem die ‚vagierenden' Stimmen der 33 fünf- und sechsstimmigen Kompositionen aufgezeichnet sind. Er enthält außerdem lateinische, griechische und deutsche Poesie und Prosa, in denen hauptsächlich die Wirkkräfte der Musik thematisiert werden. Auf den letzten Seiten befinden sich Stammbucheinträge mit Widmungen an Wolfgang Küffer sowie fünf farbige Zeichnungen.
In ihrer Art [...] ist Küffers Handschrift einmalig. Sie stellt das bedeutendste Dokument humanistischen Musizierens im deutschen Raum um die Mitte des 16. Jahrhunderts dar (BRENNECKE: Handschrift A.R. 940/41, S. 125). Mehrere Kompositionen sind Unica oder haben Konkordanzen nur in zumeist schwer zugänglichen Manuskripten.

BZBR (D-Rp) A.R. 940–941.

Lit.: Wilfried BRENNECKE: Die Handschrift A.R. 904/41 der Proske-Bibliothek zu Regensburg. Ein Beitrag zur Musikgeschichte im zweiten Drittel des 16. Jahrhunderts, Kassel [u.a.] 1953; KBM 14/1, S. 110–123

23.6 Blanko-Formular eines gedruckten Leihscheins aus der Proskeschen Musikbibliothek Regensburg

Vordruck um 1925.
H 10,5 x B 17 cm.

Aufdruck:
Leihschein
Der Unterzeichnete bestätigt hiemit, dass er aus der Proskeschen Musikbibliothek auf 4 Wochen folgendes Werk entlehnt hat: ...
Ort und Datum: ...
Name und Stand: ...

Vor allem während der bibliothekarischen Wirkungszeit von Karl Weinmann (1908–1929) – vereinzelt aber auch schon in den vorhergehenden Jahren – wurden unter bestimmten Voraussetzungen Drucke und Handschriften aus der Proske-Sammlung außer Haus

Französische Chanson Zelans Emplus [= Cela sans plus] mit Verfasserangabe *Jo. C. C. de Medicis leo papa decimus* aus dem Pernner-Kodex (Kat.-Nr. 23.7).

entliehen. So erhielt der an der Berliner Universität tätige Musikwissenschaftler Johannes Wolf (1869–1947) im März 1906 eines der bis heute wertvollsten Stücke der Sammlung, den Pernner-Codex (D-Rp C 120). Der erhaltene Postaufgabeschein benannte den Wert des handschriftlichen Chorbuches aus dem frühen 16. Jahrhundert damals mit *„zweitausend Mark"*. 1907 wurden an Alfred Einstein (1880–1952) in München 11 bibliographische Einheiten in einem Umfang von 38 Einzelbänden versandt. Er musste folgende Verpflichtungserklärung unterzeichnen: *Herr Dr. Einstein übernimmt, laut beigefügter Unterschrift, im vollen Umfang die persönliche Haftung für die ihm zur häuslichen Benutzung überlassenen Werke.* Unter den Materialien befand sich das Autograph der *Musiche da camera e chiesa* (D-Rp B 241) von Francesco Rasi (1574–1621) aus dem Jahr 1612.

Abb. s. S. 110.

BZBR (D-Rp) ohne Signatur.

23.7 Pernner-Kodex

Innsbruck?, Augsburg 1518–1521
Notenhandschrift in Chorbuchanordnung, Papier, Text lateinisch, deutsch, französich, H 30,5 x B 21,5 cm, Hauptschreiber: Lucas Wagenrieder (1490–1567). Einband aus Holz mit braunem Papier überzogen, Lederrücken.

Aufgeschlagen: S. 26/27: Französische Chanson *Zelans Emplus* [= Cela sans plus] mit Verfasserangabe *Jo. C. C. de Medicis leo papa decimus*.
Dem untextierten fünfstimmigen Satz in Chorbuchanordnung (linke Seite: Cantus, Altus Tenor, rechte Seite: Vagans und Bassus) wurde vom Kopisten die Textmarke *Zelans Emplus* unterlegt. Zu lesen vermutlich als Beginn der französischen Chanson *Cela sans plus*. Die Komposition ist Giovanni de' Medici (1475–1521) zugeschrieben, der 1492 zum Kardinal ernannt wurde und seit 1513 als Papst Leo X. der katholischen Kirche vorstand.

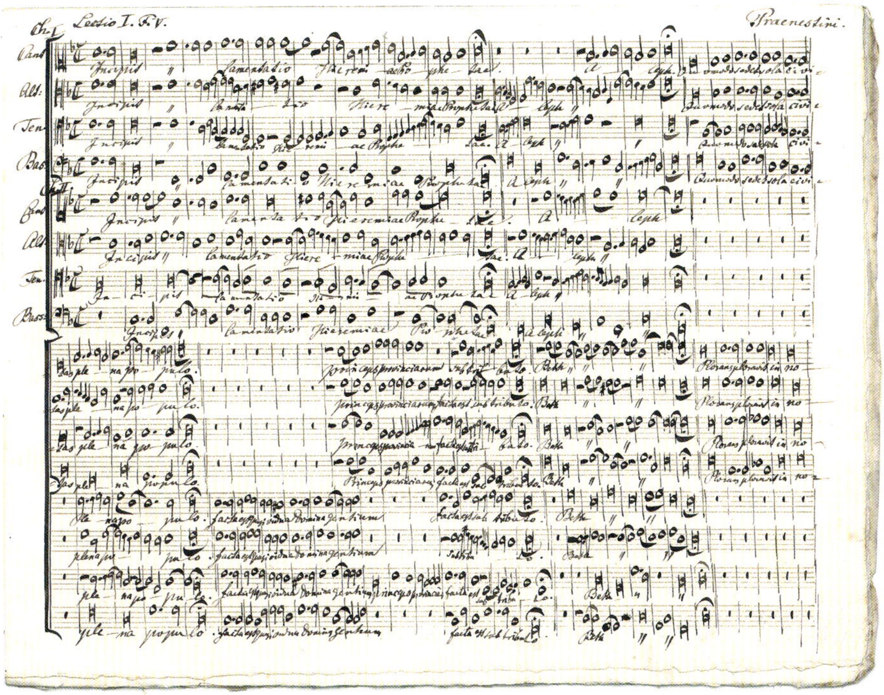

Beginn der achtstimmigen Lamentationen von Palestrina in der Abschrift von Carl Proske. Die Komposition ist nur in dieser Abschrift erhalten (Kat.-Nr. 23.8).

Der Kodex besteht aus zwei Teilen. Die Wasserzeichen des älteren Teils verweisen auf die Innsbrucker Hofkanzlei Kaiser Maximilians I. Er dürfte zwischen 1518 und 1519 entstanden sein. Der zweite Teil ist 1521 in Augsburg geschrieben worden. Hauptschreiber beider Teile war der für Ludwig Senfl (ca. 1486–1542/43) als Kopist arbeitende Sänger Lucas Wagenrieder (1490–1567). Kurz nach der Niederschrift sind beide Manuskriptteile vermutlich in Augsburg zusammengebunden worden.
Der Band enthält 99 Kompositionen: überwiegend Messen und Messensätze, Motetten, deutsche geistliche und weltliche Sätze und französische Chansons.
Der Pernner-Codex muß angesichts seiner Herkunft und Entstehungsgeschichte, aber auch im Hinblick auf die bewahrte Musik, als eine der wichtigsten deutschen Sammelhandschriften des frühen 16. Jh. gelten. Unter den zahlreichen Unica befinden sich Werke Isaacs, Senfls und La Rues; darüber hinaus enthält das Manuskript als früheste deutsche Quelle Werke einiger in Italien wirkender Komponisten der Generation Senfls (C. Festa, A. Willaert). Es gehört zu den verhältnismäßig wenigen erhaltenen handschriftlichen Überresten aus der Hofkapelle Kaiser Maximilians und bietet die wichtigste Überlieferung der frühen geistlichen Werke L. Senfls. (BIRKENDORF: Pernner-Codex (MGG) Sp. 1546).

BZBR (D-Rp) C 120

Lit.: Franz Xaver HABERL: Eine Komposition des Cardinals Jo. de Medicis (Leo papa X.) in einem Manuskript des 16. Jahrhunderts, in: Kirchenmusikalisches Jahrbuch 13 (1888), S. 39–49; Rainer BIRKENDORF: Der Codex Pernner. Quellenkundliche Studien zu einer Musikhandschrift des frühen 16. Jahrhunderts (Regensburg, Bischöfliche Zentralbibliothek, Sammlung Proske, Ms. C 120), 3 Bde., Augsburg 1994; DERS.: Artikel „Pernner-Codex", in: Die Musik in Geschichte und Gegenwart. Allgemeine Enzyklopädie der Musik, 2. neubarb. Ausg., Sachteil Bd. 7 (1997), Sp. 1544–1546; KBM 14/1, S. 312–318

23.8 Palestrina, Giovanni Pierluigi da: Lamentationes Hieremiae Prophetae VIII vocum
Lamentationes / Hieremiae Prophetae / VIII Vocum / Auctore / J. P. A. Praenestino / Ex MS. Antiquissimo in Archiv. Mus. / Minor. / Conventualium Bononiens. / in partitionem transcripsit C. P(roske) / Bononiae d. 25. Julii 1837 [Titelseite]

Bologna, 25. Juli 1837
Notenhandschrift in Partituranordnung (Chorus I: Cantus, Altus, Tenor, Bassus; Chorus II: Cantus, Altus, Tenor, Bassus), Papier, Text lateinisch, 3 Bl., H 22,5 x B 29,5 cm, Abschrift von Carl Proske.

Aufgeschlagen: Bl. 2r: Beginn der Komposition mit Textanfang *Incipit lamentatio Hieremiae Prophetae*. Danebenliegend: Kopie der Titelseite.

Während von Palestrina zu Lebzeiten ausschließlich vierstimmige Lamentationen im Druck erschienen sind (*Lamentationum Hieremiae prophetae liber primus*, Rom 1588), geht vorliegende achtstimmige Vertonung auf eine Abschrift zurück, die Carl Proske 1837 aus einem Kodex des Minoritenkonvents in Bologna anfertigte und nach Regensburg brachte. Da das Vorlagemanuskript inzwischen verschollen ist, sind diese Lamentationen ausschließlich in der Abschrift Proskes überliefert. Franz Xaver Haberl, der sie im 32. Band der Palestrina-Gesamtausgabe 1892 veröffentlichte, kommentierte:
Die Proske'sche Bibliothek in Regensburg birgt werthvolle Partituren sehr vieler Werke Palestrina's, welche Dr. C. Proske († 1861) [...] *aus römischen und italienischen Bibliotheken in Partitur brachte. Unter den Kompositionen, welche noch nicht veröffentlicht, von Proske aber mit dem Autorennamen ‚Palestrina' kopirt worden sind, wurden* [...] *die drei achtstimm(igen) Lamentationen aufgenommen, welche Proske am 25. Juli 1837 aus einem sehr alten Manuskript im Musikarchiv der Minoriten zu Bologna in Partitur gebracht hat. Dieses Manuskript scheint bei der Aufhebung des Klosters verloren gegangen zu sein, wenigstens konnte der Unterzeichnete trotz öfteren Nachforschens dasselbe nicht mehr entdecken.* [...] *Die erste Lamentation wird fast jedes Jahr im Dome zu Regensburg bei der Matutin des Gründonnerstages gesungen und macht einen tiefen Eindruck durch den Wohlklang und die Fülle der Harmonien. Römische Bibliotheken weisen keine Spur dieser Lamentationen auf.*

BZBR (D-Rp) Pr-M Palestrina VIII/1

Lit.: KBM 14/3, S. 285
Diskographie: Gesänge für die Ewigkeit. Passions- und Ostergesänge von Palmsonntag bis Ostersonntag in Musik, Wort und Bild. Regensburger Domspatzen. Roland Büchner [Ltg.]. – RDO Records, 2011. – 1 CD

23.9 Sammelhandschrift zur Musiktheorie

Süddeutschland (Nürnberg, Regensburg) ca. 1450–1480.
Papierhandschrift, lateinisch, deutsch, 416 S., H 21,3 x B 15,5 cm.
Holzdeckel zur Hälfte mit hellem Schweinsleder überzogen, Blinddruck. Mittelschließe fehlt.

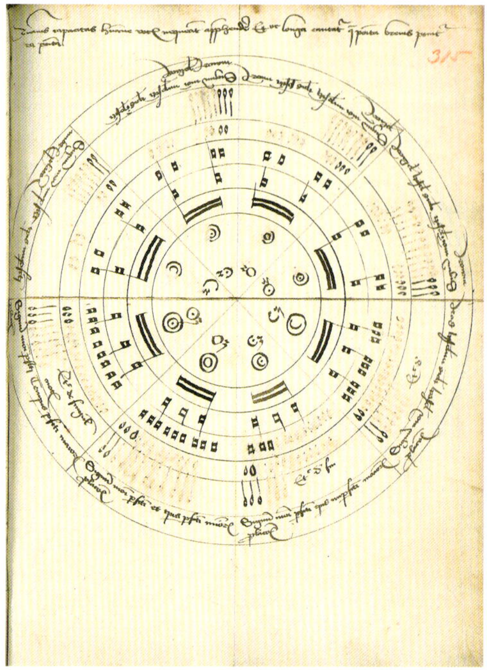

Diagramm in Kreisform über die Aufteilung der Notenwerte aus der Sammelhandschrift zur Musiktheorie D-Rp Th 98 (Kat.-Nr. 23.9).

Aufgeschlagen: S. 314/315: Aus einem Mensuraltraktat, S. 315: Diagramm in Kreisform über die Aufteilung der Notenwerte.

Die Textsammlung enthält eine der wichtigsten Zusammenstellungen von Musiktraktaten, die im 15. Jahrhundert in Süddeutschland niedergeschrieben wurden.
Der zwischen etwa 1450 und 1480 zusammengestellte Band besteht aus drei größeren Teilen:
1.) S. 1–134: arithmetische Abhandlungen, darunter ein *Algorismus Ratisbonensis*, den kurz vor 1450 der St. Emmeramer Frater Fridericus [Friedrich Gerhart] aus Texten des Johannes Sacrobosco und Johannes de Lineriis kompilierte;
2.) S. 137–250: eine Abschrift des Traktats *Flores musicae artis* des Hugo von Reutlingen (ca. 1285–1360) mit Erläuterungen und Musikbeispielen zur Modi- und Solmisationslehre;
3.) S. 251–416: eine Sammlung von Texten, die sich mit der Mensuralmusik und der Kontrapunktlehre befassen (u.a. nach Marchet von Padua und Johannes de Muris), darunter ein Mensuraltraktat in deutscher Sprache (S. 399–405: *Zu lernen dy figurlichen musica*) über die Mensuren, Ligaturen und Proportionen sowie

ein kurzer Orgeltraktat (S. 411–413: *Reperi in una carta unum modum organizandi qui est antiquus*).

BZBR (D-Rp) Th 98

Bibliographischer Nachweis: RISM B III/3, S. 181–191
Lit.: Franz Xaver Haberl: Cod. Mscr. No. 98 th. (in hoch 4°) Bibliothek Proske in Regensburg, in: Monatshefte für Musikgeschichte 4 (1872), S. 160–165; Christian Meyer: Ein deutscher Orgeltraktat vom Anfang des 15. Jahrhunderts, in: Musik in Bayern 29 (1984), S. 43–60; Klaus-Jürgen Sachs: De modo componendi. Studien zu musikalischen Lehrtexten des späten 15. Jahrhunderts, Hildesheim [u.a.] 2002 (Veröffentlichungen des Staatlichen Instituts für Musikforschung 12: Studien zur Geschichte der Musiktheorie 2) (dort zahlreiche weitere Literaturhinweise)

23.10 Maier, Julius Joseph:
Thematischer Zettelkatalog zur Sammlung Deutscher Tenorlieder
Thematischer Zettelkatalog / zum „Deutschen Lied“ – / nach fortlaufenden Nummern. / in 3 Büchschen [Titeletikett]

München, letztes Drittel 19. Jh.
1185 Karteikärtchen in insgesamt drei Karteikästen (*Büchschen*), deutsch, H 16 x B 9,5 cm, Autograph J. J. Maier.

Aus der Sammlung Franz Xaver Haberl. Durch Vermittlung der Witwe Caroline Maier konnte Haberl 1890 den musikalischen Nachlass des Konservators der Musiksammlung der Münchener Hof- und Staatsbibliothek, Julius Joseph Maier (1821–1889), ankaufen. Zum Sammelgebiet Maiers zählte unter anderem das deutsche Tenorlied. Zwischen 1857 und ca. 1870 schuf er mit rund 1800 Spartierungen eine der umfangreichsten Sammlungen dieses Genres. Hierzu legte er ein Incipitregister in Form eines Zettelkatalogs an. Er notierte auf den Karteikärtchen eine fortlaufende Nummerierung, das Text- und Notenincipit der Tenorstimme und Quellennachweise.

BZBR (D-Rp) 6607

Lit.: KBM 14/7, S. XXV–XXX, 290

Thematischer Zettelkatalog zur Sammlung Deutscher Tenorlieder von Julius Joseph Maier (Kat.-Nr. 23.10).

23.11 Stempel der Proskeschen Musikbibliothek Regensburg

2. Jahrzehnt 20. Jh.
H 7 x T 3 x B 4,3 cm.
Aufschrift (oval): *Proskesche | Musikbibliothek | Regensburg.*

Um 1916 wurden die Gruppen A.R., B, C, Th, G und Ch der Proske-Sammlung mit gelben (Praktika) und roten (Theoretika und Choralia) Signaturschildern versehen und die Titelblätter der Drucke (zuweilen an unpassender Stelle) gestempelt. Der Stempel ist seit Mitte des 20. Jahrhunderts außer Gebrauch.

Abb. s. S. 114

BZBR (D-Rp) ohne Signatur.

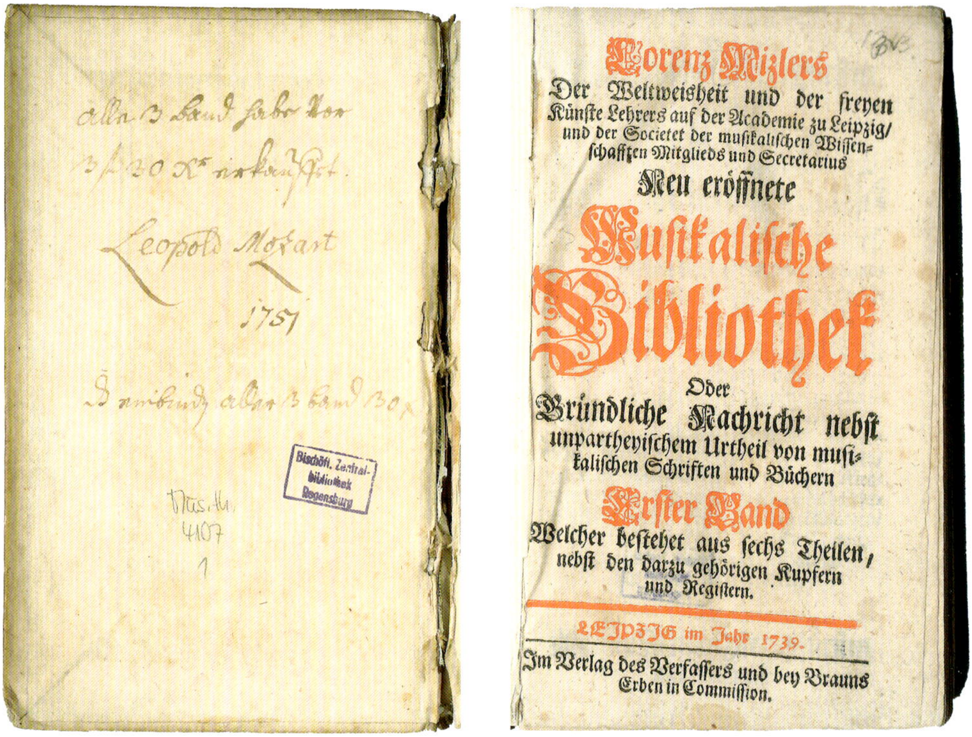

Besitzvermerk von Leopold Mozart und Titelseite des 1. Bandes von Lorenz Mizlers *Neu eröffnete Musikalische Bibliothek, Leipzig 1739* (Kat.-Nr. 23.12).

23.12 Mizler von Kolof, Lorenz Christoph: Neu eröffnete Musikalische Bibliothek, Bd. 1 mit Besitzvermerk von Leopold Mozart

Lorenz Mizlers | […] | Neu eröffnete | Musikalische Bibliothek | oder | Gründliche Nachricht nebst | unpartheyischem Urtheil von musi= | kalischen Schriften und Büchern | Erster Band | Welcher besteht aus sechs Theilen, | nebst den darzu gehörigen Kupfern | und Registern. | LEIPZIG im Jahr 1739. | Im Verlag des Verfassers und bey Brauns | Erben in Commission
Leipzig: Mizler, 1739

Aufgeschlagen: Spiegel des Vorderdeckels mit Besitzvermerk von Leopold Mozart. Danebenliegend: Kopie der Titelseite.

Dieser Band befand sich ursprünglich in der Bibliothek von Franz Xaver Haberl. Als Msgr. Joseph Poll vor 1940 einen Bandkatalog zu den Theoretika der Haberl-Sammlung anlegte, versah er den Eintrag zu diesem Werk mit dem Vermerk *Sehr beachtensw(ert)*. Er bezog sich dabei auf den autographen Besitzvermerk Leopold Mozarts (1719–1787) im Spiegel des Vorderdeckels: *alle 3 Band habe vor / 3 fl* [Gulden] *30 Xr* [Kreuzer] *erkaufet. / Leopold Mozart / 1751 / Die einbindung aller 3 Band 30 X.*

Der Gelehrte und Musikschriftsteller Lorenz Christoph Mizler de Kolof (1711–1778) hatte 1738 die *Correspondierende Societät der musicalischen Wissenschaften* als eine Art virtuelle musikwissenschaftliche Gemeinschaft gegründet. Sein Anliegen war es, die Musik als eine an der Universität zu lehrende, mathematische Wissenschaft zu etablieren. Zu den Mitgliedern zählten so namhafte Persönlichkeiten wie Johann Sebastian Bach und Georg Friedrich Händel. In seinem Leipziger Selbstverlag gab Mizler als Organ der *Societät* die bereits seit 1736 bestehende *Neueröffnete musikalische Bibliothek* heraus. Am 24. November 1755 brachte Leopold Mozart gegenüber seinem Verleger Johann Jacob Lotter in Augsburg seine Verwunderung über Mizlers Beitrittsangebot zum Ausdruck (nach Lutz Felbick unter www.mizler.de). Wie Franz Xaver Haberl in den Besitz des Exemplars von Leopold Mozart gelangte, ist nicht bekannt.

Autographe Partitur des *Invitatorio per li deffonti* von Padre Martini (Kat.-Nr. 23.13).

Auch im vorhandenen 2. Band von 1740 findet sich ein entsprechender Eintrag von der Hand L. Mozarts: *Diese 3 Band, daß ist alle / 12 Theil der Mizlerisch(en) Musikalisch(en) Bibliot(h)ek habe / erkauft vor 3 fl 30 X*ʳ. Der 3. Band fehlt bereits in Polls Bandkatalog.

BZBR Mus. th. 4107-1 (alte Signatur: BH 128).

Lit.: Lutz Felbick: Lorenz Christoph Mizler de Kolof. Schüler Bachs und pythagoreischer Apostel der Wolffischen Philosophie, Hildesheim 2011

23.13 Martini, Giovanni Battista: Invitatorio per li deffonti

F(rate) G(iovanni) B(attista) M(artini) / Invitatorio per li deffonti a 8 Voci concer(ta)to con SS [Strumenti] e RR [Ripieni] / 1738 [Kopftitel]

Bologna 1738.
Notenhandschrift in Partituranordnung (Chorus I: Cantus, Altus, Tenor, Bassus; Chorus II: Cantus, Altus, Tenor, Bassus; Violino 1, Violino 2, Viola, Basso, Basso continuo), Papier, Text lateinisch (Titel italienisch), 13 Bl., H 30 x B 22 cm, Autograph Giovanni Battista Martini.

Aufgeschlagen: Bl. 1r: Beginn der Komposition mit Textanfang *Regem cui omnia vivunt.*

Aus der Sammlung Franz Xaver Haberl. 1867 erwarb F. X. Haberl in Bologna zahlreiche Autographen des Priestermusikers Padre Giovanni Battista Martini (1706–1784). Mit dem Ankauf besaß Haberl nach der Bibliothek des *Liceo communale* (heute: *Civio Museo Bibliografico-Musicale G. B. Martini*) und dem Musikarchiv des *Convento di S. Francesco* die drittgrößte Sammlung autograph überlieferter Kirchenmusik von Padre Martini.

BZBR (D-Rp) BH 6442

Lit.: KBM 14/7, S. XIX f., 162

Bildinitiale Hl. Dominikus aus einem Antiphonale de sanctis des Regensburger Dominikanerinnenklosters Hl. Kreuz (Kat.-Nr. 23.14).

23.14 Antiphonale de sanctis (Sommerteil)

Regensburg, Dominikanerinnenkloster Hl. Kreuz, um 1491.
Choralhandschrift, Pergament, Text lateinisch, [2] Bl., [570] S., H 55 x B 37 cm, Schriftspiegel H 42,5 x B 27 cm.
Quadratnoten auf vier roten Linien, neun Notensysteme je Seite, Rubriken in Rot, Federgezeichnete farbige Initialen, teilweise mit Masken. 4 große Bildinitialen auf Blattgoldgrund mit farbigen Rankenbordüren: Schmerzensmann zwischen zwei Jungfrauen (S. 1), Hl. Dominikus (147), Tod Mariens (200), Petrus und Paulus (359). Ab S. 459 Schreiberwechsel.
Holzdeckel mit Lederbezug. Streicheisenlinien, Roll- und Einzelstempel. 2 Schließbänder (Leder erneuert). 8 Eckenbeschläge und Mittelbuckel aus Messing. 1983 restauriert.

Aufgeschlagen: S. 147/148: rechts: Antiphon *Gaude felix parens Hispania* mit Bildinitiale: Darstellung des Hl. Dominikus auf ziseliertem Blattgold.

Das ausgestellte Chorbuch ist der erste Band eines fünfbändigen Zyklus, bestehend aus: (1) *Antiphonale de sanctis* (Sommerteil), (2) *Antiphonale de tempore* (Sommerteil), (3) *Antiphonale de tempore et de sanctis* (Winterteil), (4) *Graduale de tempore*, (5) *Graduale de sanctis*. Die beiden ersten Bände konnten 1491 vom Regensburger Dominikanerinnenkloster Heilig Kreutz durch eine Geldspende der Nürnbergerin Agnes Volckamer erworben werden. Deren Nichte Magdalena Holzschuher war bereits 1488 in das Kloster eingetreten. Über den Erwerb informiert ein auf dem Vorsatzblatt eingeklebter Pergamentzettel. Die Spenderin und ihre Nichte sind abgebildet auf einer ganzseitigen Aquarellmalerei (Bl. 1v): In der oberen Hälfte Maria mit Jesuskind im Paradiesgärtlein umgeben von weiblichen Heiligen. In der unteren Hälfte fünf Nonnen des Klosters Hl. Kreuz mit ihren hinter ihnen stehenden Namenspatroninnen. Vorne links im blauen Kleid kniend Agnes Volckhammer aus Nürnberg. In der Mitte die Nichte der Spenderin, Magdalena Holzschuher, mit dem weißen Schleier der Novizin (Abb. in: BZAR/BZBR: Kataloge 3, S. 223). Die namentlich bekannten Nonnen wurden 1484 aus dem Nürnberger Katharinenkloster nach Regensburg entsandt, um das seit etwa 1233 bestehende Kloster Hl. Kreuz zu reformieren.
Der Chorbuchzyklus bildete einst eines der Glanzstücke der Bibliothek des Klosters Hl. Kreuz. 1876 wurde er jedoch über Holland nach Nordamerika verkauft, wo der gelehrte Samuel Bowne Durey 1887 sein zwischenzeitlicher Besitzer wurde. Nachdem er die Bände 1895 der *Long Island Historical Society* in Brooklyn vermacht hatte, gelangten sie in den Auktionshandel. 1981 wurden sie vom Bistum Regensburg für die Bischöfliche Zentralbibliothek zurückerworben.
Besondere Beachtung kommt den über die fünf Bände verteilten acht großen Bildinitialen zu. Die ausgestellte Initiale mit dem Ordensgründer Dominikus (um 1170–1221) schmückt den Anfangsbuchstaben *G* der Psalmantiphon *Gaude felix parens Hispania* zur Vesper am Festtag des Heiligen (Rubrik: *In festo b(ea)ti / dominici / Ad v(espera)s s(upe)r p(salmo)s an(tiphona).* Neben einem Kruzifix in der linken Hand und einem Stab in der rechten (Symbol des Wanderpredigers) ist dem Dominikus als Attribut ein schwarz-weißer Hund (Farbe des Ordenshabits der Dominikaner) beigegeben, dem ein Feuerschweif aus der Schnauze lodert. Der Legende nach träumte die Mutter des Dominikus während ihrer Schwangerschaft, das Kind, das sie gewähren werde, sei ein kleiner Hund. Er trug eine brennende Fackel in der Schnauze. Als der Hund zur Welt kam, setzte das Feuer der Fackel die ganze Welt in Brand. So sollte Dominikus den von ihm gegründeten Predigerorden und die von diesem vertretene Theologie in der ganzen Welt bekannt machen. Wegen ihres unerbittlichen Vorgehens in den Zeiten der Inquisition wurden die Dominikaner später auch die *Domini canes*, die Hunde des Herrn genannt.

BZBR (D-Rp) Ch 330-1

Lit.: Paul Mai: Gottes Lob auf Pergament. Die Chorbücher des Dominikanerinnenklosters Heilig Kreuz in Regensburg und Choralhandschriften in der Bischöflichen Zentralbibliothek Regensburg, in: Regensburger Almanach 1982, Regensburg 1981, S. 25–34; BZAR/ BZBR: Kataloge 3, S. 148f.; KBM 14/15, S. 139–166

24. Das Institutum Liturgicum Ratisbonense und die Fragmentesammlung der Bischöflichen Zentralbibliothek Regensburg

Zur Institutsgeschichte

Im Juni 1957 wurde das *Institutum Liturgicum Ratisbonense* – das Liturgiewissenschaftliche Institut Regensburg – mit Sitz im ehemaligen Benediktinerkloster Prüfening gegründet. Erster Leiter des Instituts wurde P. Alban Dold OSB (1882–1960). Zu seinen Mitarbeitern zählten von Anfang an P. Petrus Siffrin OSB (1888–1962) vom *Institutum Liturgicum San Anselmo* (Rom) sowie der junge Geistliche Klaus Gamber (1919–1989).

Nach dem Tod von Dold und Siffrin in den sechziger Jahren wurde Gamber Institutsleiter. Er rief zur Veröffentlichung wissenschaftlicher Ergebnisse zwei Publikationsreihen ins Leben, die den Namen des Instituts weithin bekannt machten:

Textus patristici et liturgici (ab 1964 15 Bde.)

Studia patristica et liturgica (ab 1967 18 Bde.) mit der Unterreihe *Beihefte* (26 Bde.)

1972 übereignete Msgr. Dr. Klaus Gamber seine Privatbibliothek, die bisher im Schloss Prüfening als Institutsbibliothek genutzt wurde, dem Bistum. Der Übereignungsvertrag vom 17. Mai 1972 legt fest, dass das Liturgiewissenschaftliche Institut im Rahmen der neu gegründeten Bischöflichen Zentralbibliothek weitergeführt wird. Das Institut fand seine neue Unterkunft in den Räumen der 1972 eröffneten Bischöflichen Zentralbibliothek am St. Petersweg. Die Bestände der Institutsbibliothek stehen hier der wissenschaftlichen Nutzung zur Verfügung.

In den am 6. Dezember 1977 bestätigten Statuten wird die Aufgabe des Instituts mit den Worten umrissen:

§ 3. Das Institut hat die Aufgabe, die Liturgiegeschichte, vor allem deren Quellen, wissenschaftlich zu erforschen.

Zum Nachfolger Msgr. Dr. Gambers, der 1989 verstarb, wurde Prof. Dr. Karl Josef Benz bestellt, der bis 1992 an der Katholisch-Theologischen Fakultät der Universität Regensburg Kirchengeschichte des Mittelalters und der Neuzeit lehrte.

Nach einer Neuordnung und Systematisierung der Institutsbibliothek zählt die Erschließung der Fragmentesammlung der Bischöflichen Zentralbibliothek zu den gegenwärtigen Hauptaufgaben des Instituts. Hierzu gehören rund 350 sowohl liturgische wie nichtliturgische, teils bis ins 8. Jahrhundert zurückreichende Einzelstücke unter folgenden Rubriken: I. Nichtliturgische Fragmente, II. Biblia, III. Liturgie: Messe, IV: Liturgie: Offizium, V. Liturgie: sonstige Bücher.

Ein erster Katalogband, der eine Auswahl neumierter liturgischer Fragmente vorstellt, ist zum 50. Jubiläum des Instituts im Jahr 2007 erschienen. Ein zweiter Katalog folgte 2009 mit der Beschreibung nichtliturgischer Fragmente.

Zur Fragmentesammlung

Zu den verborgenen Schätzen der an alten Handschriften und Inkunabeln, vor allem aber an für die Musikgeschichte reichen Beständen der Bischöflichen Zentralbibliothek Regensburg zählt der inzwischen auf mehr als 350 Stück angewachsene Bestand von mittelalterlichen Buchfragmenten, d.h. von Resten einstiger Handschriften, die nach der Erfindung der Buchdruckerkunst allmählich außer Gebrauch kamen und als sogenannte Makulatur für vielerlei praktische Zwecke Wiederverwendung fanden.

Die Gesamtzahl der katalogisierten Fragmente beträgt 352, wovon 258 Liturgica sind. Die restlichen 94 verteilen sich wie folgt: 20 diverse Autoren, darunter so bekannte Namen wie Gregor von Tours, Gregor d. Gr. Schriften bzw. Briefe, Caesarius von Arles u.a.; 5 Lebensbeschreibungen; 20 Exzerpte theologischer Abhandlungen, 13 kanonistische Fragmente. Interessant sind die 5 deutschsprachigen Fragmente z.B. von *Tristan und Isolde* oder aus dem *Schwabenspiegel*; 1 hebräisches Fragment, 2 Fragmente von Computushandschriften des 10. Jahrhunderts und 10 Varia. Sodann folgen Biblia mit 16 Fragmenten.

Den größten Teil der Fragmente, 258 Stück (fast drei Viertel), machen liturgische Texte aus, deren Provenienz meistens nicht eindeutig geklärt werden kann. Wir können aber davon ausgehen, dass die meisten aus Regensburger Klöstern bzw. Kirchen stammen. Von diesen 258 Liturgica können etwa 180 Fragmente dem 14. und 15. Jahrhundert, also dem sog. Spätmittelalter zugeordnet werden. Interessant dürfte es sein, dass ca. 110 dieser Fragmente der Messfeier zuzuordnen sind, 54 dem Stundengebet und nur zwei den Ordnungstexten, den Ritualbüchern bzw. Kalendarien, zehn entziehen sich einer näheren Zuweisung. Von den 110 Messfragmenten stammen 74 von Vollmissalen, 24 von Gesangbüchern und nur 2 von anderen Büchern.

Diese auf der rein zufälligen Sammlung der Fragmente beruhende Verteilung spiegelt in etwa die konkrete Situation am Ende des Mittelalters wider. Mit der seit dem 13. Jahrhundert immer stärker werdenden Behauptung des Vollmissale werden die Rollenbücher immer weniger. Die Vollmissale aber werden in den letzten Jahrzehnten des 15. Jahrhunderts in rascher Folge durch die ersten Druckmissale ersetzt. Bischof Heinrich IV. von Absberg veranlasste 1485 den ersten Druck des Regensburger Missale. Die überflüssig werdenden Handschriften wurden dann eben teilweise aus dem Verkehr gezogen und als Makulatur für Bucheinbände oder zum Binden von Aktenmaterial wiederverwendet.

Lit.: Paul Mai: Das Institutum Liturgicum Ratisbonense, in: Simandron. Der Wachklopfer. Gedenkschrift für Klaus Gamber (1919–1989), hrsg. v. Wilhelm Nyssen, Köln 1989, S. 303–315; Edith Feistner: Deutsche Fragmente in der Bischöflichen Zentralbibliothek Regensburg, in: Zeitschrift für deutsches Altertum und deutsche Literatur 135 (2006) S. 1–12; Dies.: Vom „Predigtbuch" des Priesters Konrad in Regensburg. Blicke in eine volkssprachliche Predigtwerkstatt um 1200, in: Beiträge zur Geschichte des Bistums Regensburg 41 (2007), S. 7–39; BZAR/BZBR: Kataloge 23; BZAR/BZBR: Kataloge 27

Karl Josef Benz

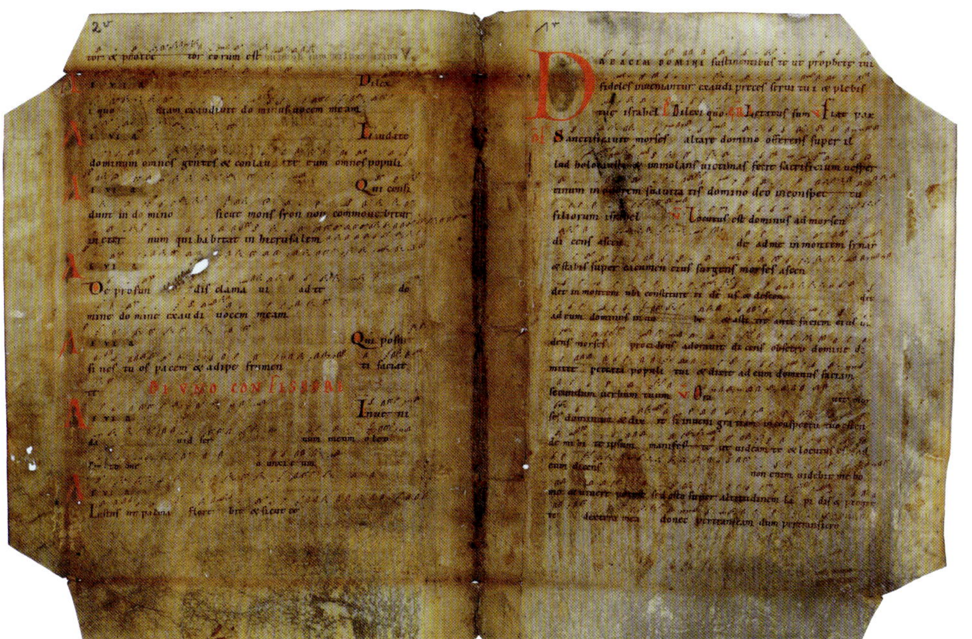

Fragment eines Graduale, neumierte Gesangstexte für den 18. Sonntag nach Pfingsten und diverse Alleluja-Melodien für Sonntage nach Pfingsten und für das Commune De uno Confessore (BZBR Fragment III 6.1) Anfang 10. Jh.

Fragment einer zu Einbandzwecken für ein Tenor-Stimmbuch umfunktionierten Missalehandschrift (s. Kat.-Nr. 24.1).

24.1 Vier Fragmente eines zu Einbandzwecken für Stimmbücher umfunktionierten Prachtmissale des 15. Jhs.

Regensburg, 15. Jh.
Pergament, lateinisch, aus Doppelblättern quer herausgeschnittene Fragmente, je H 18 x B 46 (23 + 23) cm, Schriftspiegel je H ca. 14–15 x B ca. 7,5 cm. – Textura, farbige Initialen *D* (blau auf grünem Untergrund, Blattgoldausfüllung), *B* (blau auf grünem Untergrund, Blattgoldausfüllung) und *Q* (rosa auf grünem Untergrund mit Blattgoldausfüllung) jeweils mit Rankenwerk. Initiale T mit einer Miniatur der Ölbergszene.

Aufgelegt: Vier Einbandblätter zu den Stimmbüchern *Discantus*, *Tenor*, *Bassus* und *Quintus*.

Die vier aufliegenden aus insgesamt sechs Fragmentdoppelblättern gewähren einen spannenden Einblick in die Mentalität und Arbeitsweise von Buchbindern des 16. Jahrhunderts im Umgang mit nicht mehr benutzten Handschriften.
Einzubinden waren sechs musikalische Stimmbuchdrucke, die sechsstimmige Chorgesänge enthielten: *Discantus*, *Altus*, *Tenor*, *Bassus*, *Quinta pars* und *Sexta pars*. Dementsprechend suchte man in einem ausrangierten Regensburger Missale des 15. Jahrhunderts nach dazu passenden Initialen *D*, *A*, *T*, *B*, *Q* und *S*, wurde fündig oder half etwas nach. Die ausgewählten Blätter des Missale wurden im benötigten Format der Stimmbücher zugeschnitten, zu Einbänden umfunktioniert und dabei die vorgefundenen Initialen zu Stimmbezeichnungen umgeschrieben:
Das *D* für die Diskant-Stimme bot sich am 1. Sonntag nach der Pfingstoktav an mit Introitus-Beginn *Domine in tua misericordia speravi* [...] *in salutari tuo cantabo* [...]. Es wurde alles bis *can-* abgeschabt und das übriggebliebene *D* ergänzt zu *DISCANTUS*.
Das *A* fand man beim 1. Adventssonntag, dessen Introitus *Ad te levavi* das Kirchenjahr einleitet. Man schabte den Text *-d te levavi* ab und überschrieb stattdessen *ALTUS*. Auf diese Weise war ein Einbandpergament für die Noten der Altstimme gewonnen.
Für den Einband des *TENOR*-Bandes wurde die Illumination zum Beginn des Messkanons *Te igitur clementissime pater* ausgewählt. Die Initiale *T* ist hier bildlich geschmückt mit der Ölbergszene. Der nach dem *Te* folgende Text *igitur clementissime pater* wurde bis *clementissi(me)* abgeschabt und stattdessen das *Te* ergänzt zu *TENOR*. Damit war der so eingebundene Text deutlich dem Tenor zugewiesen. Der übrige Text des Messkanons blieb unangetastet.
Das *B* für den Anfang von *BASSUS* fand man im Missale nicht. Man half sich, indem man den Anfang eines anderen Messformulars – das Ende des 2. Sonntags nach Pfingsten und den Text des 3. Sonntags nach Pfingsten mit dem Anfang *Respice in me et miserere mei* – unverändert stehen ließ. Die Initiale *B* für *Bassus*

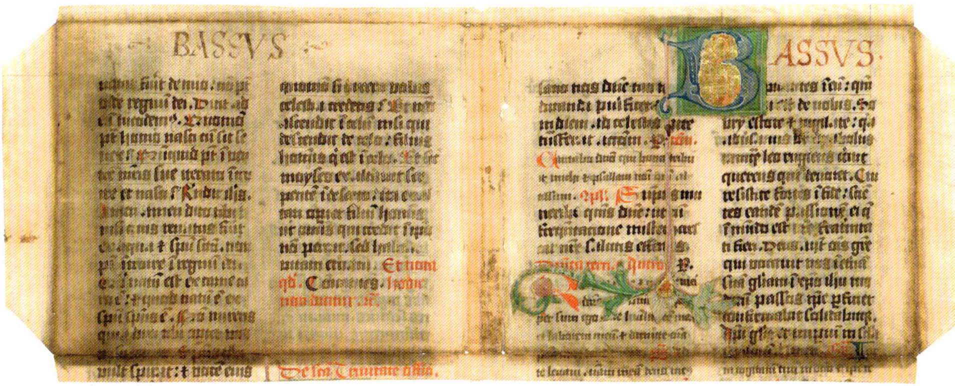

Fragment einer zu Einbandzwecken für ein Bassus-Stimmbuch umfunktionierten Missalehandschrift (s. Kat.-Nr. 24.1).

schrieb man in der gewohnten ornamentalen Schrift auf ein Stück Pergament, schnitt die Initiale B mit ihren dekorativen Ausläufern aus dem Pergament fein säuberlich aus und klebte es an den oberen Rand des Einbandpergaments. Damit war dem Übel abgeholfen und der gewünschte dekorative Einband auch für den Bass-Stimmendruck gesichert. Die Texte des Messformulars wurden in gewohnter Weise mit den mehrendigen Zwischenrubriken über den zur Verfügung stehenden Raum verteilt.
Das Q für die fünfte Stimme, die *Quinta pars*, wurde aus der Umfunktionierung eines *M* gewonnen. Das Sanctorale begann mit den Worten *Incipit de sanctis et primo in die sci Andree apli. Introitus. Mihi aut.* Das nach wie vor deutlich erkennbare *M* wird zum *Q* umgestaltet, der Anfang der Oration *Maiestatem* gelöscht und stattdessen das *Q* (= *M*) ergänzt zu *QUINTA PARS*.
Das *S* für *Sexta pars* fand man am Pfingstsonntag, dessen Introitus lautet*: Spiritus domini replevit* […] *habet vocis*. Wiederum wurde abgeschabt, bis auf das *S*, und überschrieben *SEXTA PARS*.

Eingebunden wurden in die Missale-Fragmente drei bibliographisch zusammengefügte Notendrucke des 16. Jahrhunderts aus der Musiksammlung Carl Proskes (D-Rp A.R. 297–299). Während die meisten Stimmbücher der *Antiquitates Ratisbonenses* (Signaturengruppe A.R.) ihre historischen Einbände bis in die Gegenwart behalten haben, wurden die vorliegenden abgelöst und die Stimmbuchdrucke in Leinen neu gebunden:
Sales, Franz (ca. 1540-1599): *Sacrarum cantionum, omnis generis instrumentis musicis, et vivae voci accomodatarum, hactenusque non editarum, liber primus*
Prag: Nigrinus, 1593
RISM A/I S 394, SS 394

Sacrae cantiones, cum quinque, sex et pluribus vocibus, de festis praecipuis totius anni, a praestantissimis Italiae musicis nuperrime concinnatae […]
Nürnberg: Gerlach, 1585
RISM B/I SD 1585/1

Continuatio cantionum sacrarum quatuor, quinque, sex, septem, octo et plurium vocum, de festis praecipuis anni, a praestantissimis Italiae musicis nuperrimè concinnatarum […]
Nürnberg: Gerlach, 1588
RISM B/I SD 1588/2

BZBR Fragment III 13.64

Lit.: Berthold Furtmeyr. Meisterwerke der Buchmalerei und die Regensburger Kunst in der Spätgotik und Renaissance. Hrsg.: Christoph Wagner*; Klemens* Unger *unter Mitarbeit von Wolfgang* Neiser*, Regensburg 2010, S. 421 (zum Tenor-Fragment)*

Fragment einer Prachthandschrift aus dem Missale Ratisponense (s. Kat.-Nr. 24.2).

Fragment einer Prachthandschrift aus dem Missale Ratisponense (s. Kat.-Nr. 24.3).

24.2 Fragment einer Prachthandschrift aus dem Missale Ratisponense

Regensburg, um 1450
Pergament, lateinisch, 1 Blatt, zweispaltig, 33 Zeilen, H 38 x B 28,5 cm, Schriftspiegel je Spalte: H 25 x B 9 cm. Textura, Gesangstexte (ohne Neumen) in kleineren Buchstaben gehalten, Rubriken in Rot, in der linken Spalte eine mit Blattgold ausgelegte Initiale A in Blau samt grüner Umrahmung mit Rankenausläufer. Am unteren Rand florale Motivik.

Das Fragment bildete ursprünglich den Beginn einer Regensburger Missale-Prachthandschrift aus der Mitte des 15. Jahrhunderts nach dem *Missale Ratisponense*. Über der Initiale ist der Titel rubriziert: *Incipit liber missalis secundum breuiarium ecclesie Ratisponensis*. Die Initiale A gehört zum Introitus *Ad te Domine levavi animam meam* am 1. Sonntag im Advent.
Frühe gedruckte Ausgaben des Missale Ratisbonense erschienen 1485 bei Sensenschmidt in Regensburg, 1492 bei Petzensteiner und Pfeil in Nürnberg sowie 1515 bei Ratdolt in Augsburg.
Provenienz: Regensburg, vermutlich Obermünster oder Hl. Kreuz.

BZBR Fragment III.13.50

Lit.: BZAR/BZBR: Kataloge 3, S. 137; Berthold Furtmeyr. Meisterwerke der Buchmalerei und die Regensburger Kunst in der Spätgotik und Renaissance. Hrsg.: Christoph W*AGNER; Klemens* U*NGER unter Mitarbeit von Wolfgang* N*EISER, Regensburg 2010, S. 420*

24.3 Fragment einer Prachthandschrift aus dem Missale Ratisponense

Regensburg, um 1450
Textura, Pergament, lateinisch, 1 Blatt, zweispaltig, 29 Zeilen, H 35,5 x B 28 cm, Schriftspiegel je Spalte: H 26 x B 8,5 cm.
Gesangstexte (ohne Neumen) in kleineren Buchstaben gehalten, Rubriken in Rot, in der linken Spalte eine mit Blattgold ausgelegte figürliche Initiale D mit dem Motiv des Erbärmdechristus (Schmerzensmann). Am Rand florale Ausläufer mit farbigen Blüten.

Ob das Blatt aus derselben Handschrift wie das vorhergehende Fragment stammt, ist unsicher. Es gehört jedenfalls auch zu einem Missale Ratisponense. Die liturgischen Texte sind dem ersten Sonntag nach Pfingsten zuzuordnen. Die Schmuckinitiale D bezeichnet den Introitus *Domine in tua misericordia speravi.*
Provenienz: Regensburg, vermutlich Obermünster oder Hl. Kreuz.

BZBR Fragment III.13.50

Lit.: BZAR/BZBR: Kataloge 3, S. 137; Berthold Furtmeyr. Meisterwerke der Buchmalerei und die Regensburger Kunst in der Spätgotik und Renaissance. Hrsg.: Christoph W*AGNER; Klemens* U*NGER unter Mitarbeit von Wolfgang* N*EISER, Regensburg 2010, S. 421*

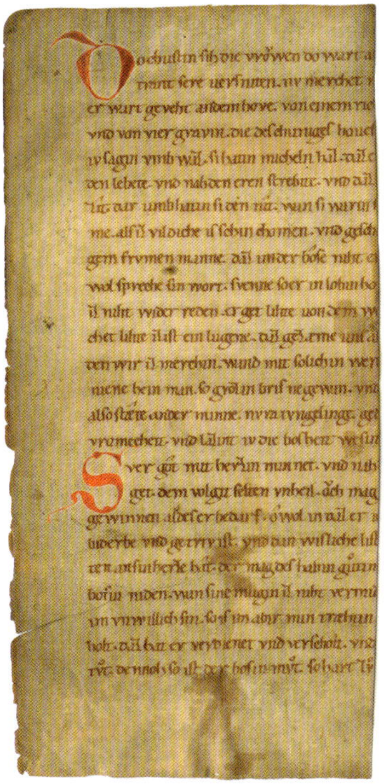

Blatt 1 aus dem Fragment des Tristan von Eilhart von Oberg (s. Kat.-Nr. 24.4).

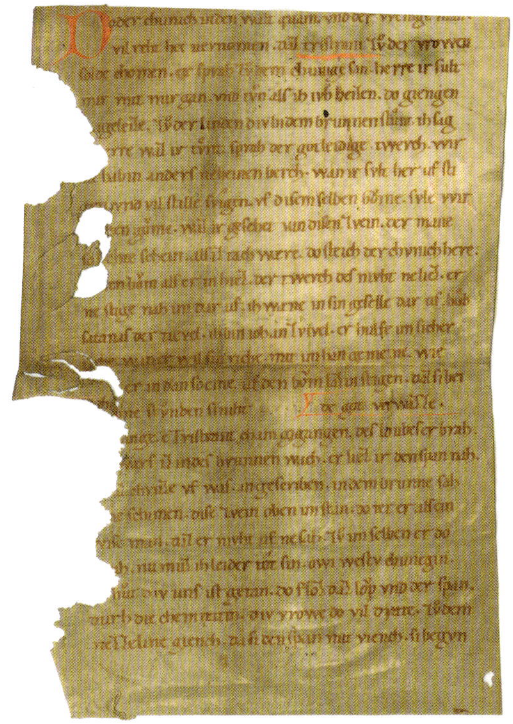

Blatt 2 aus dem Fragment des Tristan von Eilhart von Oberg (s. Kat.-Nr. 24.4).

24.4 Eilhart von Oberg: Tristanroman

Regensburg (Reichsstift Obermünster), Anfang 13. Jh.
Pergament, oberdeutsch, 2 Einzelblätter, einspaltig, H 18 x B 8,9 cm und H 16,2 x B 11,3 cm.
Frühgotische Buchschrift, zweizeilige Initialen in Rot, Textmarkierungen.

Linkes Einzelblatt: Versöhnung zwischen Isalde und Brangäne.
Rechtes Einzelblatt: Baumgartenszene.

Fragmente des ältesten deutschen Tristanromans (das Liebespaar heißt hier *Tristrant* und *Isalde*).
Die Handschrift aus dem Stift Obermünster überliefert nicht das heute berühmtere Werk Gottfrieds von Strassburg (entstanden um 1210), sondern den ins Oberdeutsche ‚übersetzten', ursprünglich mitteldeutsch-niederdeutschen ‚Tristrant', der schon im letzten Drittel des 12. Jahrhunderts verfasst worden ist und dem aus einem niedersächsischen Ministerialengeschlecht stammenden Eilhart von Oberg zugeschrieben wird. Der hohe Wert, den die Handschrift für die überlieferungsgeschichtliche Rekonstruktion dieses Werkes und für die Rekonstruktion der raschen geografischen Streuung seiner Wirksamkeit besitzt, liegt zuallererst in der frühen, autornahen Entstehungszeit. (FEISTNER: Fragmente, S. 281.)
Um 1500 wurde die Handschrift in Obermünster zerschnitten und als Einbandüberzug eines Hausbuchs verwendet. Die beiden Blätter gehören zu jenen Pergament-Fragmenten, die der Domvikar Georg Jacob in der 60er Jahren des 19. Jahrhunderts unter den im Obermünstergebäude untergebrachten Archivbeständen entdeckte und sie zunächst in die Proskesche Musikbibliothek integrierte. Neben dem Tristan-Fragment und zahlreichen liturgischen Blättern befand sich darunter auch ein weiteres prominentes Bruchstück der profanen Literatur: 6 Blätter (14. Jh.) aus dem *Jüngeren Titurel*. Diese wurden 1917 an die Hof- und Staatsbibliothek in München verkauft, da sie ein dort bereits vorhandenes Bruchstück aus derselben Handschrift ergänzten (heute: BSB Cgm. 7).

BZBR Fragment I.5.1

Lit.: Georg JACOB*: Bruchstücke aus Eilharts Tristan, in: Verhandlungen des historischen Vereines von Oberpfalz und Regensburg 29 (1874), S. 134–136; Edith* FEISTNER*: Fragmente des Tristanromans in der Bischöflichen Zentralbibliothek Regensburg – wieder entdeckt für die Forschung, in: Bibliotheksforum Bayern 33 (2005) S. 279–287*

25. Institut für ostdeutsche Kirchen- und Kulturgeschichte e.V.

Das *Institut für ostdeutsche Kirchen- und Kulturgeschichte e.V.* wurde am 10. Dezember 1958 in Königstein im Taunus gegründet und ist seit 1983 der Bischöflichen Zentralbibliothek Regensburg angegliedert.

Die Gründungsväter des Instituts waren Prälat Dr. Kurt Engelbert (1886-1967), letzter Direktor des Diözesanarchivs, des Diözesanmuseums und der Dombibliothek Breslau und sein Bruder Msgr. Josef Engelbert (1891-1969). Vorläuferinstitutionen des Instituts waren ein 1951 in Hildesheim gebildeter *Arbeitskreis für ostdeutsche Kirchen- und Kulturgeschichte* und eine 1952 in Königstein in Verbindung mit dem Schlesischen Priesterwerk ins Leben gerufene *Akademie für ostdeutsche Kultur und Geschichte*.

Erster Vorsitzender des Instituts von 1958 bis 1967 war Dr. Kurt Engelbert. Als wissenschaftlicher Leiter und Geschäftsführer übernahm Prof. Dr. Dr. Bernhard Stasiewski bereits ab 1961, ab 1968 auch als erster Vorsitzender die Verantwortung. An seine Stelle trat ab 10. Dezember 1983 Archiv- und Bibliotheksdirektor Msgr. Dr. Paul Mai.

Das Institut hat die Aufgabe, die Kirchen- und Kulturgeschichte Mittel- und Ostdeutschlands sowie jener Gebiete Ostmitteleuropas, in denen deutsche kirchliche und kulturelle Einflüsse nachweisbar sind, zu erforschen. Insbesondere wird hier der historische Beitrag der katholischen Kirche untersucht. Auch die Geschichte der aus dem Osten Vertriebenen nach 1945 und deren Integration im Westen ist Forschungsgegenstand.

Der wissenschaftliche Austausch wird seit 1963 über jährliche Arbeitstagungen (bis 2012 bereits 49 Tagungen), ferner über eine Zeitschrift sowie zwei Schriftenreihen gefördert: Das 1936 in Breslau gegründete *Archiv für schlesische Kirchengeschichte*, bis 1941 in sechs Bänden erschienen, ist nach der Wiederbegründung 1949 im Westen inzwischen bei Band 69 (2011) angelangt. Die 1964 beim Böhlau-Verlag begründete Schriftenreihe *Forschungen und Quellen zur Kirchen- und Kulturgeschichte Ostdeutschlands* ist bis heute auf 44 Bände angewachsen. Die 1988 ins Leben gerufene Reihe *Arbeiten zur schlesischen Kirchengeschichte*, primär zur Aufnahme qualitätvoller Kardinal-Bertram-Stipendiaten-Arbeiten bestimmt, zählt gegenwärtig (2012) 23 Bände.

Das Institut schreibt jährlich drei Themen zur Erforschung der schlesischen Kirchengeschichte als Kardinal-Bertram-Stipendien aus, vergibt in der Regel zwei Stipendien à 2000 Euro und betreut die Stipendiatinnen und Stipendiaten.

Die Ende der 1950er Jahre begründete Institutsbibliothek, seit 1979 als Depositum in der Bischöflichen Zentralbibliothek Regensburg, umfasst rund 6000 Bände und knapp 400 Zeitschriften. Sie wurde hier EDV-katalogisiert und ist im Bayerischen Verbund nachgewiesen. Zum Institutsbestand gehören rund ein Dutzend Nachlässe von Theologen und Historikern, die nach 1945 in den Westen kamen.

Lit.: Bernhard Stasiewski*: Institut für ostdeutsche Kirchen- und Kulturgeschichte e.V. 1958–1987, Köln, Wien 1988 (Forschungen und Quellen zur Kirchen- und Kulturgeschichte Ostdeutschlands 23); Paul* Mai*: Institut für ostdeutsche Kirchen- und Kulturgeschichte e.V. 1988–2010, Köln, Weimar, Wien 2011 (Forschungen und Quellen zur Kirchen- und Kulturgeschichte Ostdeutschlands 43): Paul* Mai*: Institut für Ostdeutsche Kirchen- und Kulturgeschichte e.V., in: Osteuropa in Regensburg. Institutionen der Osteuropa-Forschung in Regensburg aus ihrer historischen Perspektive, hrsg .v. Katrin Boeckh und Roman P. Smolorz, Regensburg 2008 (Regensburger Studien 13) S. 133-146*

Werner Chrobak

Kat.-Nr. 25.2

25.1 Stasiewski, Bernhard:
Institut für ostdeutsche Kirchen- und Kulturgeschichte e.V. 1958–1987
Köln, Wien: Böhlau, 1988 (Forschungen und Quellen zur Kirchen- und Kulturgeschichte Ostdeutschlands 23). – 142 S.: Ill.

Aufgeschlagen Tafel 2 und 3

In diesem Band beschrieb Prof. Dr. Dr. Bernhard Stasiewski, 1. Vorsitzender des Instituts für ostdeutsche Kirchen- und Kulturgeschichte von 1968 bis 1983, die Geschichte des Instituts von der Gründung bis zur Abgabe seiner Verantwortung als 1. Vorsitzender 1983/84. Behandelt werden die grundsätzliche Situation der Pflege ostdeutschen Kulturguts, die Organe des Instituts (Vorstand, Mitgliederversammlung, Wissenschaftlicher Beirat), die Nachwuchs- und Arbeitstagungen, die Schriftenreihe der *Forschungen und Quellen zur Kirchen- und Kulturgeschichte Ostdeutschlands*, die Zeitschriften *Archiv für schlesische Kirchengeschichte* und *Zeitschrift für die Geschichte und Altertumskunde Ermlands*, der Kardinal-Bertram-Preis, das Kardinal-Bertram-Stipendium und die Institutsbibliothek. In einem Bildteil (8 Tafeln) werden auf Tafel 2 die Institutsvorsitzenden Prof. Stasiewski und Archiv- und Bibliotheksdirektor Msgr. Dr. Paul Mai, auf Tafel 3 die Vorstandsmitglieder Prof. Dr. Dr. Gerhard Matern, Prof. Stasiewski und Studienrat Dr. Josef Gottschalk (Periode 1968–1973) abgebildet.

BZBR BIOK 3821–23

25.2 Mai, Paul:
Institut für ostdeutsche Kirchen- und Kulturgeschichte e.V. 1988–2010
Köln, Weimar, Wien: Böhlau, 2011 (Forschungen und Quellen zur Kirchen- und Kulturgeschichte Ostdeutschlands 43). – 176 S.: Ill.

Aufgeschlagen Frontispiz und Titelseite:
Foto Prof. Dr. Dr. Bernhard Stasiewski und Msgr. Dr. Paul Mai im Jahr 1979

Dieser Band bietet, im Anschluss an Stasiewski, die Fortsetzung der Institutsgeschichte von 1988-2010. Anstoß war die Feier des 50-jährigen Institutsjubiläums 1958/2008. Der Band enthält eine reiche Bilddokumentation zur Jubiläumsfeier 2008, zu den Institutsorganen und den Arbeitstagungen 1988 bis 2010.

BZBR BIOK 3821–43

Kat.-Nr. 25.3

Kat.-Nr. 25.4

25.3 Die hussitische Revolution.
Religiöse, politische und regionale Aspekte, hrsg. v. Franz Machilek
Köln, Weimar, Wien: Böhlau, 2012 (Forschungen und Quellen zur Kirchen- und Kulturgeschichte Ostdeutschlands 44). – 292 S.: Ill.

Der Band repräsentiert die 1964 begründete Institutsschriftenreihe der *Forschungen und Quellen zur Kirchen- und Kulturgeschichte Ostdeutschlands*, die bis heute einen Umfang von 44 Bänden erreicht hat.

Vielfach werden in dieser Reihe auch die Vorträge vorausgegangener Instituts-Arbeitstagungen dokumentiert.

BZBR BIOK 3821–44

25.4 Schmerbauch, Maik:
Die Seelsorge für die deutschen Katholiken in der polnischen Diözese Kattowitz und das Diözesanblatt „Der Sonntagsbote" in den Jahren 1925–1939/41
Münster i.W.: Aschendorff, 2012 (Arbeiten zur schlesischen Kirchengeschichte 23). – 370 S.: Ill.

Dieser Band steht stellvertretend für die 1988 begründete zweite Schriftenreihe *Arbeiten zur schlesischen Kirchengeschichte*, die primär zur Aufnahme von Arbeiten der Kardinal-Bertram-Stipendiaten ins Leben gerufen wurde.

BZBR BIOK 3760–23

25.5 Archiv für schlesische Kirchengeschichte, Bd. 69.
Im Auftrag des Instituts für ostdeutsche Kirchen- und Kulturgeschichte hrsg. v. Rainer Bendel
Münster i.W.: Aschendorff, 2011. – 297 S.: Ill.

Das bereits 1936 in Breslau begründete *Archiv für schlesische Kirchengeschichte* ist das älteste Publikationsorgan des Instituts für ostdeutsche Kirchen- und Kulturgeschichte. Es liegt im Jahr 2011 mit Band 69 vor, Band 70 (2012) ist in Vorbereitung. Seit der politischen Wende 1989 ist es mehr und mehr auch Publikationsforum für Beiträge von Wissenschaftlern aus Ostmitteleuropa, insbesondere aus Polen.

BZBR BIOK Z 258–69.2011

Kat.-Nr. 25.5

25.6 Pater, Józef:
Pfarrbücherverzeichnis für das Erzbistum Breslau
Hrsg. v. Institut für ostdeutsche Kirchen- und Kulturgeschichte
Regensburg: Eigenverlag des Instituts für ostdeutsche Kirchen- und Kulturgeschichte e.V., 1998. – 320 S.

Neben seinen beiden Schriftenreihen und seiner Zeitschrift gibt das Institut von Fall zu Fall auch Sonderveröffentlichungen heraus, wie beispielsweise dieses *Pfarrbücherverzeichnis für das Erzbistum Breslau*, ein wichtiges Hilfsmittel für Familienforscher, welche die Geschichte ihrer Familien im ehemaligen Erzbistum Breslau erhellen wollen. Eine erweiterte Neuauflage ist in Vorbereitung.

BZBR BIOK 4734

25.7 Lotter, Tobias Conrad:
Nova Mappa geographica totius Ducatus Silesiae.
Tam superioris quam inferioris exhibens XVII Minores Principatus et VI Libera Dominia

Augsburg, 1758
Landkarte, Papier, Kupferstich, koloriert
Calcographus Tobias Conradus Lotterus
H 49 x B 58 cm (ohne Rahmen)
H 70 x B 77 cm (mit Rahmen)

Das Institut für ostdeutsche Kirchen- und Kulturgeschichte besitzt eine kleine Kartensammlung, in der auch einige historische Karten enthalten sind. Hier das Beispiel einer kolorierten Kupferstichkarte des Herzogtums Schlesien, gestochen 1758 von Tobias Conrad Lotter in Augsburg. Lotter, Sohn eines Bäckers, hatte 1740 in die Familie des Kupferstechers und Kartographen Matthäus Seutter eingeheiratet und wurde in der Folge dessen produktivster Mitarbeiter. Die gezeigte Karte bietet in der Ecke links unten auch den Grundriss der *Hauptstadt Breslau in Schlesien* mit nummerierter Lage der wichtigsten Gebäude (Kirchen und Tore) der Stadt.

BZBR BIOK Kartensammlung

Lit.: Lotter, Tobias Konrad, in: Ulrich Thieme und Felix Becker: Allgemeines Lexikon der bildenden Künstler, hrsg. v. Hans Vollmer, Bd. 23, Leipzig S. 409; Christian Sandler: Seutter, Matthäus, in: Allgemeine Deutsche Biographie, Berlin 1882, Neudruck Berlin 1971, S. 70-72; Lothar Zögner: Tobias Conrad Lotter 1717-1777, Kartenmacher in Augsburg, in: Kartographische Nachrichten 1977, S. 172-175

Kat.-Nr. 25.8

25.8 Karte: Ostmittel- und Südosteuropa im XX. Jahrhundert

Regensburg, 2010
Karte, Papier, farbig
Entwurf Franz von Klimstein
H 29,6 x B 21 cm

Die Karte – beifügt am Schluss des Bandes *Institut für ostdeutsche Kirchen- und Kulturgeschichte e.V. 1988–2010* (s. o. Exponat 25.2) – zeigt die Gebiete Ostmittel- und Südeuropas, in denen deutsche kirchliche und kulturelle Einflüsse zu finden waren. Schwerpunkte, auf die sich das Forschungsinteresse des Instituts bevorzugt richtet, sind dabei die Ostgebiete des Deutschen Reiches (Schlesien, Westpreußen, Ostpreußen) und Böhmen.

BZBR BIOK Kartensammlung

26. Sankt Michaelsbund

Geschichte des Sankt Michaelsbundes

Am 15. Juli 1901 wurde auf Initiative des Eichstätter Generalvikars Dr. Georg Triller der *Katholische Preßverein für Bayern* gegründet. Der Verein sollte vor allem die katholische Presse fördern und öffentliche Lesehallen unterhalten. Dr. Triller schwebten Büchereien in Läden an verkaufsreichen Straßen oder in Bahnhofs- oder Schulräumen statt in Pfarrhäusern vor. 1934 wurde der Preßverein unter dem Druck des NS-Regimes aufgelöst und unter dem Namen *Sankt Michaelsbund* neu gegründet. Der Erzengel Michael als Schutzpatron sollte Mut zusprechen in einer dunklen Zeit. Nach dem Zweiten Weltkrieg begann der zügige Neuaufbau des Verbandes. Dem Postulat des Gründers folgend, wurden viele Gemeinden und Städte in das kirchliche Büchereiwesen vertraglich eingebunden.

Entstehung der Diözesanstelle in Regensburg

Mitte der 1960er Jahre wurden für eine bessere Betreuung der Büchereien in allen Bistümern Diözesanstellen für das kirchliche Büchereiwesen aufgebaut. Gymnasialprofessor i.R. Msgr. Franz Xaver Hiltl übernahm am 21. November 1966 nebenamtlich die Aufgabe als Diözesanstellenleiter. 1973 wurde die Diözesanstelle an die Bischöfliche Zentralbibliothek angegliedert. Am 22. Januar 1973 ernannte Bischof Dr. Rudolf Graber Msgr. Dr. Paul Mai zum Diözesandirektor des Sankt Michaelsbundes. In der neu errichteten Bischöflichen Zentralbibliothek erhielt die Diözesanstelle ein Büro und bald auch eine Austauschbücherei, die personell mit der nebenamtlich tätigen Büchereiassistentin Anni Beck besetzt wurde. Büro und Austauschbücherei zogen 1978 in Räume des Diözesanzentrums Obermünster um. Seit 1977 leitet hauptamtliches Fachpersonal die Diözesanstelle, die ersten 22 Jahre Hans Voggenreiter und seit 2002 Dipl.-Bibl. Ursula Pusch.

Aufgaben der Diözesanstelle

Die Diözesanstelle betreut und berät gegenwärtig die Träger und Mitarbeiter/innen von 146 Büchereien. Neben praktischen Hilfen bei der Bibliotheksverwaltung, der Aktualisierung der Bestände, der Einführung der EDV-gestützten Ausleihe, der Unterstützung der Öffentlichkeitsarbeit und der Erneuerung der Raumausstattung bietet sie vor allem auch Aus- und Fortbildungsangebote auf Orts-, Landkreis- und Bistumsebene.

Um vor allem kleineren Büchereien ein aktuelles Angebot zu ermöglichen, verfügt die Diözesanstelle über eine Austauschbücherei mit einem Bestand von 28 000 Medien. Mit kostenlosen befristeten Leihgaben aus diesem Angebot können die Büchereien die Attraktivität des eigenen Bestandes erhöhen.

Mitgliedsbüchereien im Bistum Regenburg

Im Bistum Regensburg gehören 146 Büchereien zum Sankt Michaelsbund. 62 Büchereien befinden sich in rein kirchlicher und 84 in kirchlich-kommunaler Trägerschaft.

Im Jahr 2011 wurden in diesen Büchereien von rund 718 000 Besuchern über 1 670 000 Medien ausgeliehen. Die 1444 hoch motivierten, überwiegend ehrenamtlichen Büchereimitarbeiter/innen organisierten insgesamt 1966 Veranstaltungen.

Lit.: Mai: Zentralbibliothek und Büchereiwesen S. 330-335; Mai: Zentralbibliothek als Leitbibliothek S. 312-323; Chrobak: Neubau Diözesanbibliothek und Diözesanstelle S. 561f; Sankt Michaelsbund, hrsg. v. Sankt Michaelsbund München, München [2001].

Ursula Pusch

Kat.-Nr. 26.2

26.1 Mitgliedsbüchereien des Sankt Michaelsbundes im Bistum Regensburg

Regensburg, 2012
Karte: Das Bistum Regensburg
Farbdruck, Papier aufgezogen auf Schaumstoffplatte mit Einstecknadeln
H 83,5 x B 58 cm

Auf der amtlichen, vom Ordinariat Regensburg herausgegebenen Karte *Das Bistum Regensburg* sind mit farbigen Einstecknadeln die 146 Mitgliedsbüchereien des Sankt Michaelsbundes im Bistum Regensburg markiert:
Blau: 62 Katholische öffentlichen Büchereien.
Rot: 84 Pfarr- und Gemeindebüchereien bzw. Pfarr- und Stadtbüchereien
Gelb: Schulbüchereien
Grün: Krankenhausbücherei

BZBR Sankt Michaelsbund, Diözesanstelle Regensburg

26.2 Die Austauschbücherei der Diözesanstelle

Regensburg, 2012
Farbfoto
H 14,2 x B 19 cm

Das Foto bietet einen Blick in die Austauschbücherei der Diözesanstelle des Sankt Michaelsbundes Regensburg. Der gegenwärtige Bestand umfasst zirka 28 000 Medien. Im Jahr 2011 wurden zirka 23 500 Medien verliehen. Die Ausleihfrist für Mitgliedsbüchereien beträgt zwölf Monate für Bücher und sechs Monate für andere Medien.

BZAR Bildersammlung

Kat.-Nr. 26.3

26.3 Bischofsempfang anlässlich der Diözesanstellenkonferenz des Sankt Michaelsbundes am 24.10.1977 in der Bischöflichen Zentralbibliothek

Regensburg, 1977
Foto
H 12,6 x B 18 cm

Bischof Dr. Rudolf Graber gab anlässlich der Diözesanstellenkonferenz des Sankt Michaelsbundes am 24. Oktober 1977 einen Empfang in der Bischöflichen Zentralbibliothek Regensburg.
Von links nach rechts: Msgr. Johann Roidl (Amberg), Msgr. Hans Schachtner (geschäftsführender Direktor des Sankt Michaelsbundes), Bischof Dr. Rudolf Graber, Msgr. Dr. Paul Mai und Msgr. Franz Xaver Hiltl (Diözesanstellenleiter des Sankt Michaelsbundes 1966–1973)

BZAR Bildersammlung

Kat.-Nr. 26.4

26.4 Diözesanbibliothekar Hans Voggenreiter, Kirchliche Büchereiassistentin Anni Beck und der Diözesandirektor des Sankt Michaelsbundes, Msgr. Dr. Paul Mai

Regensburg, um 1977
Farbfoto
H 9 x B 13 cm

Hier die Führungsmannschaft des Sankt Michaelbundes, Diözesanstelle Regensburg, der 1970er und 1980er Jahre: Anni Beck arbeitete als Kirchliche Büchereiassistentin von 1972–1989, Hans Voggenreiter als Diözesanbibliothekar und Diözesanstellenleiter 1977–1998 und Msgr. Dr. Paul Mai als Diözesandirektor des Sankt Michaelsbundes seit 1973.

BZAR Bildersammlung

26.5 Die Diözesanstelle im Dachgeschoss des Diözesanzentrums von 1978 bis 2002 mit Editha Zirngibl

Regensburg, um 1990
Foto
H 18,5 x B 12,6 cm

Kat.-Nr. 26.5

Kat.-Nr. 26.6

Editha Zirngibl war von 1989 bis 1996 als Angestellte bei der Diözesanstelle des Sankt Michaelsbundes beschäftigt.

BZAR Bildersammlung

26.6 BASIS-12 – Grundausbildungskurs für ehrenamtliche BüchereimitarbeiterInnen.

Schwarzenfeld (Sitzungssaal der Verwaltungsgemeinschaft), 2011
Farbfoto
H 14,2 x 19 cm

Basis 12 ist der Grundausbildungskurs benannt, in dem ehrenamtliche Büchereimitarbeiterinnen und –mitarbeiter das Handwerkszeug für eine erfolgreiche Büchereiführung vermittelt bekommen. Die Ausbildungsorte wechseln bei jedem Kurs.

BZAR Bildersammlung

26.7 Übergabe der BASIS-12-Zertifikate durch Dipl.-Bibl. Ursula Pusch (rechts)

Schwarzenfeld, 2011
Farbfoto
H 10 x B 12,5 cm

Kat.-Nr. 26.7

Kat.-Nr. 26.8

Die erfolgreiche Kursteilnahme wird jeweils durch die Übergabe eines BASIS-12-Zertifikats bescheinigt.

BZAR Bildersammlung

26.8 Ehrung ehrenamtlicher BüchereimitarbeiterInnen anlässlich des Bischofsempfanges zur Diözesanstellenkonferenz des Sankt Michaelsbundes am 25.11.2011 durch Bischof Dr. Gerhard Ludwig Müller und Msgr. Dr. Paul Mai

Regensburg, 2011
Farbfoto
H 14 x 19 cm

Einen Höhepunkt im Wirken der ehrenamtlichen Mitarbeiterinnen und Mitarbeiter des Sankt Michaelsbundes bilden die Ehrungen für ihr oft jahrzehntelanges Wirken aus der Hand des Diözesanbischofs, so wie hier anlässlich der Diözesanstellenkonferenz im Dionysiussaal des Obermünsterzentrums am 25. November 2011 durch Bischof Prof. Dr. Gerhard Ludwig Müller.

BZAR Bildersammlung

Signet des Sankt Michaelsbundes

26.9 Ehrenzeichen (Urkunde und Ehrennadeln) für 10-jährige, 25-jährige und 40-jährige ehrenamtliche Mitarbeit im katholischen Büchereiwesen

München und Regensburg, 2012
Urkunde, Papier, zweifarbig gedruckt
H 29,6 x B 21 cm
Ehrennadeln, Metall
H 1,2 x B 1,2 cm
Präsentationskartons, Pappe

Die Urkunde im DIN A 4-Format, in Blau und Grau gedruckt, hat folgenden Wortlaut:
Urkunde. In dankbarer Anerkennung für die Verdienste um die katholische Büchereiarbeit in Bayern wird das Ehrenzeichen des Sankt Michaelsbundes verliehen.
Als Abschluss vor der Datums- und Unterschriftslinie mittig das Signet des Sankt Michaelsbundes:
Ein halbfigürlicher, stark abstrahierter Engel als Symbol für den hl. Michael.

Die Ehrennadeln als Anstecknadeln für das Revers zeigen in quadratischem Rahmen das eben beschriebene Signet des Sankt Michaelsbundes, den Engel – je vor blauem Hintergrund – in goldenem Farbton für die 40-jährige, in silbernem Farbton für die 25-jährige und in silbernem Farbton vor silbermattem Hintergrund für die 10-jährige ehrenamtliche Mitarbeit.

BZAR Sankt Michaelsbund

26. 10 Vieweger, Dieter:
Abenteuer Jerusalem.
Die aufregende Geschichte einer Stadt dreier Weltreligionen.
Gestaltung und Illustrationen v. Ina Beyer, Fotos v. Hans D. Beyer
Gütersloh: Gütersloher Verlagshaus, 2011. – [o.S.]: Ill.

Beispiel eines Kinder-Sachbuchs zur religiösen Thematik, das für religiöse Toleranz wirbt.

BZBR Sankt Michaelsbund, Austauschbücherei, Geschichte. Dies & das

26.11 Chi Rho. Das Geheimnis 1.
Zeichentrickfilm
München: Universum Film, 2011

Beispiel aus dem Medienbestand der Austauschbücherei der Diözesanstelle des Sankt Michaelsbundes: DVD-Kassette mit einem Zeichentrickfilm als spannendes Bibelabenteuer für Kinder und Jugendliche, in deutscher Sprache, Spieldauer zirka 72 Minuten.

BZBR Sankt Michaelsbund, Austauschbücherei K Chi

26.12 Hartlieb, Gabriele:
Du bist uns anvertraut.
Warum wir unser Kind taufen lassen
Ostfildern: Patmos Verlag, 2011. – 91 S.

Beispiel eines Ratgebers für Eltern zum Thema Taufe.

BZBR Sankt Michaelsbund, Austauschbücherei Rel. Erziehung. Familie Re 3.324 Hart

26.13 Fontanel: Sophie:
Reifezeit. Wie meine Mutter alt wurde – und ich erwachsen. Eine Liebeserklärung. Aus dem Französischen von Svenja Geithner
Paris: Éditions Robert Laffont / Kailash Verlag, 2011. – 159 S.

Eine Biografie zur Mutter-Tochter-Thematik und zur Erfahrung eines Pflegefalls in der Familie

BZBR Sankt Michaelsbund, Austauschbücherei Bi 2 Font

26.14 Hörbuch: Der Wald
Hamburg: Jumbo. Neue Medien & Verlag GmbH, 2008 (Hörbücher für die Allerkleinsten)

Beispiel für ein Medium, wie Kinder ab zwei Jahren mit dem Thema Wald und Umwelt bekannt gemacht werden.

BZBR Sankt Michaelsbund, Austauschbücherei KNa Wald

26.15 Hörbuch: Benchetritt, Samuel:
Rimbaud und die Dinge des Herzens. Roman.
Gelesen v. Leonhard Hohm
Schwäbisch Hall: Steinbach, [o.J.] (Steinbach sprechende Bücher) 4 CDs

Beispiel eines Romans in Hörbuchfassung auf vier CDs, einer Alternative, Literatur akustisch und in dramatisierter Form zu genießen.

BZBR Sankt Michaelsbund, Austauschbücherei SL Bench

27. Ausstellungen

Archive und Bibliotheken haben durch ihren Auftrag zur Sammlung und Erschließung von Kulturgut eine Aufgabenstellung über die Tagesaktualität hinaus. Dennoch sehen sie sich als Kulturinstitutionen auch gefordert, ihre Daseinsberechtigung auf Dauer der Gesellschaft insgesamt wie auch der Gemeinschaft der Kirche zu vermitteln. Im Ringen um Finanzen zählt heute mehr und mehr ein öffentlichkeitswirksames Auftreten. Neben dem Öffnen der Häuser mit Führungen am Tag der Archive und Bibliotheken und Führungen für Interessierte auf Wunsch an Sonderterminen bieten Ausstellungen eine Möglichkeit zur qualifizierten Selbstdarstellung.

Die Menge des gesammelten Materials nicht als amorphe Masse in den Magazinen verschwinden zu lassen, sondern sie punktuell ans Licht zu heben, dazu eignen sich Ausstellungen in hervorragender Weise. Die Anlässe können verschieden sein: Oft sind es historische Gedenktage, Geburtstage oder Todestage von Persönlichkeiten der Bistumsgeschichte, die Jahrhundert- oder Milleniumswiederkehr von geschichtlichen Ereignissen, die Erwerbung eines besonderen Bestandes oder die Vorstellung einer speziellen Buchpublikation, die zum Archiv oder zur Bibliothek einen Bezug hat.

Das Konzept, Bischöfliches Zentralarchiv und Bischöfliche Zentralbibliothek am Standort Obermünster unter einem Dach unterzubringen und sie in ein Netz mit anderen kirchlichen, direkt benachbarten Einrichtungen einzubinden, erwies sich als wegweisend und fruchtbar. Die Zusammenarbeit mit dem Matrikelamt, ab den 1970er Jahren auch mit dem Diözesanmuseum, brachte in Synergieeffekten beachtliche Arbeitsergebnisse hervor. Die genannten Institutionen traten sehr bald als kirchliche Kulturinstitutionen in das Bewusstsein der Regensburger Bevölkerung. Wesentlich trug dazu das Bemühen bei, in der Regel Ausstellungen aus dem eigenen Bestand zu erarbeiten, sie aber auch mit wertvollen Leihgaben Regensburger Provenienz, etwa aus der Bayerischen Staatsbibliothek, dem Bayerischen Hauptstaatsarchiv oder der Vatikanischen Bibliothek, zu ergänzen.

Aber auch Wanderausstellungen – von anderen Institutionen erarbeitete Ausstellungen – wurden gezeigt, wenn sie theologisch, historisch, musikgeschichtlich oder kunstgeschichtlich interessant waren und zum Profil der kirchlichen Regensburger Institutionen passten. Oftmals wurden sie durch Regensburger Eigenbestände ergänzt.

Insgesamt wurden in 40 Jahren 106 Ausstellungen präsentiert, im Durchschnitt zwei bis drei Ausstellungen pro Jahr. Es gab aber auch Jahre, in denen bis zu sechs Ausstellungen gezeigt wurden. Die Ausstellungen fanden in der Regel im dafür konzipierten Foyer der Bischöflichen Zentralbibliothek statt, teilweise unter Einbeziehung des Kleinen Lesesaals oder auch des Archiv-Lesesaals. In Ausnahmefällen wurden Ausstellungen auch außerhalb der Bibliothek präsentiert, wie etwa *St. Paul Mittelmünster* 1983 im Treppenhaus des Obermünsterzentrums oder *Verfolgung und Widerstand im ‚Dritten Reich' im Bistum Regensburg. Blutzeugen des Glaubens* 2004 in der Donauarena Regensburg.

Lit.: Chrobak: Neubau Diözesanbibliothek und Diözesanstelle S. 557-560; s. auch den Beitrag Chrobak in diesem Katalog S. 91–93

Werner Chrobak

Überblick über die Ausstellungen seit 1972

1972	St. Wolfgang. 1000 Jahre Bischof von Regensburg. Darstellung und Verehrung
1976	Therese von Lisieux
	Werke der Proske-Musikbibliothek
1977	20 Jahre Liturgiewissenschaftliches Institut
	Beethoven-Ausstellung
1978	Die Oberpfalz wird bairisch
	Neuerwerbungen der Bischöflichen Zentralbibliothek in Auswahl
1979	Die Bibel in 400 Jahren
	Dokumente zur Regensburger Musikgeschichte
	Hacia Dios – Kirche unterwegs
	Hebraica. Juden in Regensburg
1980	Benediktinisches Erbe im Bistum Regensburg
1981	Documenta pretiosa choralia et liturgica
	Dr. Carl Proske – 120. Todestag
1982	Johann Michael Sailer. Zum 150. Todestag
	Orlando di Lasso – zum 450. Geburtstag. Die Wiedererweckung seiner Kirchenmusik in Regensburg im 19. Jahrhundert
1983	Peter Griesbacher zum 50. Todestag
	1000 Jahre Stift St. Paul (Mittelmünster) in Regensburg
	Franz von Assisi
	Georg Michael Wittmann, Bischof von Regensburg. Zum 150. Todestag
1984	Franz Xaver Witt – Joseph Renner jun. – Franz Xaver Engelhart
	Gedächtnisausstellung zum 400. Todestag des hl. Karl Borromäus
1985	Domprediger Dr. Johann Maier-Gedächtnisausstellung: 1945/1985. 40 Jahre Kriegsende in Regensburg
	Karolina Gerhardinger (1797–1879). Mutter Theresia von Jesu, Gründerin der Kongregation der Armen Schulschwestern. Aus Anlaß der Seligsprechung am 17. November 1985
1986	Franz Xaver von Schönwerth (1810–1886). Ein Leben für die Oberpfälzer Volkskultur
	„Sah ein Knab' ein Röslein stehn". J.W. v. Goethes ‚Heidenröslein' in 86 Vertonungen. Weltpremiere einer Notendokumentation. Sammlung von Prof. Hachiro Sakanishi, Sapporo/Japan
1987	80 Jahre Zeitschrift „Die Oberpfalz"
	Regensburger Liederkranz, gegr. 1835
	Der Katechismus. Von den Anfängen bis zur Gegenwart
1988	Thomas Morus (1478–1535). Humanist – Staatsmann – Martyrer
	Das Münzwesen der Landgrafen von Leuchtenberg
	Böhmische Stadtsiegel aus der Sammlung Erik Turnwald
	Ruth Lynen: Religiöse Bilder und Worte
	Die Tradition des Cäcilienvereins. Zum 100. Todestag von Franz Xaver Witt (1834–1888)
1989	Das Bistum Regensburg im Spiegel von Münzen und Medaillen
	Liturgie im Bistum Regensburg. Von den Anfängen bis zur Gegenwart
	Otto Baumann. Bilder zur Weihnacht
1990	Carl Ditters von Dittersdorf (1739-1799). Mozarts Rivale in der Oper
	St. Johann in Regensburg. Vom Augustinerchorherrenstift zum Kollegiatstift 1127/1290/1990

	Handschriften der Bistumsmatrikel des Erzdechanten Gedeon Forster vom Jahr 1665 und Publikationen des Vereins für Regensburger Bistumsgeschichte
	RSGI-Gedichte in mehr als 50 Sprachen. Lyrische Begegnungen rund um die Welt
	Formen – Zentren – Komponisten. Profil der Proskeschen Handschriftensammlung
1991	Otto Baumann. Leiden und Auferstehung. Bilder zur Fasten- und Osterzeit
	Die Altgläubigen. Russlands orthodoxe Christen
	Breslauer Juden 1850-1946
1992	Bibeln aus einem halben Jahrtausend
1993	St. Wolfgang 994-1994
	125 Jahre Allgemeiner Cäcilienverein
	Hedwig von Andechs – 750. Todestag
1994	Liturgie zur Zeit des hl. Wolfgang – Der hl. Wolfgang in der Kleinkunst Musica Divina. Zum 400. Todestag von Giovanni Pierluigi da Palestrina und Orlando di Lasso und zum 200. Geburtsjahr von Carl Proske
1995	50 Jahre danach – Domprediger Dr. Johann Maier und seine Zeit
1996	Pretiosen der Musikabteilung der Bischöflichen Zentralbibliothek
	Die Bibel. Illustrationen vom Mittelalter bis zur Gegenwart
	Eustachius Kugler. Barmherziger Bruder, Handwerker, Ordensoberer, Beter
1997	Petrus Canisius (1521–1597). Zum 400. Todestag
	Selige Theresia von Jesu Gerhardinger (1797–1879). Ein Leben für Kirche und Schule. Zum 200. Geburtstag
	Die Gesangbücher der Proske'schen Musiksammlung – von Luther bis zum Cäcilianismus
1998	Jubiläumsausstellung zum 80. Geburtstag des Oberpfälzer Komponisten Ernst Kutzer
	Kleine Bilder – große Wirkung. Religiöse Druckgraphik des 19. Jahrhunderts
1999	125 Jahre Kirchenmusikschule Regensburg. Vom Kornmarkt zur Reichsstraße
	Choralhandschriften in Regensburger Bibliotheken
	Augustinerchorherren in Bayern. Zum 25-jährigen Wiedererstehen des Ordens
2000	Marianische Männer-Congregation Regensburg, gegründet 1592
	„Karussell des Lebens". Bücher von Dr. Ernst R. Hauschka
	Kompositionen und Bilder – Ausstellung zum 85. Geburtstag der Regensburger Komponistin Gertraud Kaltenecker
	Heiliges Jahr 2000. Die Geschichte der Heiligen Jahre, illustriert durch Medaillen, Briefmarken, Bücher
	Papst Johannes XXIII., Bücher von ihm und über ihn
	Musikhandschriften aus den Sammlungen Mettenleiter und Franz Xaver Haberl. Katalogpräsentationpräsentation KBM 14/7–10
2001	Bücher von und zu Bischof Johann Michael von Sailer. Buchpräsentation zum 250. Geburtstag Sailers
	Die Sieben letzten Worte Jesu in der Musik. Handschriften und Drucke aus der Bischöflichen Zentralbibliothek Regensburg
2002	Autographen und Erstdrucke von Andreas Raselius (1562/64–1602) zum 400. Todestag des Regensburger Stadtchronisten, Organisten und Komponisten
	Kollegiatstift Unserer Lieben Frau zur Alten Kapelle in Regensburg 1002-2002
	80 Jahre Bayerischer Landesverein für Familienkunde. Bezirksgruppe Oberpfalz (Regensburg)
	Aktuelle Schauvitrine: Schrifttum von Bischof Prof. Dr. Gerhard Ludwig Müller
2003	Berta Hummel. Begleitausstellung zur Buchpräsentation
	Bibelausstellung. Zum Jahr der Bibel 2002
	150 Jahre Musica Divina von Carl Proske, 100 Jahre Motuproprio Pius X., 40 Jahre Liturgiekonstitution

2004	John Weiner. "Less than slaves – geringer als Sklaven". Jüdische Zwangsarbeiterbrigaden in der Ungarischen Armee 1939–1945
	Verfolgung und Widerstand im ‚Dritten Reich' im Bistum Regensburg. Blutzeugen des Glaubens
	1904/2004. Der Deutsche Katholikentag zu Regensburg 1904 und der Umbau des Bischofshofs
	Berühmte Faksimiles
2005	60 Jahre danach. Dr. Johann Maier und seine Zeit
2006	Das Papsttum im Spiegel von Münzen und Medaillen
	Präsentation wertvoller mittelalterlicher Handschriften-Fragmente (Liturgische Fragmente, Neumen-Fragmente, Deutsche Handschriften-Fragmente)
	Bücher zur Weihnachtszeit
2007	Evita Gründler: Bilder zum „Buch der Bücher". Bilder zur Fasten- und Osterzeit und zum Alten und Neuen Testament
	Rupert Kornmann (1757–1817), letzter Abt von Prüfening. Zum 250. Geburtstag
	Ausgewählte Fragmente aus der Bischöflichen Zentralbibliothek. Aus Anlass des fünfzigjährigen Bestehens des Liturgiewissenschaftlichen Instituts Regensburg (Institutum Liturgicum Ratisbonense)
	Musikerbriefe des 19. Jahrhunderts in der Bischöflichen Zentralbibliothek Regensburg. Katalogpräsentation KBM 14/13–14
2008	Der selige Mercherdach (um 1040–1075), Inkluse in Regensburg-Obermünster
	Obermünster Regensburg. Von den Anfängen bis heute
	Die Ottheinrich-Bibel und die Illustrationen zum hl. Paulus
	Marianus Königsperger OSB (1708–1769). Zum 300. Geburtstag des Prüfeninger Klosterkomponisten
2009	Franz Xaver Witt (1834–1888). Reformer der katholischen Kirchenmusik im 19. Jahrhundert Zum 175. Geburtstag
	Die Publikationen des Vereins für Regensburger Bistumsgeschichte und die Kataloge und Schriften des Bischöflichen Zentralarchivs und der Bischöflichen Zentralbibliothek Regensburg
	Konrad von Megenberg. Regensburger Domherr, Dompfarrer und Gelehrter (1309–1374). Zum 700. Geburtstag
2010	Der selige Augustiner-Eremit Friedrich von Regensburg und sein Orden im Bistum Regensburg
	360 Jahre Brauerei Bischofshof – 100 Jahre Braustandort
	Schauvitrinen zur Jahrestagung der Gesellschaft für Bayerische Musikgeschichte
	800 Jahre Deutschordenskommende St. Ägid in Regensburg
	Die Liturgika der Proskeschen Musikabteilung. Zum 100. Todestag von Franz Xaver Haberl
	Sagen- und Märchenbilder nach Franz Xaver von Schönwerth (1810–1866)
2011	Erzbischof Dr. Michael Buchberger (1874–1961). Zum 50. Todestag
	Pfarrer Georg Ott (1811–1885). Ein theologischer Bestsellerautor des Verlags Pustet im 19. Jahrhundert. Zum 200. Geburtstag
	Regensburger Domorganisten. Ausstellung zum 150. Todestag von Carl Proske (1794–1861) und zum 80. Geburtstag von Eberhard Kraus (1931–2003)
2012	200 Jahre Universität Breslau (1811–2011). Ehemalige Breslauer Theologiestudenten im Bistum Regensburg
	40 Jahre Bischöfliches Zentralarchiv und Bischöfliche Zentralbibliothek Regensburg

28. Publikationen

Ein Gewinn für die Forschung wie Kunst- und Kulturinteressierte war es, dass die oft unter großem Aufwand erarbeiteten Ausstellungen nicht nur temporär flüchtig gezeigt, sondern zum Großteil auch in gedruckten Ausstellungskatalogen dokumentiert wurden. 1987 wurde hierfür eine eigene Schriftenreihe ins Leben gerufen. Sie erschien von Anfang an im Verlag Schnell & Steiner auf Kunstdruckpapier, wodurch eine hochwertige Wiedergabe der Abbildungen gewährleistet wurde. Die Umschlaggestaltung und der Umbruch wurden in der Regel durch das Bischöfliche Zentralarchiv und die Bischöfliche Zentralbibliothek Regensburg vorgegeben.

Lit.: Vgl. dazu auch den Beitrag CHROBAK *in diesem Katalog S. 77–95, hier 93f.*

Werner Chrobak

Bischöfliches Zentralarchiv und Bischöfliche Zentralbibliothek Regensburg. Kataloge und Schriften

Band 1: *Der Katechismus von den Anfängen bis zur Gegenwart.* Ausstellung in der Bischöflichen Zentralbibliothek, 18. September bis 18. Dezember 1987, München-Zürich 1987, 143 S. m. 66, z. T. farb. Abb., ISBN 3-7954-0644-7

Band 2: *Das Bistum Regensburg im Spiegel von Münzen und Medaillen.* Ausstellung anlässlich des Bistumsjubiläums 739–1989 im Bischöflichen Zentralarchiv Regensburg, 3. Februar bis 10. März 1989, München-Zürich 1989, 178 S. m. zahlr. Abb. (vergriffen), ISBN 3-7954-0000-7

Band 3: *Liturgie im Bistum Regensburg von den Anfängen bis zur Gegenwart.* Ausstellung anlässlich des Bistumsjubiläums 739-1989 in der Bischöflichen Zentralbibliothek Regensburg, 30. Juni bis 29. September 1989, München-Zürich 1989, 251 S. m. 133, z. T. farb. Abb., ISBN 3-7954-0648-X

Band 4: Pemsel, Johann Nepomuk: *Antike Münzen zur Heilsgeschichte*, München-Zürich 1989, 181 S. m. 536 Abb., ISBN 3-7954-0651-X

Band 1

Band 3

Band 5: *St. Johann in Regensburg. Vom Augustinerchorherrenstift zum Kollegiatstift 1127/1290/1990.* Festschrift hrsg. im Auftrag des Stiftskapitels v. Paul Mai, München-Zürich 1990, 328 S. m. 109, meist farb. Abb.(vergriffen), ISBN 3-7954-0654-4

Band 6: *Leiden und Auferstehung. Bilder zur Fasten- und Osterzeit von Otto Baumann.* Ausstellung in der Bischöflichen Zentralbibliothek Regensburg, 1. März bis 5. April 1991, München-Zürich 1991, 71 S. m. 41, z.T. farb. Abb., ISBN 3-7954-0010-4

Band 7: *Augustinerchorherrenstift Paring 1141-1991.* Festschrift München-Zürich 1991, 112 S. m. 31 Abb (vergriffen), ISBN 3-7954-0021-X

Band 8: Güntner, Johann: *Die Fronleichnamsprozession in Regensburg*, München-Zürich 1992, 60 S. m. 27 Abb., ISBN 3-7954-1025-8

Band 9: *850 Jahre Prämonstratenserabtei Windberg*, München-Zürich 1993, 155 S. m. 89 Abb., davon 10 in Farbe, ISBN 3-7954-1033-9

Band 10: *Liturgie zur Zeit des hl. Wolfgang. Der hl. Wolfgang in der Kleinkunst.* Ausstellung anläßlich des 1000. Todestages des Bistumspatrons St. Wolfgang in der Bischöflichen Zentralbibliothek Regensburg, 17. Juni bis 16. September 1994, München-Regensburg 1994, 210 S. m. 199, z.T. farb. Abb., ISBN 3-7954-1066-5

Band 11: *Musica Divina.* Ausstellung zum 400. Todesjahr von Giovanni Pierluigi da Palestrina und Orlando di Lasso und zum 200. Geburtsjahr von Carl Proske in der Bischöflichen Zentralbibliothek Regensburg, 4. November 1994 bis 3. Februar 1995, Regensburg 1994, 162 S. mit 48, z. T. farb. Abb., ISBN 3-7954-1067-3

Band 12: *50 Jahre danach - Domprediger Dr. Johann Maier und seine Zeit.* Ausstellung in der Bischöflichen Zentralbibliothek Regensburg, 23. April bis 28. Juli 1995, Regensburg 1995, 240 S. m. 128 Abb., ISBN 3-7954-1083-5

Band 13: *Selige Theresia von Jesu Gerhardinger (1797-1879). Ein Leben für Kirche und Schule. Zum 200. Geburtstag.* Ausstellung in der Bischöflichen Zentralbibliothek Regensburg, 20. Juni bis 19. September 1997, Regensburg 1997, 348 S. m. 269, z. T. farb. Abb., ISBN 3-7954-1083-5

Band 14: St. *Ottilia zu Hellring. Festschrift anläßlich der Wiedereröffnung der Wallfahrts-kirche 1997*, Regensburg 1997, 107 S. m. 69, z. T. farb. Abb. (vergriffen), ISBN 3-7954-1161-0

Band 15: *Choralhandschriften in Regensburger Bibliotheken.* Ausstellung in der Bischöflichen Zentralbibliothek Regensburg, 27. September bis 5. November 1999, Regensburg 1999, 147 S. m. farb. Abb., ISBN 3-7954-1269-2

Band 16: *Die Augustinerchorherren in Bayern. Zum 25-jährigen Wiedererstehen des Ordens.* Ausstellung in der Bischöflichen Zentralbibliothek Regensburg, 12. November bis 23. Dezember 1999, Regensburg 1999, 176 S. m. 106, z. T. farb. Abb (vergriffen), ISBN 3-7954-1277-3

Band 17: *Die Sieben letzten Worte Jesu in der Musik*. Ausstellung in der Bischöflichen Zentralbibliothek Regensburg, 6. April bis 23. Mai 2001, Regensburg 2001, 120 S. m. 54 Abb., ISBN 3-7954-1418-0

Band 18: *Kollegiatstift U. L. Frau zur Alten Kapelle in Regensburg 1002-2002*. Ausstellung in der Bischöflichen Zentralbibliothek, 15. Juli bis 11. Oktober 2002, Regensburg 2002, 276 S. m. 150 Abb., ISBN 3-7954-1511-X

Band 19: *Das Motuproprio Pius X. zur Kirchenmusik „Tra le sollecitudini dell'officio pastorale" (1903) und die Regensburger Tradition*. Ausstellung in der Bischöflichen Zentralbibliothek, 10. November bis 23. Dezember 2003, 76 S. m. 19, z.T. farb. Abb., ISBN 3-7954-1660-4

Band 20: *1904/2004 – Der Deutsche Katholikentag 1904 zu Regensburg und der Umbau des Bischofshofs*. Ausstellung der Brauerei Bischofshof in der Bischöflichen Zentralbibliothek, 11. September bis 29. Oktober 2004, 149 S. m. 115, z. T. farb. Abb., ISBN 3-7954-1718-X

Band 21: *Scoti Peregrini in St. Jakob – 800 Jahre irisch-schottische Kultur in Regensburg*. Ausstellung im Priesterseminar St. Wolfgang, Regensburg, 15. November 2005 bis 2. Februar 2006, Regensburg 2005, 310 S. m. z. T. farb. Abb., ISBN 3-7954-1775-9

Band 22: *Das Papsttum im Spiegel von Münzen und Medaillen*. Ausstellung in der Bischöflichen Zentralbibliothek; 3. Juli bis 29. September 2006, 240 S. m. z. T. farb. Abb., ISBN 3-7954-1900-X

Band 23: *Ausgewählte liturgische Fragmente aus der Bischöflichen Zentralbibliothek Regensburg*. Aus Anlass des fünfzigjährigen Bestehens des Liturgiewissenschaftlichen Instituts Regensburg (Institutum Liturgicum Ratisbonense); 13. Juli bis 21. Dezember 2007, 168 S. m. z. T. farb. Abb., ISBN 978-3-7954-1845-8

Band 24: *Obermünster Regensburg. Von den Anfängen bis heute*. Ausstellung in der Bischöflichen Zentralbibliothek; 18. Juli bis 2. Oktober 2008, 128 S. m. z. T. farb. Abb., ISBN 978-3-7954-2087-1

Band 30

Band 25: *Franz Xaver Witt 1834–1888*. Reformer der katholischen Kirchenmusik im 19. Jahrhundert. Ausstellung in der Bischöflichen Zentralbibliothek, 9. Februar bis 29. März 2009, 231 S. m. z. T. farb. Abb., ISBN 978-3-7954-2213-4

Band 26: *Konrad von Megenberg – Regensburger Domherr, Dompfarrer und Gelehrter (1309–1374). Zum 700. Geburtstag*. Ausstellung in der Bischöflichen Zentralbibliothek Regensburg, 27. August bis 25. September 2009, Regensburg 2009, 186 S. m. zahlr. Abb., ISBN 978-3-7954-2281-3

Band 27: *Fragmente der Bischöflichen Zentralbibliothek Regensburg* – I. Nichtliturgische Texte – Theologische Abhandlungen und Varia, Regensburg 2009, 108 S. m. z. T. farb. Abb., ISBN 978-3-7954-2335-3

Band 28: *800 Jahre Deutschordenskommende St. Ägid in Regensburg 1210–2010*. Ausstellung in der Bischöflichen Zentralbibliothek Regensburg, 19. Juni bis 26. September 2010, Regensburg 2010, 262 S. m. zahlr. Abb., ISBN 978-3-7954-2421-3

Band 29: *360 Jahre Brauerei Bischofshof – 100 Jahre Braustandort.* Ausstellung in der Brauerei Bischofshof, 12. April bis 10. Mai 2010, Regensburg 2010, 152 S. m. zahlr. Abb., ISBN 978-3-7954-2495-4

Band 30: *Regensburger Domorganisten – Zum 150. Todestag von Carl Proske (1794–1861) und zum 80. Geburtstag von Eberhard Kraus (1931–2003).* Ausstellung in der Bischöflichen Zentralbibliothek Regensburg, 20. Mai bis 22. Juli 2011, Regensburg 2011, 292 S. m. z. T. farb. Abb., ISBN 978-3-7954-2527-2

Band 31: *Pfarrer Georg Ott (1811–1885). Ein theologischer Bestsellerautor des Verlags Pustet im 19. Jahrhundert. Zum 200. Geburtstag.* Ausstellung in der Bischöflichen Zentralbibliothek Regensburg, 28. November 2011 bis 2. März 2012, Regensburg 2012, 80 S. m. z. T. farb. Abb., ISBN 978-3-7954-2611-8

Werner Chrobak

28.1–12 Bischöfliches Zentralarchiv und Bischöfliche Zentralbibliothek Regensburg. Kataloge und Schriften (Auswahl)

Band 1: *Der Katechismus von den Anfängen bis zur Gegenwart*, 1987
Band 2: *Das Bistum Regensburg im Spiegel von Münzen und Medaillen*, 1989
Band 3: *Liturgie im Bistum Regensburg von den Anfängen bis zur Gegenwart*, 1989
Band 10: *Liturgie zur Zeit des hl. Wolfgang. Der hl. Wolfgang in der Kleinkunst*, 1994
Band 12: *50 Jahre danach – Domprediger Dr. Johann Maier und seine Zeit*, 1995
Band 13: *Selige Theresia von Jesu Gerhardinger (1797–1879). Ein Leben für Kirche und Schule. Zum 200. Geburtstag*, 1997
Band 21: *Scoti Peregrini in St. Jakob – 800 Jahre irisch-schottische Kultur in Regensburg*, 2005
Band 23: *Ausgewählte liturgische Fragmente aus der Bischöflichen Zentralbibliothek Regensburg*, 2007
Band 24: *Obermünster Regensburg. Von den Anfängen bis heute*, 2008
Band 25: *Franz Xaver Witt 1834–1888. Reformer der katholischen Kirchenmusik im 19. Jahrhundert*, 2009
Band 28: *800 Jahre Deutschordenskommende St. Ägid in Regensburg 1210–2010*, 2010
Band 30: *Regensburger Domorganisten – Zum 150. Todestag von Carl Proske (1794–1861) und zum 80. Geburtstag von Eberhard Kraus (1931–2003)*, 2011

Die hier gezeigte Auswahl von Bänden der im Verlag Schnell & Steiner erscheinenden Schriftenreihe vermittelt mit der Präsentation der farbigen Umschlagseiten einen Eindruck von der Vielfalt der im Bischöflichen Zentralarchiv und in der Bischöflichen Zentralbibliothek Regensburg behandelten einschlägigen Thematiken.

Lit.: Vgl. das hier vorausgehende vollständige Verzeichnis der bisher von 1987 bis 2012 erschienen 31 Bände, dazu auch den Beitrag C*HROBAK S. 93f.*

Resümee und Ausblick

Die Katholische Kirche ist eine Institution, die dem Wesen nach auf Tradition gründet. Dies gilt nicht nur für die Tradition des Wortes Gottes, die Heilige Schrift, sondern auch für ihre in der Geschichte angenommene Gestalt: Kirche als Gemeinschaft ist ohne historische Dimension nicht denkbar. Tradition wird durch Schriftlichkeit gesichert. Zur Bewahrung schriftlicher Zeugnisse wurden als *Gedächtnis der Kirche* kirchliche Archive und Bibliotheken eingerichtet.

Der Rückblick angesichts der Ausstellung *40 Jahre Bischöfliches Zentralarchiv und Bischöfliche Zentralbibliothek Regensburg* zeigt, dass kirchliche Bibliotheken und Archive in Regensburg zwar schon eine mehr als tausendjährige Vergangenheit besitzen, diese aber durch die Säkularisation einen tiefgehenden Einschnitt erfuhr. Vom Beginn des 19. Jahrhunderts bis in die 1960er Jahre war die kirchliche Archiv- und Bibliothekssituation in der Bischofsstadt Regensburg durch Unsicherheiten und Provisorien gekennzeichnet. Die Beseitigung der räumlichen und personellen Unzulänglichkeiten wurde zwar schon auf der Diözesansynode 1928 gefordert, doch vergingen mehr als vier Jahrzehnte bis zu einer durchgreifenden Änderung

Die Berufung des ehemaligen Eichstätter Professors Dr. Rudolf Graber 1962 auf den Regensburger Bischofsstuhl brachte mit dessen Aufgeschlossenheit für Archive und Bibliotheken als Institutionen der Wissenschaft – im Kontext mit der Neueröffnung der Universität Regensburg – eine große Lösung. Verwirklicht wurde mit dem Neubau der Bibliothek und der Unterbringung des Archivs auf dem Areal des ehemaligen Damenstifts Obermünster ein Verbundkonzept, das innerhalb der Diözesen Deutschlands hinsichtlich Größe und Ausstattung wegweisend wurde.

Die Bischöfliche Zentralbibliothek wurde völlig neu begründet, das Archiv von einem Einmann-Betrieb zu einem leistungsfähigen Archiv aufgestuft. Auf Dauer am wichtigsten war, dass beide Institutionen mit einem ausreichenden Stellenplan ausgestattet wurden, auf dem qualifiziertes Fachpersonal angestellt werden konnte. Damit rückten Archiv und Bibliothek zu kulturellen Einrichtungen und Servicestellen für die Forschung auf, die den Vergleich mit staatlichen oder kommunalen Einrichtungen nicht zu scheuen brauchten.

Gegenwärtig stoßen Archiv und Bibliothek mit ihren ursprünglich auf Jahrzehnte ausgelegten Magazinkapazitäten an ihre Grenzen. Erweiterungen sind in nächster Zeit unabdingbar. Es ist eine Aufgabe des Bistums Regensburg, die von Bischof Graber ins Leben gerufene, deutschlandweit musterhafte Archiv- und Bibliothekslösung zukunftsfähig am Leben zu erhalten. Dazu gehört neben der räumlichen Erweiterung auch eine ausreichende personelle Besetzung, die nicht weiteren Einsparungsmaßnahmen zum Opfer fallen darf. Kirche als wertevermittelnder Kulturträger hat auch die Verpflichtung, Kulturinstitutionen wie Archive und Bibliotheken zu erhalten. Aus ihnen speist sich die Identität der Kirche, die ihre Zukunft garantiert.

Werner Chrobak

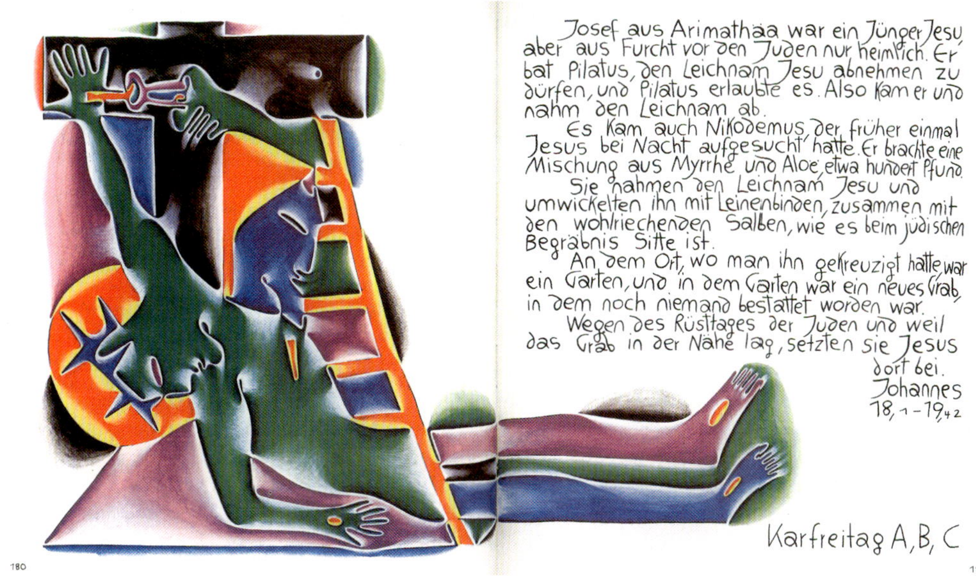

Kat.-Nr. 29.1

29.1 Baumgartner, Fritz:
Evangeliar für alle Sonn- und Festtage des Kirchenjahres
München, Regensburg: Schnell & Steiner, 1993. – 487 S. : Ill.

Aufgeschlagen S. 180 / 181: Karfreitag.
Kreuzabnahme Jesu, Text Johannes 18,1–19,42 (Ausschnitt)

In der Tradition mittelalterlicher Codices, wie z.B. des Uta-Evangelistars von Niedermünster, schuf der Künstler Fritz Baumgartner ein Werk für die Liturgie von heute. Neu nach dem Zweiten Vatikanischen Konzil und einzigartig für diesen Typus des Evangeliars ist dabei die Verbindung des Wortes Gottes mit der Kunstsprache unserer Zeit. Dem handgeschriebenen Text der Evangelien für alle Sonn- und Feiertage des Kirchenjahres fügte der Künstler 231 farbenprächtige Buchmalereien in einem persönlich-markanten Stil des 20. Jahrhunderts hinzu. Die Anregung zu dem Werk gab Hermann-Josef Bösing, Pfarrer von München St. Maximilian, nach dem Besuch einer Ausstellung des Evangeliars Heinrichs des Löwen in München. Er erteilte dem Künstler 1984 den Auftrag zu diesem Evangeliar. Baumgartner vollendete dieses Werk in den Jahren von1985 bis 1991. Das Original ist im Besitz der Pfarrei St. Maximilian in München.

Der Künstler Fritz Baumgartner wurde am 14. April 1929 in Aurolzmünster / Oberösterreich geboren. Nach der baldigen Übersiedelung der Familie nach München folgte auf das Abitur 1949 bis 1956 ein Studium an der Akademie der Bildenden Künste in München. Baumgartner war dort Meisterschüler bei Prof. Hermann Kaspar. Nach einem zweijährigen Studienaufenthalt in Paris ließ sich Baumgartner als freischaffender Maler, Zeichner und Graphiker in München nieder. Er starb am 10. August 2006 in München.

Die Herausgabe einer limitierten Druckauflage von 400 Exemplaren übernahm 1993 der Verlag Schnell & Steiner in München und Regensburg. Der aufwendige Druck wurde vom Erhardi-Druck in Regensburg besorgt. Das Evangeliar wurde in einen weißen Ziegenlederenband gebunden. Die Vorderseite des Einbands in Goldprägung zeigt den thronenden Christus, die Rückseite Christus beim Abendmahl, jeweils von den vier Evangelistensymbolen umgeben. Das Werk wurde am 8. September 1993 im Bischöflichen Palais Regensburg feierlich der Öffentlichkeit präsentiert.

BZBR ILR 581.6 (2. Exemplar BZBR fol. 3100)

Lit.: Baumgartner, Fritz, in: Allgemeines Künstlerlexikon, Bd. 7, München, Leipzig 1993, S. 612f.; Begleitheft zum Evangeliar für alle Sonn- und Festtage. Buchmalerei von Fritz Baumgartner. Mit einem Vorwort v. Diözesanbischof Manfred Müller, hrsg. v. Hermann Reidel, München, Regensburg: Schnell & Steiner, 1993; ReinhardMÜLLER-MEHLIS: Nekrolog. Fritz Baumgartner ist tot, in: Das Münster 59 (2006) S. 311–313

Kat.-Nr. 29.2

29.2 Die Bibel. Bebildert v. Ernst Fuchs.
Die heilige Schrift des Alten und Neuen Testaments. Vollständige Ausgabe nach den Grundtexten übersetzt und hrsg. v. Vinzenz Hamp, Meinrad Stenzel und Josef Kürzinger
Augsburg: Pattloch, 1996. – 1184 + 353 + 39 S.: Ill.

Aufgeschlagen: S. 1012
Agnus Mysticus

Die Bibel, bebildert vom Wiener Künstler Ernst Fuchs, verkörpert hier den Typus der modernen Künstlerbibel. Die 1996 im Pattloch-Verlag mit Metallprägeeinband und mit Goldschnitt in einer Auflage von 20 000 Exemplaren erschienene Bibel enthält 80 ganzseitige Tafeln, die im Stil des phantastischen Realismus biblische Gestalten und Geschehnisse in neuem Licht erscheinen lassen. Der am 13. Februar 1930 in Wien geborene Ernst Fuchs hatte väterlicherseits Vorfahren jüdischer Herkunft, er ließ sich 1942 römisch-katholisch taufen. Die Gestaltung der Bibel betrachtete Fuchs als *Krönung seines Lebenswerkes, als Summe seines künstlerischen Schaffens.* Die aufgeschlagene Darstellung des *Agnus Mysticus* entstand als Bildteppich in Mischtechnik mit Kokosfaser 1982 in einer Größe von zwei mal drei Metern.

Lit.: Doris Zeilerbauer: Fuchs, Ernst, in: Allgemeines Künstlerlexikon, Bd. 46, München, Leipzig 2005, S. 42f.; Michael Mathias Prechtl: Ernst Fuchs. Graphik. Ausstellung veranstaltet v. der Albrecht-Dürer-Gesellschaft Nürnberg im Graphischen Kabinett der Fränkischen Galerie am Marientor Nürnberg vom 3.4. – 1.5.1966, Nürnberg 1966; Ernst Fuchs: Phantastische Erinnerungen, Ort? 2001; Albert Paris Gütersloh [u.a.]: Ernst Fuchs. Ausstellungskatalog anlässlich der Ausstellungen von Ernst Fuchs in der Staatlichen Tretjakow Galerie Moskau, 15. Mai bis 10. Juli und im Kunsthistorischen Museum Wien, Palais Harrach, 2. August bis 8. Oktober 2001, Wien 2001; Walter Schurian: 1900 bis 2010. Phantastische Kunst aus Wien. Ausstellung im Panorama-Museum Bad Frankenhausen, 2010

Abkürzungsverzeichnis

Abb.	Abbildung
Aufl.	Auflage
Ausg.	Ausgabe
B	Breite
Bd(e).	Band (Bände)
bearb.	bearbeitet
beschr.	beschrieben
BGBR	Beiträge zur Geschichte des Bistums Regensburg
Bl.	Blatt (Blätter)
BSB	Bayerische Staatsbibliothek München
BZAR	Bischöfliches Zentralarchiv Regensburg
BZBR	Bischöfliche Zentralbibliothek Regensburg
ca.	zirka
CD	Compact Disc
Cgm	Codex germanicus monacensis
cm	Zentimeter
D	Durchmesser
D-Rp	RISM-Sigle der Proskeschen Musikabteilung (= Deutschland-Regensburg Proske)
d. Ä.	der Ältere
f.	folgende
fl.	Florin (Gulden)
fol.	folio
H	Höhe
Hrsg. / hrsg.	Herausgeber / herausgegeben
Hs	Handschrift
Ill.	Illustration, Abbildung
Ink.	Inkunabel
IPZS	Istituto Poligrafico dello Stato
Jh.	Jahrhundert
Kat.	Katalog
Kr.	Kreuzer
Lit.:	Literatur
LThK	Lexikon für Theologie und Kirche
Ms	Manuskript
Nr.	Nummer
o.	oben
o.J.	ohne Jahr
o.S.	ohne Seitenzählung
pag.	paginiert
r	recto
RISM	Répertoire International des Sources Musicales
Rs	Rückseite
s.	siehe
SD	Sammeldruck
S.	Seite
Sp.	Spalte
T.	Teil
v	verso
v.	von
verb.	verbessert
verm.	vermehrt
vgl.	vergleiche
VHVO	Verhandlungen des Historischen Vereins für Oberpfalz und Regensburg
Vol.	Volumen (Band, Teil eines mehrbändigen Werkes)
Vs	Vorderseite
Ø	Durchmesser
2°	Folioformat
*	geboren
†	gestorben
/ [oder] |	Zeilenumbruch

Fotonachweis:

Moosham, Wilkin Spitta S. 173f., 176f.

Regensburg, Bischöfliches Zentralarchiv (Norbert Reitzner) Alle Aufnahmen und Digitalisierungen (ausgenommen die im Fotonachweis anderweitig nachgewiesenen Fotos)

Regensburg, Camilla Weber S. 15, 27

Regensburg, Dieter Nübler S. 178

Regensburg, Fürst Thurn und Taxis Hofbibliothek S. 19

Regensburg, Kollegiatstift St. Johann S. 21

Regensburg, Staatliches Bauamt S. 24

Regensburg, Stadt, Amt für Stadtentwicklung: www.Luftbild-Service.com (Umschlagrückseite)

Regensburg, Stadt, Hauptabteilung Presse und Öffentlichkeitsarbeit, Bilddokumentation, Berger S. 116, 118, 123

Regensburg, Werner Chrobak S. 242

Leihgeber:

Aufhausen, Marianne Vesenjak
Regensburg, Diözesanmuseum

LITERATURVERZEICHNIS

Nachweis der im Katalog mit Kurztitel zitierten Literatur

ACHT, Stephan: Die Siegel und Typare des Stiftskapitels Unserer Lieben Frau zur Alten Kapelle in Regensburg, in: Kollegiatstift Unserer Lieben Frau zur Alten Kapelle in Regensburg 1002–2002. Katalog zur Ausstellung in der Bischöflichen Zentralbibliothek Regensburg, 15. Juli bis 11. Oktober 2002, [Hrsg.: Paul MAI], Regensburg 2002 (Bischöfliches Zentralarchiv und Bischöfliche Zentralbibliothek Regensburg, Kataloge und Schriften 18) S.145–148, 168f.
[zit.: ACHT: Siegel der Alten Kapelle]

ACHT, Stephan: Urkundenwesen und Kanzlei der Bischöfe von Regensburg vom Ende des 10. bis zur ersten Hälfte des 13. Jahrhunderts. Traditionsurkunde und Siegelurkunde bis zur Entstehung einer bischöflichen Kanzlei, maschinenschriftlich, München Univ. Diss. 1990. Mikrofiche-Ausg. 1998.
[zit.: ACHT: Urkundenwesen]

BAYERISCHE STAATSBIBLIOTHEK: Inkunabelkatalog, [Red.:] Elmar HERTRICH in Zusammenarbeit mit Hermann ENGEL, 6 Bde., Wiesbaden 1988–2005
[zit.: BSB Inkunabelkatalog]

BERNASCONI REUSSER, Marina: Bischöfliche Zentralbibliothek Regensburg. Katalog der Handschriftenfragmente, maschinenschriftlich, Regensburg 2004
[zit.: BERNASCONI REUSSER: Handschriftenfragmente]

BERNASCONI REUSSER, Marina: Die Handschriften der Bischöflichen Zentralbibliothek Regensburg. Ehemalige Schottenbibliothek St. Jakob Regensburg und Zusätze, maschinenschrftlich, Regensburg 2009
[zit.: BERNASCONI REUSSER: Handschriften Schottenbibliothek]

BIBLIOTHEKSNEUBAUTEN IN DER BUNDESREPUBLIK DEUTSCHLAND 1968-1983, hrsg. v. Rolf FUHLROTT, Gerhard LIEBERS, Franz-Heinrich PHILIPP, Frankfurt a. M. 1983 (Zeitschrift für Bibliothekswissenschaft und Bibliographie, Sonderheft 39) S. 293-297 (Bischöfliche Zentralbibliothek Regensburg) (zit: BIBLOTHEKSNEUBAUTEN).

BISCHÖFLICHES ZENTRALARCHIV UND BISCHÖFLICHE ZENTRALBIBLIOTHEK REGENSBURG: Kataloge und Schriften, hrsg. von Paul MAI, München, Zürich, ab. Bd. 10 Regensburg 1987ff.
[zit. BZAR/BZBR: Kataloge]
Bd. 2: DAS BISTUM REGENSBURG IM SPIEGEL VON MÜNZEN UND MEDAILLEN. Ausstellung anläßlich des Bistumsjubiläums 739–1989 im Bischöflichen Zentralarchiv Regensburg, 3. Februar bis 10. März 1989, München [u.a.] 1989
[zit.: BZAR/BZBR: Kataloge 2]
Bd. 3: LITURGIE IM BISTUM REGENSBURG VON DEN ANFÄNGEN BIS ZUR GEGENWART. Ausstellung anläßlich des Bistumsjubiläums 739–1989 in der Bischöflichen Zentralbibliothek Regensburg, 30. Juni bis 29. September 1989, München [u.a.] 1989
[zit.: BZAR/BZBR: Kataloge 3]
Bd. 10: LITURGIE ZUR ZEIT DES HL. WOLFGANG. Der hl. Wolfgang in der Kleinkunst. Ausstellung anläßlich des 1000. Todestages des Bistumspatrons St. Wolfgang in der Bischöflichen Zentralbibliothek Regensburg, 17. Juni bis 16. September 1994, Regensburg 1994

[zit.: BZAR/BZBR: Kataloge 10]
Bd. 21: SCOTI PEREGRINI IN ST. JAKOB. 800 Jahre irisch-schottische Kultur in Regensburg. Ausstellung im Priesterseminar St. Wolfgang, Regensburg, 15. November 2005 bis 2. Februar 2006, Regensburg 2005
[BZAR/BZBR: Kataloge 21]

Bd. 22: DAS PAPSTTUM IM SPIEGEL VON MÜNZEN UND MEDAILLEN. Ausstellung in der Bischöflichen Zentralbibliothek; 3. Juli bis 29. September 2006
[zit.: BZAR/BZBR: Kataloge 22]
Bd. 23: AUSGEWÄHLTE LITURGISCHE FRAGMENTE AUS DER BISCHÖFLICHEN ZENTRALBIBLIOTHEK REGENSBURG. Aus Anlass des fünfzigjährigen Bestehens des Liturgiewissenschaftlichen Instituts Regensburg (Institutum Liturgicum Ratisbonense), Regensburg 2007
[zit.: BZAR/BZBR: Kataloge 23]
Bd. 27: FRAGMENTE DER BISCHÖFLICHEN ZENTRALBIBLIOTHEK REGENSBURG. I. NICHTLITURGISCHE TEXTE: THEOLOGISCHE ABHANDLUNGEN UND VARIA, Regensburg 2009
[zit.: BZAR/BZBR: Kataloge 27]

CHROBAK, Werner: Die Bibliothek der Alten Kapelle, in: BGBR 34 (2000) S. 425-434
[zit.: CHROBAK: Bibliothek der Alten Kapelle]

CHROBAK, Werner: Die Bibliothek des Kollegiatstiftes Unserer Lieben Frau zur Alten Kapelle in Regensburg, in: Die Regensburger Bibliothekslandschaft am Ende des Alten Reiches, hrsg. v. Manfred KNEDLIK und Bernhard LÜBBERS, Regensburg 2011 (Kataloge und Schriften der Staatlichen Bibliothek Regensburg 5), S. 81-93
[zit.: CHROBAK: Alte Kapelle Bibliothekslandschaft]

CHROBAK, Werner: Der Neubau der Bischöflichen Zentralbibliothek Regensburg und die Einrichtung der Diözesanstelle des St. Michalbundes, in: BGBR 42 (2008) S. 545-563
[zit.: CHROBAK: Neubau Zentralbibliothek und Diözesanstelle]

EMMERIG, Hubert: Der Regensburger Pfennig. Die Münzprägung in Regensburg vom 12. Jahrhundert bis 1409, Berlin 1993 (Berliner numismatische Forschungen / Neue Folge 3) Zugl.: München, Univ., Diss., 1990/91
[zit.: EMMERIG: Regensburger Pfennig]

EMMERIG, Hubert; KOZINOWSKI, Otto: Die Münzen und Medaillen der Regensburger Bischöfe und des Domkapitals seit dem 16. Jahrhundert. Münzgeschichte und Variantenkatalog, Stuttgart 1998 (Süddeutsche Münzkataloge 8)
[zit.: EMMERIG/KOZINOWSKI]

ENDRES, Josef Anton: Die alten Siegel und das Wappen der Stadt Regensburg, in: DERS.: Beiträge zur Kunst- und Kulturgeschichte des mittelalterlichen Regensburgs, Regensburg 1925, S. 205–209
[zit.: ENDRES: Siegel]

FEISTNER, Edith: Deutsche Fragmente in der Bischöflichen Zentralbibliothek Regensburg, in: Zeitschrift für deutsches Altertum und deutsche Literatur 135 (2006) S. 1–12
[FEISTNER: Deutsche Fragmente]

FLACHENECKER, Helmut: Schottenklöster. Irische Benediktinerkonvente im hochmittelalterlichen Deutschland, Paderborn 1995. Zugl.: Eichstätt, Kath. Univ., Habil.-Schr. 1992 (Quellen und Forschungen aus dem Gebiet der Geschichte 18)
[zit.: FLACHENECKER: Schottenklöster]

FLACHENECKER, Helmut: Irische Stützpunkte in Regensburg – Weih Sankt Peter und St. Jakob im Mittelalter, in: Scoti peregrini in St. Jakob. 800 Jahre irisch-schottische Kultur in Regensburg. Ausstellung im Priesterseminar St. Wolfgang, Regensburg, 16. November 2005 bis 2. Februar 2006. [Hrsg.: Paul MAI], Regensburg 2005 (Bischöfliches Zentralarchiv und Bischöfliche Zentralbibliothek, Kataloge und Schriften 2) S. 13–24
[zit.: FLACHENECKER: Irische Stützpunkte]

GESAMTKATALOG DER WIEGENDRUCKE, hrsg. von der Kommission für den Gesamtkatalog der Wiegendrucke [ab Bd. 8 hrsg. von der Deutschen Staatsbibliothek zu Berlin; ab Bd. 10 hrsg. von der Staatsbibliothek zu Berlin – Preussischer Kulturbesitz], Leipzig [später: Stuttgart] 1925ff.
[zit. GW]

GRUBER, Johann: Besitz von Obermünster, in: Obermünster Regensburg. Von den Anfängen bis heute. Ausstellung in der Bischöflichen Zentralbibliothek Regensburg, 18. Juli bis 2. Oktober 2008. [Hrsg.: Paul MAI], Regensburg 2008 (Bischöfliches Zentralarchiv und Bischöfliche Zentralbibliothek Regensburg, Kataloge und Schriften 24) S. 31–33
[zit: GRUBER: Besitz von Obermünster]

GRUBER, Johann: Der St. Vinzentius-Verein und Apolonia Diepenbrok, in: Beiträge zur Geschichte des Bistums Regensburg 29 (1995) S. 265–273
[zit.: GRUBER: St. Vinzentius-Verein]

GRUBER, Johann: Die Kapitels-, Propst- und Dekansiegel, in: St. Johann in Regensburg. Vom Augustinerchorherrenstift zum Kollegiatstift: 1127 / 1290 / 1990. Festschrift, hrsg. im Auftrag des Stiftskapitels v. Paul MAI, München, Zürich 1990 (Bischöfliches Zentralarchiv und Bischöfliche Zentralbibliothek Regensburg, Kataloge und Schriften 5) S.207–216, 283
[zit. GRUBER, Siegel von St. Johann]

HABERKAMP, Gertraut: Zur Herkunft der Musikalien der Proske-Sammlung, in: DIES.: Bischöfliche Zentralbibliothek Regensburg. Thematischer Katalog der Musikhandschriften, Bd. 2: Sammlung Proske: Manuskripte des 18. und 19. Jahrhunderts aus den Signaturen A.R., C, AN, München 1989 (Kataloge Bayerischer Musiksammlungen 14/2) S. XI–XXXVIII
[zit.: HABERKAMP: Herkunft]

HAMMERMAYER, Ludwig: Die schottischen Benediktiner zu St. Jakob in Regensburg (1515–1862), in: Scoti peregrini in St. Jakob. 800 Jahre irisch-schottische Kultur in Regensburg. Ausstellung im Priesterseminar St. Wolfgang, Regensburg, 16. November 2005 bis 2. Februar 2006. [Hrsg.: Paul MAI], Regensburg 2005 (Bischöfliches Zentralarchiv und Bischöfliche Zentralbibliothek, Kataloge und Schriften 2) S. 25–35
[zit.: HAMMERMAYER: Schottische Benediktiner]

HAIN, Ludwig: Repertorium bibliographicum in quo libri omnes ab arte typographica inventa usque ad annum MD, 2 Bde., Stuttgart 1826–1838
[zit. HAIN]

KATALOGE BAYERISCHER MUSIKSAMLUNGEN, hrsg. von der Bayerischen Staatsbibliothek.
Bd. 14/1ff.: Bischöfliche Zentralbibliothek Regensburg: Thematischer Katalog der Musikhandschriften, München 1989ff.
[zit. KBM 14/…]
Bd. 1: SAMMLUNG PROSKE. MANUSKRIPTE DES 16. UND 17. JAHRHUNDERTS AUS DEN SIGNATUREN A.R., B, C, AN, beschrieben von Gertraut Haberkamp. Mit einer Geschichte der Proskeschen Musiksammlung von August Scharnagl und einem Vorwort von Paul Mai, München 1989
[zit.: KBM 14/1]

Bd. 3: SAMMLUNG PROSKE. MAPPENBIBLIOTHEK, beschrieben von Gertraut Haberkamp und Jochen Reutter, München 1990
[zit.: KBM 14/3]
Bd. 7: BIBLIOTHEK FRANZ XAVER HABERL. MANUSKRIPTE BH 7055 BIS BH 7865. ANHANG BH 8076 BIS BH 9340, beschrieben von Dieter Haberl. Vorwort von Paul Mai, München 2000
[zit.: KBM 14/7]
Bd. 15: DIE LITURGIKA DER PROSKESCHEN MUSIKABTEILUNG. DRUCKE UND HANDSCHRIFTEN DER SIGNATURENGRUPPE CH. Mit einem Anhang der handschriftlichen Gesangbücher aus den Signaturengruppen Kk und Kp, beschrieben von Raymond Dittrich. Vorwort von Paul Mai, München 2010
[zit.: KBM 14/15]

MAI, Paul: Die Bibliothek des Schottenklosters St. Jakob in Regensburg, in: Die Regensburger Bibliothekslandschaft am Ende des Alten Reiches, hrsg. v. Manfred KNEDLIK und Bernhard LÜBBERS, Regensburg 2011 (Kataloge und Schriften der Staatlichen Bibliothek Regensburg 5), S. 65-80
[zit.: MAI: Bibliothek des Schottenklosters]

MAI, Paul: Die Bischöfliche Zentralbibliothek, in: Wissenschaftliche Bibliotheken in Regensburg. Geschichte und Gegenwart, hrsg. v. Hans-Joachim GENGE u. Max PAUER, Wiesbaden 1981 (Beiträge zum Buch- und Bibliothekswesen 18) S. 105–129
[zit.: MAI: Wissenschaftliche Bibliotheken]

MAI, Paul: Die Bischöfliche Zentralbibliothek als Leitbibliothek für die kirchlich-öffentlichen Büchereien des Bistums Regensburg, in: Bibliothekslandschaft Bayern. Festschrift für Max Pauer zum 65. Geburtstag. Unter Mitwirkung v. Gerhard Hanusch hrsg. v. Paul NIEWALDA, Wiesbaden 1989, S. 312-323, hier 313-315
[zit.: Mai: Zentralbibliothek als Leitbibliothek]

MAI, Paul: Die Bischöfliche Zentralbibliothek und das kirchliche Büchereiwesen, in: Dienen in Liebe. Rudolf Graber, Bischof von Regensburg., hrsg. v. Paul MAI im Auftrag des Bischöflichen Ordinariates Regensburg, München, Zürich 1981, S. 321–338
[zit.: MAI: Zentralbibliothek und Büchereiwesen]

MAI, Paul: Bischöfliches Zentralarchiv und Bischöfliche Zentralbibliothek, in: Almanach des Bistums Regensburg, 2. erw. Aufl., Regensburg 1973, S. 269–273
[zit.: MAI: Almanach]

MAI, Paul: Familienforschung im Bischöflichen Zentralarchiv, in: Regensburger Almanach 1974, Regensburg 1973, S. 122-130.

MAI, Paul: Institut für ostdeutsche Kirchen- und Kulturgeschichte e.V., in: Osteuropa in Regensburg. Institutionen der Osteuropa-Forschung in Regensburg aus ihrer historischen Perspektive, hrsg .v. Katrin Boeckh und Roman P. Smolorz, Regensburg 2008 (Regensburger Studien 13) S. 133-146

MAI, Paul: Institut für ostdeutsche Kirchen- und Kulturgeschichte e.V. 1988–2010, Köln, Weimar, Wien: Böhlau, 2011 (Forschungen und Quellen zur Kirchen- und Kulturgeschichte Ostdeutschlands 43)
[zit.: MAI: Institut]

MAI, Paul: Das Institutum Liturgicum Ratisbonense, in: Simandron. Der Wachklopfer. Gedenkschrift für Klaus Gamber (1919–1989), hrsg. v. Wilhelm NYSSEN, Köln 1989, S. 303–315

MAI, Paul: Die Proske'sche Musiksammlung in der Bischöflichen Zentralbibliothek Regensburg, in: Bibliotheksforum Bayern 20 (1992) S. 255–262
[zit.: MAI: Proske'sche Musiksammlung]

MAI, Paul: Obermünster. Vom Bischöflichen Knabenseminar zum Diözesanzentrum, in: Gruß aus Westmünster, Nr. 42, Weihnachten 1972, S. 3–17
[zit.: MAI: Gruß]

MÖCKERSHOFF, Norbert: „Der Geist aber ist der gleiche geblieben …“. Der Vinzentius-Verein Regensburg e. V., in: Beiträge zur Geschichte des Bistums Regensburg 40 (2006), 243–259
[zit.: MÖCKERSHOFF: Der Vinzentius-Verein]

MÜNSTER, Robert: Die Kataloge Bayerischer Musiksammlungen, in: Bibliotheksforum Bayern 20 (1992) S. 169–178
[zit.: MÜNSTER: Kataloge]

POLL, Joseph: Die Proskesche Musikbibliothek von heute, in: Die Kirchenmusik 4 (1941) S. 42–44
[zit.: POLL: Proskesche Musikbibliothek]

POPP, Marianne: Das Bischöfliche Zentralarchiv und der Verein für Bistumsgeschichte, in: Dienen in Liebe. Rudolf Graber, Bischof von Regensburg, hrsg. v. Paul MAI im Auftrag des Bischöflichen Ordinariates Regensburg, München, Zürich 1981, S. 301-320
[zit.: POPP: Zentralarchiv und Verein für Bistumsgeschichte]

RENZ, Gustav Adolf: Beiträge zur Geschichte der Schottenabtei St. Jakob und des Priorates Weih St. Peter (O. S. B.) in Regensburg, in: Studien und Mittheilungen aus dem Benedictiner- und dem Cistercienserorden 16 (1895) S. 418–425
[zit.: RENZ]

RIED, Thomas: Codex chronologico-diplomaticus episcopatus Ratisbonensis, 2 Bde., Regensburg 1816
[zit.: RIED]

RIEDL, Christine: Die Freskendekoration der Stiftskirche St. Johann durch den Münchner Hofmaler Johann Nepomuk Schöpf im Jahre 1768, in: St. Johann in Regensburg. Vom Augustinerchorherrenstift zum Kollegiatstift: 1127 / 1290 / 1990. Festschrift, hrsg. im Auftrag des Stiftskapitels v. Paul MAI, München, Zürich 1990 (Bischöfliches Zentralarchiv und Bischöfliche Zentralbibliothek Regensburg, Kataloge und Schriften 5) S. 242–248
[zit.: RIEDL: Freskendekoration]

SCHARNAGL, August: Carl Proske (1794–1862). Ein Lebensbild, in: Musica Divina. Ausstellung zum 400. Todesjahr von Giovanni Pierluigi da Palestrina und Orlando di Lasso und zum 200. Geburtsjahr von Carl Proske. Ausstellung in der Bischöflichen Zentralbibliothek Regensburg, 4. November 1994 bis 3. Februar 1995, Regensburg 1994 (Bischöfliches Zentralarchiv und Bischöfliche Zentralbibliothek Regensburg, Kataloge und Schriften 11) S. 13–52
[zit: SCHARNAGL: Proske]

SCHARNAGL, August: Die Proskesche Musiksammlung in Regensburg, in: Wissenschaftliche Bibliotheken in Regensburg. Geschichte und Gegenwart, hrsg. v. Hans-Joachim GENGE u. Max PAUER, Wiesbaden 1981 (Beiträge zum Buch- und Bibliothekswesen 18) S. 130–146
[zit.: SCHARNAGL: Proskesche Musiksammlung 1981]

SCHARNAGL, August: Die Proskesche Musiksammlung in der Bischöflichen Zentralbibliothek zu Regensburg, in: Gertraut HABERKAMP: Bischöfliche Zentralbibliothek Regensburg. Thematischer Katalog der Musikhandschriften: 1. Sammlung Proske. Manuskripte des 16. und 17. Jahrhunderts aus den Signaturen A.R., B, C, AN, München 1989 (Kataloge Bayerischer Musiksammlungen 14/1) S. XI–XXVI
[zit.: SCHARNAGL: Proskesche Musiksammlung 1989]

SCHMID, Joseph: Die Urkunden-Regesten des Kollegiatstiftes U. L. Frau zur Alten Kapelle, Bd.1, Regensburg 1911
[zit.: SCHMID: Alte Kapelle]

SCHÖNARTZ, Wilhelm: Bischöfliche Zentralbibliothek Regensburg, in: Mitteilungsblattes der Arbeitsgemeinschaft katholisch-theologischer Bibliotheken (AkthB) 20 (1973) Heft 1, S. 74-79
[zit.: SCHÖNARTZ: Bischöfliche Zentralbibliothek]

STASIEWSKI, Bernhard: Institut für ostdeutsche Kirchen- und Kulturgeschichte e.V. 1958–1987, Köln, Wien: Böhlau, 1988 (Forschungen und Quellen zur Kirchen- und Kulturgeschichte Ostdeutschlands 23)

STEINER, Robert: Die Entwicklung der bayerischen Bischofssiegel von der Frühzeit bis zum Einsetzen des spitzovalen Throntyps, München 1998 (Quellen und Erörterungen zur Bayerischen Geschichte NF 40/1)
[zit.: STEINER, Bischofssiegel]

VIERACKER, Christian: Das Bischöfliche Studienseminar St. Wolfgang in Regensburg. Schlaglichter zur Geschichte des Knabenseminars Obermünster – Westmünster, Regensburg 1999. Zugl.: Regensburg, Univ., Diplomarbeit, 1992
[zit.: VIERACKER: Studienseminar St. Wolfgang]

WEINMANN, Karl: Die Proskesche Musikbibliothek in Regensburg, in: Kirchenmusikalisches Jahrbuch 24 (1911) S. 107–131
[zit.: WEINMANN: Proskesche Musikbibliothek]

Bischöfliches Zentralarchiv und Bischöfliche Zentralbibliothek Regensburg, Kataloge und Schriften, herausgegeben von Paul Mai

Verlag Schnell & Steiner GmbH Regensburg

Band 1 **Der Katechismus von den Anfängen bis zur Gegenwart.** Ausstellung in der Bischöflichen Zentralbibliothek, 18. September bis 18. Dezember 1987, München-Zürich 1987, 143 S. m. 66, z.T. farb. Abb., **18,– €.**
ISBN 3-7954-0644-7

Band 2 **Das Bistum Regensburg im Spiegel von Münzen und Medaillen.** Ausstellung anläßlich des Bistumsjubiläums 739-1989 im Bischöflichen Zentralarchiv Regensburg, 3. Februar bis 10. März 1989, München-Zürich 1989, 178 S. m. zahlr. Abb., **18,– €** (vergriffen).
ISBN 3-7954-0000-7

Band 3 **Liturgie im Bistum Regensburg von den Anfängen bis zur Gegenwart.** Ausstellung anläßlich des Bistumsjubiläums 739-1989 in der Bischöflichen Zentralbibliothek Regensburg, 30. Juni bis 29. September 1989, München-Zürich 1989, 251 S. m. 133, z.T. farb. Abb., **20,– €.**
ISBN 3-7954-0648-X

Band 4 Pemsel, Johann Nepomuk: **Antike Münzen zur Heilsgeschichte,** München-Zürich 1989, 181 S. m. 536 Abb., **10,– €.**
ISBN 3-7954-0651-X

Band 5 **St. Johann in Regensburg. Vom Augustinerchorherrenstift zum Kollegiatstift 1127/1290/1990.** Festschrift hrsg. im Auftrag des Stiftskapitels v. Paul Mai, München-Zürich 1990, 328 S. m. 109, meist farb. Abb., **20,– €** (vergriffen).
ISBN 3-7954-0654-4

Band 6 **Leiden und Auferstehung. Bilder zur Fasten- und Osterzeit von Otto Baumann.** Ausstellung in der Bischöflichen Zentralbibliothek Regensburg, 1. März bis 5. April 1991, München-Zürich 1991, 71 S. m. 41, z.T. farb. Abb., **10,– €.**
ISBN 3-7954-0010-4

Band 7 **Augustinerchorherrenstift Paring 1141-1991.**
Festschrift München-Zürich 1991, 112 S. m. 31 Abb., **15,– €** (vergriffen).
ISBN 3-7954-0021-X

Band 8 Güntner, Johann: **Die Fronleichnamsprozession in Regensburg,** München-Zürich 1992, 60 S. m. 27 Abb., **10,– €.**
ISBN 3-7954-1025-8

Band 9 **850 Jahre Prämonstratenserabtei Windberg,** München-Zürich 1993, 155 S. m. 89 Abb., davon 10 in Farbe, **15,– €.**
ISBN 3-7954-1033-9

Band 10 **Liturgie zur Zeit des hl. Wolfgang. Der hl. Wolfgang in der Kleinkunst.** Ausstellung anläßlich des 1000. Todestages des Bistumspatrons St. Wolfgang in der Bischöflichen Zentralbibliothek Regensburg, 17. Juni bis 16. September 1994, München-Regensburg 1994, 210 S. m. 199, z.T. farb. Abb., **23,– €.**
ISBN 3-7954-1066-5

Band 11 **Musica Divina.** Ausstellung zum 400. Todesjahr von Giovanni Pierluigi da Palestrina und Orlando di Lasso und zum 200. Geburtsjahr von Carl Proske in der Bischöflichen Zentralbibliothek Regensburg, 4. November 1994 bis 3. Februar 1995, Regensburg 1994, 162 S. mit 48, z.T. farb. Abb., **10,– €**.
ISBN 3-7954-1067-3

Band 12 **50 Jahre danach - Domprediger Dr. Johann Maier und seine Zeit**. Ausstellung in der Bischöflichen Zentralbibliothek Regensburg, 23. April bis 28. Juli 1995, Regensburg 1995, 240 S. m. 128 Abb., **20,– €**.
ISBN 3-7954-1083-5

Band 13 **Selige Theresia von Jesu Gerhardinger (1797-1879). Ein Leben für Kirche und Schule. Zum 200. Geburtstag**. Ausstellung in der Bischöflichen Zentralbibliothek Regensburg, 20. Juni bis 19. September 1997, Regensburg 1997, 348 S. m. 269, z.T. farb. Abb., **12,– €**.
ISBN 3-7954-1083-5

Band 14 **St. Ottilia zu Hellring. Festschrift anläßlich der Wiedereröffnung der Wallfahrtskirche 1997**, Regensburg 1997, 107 S. m. 69, z.T. farb. Abb., **15,– €** (vergriffen).
ISBN 3-7954-1161-0

Band 15 **Choralhandschriften in Regensburger Bibliotheken**. Ausstellung in der Bischöflichen Zentralbibliothek Regensburg, 27. September bis 5. November 1999, Regensburg 1999, 147 S. m. farb. Abb., **15,– €**.
ISBN 3-7954-1269-2

Band 16 **Die Augustinerchorherren in Bayern. Zum 25-jährigen Wiedererstehen des Ordens**. Ausstellung in der Bischöflichen Zentralbibliothek Regensburg, 12. November bis 23. Dezember 1999, Regensburg 1999, 176 S. m. 106, z.T. farb. Abb., **16,– €** (vergriffen).
ISBN 3-7954-1277-3

Band 17 **Die Sieben letzten Worte Jesu in der Musik**. Ausstellung in der Bischöflichen Zentralbibliothek Regensburg, 6. April bis 23. Mai 2001, Regensburg 2001, 120 S. m. 54 Abb., **10,– €**.
ISBN 3-7954-1418-0

Band 18 **Kollegiatstift U. L. Frau zur Alten Kapelle in Regensburg 1002-2002**. Ausstellung in der Bischöflichen Zentralbibliothek, 15. Juli bis 11. Oktober 2002, Regensburg 2002, 276 S. m. 150 Abb., **20,– €**
ISBN 3-7954-1511-X

Band 19 **Das Motuproprio Pius X. zur Kirchenmusik „Tra le sollecitudini dell'officio pastorale" (1903) und die Regensburger Tradition**. Ausstellung in der Bischöflichen Zentralbibliothek, 10. November bis 23. Dezember 2003, 76 S. m. 19, z.T. farb. Abb., **10,– €**.
ISBN 3-7954-1660-4

Band 20 **1904/2004 – Der Deutsche Katholikentag 1904 zu Regensburg und der Umbau des Bischofshofs**. Ausstellung der Brauerei Bischofshof in der Bischöflichen Zentralbibliothek, 11. September bis 29. Oktober 2004, 149 S. m. 115, z.T. farb. Abb., **10,– €**.
ISBN 3-7954-1718-X